Intrapreneurship

Rafaela Kraus · Tanja Kreitenweis
Brigita Jeraj
Hrsg.

Intrapreneurship

Unternehmergeist, Systeme und Gestaltungsmöglichkeiten

Springer Gabler

Hrsg.
Rafaela Kraus
Fakultät für Betriebswirtschaft
Universität der Bundeswehr München
Neubiberg, Deutschland

Tanja Kreitenweis
Fakultät für Betriebswirtschaft
Universität der Bundeswehr München
Neubiberg, Deutschland

Brigita Jeraj
Universität der Bundeswehr München
Neubiberg, Deutschland

ISBN 978-3-662-64101-9 ISBN 978-3-662-64102-6 (eBook)
https://doi.org/10.1007/978-3-662-64102-6

Die Deutsche Nationalbibliothek verzeichnet diese Publikation in der Deutschen Nationalbibliografie; detaillierte bibliografische Daten sind im Internet über http://dnb.d-nb.de abrufbar.

Springer Gabler

Planung/Lektorat: Christine Sheppard
Springer Gabler ist ein Imprint der eingetragenen Gesellschaft Springer-Verlag GmbH, DE und ist ein Teil von Springer Nature.
Die Anschrift der Gesellschaft ist: Heidelberger Platz 3, 14197 Berlin, Germany

Vorwort

Ideen Raum geben. Innovationen schaffen.

Die Idee zum vorliegenden Sammelband, in dem sowohl theoretische als auch praktische Erkenntnisse gemeinsam abgebildet werden sollten, entstand im Rahmen der Arbeit von *founders@unibw*, einem Programm zur Förderung von Entrepreneurship und Intrapreneurship an der Universität der Bundeswehr München.

founders@unibw wurde 2019 ins Leben gerufen und unterstützt Studierende – zukünftige Offizierinnen und Offiziere – und alle interessierten Universitätsangehörigen dabei, Intrapreneurship-Kompetenzen zu entwickeln. Die Mitarbeitenden der Universität können innovative Ideen, die sich nicht nur aus der Forschung, sondern oft auch aus der Beschäftigung mit dem eigenen Arbeitsumfeld ergeben, in die Tat umsetzen. Und die Studierenden haben bereits im Studium Gelegenheit, sich als Innovatorinnen und Innovatoren für die Bundeswehr zu betätigen. So erfahren sie, dass man auch in einer großen Organisation wichtige Veränderungen anstoßen kann, dass sich daraus persönliche Entwicklungs- und Wachstumsmöglichkeiten ergeben und das eigene Handeln einen Unterschied macht.

Diesen Unternehmergeist tragen sie später „in die Truppe", in der viele von ihnen ihr ganzes Berufsleben verbringen werden. Oft braucht es nur etwas Aufmerksamkeit, um unternehmerische Tatkraft zu erkennen und wenige Impulse reichen aus, um sie zu aktivieren. Es ist besonders wichtig, innovativ denkenden Menschen den nötigen Freiraum zur Verfügung zu stellen, sie zu ermutigen, ihre Ideen konsequent zu verfolgen und ihnen auch bei Fehlschlägen den Rücken zu stärken.

Die Beschäftigung mit Intrapreneurship, sei es im Rahmen der von *founders@unibw* angebotenen Ideenwettbewerbe und Inkubatorprogramme oder in eigenen Projekten, macht sich in vielerlei Hinsicht bezahlt – für die handelnden Personen und die Organisation.

Wir bedanken uns herzlich bei allen Autorinnen und Autoren für ihre Beiträge und wünschen unseren Leserinnen und Lesern eine spannende Lektüre, die hoffentlich zu eigenen Intrapreneurship-Initiativen inspiriert sowie weitere Ideen und Gedanken rund um das Thema Intrapreneurship anregt.

Ihr Herausgeberteam

Neubiberg, Bayern, Deutschland

Rafaela Kraus
Tanja Kreitenweis
Brigita Jeraj

Inhaltsverzeichnis

Autorenprofile

Dr. Stephan Abel, Betriebswirt und Organisationspsychologe, ist Mitglied des Management Boards im Cyber Innovation Hub der Bundeswehr. Der zur BWI GmbH beurlaubte Luftwaffenoberst im Generalstabsdienst ist mit seinem Team für die Einführung und Etablierung von Intrapreneurship in der Bundeswehr verantwortlich. In diesem Beitrag gibt er seine persönliche Meinung wieder und spricht insofern weder für die Bundeswehr noch für die BWI GmbH.

Dr. Florian Andresen ist seit 2012 wissenschaftlicher Mitarbeiter am Lehrstuhl für Technologie- und Innovationsmanagement der Helmut-Schmidt-Universität in Hamburg. Seit 2013 begleitet er vom Bundesministerium der Verteidigung mandatierte Studien zum Wissensmanagement, zu Communities of Practice und zur Adaptionsfähigkeit der Bundeswehr. Schwerpunkte seiner Arbeit sind die Untersuchung von Dynamic Capabilities, Organisationale Ambidextrie und Strategic Foresight, sowie die organisationale Einbettung informeller Communities of Practice aus einem praxis- und komplexitätstheoretischen Blickwinkel. Daneben untersucht er das Aufeinandertreffen und Verhandeln unterschiedlicher institutioneller Logiken u. a. am Beispiel der Überschneidung von Bundeswehr und Start-up-Ökosystemen.

Prof. Dr. Matthias Baum ist Inhaber des Lehrstuhls für Entrepreneurship und digitale Geschäftsmodelle an der Rechts- und Wirtschaftswissenschaftlichen Fakultät der Universität Bayreuth. Zuvor war Prof. Baum seit 2013 Inhaber des Lehrstuhls für Entrepreneurship an der Technischen Universität Kaiserslautern. Nach seinem Studium der Wirtschaftswissenschaften am ISC Paris und der JLU Gießen promovierte er an selbiger Institution in Kooperation mit der Robert Bosch GmbH und arbeitete im Anschluss in leitender Funktion am Entrepreneurship Cluster Mittelhessen.

Im Rahmen seiner Forschung beschäftigt sich Prof. Baum schwerpunktmäßig u. a. mit Fragestellungen zum digitalen Unternehmertum, dem unternehmerischem Verhalten von Mitarbeitenden sowie der zur Unternehmensführung von Startups und KMU. Forschungsarbeiten aus diesen Themenfeldern konnte er erfolgreich in weltweit führenden Fachzeitschriften veröffentlichen (u. a. Entrepreneurship Theory & Practice, Journal of Business Venturing, Journal of International Business Studies, Journal of World Business) und auf zahlreichen (inter-)nationalen Konferenzen präsentieren (u. a. International Conference on Information Systems, Academy of Management Conference). Seine Arbeiten wurden zudem mehrfach ausgezeichnet.

Neben der Forschung engagiert Prof. Baum sich aktiv beim Transfer und der Gründungsförderung. In diesem Kontext unterstützte er nicht nur zahlreiche erfolgreiche Startups, sondern auch etablierte Unternehmen bei der Gestaltung von Corporate Entrepreneurship Programmen sowie bei Fragen des organisationalen Wandels, der digitalen Transformation und der Gestaltung innovationsfreundlicher Arbeitsbeziehungen.

Malte Brakemeier ist wissenschaftliche Hilfskraft am Lehrstuhl für Allgemeine Betriebswirtschaftslehre und Organisation an der Universität Stuttgart. Er erforscht organisationale Routinen und beschäftigt sich mit der strategischen Veränderung, der organisationalen Koordination und der internationalen Unternehmenstätigkeit produzierender Unternehmen.

Dr. Nadine Chochoiek ist Referentin für Entrepreneurship und Technologietransfer sowie die Leiterin des Entrepreneurship- und Intrapreneurship-Programms „founders@unibw" an der Universität der Bundeswehr München. Im Rahmen ihrer Dissertation an der Ludwig-Maximilians-Universität München und dem Max-Planck-Institut für Innovation und Wettbewerb erforschte sie unternehmerische Persönlichkeiten und andere Erfolgsfaktoren für Startups.

Darüber hinaus verfügt sie über langjährige Erfahrung im Coaching, Mentoring und in der Ausbildung von Studierenden, angehenden Unternehmerinnen und Unternehmern sowie Managern und Regierungsmitarbeitenden im Bereich Management und Unternehmertum – offline und online. Zudem ist Dr. Chochoiek ein aktiver Teil des regionalen und internationalen Entrepreneurship-Ökosystems, um Startups, Universitäten und Unternehmen zu vernetzen.

Fatma Falfoul war von 2018 bis 2020 als wissenschaftliche Mitarbeiterin an der Universität der Bundeswehr tätig. Frau Falfouls Arbeitsgebiet war generell der Outreach/Transfer, Forschungs-, Lehraufgaben sowie Administration im Bereich Entrepreneurship und Intrapreneurship. Sie hat einen Masterabschluss in Pädagogik und Soziologie und bereits an mehreren akademischen Projekten mitgearbeitet, bei denen sie sich auf den Bereich „Innovation im Bildungswesen" spezialisierte.

Martin Fleischer ist seit 2015 Vorstand der BavariaDirekt – der digitale Versicherer des Konzerns Versicherungskammer. Zudem bekleidet er die Konzernfunktion Head of New Business Models und gründete zuletzt das Corporate Start-up uptodate Ventures.

Fritz Frenkler arbeitete, nachdem er sein Studium im Bereich Industriedesign an der Hochschule für Bildende Künste Braunschweig abschloss, bei frogdesign Deutschland und USA. Im Jahr 1986 übernahm er den Aufbau und die Leitung von frogdesign Asien in Tokio. Von 1992 bis 1999 war er Geschäftsführer der Wiege Wilkhahn Entwicklungsgesellschaft, im Anschluss Designchef der Deutschen Bahn AG und Geschäftsführer der Deutschen Bahn Medien GmbH. Heute hat Fritz Frenkler neben seinen Aufgaben bei f/p design folgende Positionen inne: er ist Chairman der iF Product Design Award Jury, war lange Zeit Vorstandsmitglied des iF Industrie Forum design e. V., Hannover, und gehört seit April 2018 zum Vorstand der iF design Foundation. Des Weiteren ist er Regional Advisor der WDO (World Design Organisation, früher ICSID), Montreal und Mitglied der Akademie der Künste, Berlin, Sektion Baukunst. Fritz Frenkler wurde 2005 zum Honorarprofessor im Studiengang industrial design an der HBK Braunschweig ernannt. Seit 2006 ist er Universitätsprofessor für den Lehrstuhl industrial design/Fakultät Architektur an der Technischen Universität München (TUM).

Prof. Dr. Wolfgang Gehra Als Diplom-Kaufmann und als Co-Studiengangsleiter vertritt Prof. Dr. Wolfgang Gehra, Professur für Sozialmanagement an der Hochschule München, die Wirtschaftswissenschaften im interdisziplinären Studiengang Management Sozialer Innovationen. Zwanzig Jahre Managementerfahrung als mittelständischer Unternehmer und in leitenden Positionen sowohl in Profit- als auch in Nonprofit-Organisationen bedeuten einen vielfältigen Erfahrungshintergrund und dementsprechenden Fokus in Forschung und Lehre in Bezug auf Intrapreneurship, (Social) Entrepreneurship und soziale Innovationen.

Magdalena Grimm ist Absolventin des Studienganges Management und Medien Jahrgang 2016 an der Universität der Bundeswehr in München. Ihre Bachelor- und Masterthesis fertigte sie im Bereich Intrapreneurship an. Nach ihrem Abschluss führt sie aktuell ihren weiteren militärischen Werdegang in der Streitkräftebasis der Bundeswehr fort.

Prof. Dr. Tobias Gutmann ist Assistenzprofessor für Produktinnovation an der EBS Business School. Sein Forschungsinteresse gilt der Frage, wie marktrelevante, nachhaltige Produkte und Dienstleistungen entwickelt werden können, um Innovationen und die Gründung neuer Unternehmen zu beschleunigen. Mit etwa 10 Jahren Berufserfahrung in der Unternehmenswelt verfügt er über tiefe Einblicke in die Bereiche Geschäftsentwicklung, Strategie, Innovationsmanagement und Corporate Venturing. In seiner letzten Funktion war er international an vorderster Front der Innovation tätig und leitete globale Wachstumsprojekte für Start-ups in einem Corporate Venture Capital-Portfolio. Darüber hinaus war er als Berater für mehrere multinationale Unternehmen tätig und half ihnen bei der (Neu-)Gestaltung ihrer Risikoprogramme, um langfristige Auswirkungen auf das Geschäft zu erzielen. Er lebte in Deutschland, Spanien, Großbritannien und den USA und hat eine Leidenschaft für Innovation und Technologie. Er promovierte am Dr. Ing. h.c. F. Porsche AG Lehrstuhl für Strategisches Management und Digital Entrepreneurship an der HHL Leipzig Graduate School of Management. Darüber hinaus verfügt er über einen Abschluss in Elektrotechnik und Informationstechnologie sowie in Internationalem Management.

Erik Hoffmann (geb. Nicklich) ist Referent der Geschäftsführung in einem mittelständischen Unternehmen und Alumni des Studiengangs Management Sozialer Innovationen (MSI). Mit mehr als 8 Jahren Erfahrung als Marinesoldat, der mehrjährigen Tätigkeit in einer Stiftung für Menschen mit Behinderungen und der aktuellen Berufstätigkeit in einem Wirtschaftsunternehmen, verbindet er die Eindrücke und Erfahrungen aus dem öffentlichen, dem wirtschaftlichen und dem Non-Profit-Bereich. Dieser Querschnitt verschafft ihm ein besonderes Verständnis für die Relevanz von unternehmerischer Verantwortung, um gesellschaftliche Herausforderungen multiperspektivisch analysieren und bearbeiten zu können.

Prof. Dr. Rodrigo Isidor ist Inhaber des Lehrstuhls für Betriebswirtschaftslehre mit Schwerpunkt Human Ressource Management & Intrapreneurship an der Universität Bayreuth. Dort baut er derzeit das Institut für Entrepreneurship & Innovation mit auf. Nach der Promotion in Betriebswirtschaftslehre an der Universität Gießen war er von 2013 bis 2016 Leiter von TecUp – dem Transfer- und Gründerzentrum der Universität Paderborn – und zugleich Direktor der Paderborn School of Entrepreneurship & Innovation. Von 2016-2019 war er Professor an der Universität Passau, bevor er an die Universität Bayreuth wechselte.

Seine Forschungsinteressen liegen an der Schnittstelle von Human Resource Management und Intrapreneurship und Social Entrepreneurship. Darüber hinaus fungiert er als Mentor mehrerer Start-ups und unterstützt etablierte Unternehmen bei der Gestaltung von Intrapreneurship-Programmen sowie bei Fragen des organisatorischen Wandels, der digitalen Transformation und der Gestaltung innovationsfreundlicher Arbeitswelten.

Prof. Dr. Rüdiger Kabst ist Lehrstuhlinhaber für International Business in der Fakultät für Wirtschaftswissenschaften und wissenschaftlicher Leiter des Technologietransfer- und Existenzgründungs-Centers (TecUP) an der Universität Paderborn. Durch das Innovationsquartier garage33 unterstützt Rüdiger Kabst innovationsgetriebene Startups sowie disruptiv agierende Unternehmen. Methodisch ist er davon überzeugt, dass Evidenzorientierung und Lean Startup die Innovationsfähigkeit und den Zukunftserfolg gezielt beschleunigen.

Felix Kästner arbeitet seit mehreren Jahren als Projektmanager und Innovationsarchitekt für Innovations- und Intrapreneurship-Projekte an der Schnittstelle zwischen Wirtschaft, Wissenschaft und Start-ups. In der Vergangenheit unterstützte er eine Vielzahl an Unternehmen dabei, ihre Intrapreneurship Aktivitäten in bestehenden Strukturen zu integrieren und erfolgreich umzusetzen. Er hat an der Hochschule Augsburg (B.A.) und der Hochschule München (M.Sc.) Betriebswirtschaftslehre mit den Schwerpunkten Business Innovation & Management Consulting studiert. Zudem ist er staatlich geprüfter Bankkaufmann (IHK) und besitzt mehrjährige Erfahrung im Consulting, sowohl im B2B, als auch im B2C Bereich.

Dr. Karina Kiepe ist seit 2016 wissenschaftliche Mitarbeiterin an der Professur Berufs-und Arbeitspädagogik der Helmut-Schmidt-Universität/Universität der Bundeswehr Hamburg. Ihre Arbeitsschwerpunkte sind Berufsbildung für nachhaltiges Wirtschaften, pädagogische Professionalität des beruflichen Bildungspersonals sowie Entrepreneurship Education.

Prof. Dr. Rafaela Kraus ist Vizepräsidentin für Entrepreneurship und Angewandte Wissenschaften an der Universität der Bundeswehr München. Nach dem Studium der BWL und VWL an der Ludwig-Maximilians-Universität (LMU) München und der Sorbonne in Paris promovierte sie in der Wirtschaftspsychologie an der LMU. Nach beruflichen Stationen als Unternehmensberaterin ist sie seit 2006 Professorin an der Universität der Bundeswehr München mit dem Fachgebiet Unternehmens- und Personalführung. Als Vizepräsidentin hat Prof. Dr. Kraus 2019 das Entrepreneurship- und Intrapreneurship-Programm founders@unibw ins Leben gerufen, das sich auf das Thema Publicpreneurship – den unternehmerischen Staat – fokussiert.

Dr. Tanja Kreitenweis war von 2016 bis 2020 als wissenschaftliche Mitarbeiterin an der Universität der Bundeswehr München tätig. Während ihrer Promotion forschte sie in den Bereichen Serious Gaming, Lernen und Führung an der Fakultät für Betriebswirtschaft und an der Rady Management School der University of California San Diego. Parallel dazu begleitete und beriet sie Konzerne zu den Themen Change Management und Kommunikation. Heute ist sie in der Schwarz Personal Gruppe angestellt und verantwortlich für den Rollout und das Change Management von internationalen Personalprojekten an der Schnittstelle zur IT.

Hans Lehmann ist Student der Fachrichtung Psychologie an der der Helmut-Schmidt- Universität, der sich im Rahmen seiner interdisziplinären Abschlussarbeit intensiv mit der Einbindung von MitarbeiterInnen in das Innovationsmanagemen beschäftigt.

Carlotta Linden Als Coachingmanager ist Frau Linden im Bereich der Führungskräfteberatung der everskill GmbH tätig, deren Kern ein digitales Tool für Persönlichkeitsentwicklung darstellt. Ihren Masterabschluss absolvierte sie im interdisziplinären Studiengang Gesellschaftlicher Wandel und Teilhabe und beschäftigte sich schon im Laufe ihres Bachelors mit der Förderung von Mitunternehmertum. Der mitunternehmerische Ansatz von Wunderer (2011) ist Basis ihrer wissenschaftlichen Abschlussarbeiten „Förderung eines mitunternehmerischen Selbstbildes – Team-Erfahrung als Katalysator" und „Selbstreflexion als Aktivierung zu mitunternehmerischen Verhalten. Ein digital begleiteter Prozess zur Selbstentwicklung" und richten somit ihren Forschungsfokus auf Intrapreneurship, Kooperation und persönlichkeitszentrierte Bildungsansätze.

Sarah Lorenz ist seit mehreren Jahren Projektleiterin für die Umsetzung von Intrapreneurship-Vorhaben in etablierten Unternehmen. Ihre Expertise liegt hierbei auf den Gebieten Strategie, Konzeption, Aufbau und Management von Corporate Acceleratoren, Projektmanagement, Aufbau von strategischen Partnerschaften und Strategieentwicklung. In ihrer zusätzlichen Position als Director of Business Development ist sie Expertin für Business Development und Sales innerhalb von Startup-Strukturen. Zudem ist Sarah Lorenz Dozentin/ Coach im Universitätsumfeld für Entrepreneurship und Mentorin für verschiedene Startup-Programme.

Dr. Christian A. Mahringer ist wissenschaftlicher Mitarbeiter am Lehrstuhl für Allgemeine Betriebswirtschaftslehre und Organisation an der Universität Stuttgart. Er erforscht Prozesse der Koordination, wie beispielsweise organisationale Routinen, im Kontext von Innovation und Veränderung. Zur Erforschung solcher Phänomene greift er insbesondere auf qualitative Methoden zurück.

Prof. Dr. Bettina Maisch ist Professorin für Entrepreneurship an der Hochschule München und Leiterin für Lehre und Qualifikation am Strascheg Center for Entrepreneurship (SCE). Sie verfügt über zwei Abschlüsse von der Universität der Künste Berlin, in Gesellschafts- und Wirtschaftskommunikation und Electronic Business. Nach einer Anstellung als Marketing Managerin für das eGovernment Lab am Fraunhofer-Institut für Offene Kommunikationssysteme promovierte sie an der Universität St. Gallen und arbeitete am Institut für Medien- und Kommunikationsmanagement der Universität. Während ihrer Promotion forschte sie am Center for Design Research der Stanford University, Leiter Prof. Larry Leifer, unterstützt durch ein Stipendium des Schweizerischen Nationalfonds sowie des Hasso Plattner Design Thinking Research Program. Prof. Maisch war von 2012 bis 2020 als Senior Key Expert Industrial Design Thinking bei Siemens Corporate Technology (CT) in Peking und München verantwortlich für die Umsetzung eines kundenorientierten Entwicklungsansatzes innerhalb des Unternehmens. Von Januar bis April 2019 absolvierte sie ein Sabbatical am Garwood Center for Corporate Innovation, Leiter Prof. Henry Chesbrough, an der University of California in Berkeley.

Dr. Nicol Matzner-Vogel ist als Geschäftsführerin des Weiterbildungsinstituts campus advanced studies center an der Universität der Bundeswehr München tätig. Die promovierte Historikerin und Bildungsmanagerin legt den Hauptfokus ihres Wirkens auf die quartäre Bildung: Interdisziplinäre, überfakultäre und universitätsübergreifende Angebotsentwicklungen, insbesondere in berufsbegleitenden Studiengängen, gehören neben der Budget- und Personalverantwortung zu ihren zentralen Aufgaben. Aktuell entwickelt sie Programme für die digitale Transformation auf Führungskräfte- und Mitarbeiterebene.

Florian Meßner-Schmitt ist ein leidenschaftlicher Manager und Unternehmer mit über zehn Jahren Industrieerfahrung in Mobilität und Logistik. Bei der Deutschen Bahn verantwortet er das Thema Corporate Entrepreneurship, um mit Hilfe von Unternehmertum Bottom-up Innovation voranzutreiben. Seit vier Jahren identifiziert, validiert und entwickelt er neue Produkte und Geschäftsmodelle mit Mitarbeitenden.

Viele Jahre war Herr Meßner-Schmitt Teil der DB Konzernstrategie und leitete Projekte der digitalen Transformation u. a. Gründung der Corporate Venture Capital Einheit (Deutsche Bahn Digital Ventures), Aufbau eines konzernweiten Innovationsökosystems und Geschäftsmodellentwicklung für Luft- & Seefracht Marktplätze.

Neben seiner Tätigkeit als Führungskraft für die Deutsche Bahn startete er im Jahr 2018 seine eigene unternehmerische Reise. Mit ROUTINERY ist eine Plattform entstanden, die Kosmetikmarken entwickelt und skaliert. Die erste nachhaltige Marke neobömi ist in Apotheken, Amazon und dem eigenen online Shop erhältlich.

Seine Interessen für Leadership, Unternehmertum und Geschäftsmodellinnovation haben ihn dazu inspiriert den Intrapreneurship Roundtable zu gründen. Er besteht aus Führungskräften großer Unternehmen die Intrapreneurship Programme betreiben und gemeinschaftlich über Verbesserungen diskutieren.

Manuel Moritz ist wissenschaftlicher Mitarbeiter am Laboratorium Fertigungstechnik der Helmut-Schmidt-Universität. Innerhalb der Arbeitsgruppe „Wertschöpfungssystematik" forscht er zu kollaborativer Wertschöpfung in Online-Communities.

Meike Neukirch ist Studentin der Fachrichtung Psychologie an der der Helmut-Schmidt- Universität, die sich im Rahmen ihrer interdisziplinären Abschlussarbeit intensiv mit der Einbindung von MitarbeiterInnen in das Innovationsmanagement beschäftigt.

Tobias Rebert ist wissenschaftlicher Mitarbeiter als Gründungscoach am Technologietransfer- und Existenzgründungs-Center der Universität Paderborn. Er verfügt über einen akademischen Abschluss in Betriebswirtschaftslehre der Universität Paderborn und sein derzeitiges Forschungsinteresse liegt im Academic Entrepreneurship; insbesondere fokussiert er sich dabei auf Fragestellungen hinsichtlich der Formierung von Gründerökosystemen an Hochschulen.

Dr. Tobias Redlich ist Oberingenieur am Laboratorium Fertigungstechnik der Helmut-Schmidt-Universität und Leiter der Arbeitsgruppe „Wertschöpfungssystematik". In seiner Forschung beschäftigt er sich mit offenen Ansätzen in der Produktion.

Prof. Birgit Renzl ist Inhaberin des Lehrstuhls für Allgemeine Betriebswirtschaftslehre und Organisation an der Universität Stuttgart. Ihre Forschungsschwerpunkte liegen im Bereich Strategische Veränderungsprozesse und Leadership. Sie engagiert sich als wissenschaftliche Leiterin des Arbeitskreises „Unternehmensführung" der Schmalenbach-Gesellschaft für Betriebswirtschaft e.V. für einen kontinuierlichen Austausch zwischen Wissenschaft und Praxis.

Prof. Dr. Diane Robers ist Professorin für „Service Innovation und Intrapreneurship" an der EBS Universität für Wirtschaft und Recht. Vor ihrer Professur of Management Practice war sie Head of Innovation Competence bei PwC. Darüber hinaus fungiert sie als Expertin und Kuratorin in verschiedenen Gremien.

Seda Röder, alias »the Piano-Hacker«, ist eine unorthodoxe Musikerin, Autorin und Expertin für Innovation und Kreativitätskultur (The Mindshift™). Sie ist eine international gefragte Speakerin und Gründerin der Sonophilia™ Foundation, einer gemeinnützigen Organisation für Kreativitätsforschung und interdisziplinäre Kollaboration mit Partnern aus der globalen Wirtschaft, Kunst, Wissenschaft, Technologie und Politik. Bevor sie 2012 nach Europa übersiedelte, lehrte Seda Röder als Associate an der Harvard University und als Affiliated Artist am MIT (Massachusetts Institute of Technology).

Dr. Steffi Rudel ist Wissenschaftliche Mitarbeiterin an der Universität der Bundeswehr München. Nach dem Studium im Wirtschaftsingenieurwesen und der Promotion im Bereich Simulation beschäftigt sie sich heute in der Forschung mit den Auswirkungen der Digitalisierung auf alle Unternehmensbereiche. Der Fokus liegt dabei insbesondere auf Business und People Analytics, IT- und Datensicherheit sowie Digital Literacy.

Prof. Dr. Tobias Schlömer, Habilitation und Promotion im Fachgebiet Berufs- und Wirtschaftspädagogik, Dipl.-Hdl., Betriebswirt (BA). Arbeitsschwerpunkte: Empirische Lehr-Lernforschung, Berufsbildung für nachhaltiges Wirtschaften, Entrepreneurship Education, Digitalisierung von Beruf und Arbeit.

Dr. Benjamin Schulte ist seit 2014 wissenschaftlicher Mitarbeiter am Lehrstuhl für Technologie- und Innovationsmanagement der Helmut-Schmidt-Universität in Hamburg. Im Rahmen dieser Tätigkeit begleitet er seit 2014 vom Bundesministerium der Verteidigung mandatierte Studien zum Wissensmanagement, zu Communities of Practice und zur Adaptionsfähigkeit der Bundeswehr. Der Schwerpunkt seiner Tätigkeit ist dabei die Untersuchung der organisationalen Einbettung informeller Communities of Practice, sowie das Erforschen der Themenbereichen Dynamic Capabilities, Organisationale Ambidextrie und Strategic Foresight. Diesem Interesse geht er mittels qualitativer Methoden und unter Verwendung von praxis-bzw. komplexitätstheoretischen Ansätzen nach. Die Forschungsergebnisse von Dr. Schulte wurden u. a. im Journal of Leadership and Organizational Studies und den IEEE Transactions on Engineering Management publiziert.

Sebastian Stadler schloss 2016 sein Studium am Lehrstuhl für Industriedesign an der Technischen Universität München (TUM) ab. Während seines Studiums sammelte er Arbeitserfahrung in Start-ups und Unternehmen wie BMW, Bosch und Knorr Bremse. Seit Januar 2017 unterstützt er als wissenschaftlicher Mitarbeiter und Doktorand die Abteilung „Design for Autonomous Mobility" bei TUMCREATE. In seinem Promotionsprojekt untersucht er, wie sich die Integration von Virtual Reality in jede Phase des Designprozesses auf das Ergebnis eines Projekts, die verwendeten Methoden, den Designprozess und die Rolle des Designers auswirkt. Seine Forschung umfasst Designforschung, virtuelle Realität, Mensch-Maschine-Interaktion und Automotive Design. Seit Dezember 2020 ist Sebastian Stadler als wissenschaftlicher Mitarbeiter im Bereich Design und Prototyping an der Universität der Bundeswehr München angestellt.

Dr. Christian Stumpf war maßgeblich am Auf- und Ausbau des Intrapreneurship Programms der Deutschen Bahn beteiligt und verantwortete in diesem die initiale Validierung neuer digitaler, durch Mitarbeitende entwickelte Geschäftsmodelle. Darüber hinaus beschäftigt er sich aktiv mit der Implementierung unternehmerischer Verhaltensweisen im Kerngeschäft bestehender Unternehmen. Er studierte Wirtschaftswissenschaften an der Universität Mannheim und promovierte bei Professor Matthias Baum am Lehrstuhl für Entrepreneurship an der Technischen Universität Kaiserslautern. Zeitgleich fungiert Christian Stumpf als Coach und Mentor für zahlreiche Startups und fokussiert sich hierbei vor allem auf technologieorientierte und wissensbasierte Geschäftsmodelle. Eigene Startup Erfahrung sammelte er als Head of Marketing der A+ Composites GmbH, die 2017 zu den Finalisten des Deutschen Innovationspreis zählte.

Tim Thrun ist seit 2020 wissenschaftlicher Mitarbeiter an der Professur Berufs- und Arbeitspädagogik der Helmut-Schmidt-Universität/Universität der Bundeswehr Hamburg. Seine Arbeitsschwerpunkte sind Berufsbildung für nachhaltiges Wirtschaften und berufliche Fachdidaktik der kaufmännischen Berufe.

Slawa Tomin ist wissenschaftlicher Mitarbeiter am Lehrstuhl International Business an der Universität Paderborn. Er verfügt über einen akademischen Abschluss in International Business Studies und beschäftigt sich derzeitig im Rahmen seiner Dissertation mit Fragestellungen aus dem Corporate Entrepreneurship und der daraus resultierenden strategischen Erneuerung etablierter Unternehmen und dem Wachstum in neue Geschäftsfelder. Im Rahmen von Drittmittelprojekten unterstützt Slawa Tomin regionale Unternehmen dabei, Innovationsprozesse zu optimieren, die Grundzüge des Corporate Entrepreneurship zu etablieren und in der Unternehmenskultur zu manifestieren.

Dr. Bernhard Wach ist Vertretungsprofessor für Entrepreneurship an der Fachhochschule Bielefeld. Er verfügt über akademische Abschlüsse in den Feldern politische Wissenschaft sowie Betriebswirtschaftslehre und wurde an der Universität Paderborn mit dem thematischen Schwerpunkt des strategischen Personalmanagements promoviert. Die Forschung und Publikationen von Dr. Wach beziehen sich auf Entrepreneurship und Personalmanagement.

Dr. Christina Weber, Leitung Forschung am Strascheg Center for Entrepreneurship (SCE gGmbH): Als Soziologin und Systemtheoretikerin leitet Dr. Christina Weber die Forschungsaktivitäten des Strascheg Center for Entrepreneurship (SCE gGmbH) an der Hochschule München. Ihre Dissertation beschäftigt sich mit „realtime foresight" als neuer Fähigkeit, Innovationsnetzwerke dynamisch aufzubauen. Ihre Forschungsinteressen sind Co-Creation, Disaster Management, Transformationsprozesse und Sustainable Entrepreneurship. Die Forschungsaktivitäten des SCE umfassen Entrepreneurship Education, Co-Creation-Prozesse sowie Transformation zur Arbeitswelt 2030.

Prof. Dr. Jens Wulfsberg leitet das Laboratorium Fertigungstechnik der Helmut-Schmidt-Universität, wo er neue interdisziplinäre Ansätze in den Produktionswissenschaften vorantreibt.

Einleitung: Ideen Raum geben. Innovationen schaffen.

Brigita Jeraj, Rafaela Kraus und Tanja Kreitenweis

Intrapreneurship für die Zukunftsfähigkeit von Unternehmen

Unternehmen und Organisationen stehen fortwährend vor der Aufgabe, sich nachhaltig zu verändern, Innovationen zu schaffen und neue Produkte, Dienstleistungen und Geschäftsmodelle zu entwickeln. Intrapreneurship spielt eine zentrale Rolle, wenn es darum geht, in bestehenden Systemen neu zu denken, um wettbewerbs- und zukunftsfähig zu bleiben. Nur wenn die Impulse und Ideen von Mitarbeitenden durch eine offene und mitarbeiterzentrierte Unternehmenskultur gefördert werden, kann das Potenzial internen Unternehmertums effektiv genutzt werden.

Doch welche Strukturen werden für diesen vielversprechenden Ansatz benötigt und wie lassen sich die Ideen und das Wissen der Mitarbeitenden am besten organisieren? Wie lassen sich Intrapreneure überhaupt identifizieren? Welche weiteren Maßnahmen müssen ergriffen werden, um die Impulse aus dem Inneren effektiv und effizient nutzen zu können? Wie kann man eine Gründungskultur in den oftmals festen Strukturen etablieren und Mitarbeitende fördern? Wie schaffen es Unternehmen und Institutionen, eine Gründungskultur zu leben? Wie können Innovationen erfolgreich implementiert werden? Wie geht man mit den Risiken und Scheitern um? Und nicht zuletzt: Warum ist es so wertvoll, Intrapreneurship zu fördern?

Theorie trifft auf Praxis

Der vorliegende Sammelband geht diesen Fragen nach. Dabei werden nicht nur verschiedene Intrapreneurship-Konzepte beleuchtet, sondern Wissenschaft und Praxis zusammengebracht. So werden theoretische Annäherungen an das Thema neben ausgewählten Pilotpro-

B. Jeraj (✉) · R. Kraus · T. Kreitenweis
Universität der Bundeswehr München, Neubiberg, Deutschland
E-Mail: brigita.jeraj@unibw.de; rafaela.kraus@unibw.de; tanja.kreitenweis@unibw.de

R. Kraus et al. (Hrsg.), *Intrapreneurship*,
https://doi.org/10.1007/978-3-662-64102-6_1

jekten und Fallbeispielen aus verschiedenen Unternehmen und staatlichen Organisationen dargestellt, um Intrapreneurship in seiner vielfältigen Praxis abzubilden. Durch den Handbuchcharakter bietet sich Studierenden und Forschenden, Unternehmenspraktikern und allen, die in Organisationen Innovationen fördern und zu Intrapreneurship beraten wollen sowie (zukünftigen) Intra- und Entrepreneuren eine umfassende Erstlektüre.

Der Aufbau des Sammelbandes findet eine Balance zwischen theoretischen Erkenntnissen und konkreten Handlungsempfehlungen. Zunächst werden (theoretische) Grundlagen aufgezeigt und verschiedene Rahmenbedingungen für Intrapreneurship aus wissenschaftlicher Perspektive besprochen sowie organisationale Besonderheiten veranschaulicht. Anschließend findet mit praktischen Erkenntnissen und der Vorstellung von ausgewählten Projekten eine Vertiefung statt. Die Beiträge sind in sechs Bereiche gegliedert.

Intrapreneurship, Intrapreneure und Social Intrapreneurship
Einen guten Einstieg in das Thema Intrapreneurship bietet der erste Teil mit seinen Beiträgen zu „Intrapreneurship, Intrapreneure und Social Intrapreneurship". Tanja Kreitenweis nimmt in ihrem Beitrag „Intrapreneurship – Unternehmergeist der Mitarbeiterschaft" eine Begriffsklärung vor und fasst die wichtigsten, unlängst publizierten Forschungsarbeiten aus diesem Bereich zusammen. Nadine Chochoiek beschäftigt sich anschließend mit typischen Charaktereigenschaften von Intrapreneuren und legt dar, inwieweit die „Big Five"-Persönlichkeitsmerkmale auf Intrapreneure zutreffen. Schließlich geben Gehra und Hoffmann einen theoretisch-konzeptionellen Einblick in die Thematik, wie sich unternehmerisches Denken und gesellschaftliche Ansprüche in die Unternehmensstrategie einbinden lassen und so bestenfalls eine Lösung gesellschaftlicher Herausforderungen bewirkt werden kann.

Corporate Intrapreneurship: Wissenschaftliche Perspektive
Der zweite Teil stellt Corporate Intrapreneurship in den Mittelpunkt, welches in den Beiträgen zunächst aus wissenschaftlicher Perspektive betrachtet wird. Brakemeier, Mahringer und Renzl gehen organisationalen Routinen zur Förderung von Intrapreneurship auf den Grund und leiten daraus konkrete Gestaltungsempfehlungen für die Unternehmenspraxis ab. Sie argumentieren, dass Unternehmen durch eine solche Strategie eine nachhaltige Förderung von Intrapreneurship erreichen, anpassungsfähiger werden und somit auf aktuelle Entwicklungen besser reagieren können. Gehra, Linden und Weber stellen in ihrem Beitrag „Mit-Unternehmerpotenziale in Teams/Organisationen durch digitales Selbstcoaching aktivieren" den Typus des engagierten, eigenständigen und kooperativen Mitarbeitenden mit Unternehmergeist vor, der seine Begeisterung ins Team zu bringen vermag. Darüber hinaus wird ein geeignetes digitales Selbstcoaching-Instrument vorgestellt.

Organisationaler Rahmen für Intrapreneurship
Den organisationalen Rahmen für Intrapreneurship haben die Beiträge im dritten Teil im Blick. Robers und Fleischer greifen in ihrem Beitrag „Digitalisierung als Treiber für

Intrapreneurship-Aktivitäten – Erkenntnisse aus der praktischen Umsetzung in einem Versicherungskonzern" das Thema Digitalisierung mit der Nutzung neuer Technologien (Big Data, Künstlicher Intelligenz oder Blockchain) für die Erschließung von neuen Geschäftsmodellen und passgenau auf Kunden zugeschnittenen Versicherungsprodukten auf. Detaillierte Handlungsempfehlungen, wie der unternehmensinterne Prozess von den Anfängen bis zu einem marktreifen Produkt aufgebaut und begleitet werden kann, erhalten die Lesenden in dem Beitrag von Gutmann und Maisch. Seda Röder prägt in ihrem Beitrag „Führungskultur Revisited" eindrücklich den Begriff des Mäzen-Managers, der in seiner Führungsrolle die künstlerische bzw. unternehmerische Kreativität im Unternehmen fördert und so Innovationen vorantreibt. Neben künstlerischen Aspekten greift dieses Kapitel auch neuartige Technologien auf. Stadler und Frenkler beschreiben anhand von Fallbespielen, wie mit der Kombination von neuartigen Technologien – mit einem Fokus auf Virtual Reality – und mit Design Thinking nutzerzentrierte Produkte entwickelt werden können.

Corporate Intrapreneurship: Praktische Erkenntnisse

Die praktischen Erkenntnisse zum Corporate Intrapreneurship werden im vierten Teil variantenreich veranschaulicht. Lorenz und Kästner warten in ihrem Beitrag mit zahlreichen Praxistipps auf. Sie zeigen, wie Intrapreneurship-Programme besser gelingen können und wie Unternehmen vielversprechende Talente gewinnen und binden können. Fünf zentrale Möglichkeiten für die Gestaltung von Intrapreneurship-Programmen besprechen Stumpf, Isidor, Baum und Meßner-Schmitt. Eine weitere konkrete Möglichkeit Mitarbeitende für Intrapreneurship-Aktivitäten zu ermutigen, wird von Moritz, Neukirch, Lehmann, Redlich und Wulfsberg in ihrem Beitrag „Inhouse-Ideenwettbewerbe – Wie aus Mitarbeitenden Intrapreneure werden" beschrieben, indem auf das Potenzial dieses Formats eingegangen wird. Schlömer, Kiepe und Thrun diskutieren in ihrem Beitrag Strategieansätze sowie Konzepte des Managements, um Intrapreneurship zu fördern. Dabei gehen sie der Frage nach, inwieweit Mitarbeitende auf operativer Ebene, die keine Managementerfahrung haben, hier eingebunden werden können.

Public Intrapreneurship-Initiativen

Einige Public Intrapreneurship-Initiativen werden im fünften Teil von zwei Beiträgen aus der Bundeswehr repräsentiert und beschreiben insbesondere die praktischen Herausforderungen, die ein solches Vorhaben in einer strukturell eher starr angelegten Institution mit sich bringt. Stephan Abel vom Cyber Innovation Hub – einem Intrapreneurship-Programm der Bundeswehr – stellt das Projekt „IPS@Bw" vor und sieht den „Chancen und Herausforderungen für Intrapreneurship in der Bundeswehr" entgegen. Möglichkeiten zur Stärkung von Intrapreneurship, Agilität und bottom-up Innovation in der Bundeswehr werden auch von Andresen und Schulte vorgestellt. Sie greifen hierfür das Beispiel der Einsatzflottille 1 auf. Schließlich stellen Kraus, Falfoul und Matzner-Vogel in ihrem Beitrag „Intrapreneurship im öffentlichen Sektor – Ein Bildungsprogramm an einer Hochschule" ein für die Zielgruppe „Öffentlicher Dienst" maßgeschneidertes Weiterbildungsprogramm vor. Mit Hilfe von Interviews mit Studierenden und Führungskräften werden dafür wesentliche Voraussetzungen für das Funktionieren von Intrapreneurship in Behörden identifiziert und in ein Bildungsprogramm überführt.

Evaluierung von Intrapreneurship

Abgerundet wird der Sammelband von Beiträgen zur Evaluierung von Intrapreneurship sowie zur Entwicklung von Intrapreneurship-Kompetenz. Grimm und Rudel untersuchen in ihrer Interviewstudie das Intrapreneurship-Potenzial deutscher Unternehmen. Um diese unternehmerischen Chancen strukturiert evaluieren zu können, entwickeln und vermitteln Rebert, Tomin, Wach und Kabst in ihrem Beitrag entsprechende Handlungsempfehlungen.

Die Vielfalt der Beiträge spiegelt die Bandbreite des Begriffs „Intrapreneurship“ und ermöglicht sowohl eine umfassende als auch zielgerichtete Beschäftigung mit dem Thema.

Teil I

Intrapreneurship, Intrapreneure und Social Intrapreneurship

Intrapreneurship – Unternehmergeist der Mitarbeitenden

Tanja Kreitenweis

In den Wirtschaftswissenschaften ist Intrapreneurship ein vergleichsweise junges Konzept und findet in einem immer breiter werdenden Forschungsfeld Beachtung. Auch in der Praxis wird Intrapreneurship als vielversprechender Ansatz verstanden. Von Intrapreneuren erhoffen sich Arbeitgeber bahnbrechende Innovationen, um auf Wettbewerber reagieren zu können und mit neuen Technologien Schritt halten zu können (Guerrero & Peña-Legazkue, 2013).

Dieser Beitrag hat das Ziel, den Einstieg in den vorliegenden Sammelband zum Thema Intrapreneurship zu erleichtern. Dafür wird das Konzept Intrapreneurship zunächst dargelegt und die Erkenntnisse aus der Forschung der letzten zehn Jahre aufgezeigt. Hierfür werden die organisationalen Vorteile, die man sich von Intrapreneurship verspricht, geschildert und förderliche Rahmenbedingungen für den Unternehmergeist der Mitarbeitenden vorgestellt. Hierzu zählt einerseits der Einfluss durch die Führungskraft und andererseits die Wirkung organisationaler Strukturen. Schließlich wird näher auf die Person und die Persönlichkeit von Intrapreneuren eingegangen.

1 Intrapreneurship – eine Begriffserklärung

Für Intrapreneurship fehlt bisher eine einheitliche Definition (Blanka, 2019). Aus diesem Grund haben Gawke, Gorgievski und Bakker (2019), basierend auf einer ausführlichen und nach strengen Kriterien durchgeführten Literaturrecherche, drei Ansätze identifiziert, wie Intrapreneurship in der Wissenschaft aufgearbeitet wird (Abb. 1):

T. Kreitenweis (✉)
Universität der Bundeswehr München, Neubiberg, Deutschland
E-Mail: tanja.kreitenweis@unibw.de

R. Kraus et al. (Hrsg.), *Intrapreneurship*,
https://doi.org/10.1007/978-3-662-64102-6_2

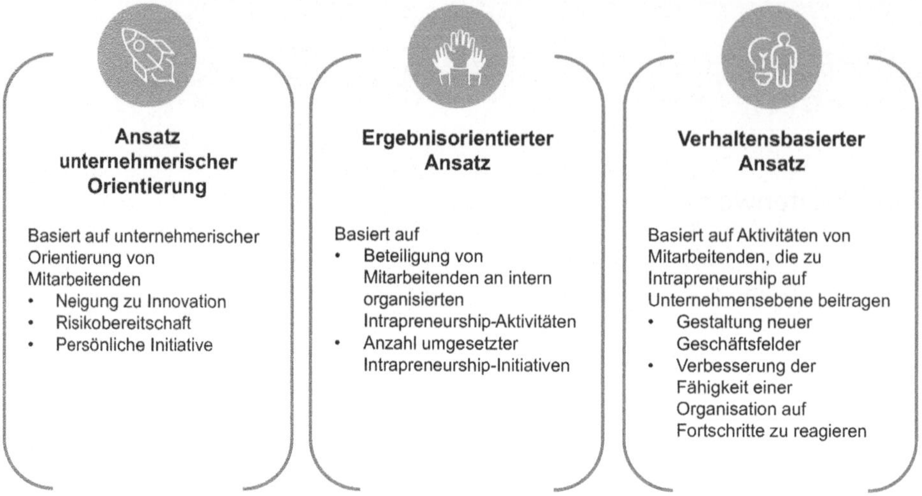

Ansatz unternehmerischer Orientierung
Basiert auf unternehmerischer Orientierung von Mitarbeitenden
• Neigung zu Innovation
• Risikobereitschaft
• Persönliche Initiative
Ergebnisorientierter Ansatz
Basiert auf
• Beteiligung von Mitarbeitenden an intern organisierten Intrapreneurship-Aktivitäten
• Anzahl umgesetzter Intrapreneurship-Initiativen
Verhaltensbasierter Ansatz
Basiert auf Aktivitäten von Mitarbeitenden, die zu Intrapreneurship auf Unternehmensebene beitragen
• Gestaltung neuer Geschäftsfelder
• Verbesserung der Fähigkeit einer Organisation auf Fortschritte zu reagieren

Abb. 1 Intrapreneurship Ansätze nach Gawke et al. (2019) (eigene Darstellung)

- nach unternehmerischer Orientierung,
- nach Ergebnisorientierung und
- verhaltensbasiert.

Der Ansatz **unternehmerischer Orientierung** basiert auf dem Gedanken, wie gründungsorientiert Mitarbeitende sind. Assoziiert werden damit das Zeigen von persönlicher Initiative, das Eingehen von Risiken und das Entwickeln von Innovationen. Inwieweit Mitarbeitende unternehmerische Beiträge für ihren Arbeitgeber leisten, spiegelt sich im Ansatz der **Ergebnisorientierung** wider. Dabei beziehen sich Forschende vor allem darauf, ob Mitarbeitende führend in der Entwicklung von neuen Produkten oder Dienstleistungen sind, sich in Start-up Aktivitäten einbringen und wie viele unternehmerische Ideen sie in ihrem Unternehmen implementiert haben. Der letzte Ansatz, der das **Verhalten der Mitarbeitenden** fokussiert, bildet einerseits inkrementelle Veränderungsvorschläge in Bezug auf Produkte oder Prozesse ab. Andererseits meint das unternehmerische Verhalten die Gestaltung oder die Investition von Ressourcen in neue Unternehmen(sideen). Unter diesen Ansatz fällt auch das Bestreben nach einer strategischen Neuausrichtung. Radikale oder inkrementelle Erneuerungen des Produkt- und Dienstleistungsportfolios sowie die Neugestaltung der Unternehmensstrategie werden in diesem Zuge vorangetrieben.

Zunächst wirken die letzten beiden Ansätze sehr ähnlich, allerdings geht der verhaltensbasierte Ansatz von der aktiven Initiative seitens der Mitarbeitenden aus. Der zweite Ansatz, der sich auf die Ergebnisorientierung bezieht, sieht hingegen den Arbeitgeber, also die Organisation, als Initiator von Intrapreneurship-Aktivitäten.

Ansatz unternehmerischer Orientierung – 3M

Spencer Silver entdeckte einen neuen Klebstoff, der auf Oberflächen anhaftete und gleichzeitig ohne Rückstände ablösbar war. Gemeinsam mit Art Fry, ebenfalls Wissenschaftler bei 3M, fand er eine passende Einsatzmöglichkeit, den neuen Klebstoff zu nutzen – der Grundstein für das Post-it® war gelegt und hatte einen neuen Unternehmenszweig bei 3M zur Folge. ◀

Ergebnisorientierter Ansatz – Deutsche Bahn

Die Deutsche Bahn etablierte ein eigenes Intrapreneurship-Programm. Alle Mitarbeitenden können unabhängig von ihrer Position Ideen einreichen. Wenn eine Idee in das Intrapreneurship-Programm aufgenommen wird, können die Intrapreneure an dieser Idee weiterarbeiten und werden mit speziellen Schulungen unterstützt. Details dazu finden sich im Beitrag von Stumpf et al. in diesem Sammelband. ◀

Verhaltensbasierter Ansatz – ARD

Als Robert Amlung, Redakteur bei ARD, in den 1990ern feststellte, dass das Abspielen von Videos im Internet möglich war, forcierte er einen Webauftritt für die Tagesschau. Er musste enorme Überzeugungsarbeit leisten, um den damaligen Programmdirektor von seiner Idee zu überzeugen. Im Jahr 1996 war es soweit und die Webseite tagesschau.de ging online. ◀

Eine Sonderform von Intrapreneurship stellt die „Intrapreneurial Bricolage“ nach Halme, Lindeman und Linna (2012) dar. Bricolage bedeutet ins Deutsche übersetzt „Bastelei“. In diesem Falle gehen Intrapreneure unternehmerischen Aktivitäten nach, die in großen Unternehmen vor dem Hintergrund knapper Ressourcen stattfinden. Verfügbare Ressourcen werden durch kreative Kombinationen und Bündelung nutzbringend eingesetzt.

Auch wenn basierend auf dieser dreiteiligen Darstellung (Abb. 1) von Intrapreneurship bereits die Bedeutung des Konstrukts deutlich wird, so kann mithilfe der Employee Intrapreneurship Scale (Tab. 1) von Gawke et al. (2019), ein tiefergreifendes Verständnis für

Tab. 1 Employee Intrapreneurship Scale nach Gawke et al. (2019) (eigene Übersetzung)

Verhalten strategischer Neuausrichtung	Unternehmerisches Verhalten
– Ich verfolge das Ziel Veränderungen in meinem Unternehmen zu realisieren. – Ich verfolge das Ziel bestehende Produkte bzw. Dienstleistungen meines Unternehmens zu verändern. – Ich bringe Ideen zur strategischen Neuausrichtung meines Unternehmens ein. – Ich entwickle neue Arbeitsweisen für mein Unternehmen.	– Ich verfolge das Ziel neue Geschäftsbereiche aufzubauen. – Ich verfolge das Ziel neue Märkte und Communities für mein Unternehmen zu erschließen. – Ich verfolge Aktivitäten, die zu neuen (Geschäfts-)Bereichen außerhalb meines Unternehmens führen. – Ich baue aktiv neue Kooperationen mit Experten außerhalb meines eigenen Berufsfeldes auf.

den verhaltensbasierten Ansatz erworben werden. Diese Skala bildet Intrapreneurship mit zwei Dimensionen ab: „Verhalten strategischer Neuausrichtung“ und „Unternehmerisches Verhalten“. Mitarbeitende sollen für jede Dimension jeweils vier Fragen beantworten, um ein Bild ihres Unternehmergeistes zu erhalten.

Von ähnlichen Intrapreneurship-Dimensionen gehen auch Skarmeas, Lisboa und Saridakis (2016) aus, allerdings beziehen sie diese eher auf das Unternehmen und weniger auf das mitarbeitende Individuum, da sie eine ressourcen-basierte Perspektive einnehmen. Sie differenzieren nach neuen Geschäftsmöglichkeiten, Innovationskraft, Selbsterneuerung und proaktivem Handeln. Weiter gefasst, können Intrapreneure auch als Change Agenten verstanden werden, die sich Mitstreitende suchen, die ihre Innovationsideen bzw. Verbesserungsvorschläge befürworten und mittragen, und damit schrittweise die Veränderung vorantreiben (Heinze & Weber, 2016).

Wenn Mitarbeitende Intrapreneurship-Verhalten zeigen, so scheint dies auf den ersten Blick für motivierte Mitarbeitende zu sprechen, die sich mit ihrer Organisation identifizieren und Neues erschaffen möchten (Tab. 1). Allerdings birgt ein derartiges Verhalten auch Schattenseiten, wie Gawke, Gorgievski und Bakker (2018) zeigten. Intrapreneure weisen einen erhöhten Erschöpfungsgrad auf, der unter anderem das Leistungsvermögen beeinträchtigen und zu vollkommener Arbeitsvermeidung führen kann. Basierend auf diesen Erkenntnissen und weiteren Analysen, empfehlen die Forschenden Intrapreneure zu fördern, die in hohem Maße auf positive Anreize (z. B. Belohnungen) reagieren und weniger solche, die besonders sensibel für Kritik und Bestrafung sind. Dadurch sollen die genannten negativen Auswirkungen vermieden werden. Ebenfalls bedacht werden sollte, dass das Zeigen von Unternehmergeist aus Mitarbeitersicht auch ein gewisses (karrierebezogenes) Risiko birgt und erhebliche Anforderungen an die eigenen Ressourcen stellt (Rigtering et al., 2019).

Neben dem Begriff Intrapreneurship, der den Unternehmergeist der Mitarbeitenden thematisiert, stiftet in der englischen Literatur häufig der Terminus „Corporate Entrepreneurship“ Verwirrung. Eine ausführliche Abgrenzung zum Intrapreneurship-Konzept bietet der Literaturüberblick von Blanka (2019). Zusammengefasst wird Corporate Entrepreneurship durch das Top Management initiiert und wird von diesem als nützliche Innovationsstrategie gesehen. Hierbei werden entweder die Ziele von Corporate Venturing[1] und der Gestaltung neuer Unternehmen verfolgt oder die Neugestaltung einer bestehenden Organisation angestrebt. Bei Intrapreneurship hingegen trifft das Individuum ($\neq$ Topmanagement) selbst die Entscheidung, ob es sich entsprechend dem Intrapreneurship-Gedanken verhalten möchte oder nicht.

[1] Corporate Venturing bezieht sich auf unternehmerische Bemühungen, die zur Gründung neuer Geschäftsfelder innerhalb von Unternehmen führen. Diese neuen Geschäftsfelder können aus Innovationen hervorgehen oder zu Innovationen führen. Solche Innovationen besitzen das Potential neue Märkte zu erschließen und/oder neue Produktangebote zu etablieren. Diese Venturing-Bemühungen können, müssen jedoch nicht, zur Bildung neuer Organisationseinheiten führen, wie bspw. neuen Abteilungen (Sharma & Chrisman, 1999).

2 Vorteile, die sich Unternehmen von Intrapreneurship versprechen

Sowohl in der Forschung als auch in der Praxis wird Intrapreneurship in den letzten Jahren mehr Aufmerksamkeit geschenkt, da ihm einige gewinnbringende Vorteile zugeschrieben werden, die den Unternehmenserfolg fördern sollen. Dabei stehen vor allem positive Auswirkungen auf die Unternehmensleistung im Fokus und weniger der Einfluss von Intrapreneurship-Aktivitäten auf das Individuum.

Antoncic und Antoncic (2011) untersuchten die Auswirkungen von Mitarbeiterzufriedenheit, im Sinne von (1) grundsätzlicher Zufriedenheit, (2) der Beziehung zu Kolleginnen und Kollegen, (3) der Mitarbeiterloyalität sowie (4) der Vergütung, (Sozial-)Leistungen und Organisationskultur auf Intrapreneurship und wie sich infolgedessen Intrapreneurship auf das Unternehmenswachstum auswirkt. Die Ergebnisse zeigen, je höher die Mitarbeiterzufriedenheit, desto stärker ausgeprägt sind die Intrapreneurship-Aktivitäten in einer Organisation. Intrapreneurship wiederum beeinflusst positiv das Unternehmenswachstum.

Neben der Untersuchung von Intrapreneurship als Determinante von Unternehmenswachstum, wurde der Effekt dieses Konstrukts auf den Unternehmenserfolg analysiert. Die Ergebnisse von Felício, Rodrigues und Caldeirinha (2012) zeigen einen positiven Einfluss von Intrapreneurship auf das Wachstum und die Verbesserung verschiedener Erfolgsgrößen von Organisationen (Marktanteil, Vertriebszahlen, Firmengröße und Leistungsmerkmalen). Anders als erwartet, konnte eine positive Wirkung von Intrapreneurship auf den finanziellen Erfolg – in Form verschiedener Renditen – sowie die Produktivität von Unternehmen nicht bestätigt werden. Allerdings konnten Benitez-Amado, Llorens-Montes und Perez-Arostegui (2010) den vorteilhaften Einfluss von Intrapreneurship auf die allgemeine Leistungsfähigkeit eines Unternehmens zeigen: Eine intrapreneurshipfreundliche Kultur, die geprägt ist von Mitarbeiterinitiativen, z. B. zur Entwicklung neuer Marketingideen, verbesserter Produktqualität oder zur Beseitigung verschwenderischer bzw. ineffizienter Arbeitspraktiken, wirkt sich positiv auf die Leistungsfähigkeit von Unternehmen aus. Auch für die zukünftige Entwicklung von Exportzahlen, z. B. Umsatzvolumen und Profitabilität, spielt Intrapreneurship eine einflussreiche Rolle (Skarmeas et al., 2016).

Weitere Studien fokussierten konkrete Unternehmensfelder und den Einfluss von Intrapreneurship. Vor dem Hintergrund der Globalisierung, kürzeren Produktionszyklen und steigendem Wettbewerbsdruck wird Intrapreneurship auch als Innovationstreiber verstanden. Baruah und Ward (2015) sehen das Hervorbringen von Innovationen als zwingende Notwendigkeit, damit Unternehmen überleben können und analysierten mit Blick auf diese Annahme das Thema Intrapreneurship mithilfe eines Literaturüberblicks. Auch Falola et al. (2018) greifen die Formulierung des Überlebens auf und bestätigen empirisch den positiven Einfluss von Intrapreneurship auf das Fortbestehen von Unternehmen.

Für die Vermarktung neuer Technologien ist Intrapreneurship ebenfalls ein starker Prädiktor. Eine Studie von Geisler und Turchetti (2015) zeigt, dass bei Kooperationen zwischen dem öffentlichen und privaten Sektor der Intrapreneurship-Gedanke seitens der beteiligten Mitarbeitenden einen wesentlichen Einfluss auf die Kommerzialisierung und den Transfer von Technologien ausübt. Einen weiteren Beitrag leistet Intrapreneurship zum organisationalen Lernen bzw. vice versa. Fallstudien, durchgeführt mit drei Unternehmen, zeigten Interdependenzen zwischen Intrapreneurship und organisationalem Lernen (z. B. Unternehmenskultur, Wissensmanagement und Führung). Folglich können Verhaltensweisen des internen Unternehmertums, wie bspw. transparentes Kommunizieren oder das Teilen von Wissen, förderlich für das organisationale Lernen sein (Haase et al., 2015). Das wird auch in nicht-gewinnorientierten Unternehmen, wie bspw. humanitären Dienstleistungsorganisationen deutlich, in denen der Unternehmergeist der Mitarbeitenden die Anerkennung dieser Einrichtungen sicherstellt und politischen Entwicklungen entgegenwirkt, die Nachteile für die Hilfesuchenden nach sich tragen würden (Nandan et al., 2015).

Bisher untersuchten wenige Studien die Effekte von Intrapreneurship auf den Mitarbeitenden. So hat sich zum Beispiel gezeigt, dass Mitarbeitende mit Unternehmergeist persönliche Ressourcen entwickeln. Was ist damit gemeint? Unter persönlichen Ressourcen werden form- und entwickelbare Charakteristika verstanden. Diese unterstützen die Entwicklung individueller Selbstglaubenssätze bzgl. ihrer Fähigkeit, ihre Umwelt zu steuern bzw. beeinflussen zu können (Hobfoll et al., 2003; Luthans et al., 2008). Persönliche Ressourcen und auch Intrapreneurship-Verhalten erhöhen die Bereitschaft von Mitarbeitenden sich im Arbeitsumfeld zu engagieren (Gawke et al., 2017).

3 Wie kann Intrapreneurship gefördert werden?

Aufgrund der gewinnbringenden Einflüsse von Intrapreneurship im Unternehmenskontext, haben sich Forschende vermehrt in den letzten Jahren mit förderlichen Rahmenbedingungen für das interne Unternehmertum befasst. Als Determinanten hierfür konnten sowohl die Führungskräfte als auch die organisationale Struktur identifiziert werden.

3.1 Der Einfluss der Führungskraft

> „A leader is like a gardener. When you want a tomato, you take a seed, put it in fertile soil, and carefully water under tender care. You don't manufacture tomatoes you grow them."
> (Hisrich, 1990, S. 219)

Verschiedene Führungsstile wurden hinsichtlich ihrer Förderung von unternehmerischem Verhalten untersucht. Mit einem Datensatz aus Spanien haben Moriano, Molero, Topa und Lévy Mangin (2014) herausgefunden, dass transformationale Führung, die sich u. a. durch das Inspirieren von Mitarbeitenden auszeichnet, Intrapreneurship fördert. Transaktionale Führung hingegen, die bei zufriedenstellender Aufgabenerfüllung seitens der Mitarbeitenden auf Belohnungen setzt, hemmt internes Unternehmertum.

Abb. 2 Erwartungen von Intrapreneuren an ihre Führungskraft nach Deprez & Euwema (2017) (eigene Darstellung)

Neben der Art des Führens haben auch die Kommunikationsinhalte der Führungskräfte einen Einfluss auf potenzielle Intrapreneure. Führungskräfte sollten die Teilnahme an Intrapreneurship-Initiativen als etwas „Natürliches" darstellen – es geht darum, die im Unternehmen verankerte Mitarbeiterbeteiligung als Selbstverständlichkeit zu vermitteln. Im Austausch mit den Mitarbeitenden empfiehlt es sich dabei vor allem den Bezug auf frühere Intrapeneurship-Aktivitäten zu meiden, da dadurch mit einer geringeren Teilnahme seitens der Mitarbeitenden und einem niedrigeren Innovationsgrad der Ideen zu rechnen ist (Rigtering et al., 2019).

Wenn nun die Perspektive gewechselt und der Frage nachgegangen wird, welche Erwartungen Intrapreneure an ihre Vorgesetzten haben, so zeigen sich einige Überschneidungen mit den oben genannten Erkenntnissen. Deprez und Euwema (2017), zwei belgische Forschende, haben junge Intrapreneure und Führungskräfte interviewt, mit dem Ziel, diese Frage zu beantworten. Das Ergebnis ist eine ausführliche Übersicht mit zehn verschiedenen Verhaltensweisen (Abb. 2).

Es wird deutlich, dass Führungskräfte einerseits eine Mentorrolle einnehmen sollen, indem sie ihre Erfahrungen teilen und Feedback geben. Andererseits sollen sie in ihrer Rolle als Vorgesetzte bei Nachfragen eine konkrete Richtung vorgeben und gleichzeitig Freiräume sowie Vertrauen schenken. Für Führungskräfte bedeutet dies eine Gratwanderung, die Fingerspitzengefühl und Offenheit verlangt.

3.2 Der Einfluss organisationaler Strukturen

Mit Blick auf die organisationalen Strukturen wurde untersucht, welche Gegebenheiten Einfluss auf den Unternehmergeist der Mitarbeiterschaft nehmen können und für welche Unternehmensgrößen bzw. -branchen die entsprechenden Maßnahmen geeignet sind.

Kommunikation, Freiräume und Empowerment

Neben der ehrlichen und regelmäßigen Kommunikation seitens der Führungskraft, kann auch die Kommunikationsabteilung eines Unternehmens einen intrapreneurshipförderlichen Beitrag leisten. Indem der Dialog mit den Mitarbeitenden gesucht wird, Diskussionen und Aussprache zugelassen werden, wird ihr Unternehmergeist gefördert. Ähnlich unterstützend wirkt die Einbindung in Entscheidungen (Park et al., 2014). Auch das Vertrauen zum unmittelbaren Vorgesetzten spielt eine wichtige Rolle für die Stimulation von innovativem Verhalten. Aus der Arbeit von Villiers-Scheepers (2011) geht hervor, dass formale Anerkennung, soziale Anreize (z. B. steigende Verantwortung oder Beseitigung von Hürden seitens Führungskräften) und organisatorische Freiheiten Intrapreneure zur Entwicklung von Innovationen ermutigen können, wohingegen ein Mangel an Förderung und Empowerment die Innovationsbereitschaft reduziert. Zu ähnlichen Ergebnissen kommen auch Falola et al. (2018) mit Daten von produzierenden Unternehmen.

Aufgabenvielfalt und Ressourcenausstattung

Mit Hilfe des Bottom-Up Ansatzes untersuchten Rigtering und Weitzel (2013) wie der Unternehmergeist von Mitarbeitenden stimuliert werden kann und zeigen, dass breitgefasste Aufgaben die persönliche Initiative der Mitarbeitenden unterstützen. Dies bestätigt auch die Studie von Kacperczyk (2012): Mitarbeitende, deren Aufgaben einen erheblichen Ermessungsspielraum haben sowie ein breites Tätigkeitsspektrum umfassen, werden eher zu Intrapreneuren als Mitarbeitende mit stark spezialisierten und eng definierten Aufgabenfeldern. Ein weiterer positiver Einflussfaktor auf Intrapreneurship ist ganz allgemein die Ressourcenverfügbarkeit im Unternehmen (Rigtering & Weitzel, 2013) und speziell die IT-Ressourcenausstattung. Jährliche Investitionen in die IT-Infrastruktur, in das IT-Know How und das IT-Mindset der Führungskräfte wirken positiv auf die Intrapreneurship-Kultur einer Organisation (Benitez-Amado et al., 2010).

Unternehmensgröße und -branche

Unter Berücksichtigung der Unternehmensgröße und -branche gab es in den letzten zehn Jahren ebenfalls neue Erkenntnisse in der Intrapreneurship-Literatur.

Intrapreneurship ist nicht nur für große Betriebe eine Möglichkeit Innovationen hervorzubringen, sondern auch für Unternehmen mit wenigen Mitarbeitenden, betonen Aguilar, Vengrouskie und Lloyd (2019) – wenn auch die Studien zu kleinen Unternehmen rar sind. Nach einer Studie von Kacperczyk (2012) neigen Mitarbeitende größerer Organisationen eher dazu unternehmerische Aktivitäten zu verfolgen und voranzutreiben als Mitarbeitende kleinerer Unternehmen – dies könnte an der geringeren Ressourcenausstattung liegen.

Insbesondere in wissensintensiven Dienstleistungsunternehmen (z. B. Beratungen, Anwaltskanzleien, Wirtschaftsprüfungsunternehmen) werden Intrapreneure mit speziellen Weiterbildungen gefördert. Diese sollten

- personen- und positionszentriert (z. B. Persönlichkeitsentwicklung, Kommunikationstraining),
- kundenzentriert (z. B. Trainings zur Steigerung von Kreativität und zur Verbesserung der Kundenorientierung) oder
- kooperationszentriert (z. B. Führungstrainings zur Förderung von Kooperationen) gestaltet werden.

Zudem ermutigen wissensintensive Dienstleistungsunternehmen ihre Führungskräfte, offen für unkonventionelle Ideen zu sein und diese auch in den Leistungsbeurteilungen zu berücksichtigen (Kühn et al., 2016).

Fall Wehkamp

Anhand des dänischen Unternehmens Wehkamp, das sich vom Katalogverkauf zum vollständigen e-Tailer[2] entwickelt hat, wurden von Deprez, Leroy und Euwema (2018) ebenfalls intrapreneurshipförderliche Maßnahmen abgeleitet. Das Erfolgsrezept von Wehkamp liegt in einem chronologisch aufeinanderfolgenden Dreischritt:

1. Führungskräfte bereiten den Weg für radikale und inkrementelle Neuerungen, indem sie aufmerksam ihre Mitarbeitenden beobachten und als Unterstützende der Bottom-Up-Initiativen fungieren.
2. Wehkamp wird zum e-Tailer, angestoßen durch den Unternehmergeist der Mitarbeitenden. Diese Veränderung wird von einem hohen Maße an Fairness (z. B. Einbindung des Betriebsrats) begleitet.
3. Der Intrapreneurship-Gedanke wird gefestigt, indem Mitarbeitervorschläge intern anerkannt und weitere Freiräume zur Ideenentwicklung geschaffen werden. ◄

Zeit

Organisationen können auf vielfältige Möglichkeiten zurückgreifen, den Unternehmergeist ihrer Mitarbeitenden zu stimulieren und zu fördern, allerdings können erste innovative Erfolge nur dann gefeiert werden, wenn den Mitarbeitenden ausreichend Zeit für Intrapreneurship-Aktivitäten eingeräumt wird. Puech und Durand (2017) machen zudem darauf aufmerksam, dass sich Intrapreneure häufig über ihre reguläre Arbeitszeit hinaus mit ihren Ideen beschäftigen – ein Aspekt, den Unternehmen und Führungskräfte wohlwollend berücksichtigen sollten.

4 Wer ist ein Intrapreneur?

Neben den beschriebenen Erwartungen an Intrapreneurship und wie das unternehmerische Umfeld den Unternehmergeist der Mitarbeitenden fördern kann, fokussiert dieser Abschnitt das Individuum, also den Mitarbeitenden und geht der Frage nach, wie Intrapreneure charakterisiert werden können.

[2] Unter e-Tailer werden Einzelhändler verstanden, die ihre Produkte online vertreiben.

Persönlichkeitsmerkmale und Fähigkeiten

Eine geflügelte Beschreibung von Intrapreneuren stammt von Pinchot (1985, S. IX), der diese als „dreamers who do" bezeichnete. Umfangreicher und empirisch gestützt, fällt die Charakterisierung von Intrapreneuren nach Urbano, Alvarez und Turró (2013) aus. Sie haben mit einer Stichprobe von mehr als 36.000 Personen deren persönliche Ressourcen und Fähigkeiten untersucht, um zu verstehen, welche Individuen zu unternehmerischem Verhalten in Organisationen neigen. Intrapreneure haben tendenziell einen höheren Bildungsgrad und verfolgen unternehmerische Absichten. Zudem ist es wahrscheinlicher, dass Mitarbeitende ihren Unternehmergeist zeigen, wenn sie ihre unternehmerischen Fähigkeiten für ausreichend halten, andere Gründende kennen und Geschäftsmöglichkeiten identifizieren können. Weitere Charakteristika von Intrapreneuren haben Chan et al. (2017) herausgefunden: Intrapreneure weisen einen hohen Grad an Motivation hinsichtlich Führung, Unternehmertum und im Hinblick auf ihre professionelle Rolle auf. Zudem neigen extrovertierte Personen eher dazu, Produkt- oder Prozessinnovationen bzw. allgemeine Neuerungen anzustoßen (Woo, 2018).[3] Anders als vielleicht vermutet, unterscheiden sich Intrapreneure nicht hinsichtlich ihrer Risikoaversion und ihren Start-up-Fähigkeiten von „normalen" Mitarbeitenden (Martiarena, 2013).

Alter

Auch das Alter von Mitarbeitenden spielt eine Rolle für deren Intrapreneurship-Aktivitäten. Die Studie von Hador und Klein (2020) fand Folgendes heraus: Mit zunehmendem Alter reduziert sich das unternehmensinterne soziale Kapital von Mitarbeitenden, was sich wiederum auf ihre Fähigkeit zur Durchführung von Intrapreneurship-Aktivitäten negativ auswirkt. Diese Erkenntnis würde dafürsprechen, dass Intrapreneure tendenziell jüngere Mitarbeitende sind. Allerdings haben Hador und Klein (2020) ebenfalls gezeigt: Wenn Mitarbeitende ihren Unternehmergeist zeigen, tendieren vor allem ältere Mitarbeitende (im Vergleich zu jüngeren) dazu, ihre Arbeitsleistung höher zu bewerten. Es lohnt sich also durchaus auch ältere Mitarbeitende für Intrapreneurship-Aktivitäten zu motivieren, da sie vermutlich aufgrund ihres impliziten Wissens ihre Intrapreneurship-Ideen leichter verwirklichen können. Für jüngere Mitarbeitende, konkret Auszubildende, hat Bley (2017) sieben Fähigkeiten empirisch erarbeitet, die jungen Intrapreneuren zugeschrieben werden. Dazu zählen bspw. die Fähigkeit zur Generierung von Intrapreneurship-Ideen, die Fähigkeit, Intrapreneurship-Gelegenheiten zu erkennen, die Fähigkeit Situationen und Risiken zu analysieren sowie die Fähigkeit, eigene Entscheidungen argumentativ zu begründen bzw. Projekte einzuführen und zu rechtfertigen.

---

[3] Einen ausführlicheren Einblick in die Persönlichkeitsmerkmale von Intrapreneuren bietet der Beitrag von Nadine Chochoiek in diesem Sammelband.

Identifikation von Intrapreneuren

Aufgrund der potenziellen Wettbewerbsvorteile, die man sich von Intrapreneurship verspricht, ist es naheliegend, die Frage zu stellen, wie bzw. woran Führungskräfte bzw. Unternehmen Intrapreneure erkennen können, um sie entsprechend zu fördern. Ein spezielles Vorgehen oder standardisierte Methoden, um Intrapreneure zu identifizieren, sind noch ausstehend. Ob Mitarbeitende zu Intrapreneuren zählen, geht derzeit häufig auf die Einschätzung von Vorgesetzten zurück (Kühn et al., 2016). Erkenntnisse aus der Praxis zeigen jedoch, dass Intrapreneure neben einem selbstbewussten Auftreten und dem kontinuierlichen Streben nach Autonomie mit ihren Netzwerkfähigkeiten auffallen. Des Weiteren bestechen sie durch eine überdurchschnittliche Eigeninitiative und bewahren auch unter großer Unsicherheit einen kühlen Kopf (Kolev et al., 2015).

5 Fazit

Zusammenfassend ist Intrapreneurship ein vergleichsweise junges Konzept, das in Forschung und Praxis in den letzten Jahren an Aufmerksamkeit gewonnen hat. Die positiven Auswirkungen von Intrapreneurship-Aktivitäten auf Verkaufszahlen, Unternehmensperformance und Innovation, scheinen vielversprechend, um sich aus Unternehmenssicht langfristig Wettbewerbsvorteile zu sichern. Wie Intrapreneurship gefördert werden kann, haben aktuelle Studien ausführlich gezeigt. Eine Übertragung dieser Erkenntnisse in den Unternehmenskontext und entsprechende Folgeuntersuchungen könnten für zukünftige Forschungsvorhaben von Interesse sein. Des Weiteren sollte der Unternehmergeist von Arbeiterinnen und Arbeitern, die eher körperliche Tätigkeiten verrichten, näher analysiert werden. Bestehende Ergebnisse basieren überwiegend auf den Intrapreneurship-Aktivitäten von Angestellten, die konzeptionellen Aufgaben und Bürotätigkeiten nachgehen.

Intrapreneurship ist eine Thematik, die für Forschende und Praktiker in gleichem Maße neue Möglichkeiten eröffnet und bietet daher einige Kooperationsmöglichkeiten, die sich hoffentlich in den kommenden Jahren entwickeln und ausbauen lassen.

Literatur

Aguilar, S., Vengrouskie, E. F., & Lloyd, R. A. (2019). Driving organizational innovation as a form of intrapreneurship within the context of small businesses. *Journal of Strategic Innovation and Sustainability, 14*(3), 25–28.

Antoncic, J. A., & Antoncic, B. (2011). Employee satisfaction, intrapreneurship and firm growth: A model. *Industrial Management & Data Systems, 111*(4), 589–607.

Baruah, B., & Ward, A. (2015). Metamorphosis of intrapreneurship as an effective organizational strategy. *International Entrepreneurship and Management Journal, 11*(4), 811–822.

Benitez-Amado, J., Llorens-Montes, F. J., & Perez-Arostegui, M. N. (2010). Information technology-enabled intrapreneurship culture and firm performance. *Industrial Management & Data Systems, 110*(4), 550–566.

Blanka, C. (2019). An individual-level perspective on intrapreneurship: A review and ways forward. *Review of Managerial Science, 13*(5), 919–961.

Bley, S. (2017). Developing and validating a technology-based diagnostic assessment using the evidence-centered game design approach: An example of intrapreneurship competence. *Empirical Research in Vocational Education and Training, 9*(1), 1–32.

Chan, K.-Y., Ho, M.-H. R., Kennedy, J. C., Uy, M. A., Kang, B. N. Y., Chernyshenko, O. S., et al. (2017). Who wants to be an intrapreneur? Relations between employees' entrepreneurial, professional, and leadership career motivations and intrapreneurial motivation in organizations. *Frontiers in Psychology, 8*(Art. 2041), 1–11.

Deprez, J., & Euwema, M. (2017). You can't always get what you want? Leadership expectations of intrapreneurs. *Journal of Managerial Psychology, 32*(6), 430–444.

Deprez, J., Leroy, H., & Euwema, M. (2018). Three chronological steps toward encouraging intrapreneurship: Lessons from the Wehkamp case. *Business Horizons, 61*(1), 135–145.

Falola, H. O., Salau, O. P., Olokundun, M. A., Oyafunke-Omoniyi, C. O., Ibidunni, A. S., & Oludayo, O. A. (2018). Employees' intrapreneurial engagement initiatives and its influence on organisational survival. *Business: Theory & Practice, 19*, 9–16.

Felício, J. A., Rodrigues, R., & Caldeirinha, V. R. (2012). The effect of intrapreneurship on corporate performance. *Management Decision, 50*(10), 1717–1738.

Gawke, J. C., Gorgievski, M. J., & Bakker, A. B. (2017). Employee intrapreneurship and work engagement: A latent change score approach. *Journal of Vocational Behavior, 100*, 88–100.

Gawke, J. C., Gorgievski, M. J., & Bakker, A. B. (2018). Personal costs and benefits of employee intrapreneurship: Disentangling the employee intrapreneurship, well-being, and job performance relationship. *Journal of Occupational Health Psychology, 23*(4), 508–519.

Gawke, J. C., Gorgievski, M. J., & Bakker, A. B. (2019). Measuring intrapreneurship at the individual level: Development and validation of the Employee Intrapreneurship Scale (EIS). *European Management Journal, 37*(6), 806–817.

Geisler, E., & Turchetti, G. (2015). Commercialization of technological innovations: The effects of internal entrepreneurs and managerial and cultural factors on public-private inter-organizational cooperation. *International Journal of Innovation and Technology Management, 12*(02), 1550009.

Guerrero, M., & Peña-Legazkue, I. (2013). The effect of intrapreneurial experience on corporate venturing: Evidence from developed economies. *International Entrepreneurship and Management Journal, 9*(3), 397–416.

Haase, H., Franco, M., & Félix, M. (2015). Organisational learning and intrapreneurship: Evidence of interrelated concepts. *Leadership & Organization Development Journal, 36*(8), 906–926.

Hador, B. B., & Klein, G. (2020). Act your age? Age, intrapreneurial behavior, social capital and performance. *Employee Relations: The International Journal, 42*(2), 349–365.

Halme, M., Lindeman, S., & Linna, P. (2012). Innovation for inclusive business: Intrapreneurial bricolage in multinational corporations. *Journal of Management Studies, 49*(4), 743–784.

Heinze, K. L., & Weber, K. (2016). Toward organizational pluralism: Institutional intrapreneurship in integrative medicine. *Organization Science, 27*(1), 157–172.

Hisrich, R. D. (1990). Entrepreneurship/intrapreneurship. *American Psychologist, 45*(2), 209–222.

Hobfoll, S. E., Johnson, R. J., Ennis, N., & Jackson, A. P. (2003). Resource loss, resource gain, and emotional outcomes among inner city women. *Journal of Personality and Social Psychology, 84*(3), 632–643.

Kacperczyk, A. J. (2012). Opportunity structures in established firms: Entrepreneurship versus intrapreneurship in mutual funds. *Administrative Science Quarterly, 57*(3), 484–521.

Kolev, N., Goldstein, A., & Grossmann, M. (2015). *Fünf Erkenntnisse zu Intrapreneurship. Anleitung zur Innovationsbeschleunigung für Konzerne*. Deloitte Digital.

Kühn, C., Eymann, T., Urbach, N., & Schweizer, A. (2016). From professionals to entrepreneurs: Human Resources practices as an enabler for fostering corporate entrepreneurship in professional service firms. *German Journal of Human Resource Management, 30*(2), 125–154.

Luthans, F., Avey, J. B., & Patera, J. L. (2008). Experimental analysis of a web-based training intervention to develop positive psychological capital. *Academy of Management Learning & Education, 7*(2), 209–221.

Martiarena, A. (2013). What's so entrepreneurial about intrapreneurs? *Small Business Economics, 40*(1), 27–39.

Moriano, J. A., Molero, F., Topa, G., & Lévy Mangin, J.-P. (2014). The influence of transformational leadership and organizational identification on intrapreneurship. *International Entrepreneurship and Management Journal, 10*(1), 103–119.

Nandan, M., London, M., & Bent-Goodley, T. (2015). Social workers as social change agents: Social innovation, social intrapreneurship, and social entrepreneurship. *Human Service Organizations: Management, Leadership & Governance, 39*(1), 38–56.

Park, S. H., Kim, J.-N., & Krishna, A. (2014). Bottom-up building of an innovative organization: Motivating employee intrapreneurship and scouting and their strategic value. *Management Communication Quarterly, 28*(4), 531–560.

Pinchot, G. (1985). *Intrapreneuring: Why you don't have to leave the corporation to become an entrepreneur*. Harper & Row.

Puech, L., & Durand, T. (2017). Classification of time spent in the intrapreneurial process. *Creativity and Innovation Management, 26*(2), 142–151.

Rigtering, J. P. C., & Weitzel, U. (2013). Work context and employee behaviour as antecedents for intrapreneurship. *International Entrepreneurship and Management Journal, 9*(3), 337–360.

Rigtering, J. P. C., Weitzel, G. U., & Muehlfeld, K. (2019). Increasing quantity without compromising quality: How managerial framing affects intrapreneurship. *Journal of Business Venturing, 34*(2), 224–241.

Sharma, P., & Chrisman, J. J. (1999). Toward a reconciliation of the definitional issues in the field of corporate entrepreneurship. *Entrepreneurship Theory and Practice, 23*(3), 11–28.

Skarmeas, D., Lisboa, A., & Saridakis, C. (2016). Export performance as a function of market learning capabilities and intrapreneurship: SEM and FsQCA findings. *Journal of Business Research, 69*(11), 5342–5347.

Urbano, D., Alvarez, C., & Turró, A. (2013). Organizational resources and intrapreneurial activities: An international study. *Management Decision, 51*(4), 854–870.

de Villiers-Scheepers, M. J. (2011). Motivating intrapreneurs: The relevance of rewards. *Industry and Higher Education, 25*(4), 249–263.

Woo, H. R. (2018). Personality traits and intrapreneurship: the mediating effect of career adaptability. *Career Development International, 23*(2), 145–162.

Persönlichkeitsmerkmale von Intrapreneuren

Wie viel Entrepreneur steckt im Intrapreneur? Eine theoretische Betrachtung

Nadine Chochoiek

1 Einleitung

Start-ups und die dahinterstehenden Entrepreneure sind derzeit extrem gefragt. Fernsehsendungen wie „Die Höhle der Löwen" und Vorbildunternehmer wie Steve Jobs oder Elon Musk wecken in der breiten Öffentlichkeit wie auch in der Wissenschaft die Faszination für Gründungskultur und Entrepreneurship. Abgesehen von dieser Begeisterung ist Unternehmertum zudem seit langem als relevanter Motor für wirtschaftliches Wachstum und verbesserten Lebensstandard anerkannt (z. B. Schumpeter, 1934; Smith, 1776). Es führt zu erhöhter wirtschaftlicher Effizienz, schafft neue Arbeitsplätze bei gleichzeitiger Aufrechterhaltung des Beschäftigungsniveaus und fördert Innovationsaktivitäten (Galindo & Méndez, 2014; Shane & Venkataraman, 2000; van Praag & Versloot, 2007). Im Zentrum von Unternehmertum und seinen wirtschaftlichen Konsequenzen steht der Entrepreneur,[1] der sich in ein Umfeld einbringt, das von Unsicherheit geprägt ist, hohe Risiken birgt und nur geringe Chancen auf verwertbare Geschäftsgelegenheiten beinhaltet (Åstebro et al., 2014; Wennekers et al., 2007), und in ebendiesem Umfeld verbleibt und besteht (Drakopoulos & Katselidis, 2017; Hisrich et al., 2007; Shaver & Scott, 1992). Da dieser Umstand nicht mit der klassischen Wirtschaftstheorie erklärbar ist, haben immer mehr Wissenschaftlerinnen und Wissenschaftler damit begonnen, Psychologie in die Entrepreneurship-

[1] Der Text dieses Beitrags ist in generischem Maskulinum gehalten. Alle Aussagen beziehen sich jedoch auf alle Geschlechter gleichermaßen, wenn nicht explizit anders gekennzeichnet.

N. Chochoiek (✉)
Universität der Bundeswehr München, Neubiberg, Deutschland
E-Mail: nadine.chochoiek@unibw.de

R. Kraus et al. (Hrsg.), *Intrapreneurship*,
https://doi.org/10.1007/978-3-662-64102-6_3

und Management-Forschung zu integrieren, um die Motive und die einzigartige Persönlichkeit von Entrepreneuren besser zu verstehen.

Im Kontext von etablierten Organisationen ist Intrapreneurship, also „entrepreneurship within an existing business structure" (Hisrich, 1986, S. 77) ein relevantes Mittel, um in einem unbeständigen, sich schnell ändernden und globalisierten wirtschaftlichen Umfeld im Wettbewerb zu bestehen (Anderson et al., 2004; Guerrero & Peña-Legazkue, 2013). Dabei liegt – wie bei Entrepreneurship – der Fokus auf dem einzelnen Mitarbeitenden und der jeweiligen intrinsischen Arbeitsmotivation (Shepherd et al., 2009). Ein Intrapreneur – eine Kombination aus den Worten „**Intra**corporate" und „Entre**preneur**" (Pinchot, 1985, S. xii) – ist ein selbstständig handelndes Mitglied einer Organisation und zentrales Element bei der Entwicklung und Umsetzung von Innovationen.

Im Gegensatz zur Entrepreneurship-Forschung existieren zu den spezifischen Persönlichkeitsmerkmalen von Intrapreneuren nur wenige empirische Untersuchungen. Die Intrapreneurship-Literatur geht davon aus, dass der Intrapreneur eine Vielzahl an Persönlichkeitseigenschaften mit dem Entrepreneur gemein hat (z. B. Burgelman, 1984; Pinchot, 1985).

Dieser Beitrag fasst im Folgenden den Stand der Forschung in Bezug auf die wichtigsten Persönlichkeitsmerkmale von Entrepreneuren zusammen und beleuchtet die Auswirkungen der einzelnen Eigenschaften auf den Unternehmenserfolg. Zudem wird diskutiert, inwiefern diese Merkmale für Intrapreneure prävalent sein sollten. Aufgrund der wenigen verfügbaren empirischen Erkenntnisse basiert die Diskussion auf intuitiven und logischen Schlussfolgerungen. Der Beitrag endet mit einer Schlussbetrachtung.

2 Zentrale Persönlichkeitsmerkmale von Entrepreneuren und Intrapreneuren

Persönlichkeitsmerkmale sind Veranlagungen, eine bestimmte Art von Reaktion in verschiedenen Situationen zu zeigen (Caprara & Cervone, 2000). Sie sind beständig und verändern sich, wenn überhaupt, nur sehr langsam im Laufe eines Lebens (Costa & McCrae, 1992; Roberts et al., 2006). Darüber hinaus lassen sie sich als Neigungen zum Handeln konzeptualisieren, die Handlungen und Verhaltensweisen erleichtern oder behindern können (McCrae & Costa, 1990; Rauch & Frese, 2000). Im geschäftlichen Kontext wurden sie häufig als Determinanten für die Berufswahl (z. B. Ham et al., 2009; Isphording, 2010) und unternehmerischen Verhaltens (z. B. Liñán & Fayolle, 2015) verwendet. Darüber hinaus hat sich herausgestellt, dass sie den (unternehmerischen) Status und Erfolg bestimmen (z. B. Rauch & Frese, 2007; Stewart, Jr. & Roth, 2001, 2007). Des Weiteren beeinflussen Persönlichkeitsmerkmale den Unternehmenserfolg sowie die unternehmerische Ausrichtung einer Organisation (Hambrick & Mason, 1984; Koenig et al., 2013; Lumpkin & Dess, 1996; Lumpkin & Erdogan, 2004).

Wie sich auch im Folgenden zeigt, ist es gängige Praxis, Entrepreneure und deren Persönlichkeit mit der von anderen Berufsgruppen, insbesondere Managern, zu vergleichen, um Merkmale zu identifizieren, die sie als Gruppe definieren. Intrapreneure sind als Entrepreneure im Unternehmen definiert, so dass sich die Persönlichkeitsmerkmale der beiden Gruppen größtenteils decken sollten (z. B. Burgelman, 1984; Pinchot, 1985). Allerdings schlägt Blanka (2019) vor, dass Manager der mittleren Ebene aufgrund ihrer Rolle und ihren damit einhergehenden Aufgaben, nämlich Mitarbeiter zu motivieren, Ressourcen zu beschaffen und innovative Ideen mit der obersten Führungsebene zu evaluieren, selbst als Intrapreneure definiert werden sollten. Somit stellt die theoretische Abgrenzung der drei Gruppen Entrepreneur, Intrapreneur und Manager eine Herausforderung dar, die in naher Zukunft von der Forschung aufgenommen und bestenfalls empirisch evaluiert werden sollte.

Im Folgenden werden typische Eigenschaften, die Entrepreneuren zugeschrieben werden, nämlich die „Big Five" Persönlichkeitsmerkmale, Leistungsmotivation, Optimismus, übersteigertes Selbstvertrauen, Proaktivität, Risikobereitschaft, Kontrollüberzeugung, Selbstwirksamkeit, Innovationsfähigkeit und Unabhängigkeitsstreben, erklärt. Im Zuge dessen wird auf die jeweiligen Effekte im Unternehmenskontext eingegangen und es wird diskutiert, inwieweit diese Merkmale auch auf Intrapreneure passen sollten oder nicht.

2.1 „Big Five" Persönlichkeitsmerkmale

Das Fünf-Faktoren-Modell (FFM) der Persönlichkeit, oder auch „Big Five" genannt, ist „a hierarchical organization of personality traits in terms of five basic dimensions: Extraversion, Agreeableness, Conscientiousness, Neuroticism, and Openness to Experience" (McCrae & John, 1992). John, Naumann und Soto (2008) beschreibt diese Makroeigenschaften wie folgt:

- *Offenheit für Erfahrungen* (im Original *Openness to experience*) beschreibt die Breite, Tiefe, Originalität und Komplexität des mentalen und realen Lebens eines Individuums
- *Gewissenhaftigkeit* (im Original *Conscientiousness*) beschreibt die gesellschaftlich vorgeschriebene Kontrolle von Impulsen, die aufgaben- und zielorientiertes Verhalten erleichtert
- *Geselligkeit* (im Original *Extraversion*) impliziert eine energische Herangehensweise an die soziale und materielle Welt und beinhaltet Eigenschaften wie Aktivität, Durchsetzungsvermögen und positive Emotionalität
- *Verträglichkeit* (im Original *Agreeableness*) kontrastiert eine prosoziale und gemeinschaftliche Orientierung auf andere mit Antagonismus und beinhaltet Eigenschaften wie Altruismus, Zärtlichkeit, Vertrauen und Bescheidenheit
- *Neurotizismus* (im Original *Neuroticism*) stellt emotionale Stabilität und Ausgeglichenheit einer negativen Emotionalität, wie z. B. Angst, Nervosität, Traurigkeit und Anspannung, gegenüber.

Seit den 1980er-Jahren sind die Big Five das vorherrschende Referenzsystem von Persönlichkeitsmerkmalen und beeinflussen gemeinsam mit der Leistungsmotivation nachweislich die Berufswahl und die Arbeitsleistung (Costa & McCrae, 1992; Digman, 1990; Goldberg, 1990; John et al., 2008). Ein Überblick über die Erkenntnisse entlang der fünf Dimensionen ist in Abb. 1 dargestellt.

Für den Unternehmenserfolg ist Gewissenhaftigkeit das signifikanteste Merkmal der Big Five (Almlund et al., 2011). Sie hat sich als allgemeiner Prädiktor für die Arbeitsleistung in einem breiten Spektrum von Berufen sowie für die Jobzufriedenheit erwiesen (Barrick & Mount, 1991; Judge et al., 1999). Dies könnte auf die Annahme zurückzuführen sein, dass Personen, die in dieser Dimension gut abschneiden, oft fleißig, produktiv, pünktlich, organisiert und verantwortungsbewusst sind (Ham et al., 2009). Darüber hinaus ist Gewissenhaftigkeit in Kombination mit emotionaler Stabilität (d. h. negativem Neurotizismus) positiv mit dem Dienstleistungsklima korreliert und führt daher zu Kundenzufriedenheit (Salvaggio et al., 2007). Im Vertrieb und in Managementpositionen ist ein hohes Maß an Geselligkeit erfolgsversprechend, während Offenheit ein guter Prädiktor für Erfolg in künstlerischen Berufen ist (Barrick et al., 2003). Neurotizismus hingegen wird häufig mit niedriger Arbeitszufriedenheit, hohen Abwanderungsraten und Burnout in Verbindung gebracht (Judge et al., 1999, 2002; Thoresen et al., 2003). Diese Eigenschaft genauso wie Verträglichkeit wirken sich negativ auf die Vergütung aus, wohingegen sich Offenheit positiv auswirkt (Mueller & Plug, 2004). Im Bereich Entrepreneurship stellen Zhao, Seibert und Lumpkin (2010) fest, dass Offenheit, Gewissenhaftigkeit, Geselligkeit

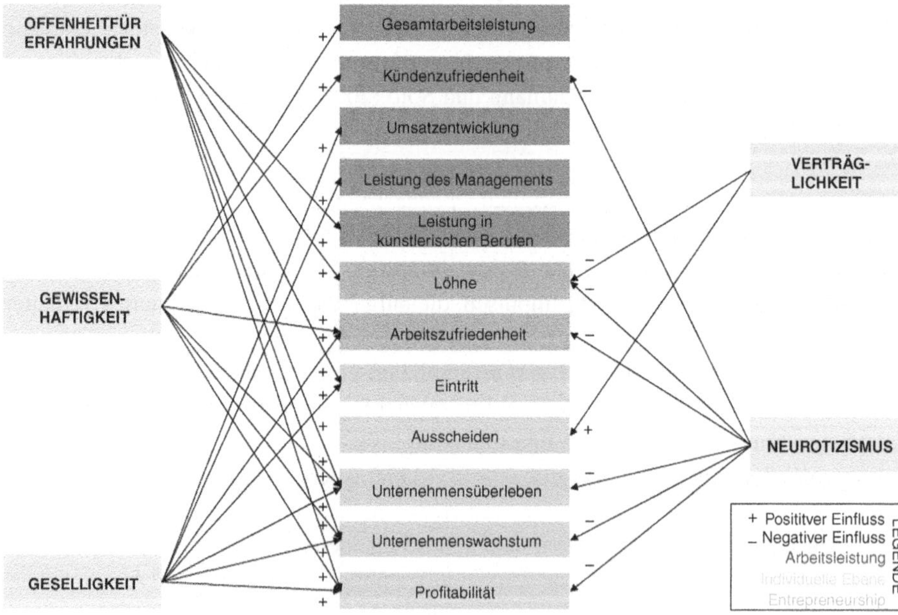

Abb. 1 Effekte der Big Five Persönlichkeitsmerkmale (eigene Darstellung)

sowie emotionale Stabilität in positivem Zusammenhang mit dem Überleben, dem Wachstum und der Rentabilität von Unternehmen stehen. Darüber hinaus wurde festgestellt, dass Offenheit und Geselligkeit den Einstieg in das Unternehmertum beeinflussen, während Verträglichkeit mit dem Ausstieg aus der Selbstständigkeit in Zusammenhang steht (Caliendo et al., 2014).

In seiner intuitiven Meta-Synthese über fünf Meta-Analysen hinweg stellt Brandstätter (2011) fest, dass sich Entrepreneure in allen fünf Dimensionen des FFM von Managern unterscheiden: Zunächst einmal scheinen Unternehmer offener für Erfahrungen zu sein als Manager. Es wird die Hypothese aufgestellt, dass Unternehmer eher von einem sich verändernden Umfeld und neuen Herausforderungen angezogen werden, während Manager eher für Aufgaben mit hoher Qualität und geringer Varianz als innovative Ansätze präfreieren. Intrapreneure sollten somit wie die Manager geringere Offenheit für neue Erfahrungen als Entrepreneure aufweisen, da auch sie sich in ein geregeltes Organisationssystem eingeordnet haben. Darüber hinaus scheinen Unternehmer eine höhere Gewissenhaftigkeit aufzuweisen, was Zhao und Seibert (2006) als den bedeutendsten Unterschied zwischen den beiden Gruppen ansehen. Zu dieser Eigenschaft gehört das Denken vor dem Handeln, die Herauszögern von Belohnungen und die Planung, Organisation und Priorisierung von Aufgaben (John et al., 2008). Intuitiv sollten Intrapreneure hier ein höheres Maß an Gewissenhaftigkeit als Manager und vielleicht sogar als Entrepreneure aufweisen, da sie ihre eigenen Ziele innerhalb einer Organisationsstruktur platzieren müssen und neben ihrem Alltagsgeschäft Zusatzaufgaben koordinieren müssen. Das geht einher mit den Erkenntnissen von Matthews, Schenkel, Ford und Human (2009), wonach Intrapreneure die ausgefeilteren Planer zu sein scheinen, mit der Begründung, dass das etablierte organisatorische Umfeld Intrapreneure zu Planungsaktivitäten zwingt. Auch in Bezug auf die Geselligkeit schneiden Entrepreneure etwas besser ab als Manager. Intrapreneure müssen ähnlich wie ihre Pendants außerhalb ihres unmittelbaren Organisationsbereichs Anhänger für ihre Idee finden und sollten ihnen in dieser Dimension ähnlich sein. Für die beiden Dimensionen Verträglichkeit und Neurotizismus findet Brandstätter (2011) jeweils eine geringere Ausprägung bei Entrepreneuren als bei Managern. In Anbetracht dessen, dass Intrapreneure mehr Konsens innerhalb der Organisation erstreben müssen als ein Entrepreneur, der zunächst kein oder nur ein sehr kleines Team um sich schart, sollte Verträglichkeit bei Intrapreneuren höher ausgeprägt sein. Im Gegensatz zum Manager benötigt der Intrapreneur eine soziale Kompetenz, um seine Ziele innerhalb des Unternehmensgerüsts durchzusetzen, weswegen er hier eine höhere Ausprägung aufweisen sollte. Emotionale Stabilität ist ebenso unerlässlich für Intrapreneure wie für Entrepreneure, weswegen sie hier ähnlich ausschlagen sollten.

Die Erkenntnisse in Bezug auf die Unterschiede in den Punktwerten zwischen den beiden Gruppen – insbesondere für Verträglichkeit und Neurotizismus – sind in vielen der berücksichtigten Studien recht wenig aussagekräftig oder sogar widersprüchlich (Brandstätter, 2011; Zhao & Seibert, 2006). Daher wird es mehr und mehr Usus in der Wissenschaft, die weitreichenden und umfassenden Merkmale des FFM in Subdimensionen zu zerlegen, um ein klareres Bild der Unternehmerpersönlichkeit zu erhalten.

2.2 Leistungsmotivation

Gewissenhaftigkeit lässt sich in Leistungsmotivation, Kontrolle und Verlässlichkeit unterteilen (Klotz & Neubaum, 2016). McClelland (1958, 1961) gehörte zu den Ersten, der die Bedeutung von Leistungsmotivation für die wirtschaftliche Entwicklung als treibende Kraft für Maßnahmen zur Zielerreichung aufzeigte. Darüber hinaus wird Leistungsmotivation mit hoher Leistung bei schwierigen Aufgaben (z. B. Capa et al., 2008; Stewart & Chester, 1982), mit Kreativität (z. B. Schoen, 2015), mit Zufriedenheit und Engagement (z. B. Steers, 1975) und mit geschäftlichem Erfolg und Wachstum (z. B. McClelland, 1965) in Verbindung gebracht, insbesondere für kleine Unternehmen (z. B. Durand & Shea, 1974; Morris & Fargher, 1974). Rauch und Frese (2007) fanden in ihrer Meta-Analyse über die Auswirkungen der Persönlichkeit auf den Aufbau und die Leistung neuer Unternehmen heraus, dass Leistungsmotivation am signifikantesten mit dem Geschäftserfolg korreliert ist. Darüber hinaus berichten Collins, Hanges und Locke (2004), dass Leistungsmotivation unternehmerische Absichten vorhersagt. Es gibt jedoch viele Möglichkeiten, Leistungsmotivation zu messen. Diese Unterschiede machen es schwer, die Ergebnisse verschiedener Studien miteinander zu vergleichen (Fineman, 1977).

In ihrer Metaanalyse stellen Zhao und Seibert (2006) fest, dass Entrepreneure und Manager in Bezug auf Gewissenhaftigkeit ähnlich sind, aber Entrepreneure in Bezug auf Leistungsmotivation deutlich höhere Werte erzielen (was auch die höheren Werte für die Makro-Dimension Gewissenhaftigkeit begründet). Hohe Leistungsmotivation bedeutet das Streben, schwierige Aufgaben zu erfüllen und hohe Standards aufrechtzuerhalten, auf das Erreichen entfernter Ziele hinzuarbeiten, wettbewerbsorientiertes Verhalten und die Bereitschaft, Anstrengungen zu unternehmen, um Spitzenleistungen zu erzielen (Jackson, 1967; Stewart et al., 1998). Sie manifestiert sich im Verhalten, indem man persönliche Verantwortung für Entscheidungen übernimmt, sich Ziele setzt und diese durch eigene Anstrengung erreicht, sowie durch den Wunsch nach Feedback (McClelland, 1961). Personen mit einer hohen Leistungsmotivation würden eher eine unternehmerische Position wählen, um mehr Leistungszufriedenheit zu erreichen, als bei anderen Berufen zu erwarten wäre (McClelland, 1965). Mehrere Studien unterstützen diese Hypothese: In ihrer Metaanalyse stellen Collins und Kollegen (2004) fest, dass Leistungsmotivation signifikant mit der Wahl einer unternehmerischen Laufbahn sowie der unternehmerischen Leistung korreliert. Insofern ist davon auszugehen, dass Intrapreneure hier den Managern ähnlich sind und ihre Leistungsmotivation geringer ist als die der Entrepreneure.

2.3 Optimismus

Eine weitere Komponente der Big Five, die in mehrere Unterdimensionen aufgeteilt werden kann, ist die Geselligkeit. Als Facetten davon wurden Untermerkmale wie Machtstreben (d. h. Ehrgeiz), Dominanz, Energie, Proaktivität und Optimismus untersucht (Costa & McCrae, 1992; Klotz & Neubaum, 2016). Von diesen Merkmalen wurde vor allem der

Optimismus als Erklärung dafür herangezogen, warum Entrepreneure diesen Beruf wählen und in diesem Beruf verbleiben, obwohl sie im Vergleich zu einem Angestelltenverhältnis im Durchschnitt geringere und riskantere Einkünfte erzielen (Hamilton, 2000; Hmieleski & Baron, 2009; Krueger et al., 2000; Moskowitz & Vissing-Jørgensen, 2002; Puri & Robinson, 2013). Optimismus ist ein stabiler Charakterzug, der sich im Laufe der Zeit nicht wesentlich verändert und als die Tendenz definiert werden kann, ein Ereignis, das zu einem günstigen Ausgang führt, als wahrscheinlicher wahrzunehmen, unabhängig von der objektiven Wahrscheinlichkeit, dass dieser Ausgang tatsächlich eintritt (Fabre & François-Heude, 2009; Trevelyan, 2008). Ein Optimist nimmt das Glas als halb voll und nicht als halb leer wahr und bewertet für sich die Wahrscheinlichkeit günstiger Ereignisse als höher, während er die Wahrscheinlichkeit ungünstiger Ereignisse nach unten korrigiert (Hey, 1984). Es wurde festgestellt, dass Optimismus mit guter Laune, Ausdauer und hoher Moral, Leistungen bei verschiedenen Unternehmungen (akademisch, sportlich, militärisch, beruflich, politisch) und körperlicher Gesundheit verbunden ist (Peterson, 2000). Weiterhin ist bekannt, dass Optimisten nicht nur gesünder, sondern auch belastbarer sind als Pessimisten (Rasmussen et al., 2009; Scheier & Carver, 1985; Trevelyan, 2007). Puri und Robinson (2007) untersuchten das Verhältnis von Optimismus und einem breiten Spektrum privater Arbeits- und Lebensentscheidungen. Sie stellen fest, dass optimistischere Menschen dazu neigen, härter zu arbeiten, später in den Ruhestand zu gehen, eher wieder zu heiraten, mehr in einzelne Aktien zu investieren und mehr zu sparen. Interessanterweise zeigen moderate Optimisten jedoch ein vernünftiges Finanzverhalten, während extreme Optimisten finanzielle Gewohnheiten und Verhaltensweisen an den Tag legen, die im Allgemeinen nicht als umsichtig gelten. Aus dieser Erkenntnis geht hervor, dass Optimismus doppelte und gegensätzliche Konsequenzen hat (Trevelyan, 2007). Einerseits kann Optimismus zu einer gesteigerten Unternehmensleistung führen (Hackbarth, 2008; Hilary et al., 2016). Andererseits gehört Optimismus zu den Hauptgründen für (überteuerte) Übernahmen und negative M&A-Performance (Malmendier & Tate, 2005; Roll, 1986). Diverse Wissenschaftlerinnen und Wissenschaftler wie z. B. Puri und Robinson (2007) haben die Beziehung zwischen dem allgemeinen Niveau des Optimismus und Entrepreneurship untersucht. Sie zeigten, dass Personen mit einem höheren Grad an Optimismus eher unternehmerisch tätig werden. Insofern sollten Intrapreneure, die innerhalb von Unternehmensgrenzen Innovationen vorantreiben, ähnlich optimistisch sein wie Entrepreneure.

2.4 Übersteigertes Selbstvertrauen

Auch übersteigertes Selbstvertrauen sowie Misstrauen und Argwohn als Unteraspekte von Neurotizismus wurden intensiv untersucht, um die Unternehmerpersönlichkeit besser zu verstehen und zu entwirren (Klotz & Neubaum, 2016). Insbesondere das übersteigerte Selbstvertrauen, das sich aus Verhaltensverzerrungen und Fehleinschätzungen von Wahrscheinlichkeitsverteilungen ergibt, gewinnt immer mehr Aufmerksamkeit, da ein wachsender Teil der Literatur dieses Konzept zur Erklärung des Eintritts in Entrepreneurship verwendet (Åstebro et al., 2014). Übertrieben zuversichtliche Entscheidungsträger sind in ihrer anfänglichen Einschätzung einer Situation zu optimistisch und nehmen dann aufgrund ihres anfänglichen Übervertrauens nur langsam zusätzliche Informationen über eine Situation in ihre Beurteilung auf (Busenitz & Barney, 1997). Obwohl das Konstrukt eng mit Optimismus zusammenhängt und beide Merkmale oft von außen nicht zu unterscheiden sind, repräsentieren sie zwei verschiedene kognitive Prozesse (Åstebro et al., 2014). Während Optimismus zu einer Überschätzung künftiger Ergebnisse führt, die möglicherweise nicht einmal unter der Kontrolle des Entscheidungsträgers stehen, führt ein zu großes Selbstvertrauen zu einer Unterschätzung potenzieller Risiken, die mit einzelnen Handlungen verbunden sind. Darüber hinaus ist Optimismus ein eher stabiler Charakterzug, während Übervertrauen eher instabil und situationsspezifisch ist und die eigenen Fähigkeiten betrifft (Trevelyan, 2007, 2008). Moore und Healy (2008) unterscheiden zwischen drei Formen des übersteigerten Selbstvertrauens: Überschätzung der tatsächlichen Fähigkeiten, Selbstüberschätzung im Gegensatz zu anderen, und Überpräzision, d. h. übermäßige Gewissheit über die Richtigkeit der eigenen Überzeugungen. Es gibt einige empirische Belege dafür, dass Unternehmer übermäßig zuversichtlich sind: ein übersteigertes Selbstvertrauen führt dazu, dass Entrepreneure bei der Bewertung ihres eigenen Projekts die Renditeverteilung zu günstig wahrnehmen, was wiederum erklärt, warum sie überhaupt erst in unternehmerische Aktivitäten einsteigen (Åstebro et al., 2014). Darüber hinaus ermöglicht diese Eigenschaft den Entrepreneuren, trotz vieler Unsicherheiten und noch bevor alle Spezifikationen vollständig bekannt sind, mit einer Idee oder einer Geschäftsgelegenheit fortzufahren (Busenitz & Barney, 1997).

Im Unternehmenskontext zeigen Goel und Thakor (2008), dass Personen mit übersteigertem Selbstvertrauen eher die innerbetrieblichen Turniere gewinnen, die zum Rang eines CEO führen. Darüber hinaus wird zu viel Selbstvertrauen oft mit wahrer Kompetenz und einem wünschenswerten Mangel an Konservatismus verwechselt, was wiederum zu Status und Beförderung führt (Meikle et al., 2016). Andererseits stellen mehrere Studien fest, dass übermäßiges Selbstvertrauen zu suboptimalen Geschäftsentscheidungen führen kann (Glaser & Weber, 2010). Malmendier und Tate (2005) stellen zum Beispiel fest, dass zu zuversichtliche Manager übermäßig investieren, wenn sie über reichlich interne Mittel verfügen, aber Investitionen einschränken, wenn sie externe Finanzierung benötigen, weil sie die Erträge ihrer Investitionsprojekte überschätzen und externe Mittel als übermäßig kostspielig ansehen. Darüber hinaus gibt es Hinweise darauf, dass übermäßiges Selbstvertrauen zu übermäßigem Handel (Barber & Odean, 2001) und Unterdiversifizierung (Goetzmann & Kumar, 2008) führt. Im Gegensatz zu den negativen Aspekten, die ein übersteigertes Selbstvertrauen im Unternehmenskontext mit sich bringt, deuten neuere Erkenntnisse aus der Praxis darauf hin, dass Manager mit zu viel Selbstvertrauen mit größerer Wahrscheinlichkeit Innovationen verfolgen, mehr Patente und Patentzitierungen erhalten und bei gegebenen Forschungs- und Entwicklungsausgaben größere Innovationserfolge erzielen (Galasso & Simcoe, 2011; Hirshleifer et al., 2012). Alles in Allem deutet Einiges darauf hin, dass sowohl Entrepreneure, als auch Manager sowie Intrapreneure allesamt ein ähnlich übersteigertes Selbstbewusstsein besitzen.

2.5 Proaktivität

Neben den Makro- und Subdimensionen des FFM wird auch Proaktivität (Bateman & Crant, 1993; Becherer & Maurer, 1999; Crant, 1996) als ein wichtiger Aspekt der Unternehmerpersönlichkeit beschrieben (Korunka et al., 2003). Proaktives Verhalten wird definiert als das Ausmaß, in dem einzelne Personen mit ihrem Handeln ihre Umwelt beeinflussen (Bateman & Crant, 1993). Insgesamt geht man davon aus, dass proaktive Personen kreativer und innovativer sind, höhere Gehälter und mehr Beförderungen erhalten, eine höhere Karriere- und Arbeitszufriedenheit erreichen, in ihrer Arbeit eher Erfolg haben und Führungsqualitäten zeigen (Chan, 2006; Crant, 2000; Crant & Bateman, 2000; Kickul & Gundry, 2002; Kim et al., 2009; Seibert et al., 1999, 2001). Proaktive Menschen sind in der Lage, Gelegenheiten zu erkennen und zu nutzen, indem sie Initiative zeigen, Maßnahmen ergreifen und sie so lange vorantreiben, bis sie einen sinnvollen Wandel herbeiführen (Crant, 1996). Dadurch wird Proaktivität als Hauptantriebskraft für Entrepreneurship angesehen (Becherer & Maurer, 1999; Crant, 1996; Travis & Freeman, 2017). Ausgehend von intentionsbasierten Modellen und den vorliegenden empirischen Erkenntnissen vermuten Travis und Freeman (2017), dass dieses Persönlichkeitsmerkmal in engerem Zusammenhang mit unternehmerischen Absichten steht als die Merkmale des FFM. Abhängig von der Kultur und dem Umfeld am Arbeitsplatz kann proaktives Verhalten jedoch auch schädlich sein, z. B. wenn Mitarbeiter diese Art von Verhalten nicht mögen und daher gegen die proaktive Person handeln (DuBrin, 2014). Dadurch müssen (erfolgreiche) Intrapreneure ein moderates Maß an Proaktivität mitbringen, um ihre Ziele im Unternehmen durchzusetzen, ohne andere Unternehmensangehörige gegen sich aufzubringen. Sie sollten daher zwischen dem Entrepreneur und dem Manager liegen.

2.6 Risikobereitschaft

Eines der am meisten untersuchten Persönlichkeitsmerkmale für Entrepreneure – auch als Unterscheidungsmerkmal im Vergleich zu Managern – ist die Risikobereitschaft in Entscheidungssituationen (Sexton & Bowman, 1985). Risiko beeinflusst alle Arten von (Geschäfts-)Entscheidungen. Das Eingehen von Risiken beinhaltet die Umsetzung von Handlungsoptionen, die zu negativen Ergebnissen führen könnten (Byrnes et al., 1999). Es hat sich herausgestellt, dass die Risikopräferenzen von Einzelpersonen prädiktiv für Investitionsentscheidungen, den Kauf von Lotterielosen und Versicherungen sind sowie das Trink- und Rauchverhalten beeinflussen (Beauchamp et al., 2017; Brown et al., 2006; Lindh & Ohlsson, 1996). Darüber hinaus ist es weniger wahrscheinlich, dass sich risikoscheue Personen an schädlichem Geschäftsverhalten wie Wertpapierbetrug beteiligen, was für Organisationen eine Quelle von Kosten und Wertvernichtung darstellt (Cumming et al., 2015).

Des Weiteren wird die Risikobereitschaft als Haupterklärung für die Berufswahl und den Einstieg in Entrepreneurship herangezogen (Isphording, 2010; Kihlstrom & Laffont, 1979; van Praag & Cramer, 2001). Entrepreneure werden als risikofreudige und robuste Individualisten beschrieben (Begley & Boyd, 1987; McGrath et al., 1992). Dies steht im Einklang mit klassischer Wirtschaftstheorie, die besagt, dass Entrepreneure weniger risikoscheu sind als andere, weil sie in einem unsicheren Umfeld Geschäftsrisiken eingehen und ihr Einkommen, ihr Vermögen, ihre Zufriedenheit und ihr sozialer Status von den Ergebnissen ihrer Entscheidungen abhängen (Cantillon, 1755; Kihlstrom & Laffont, 1979; Kirzner, 1993; Knight, 1921; Koudstaal et al., 2016). Personen mit geringer Risikobereitschaft arbeiten mit größerer Wahrscheinlichkeit in Berufen mit stabilerem Einkommen. Somit sollten Manager wie auch Intrapreneure risikoaverser sein als Entrepreneure. Während die wenigen empirischen Erkenntnisse in Bezug auf die unterschiedliche Risikobereitschaft von Entrepreneuren und Intrapreneuren dieses Verhältnis klar bestätigen (z. B. Martiarena, 2013), herrscht in Bezug auf den weitaus besser erforschten Gegensatz zwischen Unternehmern und Managern Uneinigkeit: Einige Studien bestätigen, dass Entrepreneure eine höhere Risikobereitschaft aufweisen als Manager (Begley, 1995; Stewart, Jr. et al., 1998; Stewart, Jr. & Roth, 2001, 2004). Im Gegensatz dazu finden Wissenschaftler wie Brockhaus (1980) oder Shaver und Scott (1992), die die Durchschnittswerte für die Risikoeinstellung von Unternehmern und Nichtunternehmern verglichen haben, keinen Unterschied zwischen den Gruppen. Andere Forschungsergebnisse wie die von Miner und Raju (2004), die die Ergebnisse von Stewart Jr. und Roth (2001) oder Lüthje und Franke (2003) in Frage stellten, kommen zu dem Schluss, dass Unternehmer möglicherweise sogar risikoscheuer sind als Manager. Ein kürzlich durchgeführtes Lab-in-the-field-Experiment von Koudstaal und Kollegen (2016) zeigt, dass Unternehmer sich selbst als weniger risikoscheu wahrnehmen als Manager, die sich wiederum als weniger risikoscheu wahrnehmen als Arbeitnehmer ohne Mitarbeiterverantwortung. Betrachtet man jedoch objektive Risikomessungen, so haben Unternehmer und Manager ähnliche Risikoeinstellungen, sind aber beide weniger risikoscheu als nicht-leitende Angestellte.

2.7 Interne Kontrollüberzeugung

Kontrollüberzeugung bezieht sich auf das Ausmaß, in dem jemand Lebensereignisse als unter seiner Kontrolle stehend (intern) oder als nicht mit seinen eigenen Handlungen verbunden und daher außerhalb seiner Kontrolle (extern) wahrnimmt (Sexton & Bowman, 1985). Interne Kontrollüberzeugung wird gewöhnlich zusammen mit einer hohen Leistungsmotivation gefunden (Brockhaus, 1982; Rotter, 1966). Während Leistungsmotivation die Energie ist, die zum Erreichen von Zielen eingesetzt wird, stellt Kontrollüberzeugung die Richtung des Leistungsmotivationsantriebs dar (Perry et al., 1986). Kontrollüberzeugung ist ein erlerntes Merkmal und variiert mit unterschiedlicher Sozialisierung und Kultur (Tajeddini & Mueller, 2009; Thomas & Mueller, 2000). Mehrere Studien haben sich mit den Auswirkungen von Kontrollüberzeugung auf Wohlbefinden, Motivation, Verhaltensorientierung und Arbeitsergebnissen befasst. Es wurde festgestellt, dass interne Kontrollüberzeugung positiv mit positiven Aufgaben und sozialen Erfahrungen, Investitionen in (Weiter-)Bildung, Bemühungen bei der Arbeitssuche, größerer Arbeitsmotivation, Leistung und Zufriedenheit, Engagement sowie Innovationsfähigkeit zusammenhängt (Caliendo et al., 2016; Coleman & DeLeire, 2003; Judge & Bono, 2001; McGee & McGee, 2016; Miller et al., 1982; Ng et al., 2006). Darüber hinaus legen Forschungsergebnisse nahe, dass die interne Kontrollüberzeugung die subjektive Risikowahrnehmung senkt, weil der Mitarbeitende glaubt, die Kontrolle über das risikoreiche Umfeld zu haben, was wiederum zu höheren Investitionen in risikoreichere Anlagen führt (Salamanca et al., 2016). In Bezug auf Entrepreneurship halten Caliendo und Kollegen (2014) interne Kontrollüberzeugung für den besten Prädiktor für unternehmerische Ein- und Austrittsentscheidungen unter allen Persönlichkeitsmerkmalen. Sowohl Ahmed (1985) als auch Kroeck, Bullough und Reynolds (2010) finden beispielsweise eine höhere interne Kontrollüberzeugung für Unternehmer im Vergleich zu Nichtunternehmern. Rahim (1996), der Entrepreneure mit Managern vergleicht, findet ebenfalls eine höhere interne Kontrollüberzeugung für Unternehmer, die ihnen hilft, mit Stress und Anspannung effektiver umzugehen. Darüber hinaus wird interne Kontrollüberzeugung mit geschäftlichem Erfolg und Wachstum in Verbindung gebracht (Lee & Tsang, 2001; Rauch & Frese, 2007). Diese Tendenzen sind bei den verschiedenen Unternehmertypen recht homogen (Kerr et al., 2017), was die Vermutung nahelegt, dass Intrapreneure hier ähnlich wie ihre Pendants außerhalb von etablierten Unternehmensstrukturen eine hohe interne Kontrollüberzeugung aufweisen.

2.8 Selbstwirksamkeit

Self-effi cacy has been shown to infl uence a broad range of behavior and cognition. For example, self-effi cacy is associated with increased expecta-tions and goals (Bandura, 2001), improved work-related performance (Stajkovic and Luthans, 1998), greater job search activity (Eden & Aviram, 1993), better academic performance (Luszczynska et al., 2005a), and health-related choices (e.g. Clark & Dodge, 1999; McAuley et al., 1994; Wulfert & Wan, 1993).

Das Konzept der Kontrollüberzeugung ist sehr eng mit der Selbstwirksamkeit verbunden, die ihrerseits oft theoretisch und empirisch mit unternehmerischen, aber auch managementbezogenen Phänomenen verknüpft ist (Krueger et al., 2000). Während Kontrollüberzeugung ein verallgemeinertes Konstrukt ist, das eine Vielzahl von Situationen abdeckt, ist die Selbstwirksamkeit aufgabenspezifisch und auf die Überzeugung des Individuums ausgerichtet, dass es eine bestimmte Aufgabe auf einem bestimmten Kompetenzniveau erfüllen kann (Gist, 1987). Selbstwirksamkeit hat ihren Ursprung in Banduras (1977) sozialer Lerntheorie und bezieht sich auf den Glauben an seine eigenen Fähigkeiten, die Motivation, kognitive Ressourcen und Handlungsabläufe zu mobilisieren, die erforderlich sind, um Kontrolle über Lebensereignisse und Aufgabenanforderungen auszuüben. Beispielsweise haben Personen mit hoher Selbstwirksamkeit ein höheres Maß an Anstrengung und Ausdauer und damit ein höheres Maß an initiativem Handeln (Bandura, 1986; Koenig et al., 2013). Darüber hinaus ist die Selbstwirksamkeit mit höheren Erwartungen und Zielen (Bandura, 2001), mit Motivation und Lernen (Zimmerman, 2000), mit verbesserten arbeitsbezogenen Leistungen (Stajkovic & Luthans, 1998) sowie mit besseren akademischen Leistungen (Luszczynska et al., 2005a) verbunden. Auch das Verhalten in Bezug auf die eigene Gesundheit (z. B. Ernährung, Bewegung und Raucherentwöhnung), das Wohlbefinden (z. B. Angst und Depression) und Bewältigungsstrategien für schwierige Situationen (z. B. Humor, Kampfgeist und positives Reframing) werden durch die Selbstwirksamkeit beeinflusst (Luszczynska et al., 2005b). Darüber hinaus zeigen Cassar und Friedman (2009), dass Selbstwirksamkeit die Wahrscheinlichkeit erhöht, ein Entrepreneur zu sein und ein operatives Geschäft aufzubauen. Des Weiteren wurde sie mit dem Erkennen von Chancen in Verbindung gebracht, die den Kern von Entrepreneurship ausmacht (Krueger & Dickson, 1994). In ihrer Metaanalyse stellen Rauch und Frese (2007) fest, dass Selbstwirksamkeit zu den Merkmalen gehört, die am signifikantesten mit dem Geschäftserfolg neuer Unternehmen korreliert sind.

Mehrere Studien zeigen, dass Entrepreneure eine höhere Selbstwirksamkeit als Manager besitzen (z. B. Markman et al., 2002). Dieses Persönlichkeitsmerkmal ist für Unternehmer wichtig, weil sie sich ihrer Fähigkeiten zur Erfüllung verschiedener, oft unvorhergesehener Aufgaben sicher sein müssen (Baum & Locke, 2004). Aus diesem Grund sollten hier Intrapreneure ähnlich wie Manager ein geringeres Maß an Selbstwirksamkeit aufweisen als Entrepreneure, da sich ihr Arbeitsalltag – zumindest außerhalb ihres innovativen Projekts – in einem etablierten Unternehmensgefüge wiederfindet.

2.9 Innovationsfähigkeit

Ein weiteres wichtiges Thema in der Literatur über unternehmerische Persönlichkeitsmerkmale ist die Innovationsfähigkeit oder Innovativität. Sie bezieht sich darauf, wie Individuen auf neue Dinge reagieren (Goldsmith & Foxall, 2003). Einer der Ersten, der dieses Persönlichkeitsmerkmal hervorhob, war Schumpeter (1934). Er sieht den Unternehmer als den belastbaren Führer, der erfolgreiche Innovationen in Form von der Schaffung neuer Produkte oder neuer Qualität, neuer Produktionsmethoden, neuer Lieferquellen, neuer Organisations- oder Geschäftsstrukturen oder der Erschließung neuer Märkte hervorbringt (Hansemark, 1998). Die Innovationsfähigkeit unterscheidet auch unternehmerische von allgemeineren Managementaktivitäten und hilft dem Entrepreneur, Innovationen zu fördern, indem er wertvolle Chancen erkennt und nach neuen Wegen der Aufgabenerfüllung sucht (Heunks, 1998; Kilby, 1971; Ward, 2004). Innovativität ist signifikant und positiv mit Selbstwirksamkeit und Leistungsmotivation korreliert (Utsch & Rauch, 2000). Ähnlich wie bei Kontrollüberzeugung kann Innovationsfähigkeit gelernt werden

(Thomas & Mueller, 2000). Darüber hinaus steht die Innovativität in positivem Zusammenhang mit der Entscheidung, ein Unternehmen zu gründen, und sie ist positiv und direkt mit dem Geschäftserfolg korreliert (Rauch & Frese, 2007). Stewart und Kollegen (1998) stellen fest, dass Unternehmer im Vergleich zu Managern eine höhere Innovationsfähigkeit haben. In ähnlicher Weise führte Lukeš (2013) eine Umfrage unter Unternehmern, Selbstständigen, Managern und Angestellten in der Tschechischen Republik, Deutschland, der Schweiz und Italien durch und zeigt, dass Entrepreneure in allen Phasen des Innovationsprozesses (d. h. Ideenschöpfung, Ideensuche, Ideenkommunikation, Vorbereitung der Umsetzung, Einbeziehung Anderer, Überwindung von Hindernissen und Innovationsergebnisse) am besten im Innovationsverhalten abschneiden. Innovativität ist aber auch im Unternehmenskontext ein wichtiges Merkmal, was Intrapreneure von Managern unterscheiden sollte. Innovative Manager sind stärker marktorientiert und experimentieren daher eher mit neuen und verbesserten Produkten und Prozessen, um den Kundenwünschen gerecht zu werden (Sharma & Tarp, 2018). Aus diesem Grund sollten Intrapreneure ähnlich wie Entrepreneure eine höhere Innovationsfähigkeit als Manager aufweisen.

2.10 Unabhängigkeitsstreben

Ein weiteres Merkmal, das besonders Entrepreneuren zugeschrieben wird, ist das Unabhängigkeitsstreben. Personen mit einem hohen Unabhängigkeitsstreben sehnen sich nach einem Zustand unabhängiger Selbstbestimmung und bevorzugen daher selbstgesteuerte Arbeit, kümmern sich weniger um die Meinungen und Regeln Anderer und treffen Entscheidungen lieber allein (Pritchard & Karasick, 1973; van Gelderen & Jansen, 2006). Sobald dieses Bedürfnis befriedigt ist, erfahren diese Menschen Harmonie zwischen Gedanken, Gefühlen und Handlungen und schließlich Glück (Niemiec & Ryan, 2013). Wenn das Unabhängigkeitsstreben dagegen vernachlässigt oder aktiv frustriert wird, fühlen sich die Menschen entfremdet, hilflos und manchmal sogar feindselig oder zerstörerisch (Moller & Deci, 2010). Dadurch, dass zwischen 50 % und 60 % der neuen Unternehmen von Einzelunternehmern gegründet werden (Åstebro & Serrano, 2015; Klotz et al., 2014; Shane, 2008), wird dieses Merkmal oft als bezeichnend für Entrepreneure gehandelt. Demnach vermeiden Entrepreneure ein restriktives Umfeld und ziehen es vor, Entscheidungen unabhängig von Vorgesetzten (oder Partnern) zu treffen, eigene Ziele zu setzen, eigene Aktionspläne zu entwickeln und die Zielerreichung selbst zu kontrollieren, anstatt die Kontrolle mit Anderen zu teilen (Cooper & Saral, 2013; Rauch & Frese, 2007). Personen mit einem hohen Unabhängigkeitsstreben wollen sich nicht an die Regeln etablierter Organisationen halten, sondern die Kontrolle selbst in die Hand nehmen, und entscheiden sich deshalb dafür, Unternehmer zu sein (Brandstätter, 1997; Cromie, 2000). Auch wenn aktuelle Forschungsergebnisse dieses vermeintlich typische Merkmal für Entrepreneure in Frage stellt (z. B. Czibor et al., 2017), gilt das Unabhängigkeitsstreben als klares Unterscheidungsmerkmal zu Intrapreneuren (und Managern), die sich bewusst für eine etablierte Unternehmensstruktur entschieden haben.

3 Schlussbetrachtung

Intrapreneurship und Intrapreneure rücken immer mehr in den Fokus, da sie als ein wichtiges Mittel gelten, um Unternehmen innovativer zu machen, sich somit Wettbewerbsvorteile zu schaffen und dadurch langfristig am Markt bestehen können. Im Gegensatz zu Entrepreneuren, die sich frei am Markt bewegen und keiner Organisation anpassen müssen, existiert bis heute nur wenig Forschung zu den Persönlichkeitsmerkmalen von Intrapreneuren. Dieser Beitrag hat die wichtigsten Eigenschaften von Entrepreneuren, nämlich die „Big Five" Persönlichkeitsmerkmale, Leistungsmotivation, Optimismus, übersteigertes Selbstvertrauen, Proaktivität, Risikobereitschaft, Kontrollüberzeugung, Selbstwirksamkeit, Innovationsfähigkeit und Unabhängigkeitsstreben, umrissen und diskutiert, inwieweit diese auch auf Intrapreneure zutreffen sollten. Tab. 1 liefert eine Übersicht über die Erkenntnisse dieses Beitrags und eine erste Einordnung, wie viel Entrepreneur im Intrapreneur steckt.

Wie eingangs bereits erwähnt, basieren die Einschätzungen in Bezug auf die Persönlichkeit der Intrapreneure in den meisten Fällen lediglich auf intuitiven und logischen Schlussfolgerungen. Hier bieten sich noch vielfältige Möglichkeiten für künftige (empirische) Studien, um diese theoretischen Erläuterungen zu evaluieren. Diese Erkenntnisse können eine wichtige Grundlage für die gezielte Identifikation und Rekrutierung von In-

Tab. 1 Entrepreneure vs. Intrapreneure vs. Manager

	Entrepreneur vs. Manager	Entrepreneur vs. Intrapreneur	Intrapreneur vs. Manager
Offenheit	>	>	≈
Gewissenhaftigkeit	>	<	>
Geselligkeit	>	≈	>
Verträglichkeit	<	<	>
Neurotizismus	<	≈	<
Leistungsmotivation	>	>	≈
Optimismus	>	≈	>
Übersteigertes Selbstvertrauen	≈	≈	≈
Proaktivität	>	>	>
Risikobereitschaft	>	>	≈
Interne Kontrollüberzeugung	>	≈	>
Selbstwirksamkeit	>	>	≈
Innovationsfähigkeit	>	≈	>
Unabhängigkeitsstreben	>	>	≈

trapreneuren für etablierte Unternehmen bilden und diesen somit langfristig Wettbewerbsvorteile durch Innovationsfähigkeit sichern.

Literatur

Ahmed, S. U. (1985). nAch, Risk-taking propensity, locus of control and entrepreneurship. *Personality and Individual Differences, 6*(6), 781–782.

Almlund, M., Duckworth, A. L., Heckman, J., & Kautz, T. (2011). Personality psychology and economics. In E. A. Hanushek, S. Machin & L. Woessmann (Hrsg.), *Handbook of the economics of education* (Handbooks in economics series, Bd. 4, S. 1–181). Elsevier.

Anderson, N., De Dreu, C. K. W., & Nijstad, B. A. (2004). The routinization of innovation research: A constructively critical review of the state-of-the-science. *Journal of Organizational Behavior, 25*(2), 147–173.

Åstebro, T., & Serrano, C. J. (2015). Business partners: Complementary assets, financing, and invention commercialization. *Journal of Economics & Management Strategy, 24*(2), 228–252.

Åstebro, T., Herz, H., Nanda, R., & Weber, R. A. (2014). Seeking the roots of entrepreneurship: Insights from behavioral economics. *Journal of Economic Perspectives, 28*(3), 49–70.

Bandura, A. (1977). *Social learning theory* (Prentice-Hall series in social learning theory, S. 247). Prentice-Hall.

Bandura, A. (1986). *Social foundations of thought and action: A social cognitive theory* (Prentice-Hall series in social learning theory, S. 617). Prentice-Hall.

Bandura, A. (2001). Social cognitive theory: An agentic perspective. *Annual Review of Psychology, 52*, 1–26.

Barber, B. M., & Odean, T. (2001). Boys will be boys: Gender, overconfidence, and common stock investment. *The Quarterly Journal of Economics, 116*(1), 261–292.

Barrick, M. R., & Mount, M. K. (1991). The big five personality dimensions and job performance: A meta-analysis. *Personnel Psychology, 44*(1), 1–26.

Barrick, M. R., Mount, M. K., & Gupta, R. (2003). Meta-analysis of the relationship between the five-factor model of personality and Holland's occupational types. *Personnel Psychology, 56*(1), 45–74.

Bateman, T. S., & Crant, J. M. (1993). The proactive component of organizational behavior: A measure and correlates. *Journal of Organizational Behavior, 14*(2), 103–118.

Baum, J. R., & Locke, E. A. (2004). The relationship of entrepreneurial traits, skill, and motivation to subsequent venture growth. *Journal of Applied Psychology, 89*(4), 587–598.

Beauchamp, J. P., Cesarini, D., & Johannesson, M. (2017). The psychometric and empirical properties of measures of risk preferences. *Journal of Risk and Uncertainty, 54*(3), 203–237.

Becherer, R. C., & Maurer, J. G. (1999). The proactive personality disposition and entrepreneurial behavior among small company presidents. *Journal of Small Business Management, 37*, 28–36.

Begley, T. M. (1995). Using funder satus, age of firm, and company growth rate as the basis for distinguishing entrepreneurs from managers of smaller businesses. *Journal of Business Venturing, 10*(3), 249–263.

Begley, T. M., & Boyd, D. P. (1987). A comparison of entrepreneurs and managers of small business firms. *Journal of Management, 13*(1), 99–108.

Blanka, C. (2019). An individual-level perspective on intrapreneurship: A review and ways forward. *Review of Managerial Science, 13*, 919–961.

Brandstätter, H. (1997). Becoming an entrepreneur – A question of personality structure? *Journal of Economic Psychology, 18*(2–3), 157–177.

Brandstätter, H. (2011). Personality aspects of entrepreneurship: A look at five meta-analyses. *Personality and Individual Differences, 51*(3), 222–230.

Brockhaus, R. H. (1980). Risk taking propensity of entrepreneurs. *Academy of Management Journal, 23*(3), 509–520.

Brockhaus, R. H. (1982). The psychology of the entrepreneur. In C. A. Kent, D. L. Sexton & K. H. Vesper (Hrsg.), *Encyclopedia of entrepreneurship* (S. 39–71). Prentice-Hall.

Brown, S., Farrell, L., Harris, M. N., & Sessions, J. G. (2006). Risk preference and employment contract type. *Journal of the Royal Statistical Society: Series A (Statistics in Society), 169*(4), 849–863.

Burgelman, R. A. (1984). Designs for corporate entrepreneurship in established firms. *California Management Review, 26*(3), 154–166.

Busenitz, L. W., & Barney, J. B. (1997). Differences between entrepreneurs and managers in large organizations: Biases and heuristics in strategic decision-making. *Journal of Business Venturing, 12*(1), 9–30.

Byrnes, J. P., Miller, D. C., & Schafer, W. D. (1999). Gender differences in risk taking: A meta-analysis. *Psychological Bulletin, 125*(3), 367–383.

Caliendo, M., Fossen, F., & Kritikos, A. S. (2014). Personality characteristics and the decisions to become and stay eelf-employed. *Small Business Economics, 42*(4), 787–814.

Caliendo, M., Cobb-Clark, D. A., Seitz, H., & Uhlendorff, A. (2016). *Locus of control and investment in training*. IZA DP no. 10406. IZA discussion paper series.

Clark, N. M., & Dodge, J. A. (1999). Exploring self-efficacy as a predictor of disease management. *Health Education & Behavior, 26*(1), 72.

Cantillon, R. (1755). *Essai Sur la Nature du Commerce en Général*. Gyles.

Capa, R. L., Audiffren, M., & Ragot, S. (2008). The effects of achievement motivation, task difficulty, and goal difficulty on physiological, behavioral, and subjective effort. *Psychophysiology, 45*(5), 859–868.

Caprara, G. V., & Cervone, D. (2000). *Personality: Determinants, dynamics, and potentials* (S. 488). Cambridge University Press.

Cassar, G., & Friedman, H. (2009). Does self-efficacy affect entrepreneurial investment? *Strategic Entrepreneurship Journal, 3*(3), 241–260.

Chan, D. (2006). Interactive effects of situational judgment effectiveness and proactive personality on work perceptions and work outcomes. *Journal of Applied Psychology, 91*(2), 475–481.

Coleman, M., & DeLeire, T. (2003). An economic model of locus of control and the human capital investment decision. *Journal of Human Resources, 36*(3), 701–721.

Collins, C. J., Hanges, P. J., & Locke, E. A. (2004). The relationship of achievement motivation to entrepreneurial behavior: A meta-analysis. *Human Performance, 17*(1), 95–117.

Cooper, D. J., & Saral, K. J. (2013). Entrepreneurship and team participation: An experimental study. *European Economic Review, 59*, 126–140.

Costa, P. T., & McCrae, R. R. (1992). *Revised NEO Personality Inventory (NEO-PI-R) and NEO Five-Factor Inventory (NEO-FFI)*. Psychological Assessment Resources.

Crant, J. M. (1996). The proactive personality scale as a predictor of entrepreneurial intention. *Journal of Small Business Management, 34*, 42–49.

Crant, J. M. (2000). Proactive behavior in organizations. *Journal of Management, 26*(3), 435–462.

Crant, J. M., & Bateman, T. S. (2000). Charismatic leadership viewed from above: the impact of proactive personality. *Journal of Organizational Behavior, 21*(1), 63–75.

Cromie, S. (2000). Assessing entrepreneurial inclinations: Some approaches and empirical evidence. *European Journal of Work and Organizational Psychology, 9*(1), 7–30.

Cumming, D., Leung, T. Y., & Rui, O. (2015). Gender diversity and securities fraud. *Academy of Management Journal, 58*(5), 1572–1593.

Czibor, E., Rosendahl Huber, L., & Koudstaal, M. (2017). *Are entrepreneurs lone wolves?: An experimental analysis of sorting into teams*. Working paper.

Digman, J. M. (1990). Personality structure: Emergence of the five-factor model. *Annual Review of Psychology, 41*(1), 417–440.

Drakopoulos, S. A., & Katselidis, I. (2017). The relationship between psychology and economics: Insights from the history of economic thought. *Munich Personal RePEc Archive, 77485*, 1–28.

DuBrin, A. J. (2014). Proactive personality and behaviour for individual and organizational productivity. *Development and Learning in Organizations: An International Journal, 28*(4). https://doi.org/10.1108/DLO.08128daa.002.

Durand, D., & Shea, D. (1974). Entrepreneurial activity as a function of achievement motivation and reinforcement control. *The Journal of Psychology, 88*(1), 57–63.

Eden, D., & Aviram, A. (1993). Self-efficacy training and speed of reemployment: Helping people to help themselves. *Journal of Applied Psychology, 78*, 352–360.

Fabre, B., & François-Heude, A. (2009). Optimism and overconfidence investors' biases: A methodological note. *Revue de l'Association Française de Finance, 30*(1), 79–119.

Fineman, S. (1977). The achievement motive construct and its measurement: Where are we now? *British Journal of Psychology, 68*, 1–22.

Galasso, A., & Simcoe, T. S. (2011). CEO overconfidence and innovation. *Management Science, 57*(8), 1469–1484.

Galindo, M.-Á., & Méndez, M. T. (2014). Entrepreneurship, economic growth, and innovation: Are feedback effects at work? *Journal of Business Research, 67*(5), 825–829.

van Gelderen, M., & Jansen, P. (2006). Autonomy as a start-up motive. *Journal of Small Business and Enterprise Development, 13*(1), 23–32.

Gist, M. E. (1987). Self-efficacy: Implications for organizational behavior and human resource management. *The Academy of Management Review, 12*(3), 472–485.

Glaser, M., & Weber, M. (2010). Overconfidence. In H. K. Baker & J. R. Nofsinger (Hrsg.), *Behavioral finance. Investors, corporations, and markets* (The Robert W. Kolb series in finance, S. 241–259). Wiley.

Goel, A. M., & Thakor, A. V. (2008). Overconfidence, CEO selection, and corporate governance. *The Journal of Finance, 63*(6), 2737–2784.

Goetzmann, W. N., & Kumar, A. (2008). Equity portfolio diversification. *Review of Finance, 12*(3), 433–463.

Goldberg, L. R. (1990). An alternative „description of personality": The big-five factor structure. *Journal of Personality and Social Psychology, 59*(6), 1216–1229.

Goldsmith, R. E., & Foxall, G. R. (2003). The measurement of innovativeness. In L. V. Shavinina (Hrsg.), *The international handbook on innovation. A unique compendium bringing together the leading scholars in the field of innovation* (S. 321–330). Pergamon.

Guerrero, M., & Peña-Legazkue, I. (2013). The effect of intrapreneurial experience on corporate venturing: Evidence from developed economies. *International Entrepreneurship and Management Journal, 9*, 397–416.

Hackbarth, D. (2008). Managerial traits and capital structure decisions. *Journal of Financial and Quantitative Analysis, 43*(04), 843.

Ham, R., Junankar, P. N., & Wells, R. (2009). *Occupational choice: Personality matters*. Discussion paper series IZA DP no. 4105.

Hambrick, D. C., & Mason, P. A. (1984). Upper Echelons: The organization as a reflection of its top managers. *The Academy of Management Review, 9*(2), 193.

Hamilton, B. H. (2000). Does entrepreneurship pay?: An empirical analysis of the returns to self-employment. *Journal of Political Economy, 108*(3), 604–631.

Hansemark, O. C. (1998). The effects of an entrepreneurship programme on need for achievement and locus of control of reinforcement. *International Journal of Entrepreneurial Behavior & Research, 4*(1), 28–50.

Heunks, F. J. (1998). Innovation, creativity and success. *Small Business Economics, 10*(3), 263–272.

Hey, J. D. (1984). The economics of optimism and pessimism. *Kyklos, 37*(2), 181–205.

Hilary, G., Hsu, C., Segal, B., & Wang, R. (2016). The bright side of managerial over-optimism. *Journal of Accounting and Economics, 62*(1), 46–64.

Hirshleifer, D., Low, A., & Hong Teoh, S. (2012). Are overconfident CEOs better innovators? *The Journal of Finance, 67*(4), 1457–1498.

Hisrich, R. D. (1986). Entrepreneurship and intrapreneurship: Methods for creating new companies that have an impact on the economic renaissance of an area. In R. D. Hisrich (Hrsg.), *Entrepreneurship, intrapreneurship, and venture capital: The foundations of economic renaissance.* Lexington.

Hisrich, R. D., Langan-Fox, J., & Grant, S. (2007). Entrepreneurship research and practice: A call to action for psychology. *American Psychologist, 62*(6), 575–589.

Hmieleski, K. M., & Baron, R. A. (2009). Entrepreneurs' optimism and new venture performance: A social cognitive perspective. *Academy of Management Journal, 52*(3), 473–488.

Isphording, I. E. (2010). Risky business – The role of individual risk attitudes in occupational choice. *Ruhr Economic Papers*, (187), 1–28.

Jackson, D. N. (1967). *Personality research form.* Research Psychologists Press.

John, O. P., Naumann, L. P., & Soto, C. J. (2008). Paradigm shift to the integrative big five trait taxonomy: History, measurement, and conceptual issues. In O. P. John, R. W. Robins & L. A. Pervin (Hrsg.), *Handbook of personality. Theory and research* (S. 114–158). Guilford Press.

Judge, T. A., & Bono, J. E. (2001). Relationship of core self-evaluations traits – self-esteem, generalized self-efficacy, locus of control, and emotional stability – with job satisfaction and job performance. A meta-analysis. *Journal of Applied Psychology, 86*(1), 80–92.

Judge, T. A., Higgins, C. A., Thoresen, C. J., & Barrick, M. R. (1999). The big five personality traits, general mental ability, and career success across the life span. *Personnel Psychology, 52*(3), 621–652.

Judge, T. A., Heller, D., & Mount, M. K. (2002). Five-factor model of personality and job satisfaction: A meta-analysis. *Journal of Applied Psychology, 87*(3), 530–541.

Kerr, S. P., Kerr, W., & Xu, T. (2017). *Personality traits of entrepreneurs: A review of recent literature.* Working paper 18-047. Harvard Business School working paper.

Kickul, J. R., & Gundry, L. K. (2002). Prospecting for strategic advantage: The proactive entrepreneurial personality and small firm innovation. *Journal of Small Business Management, 40*(2), 85–97.

Kihlstrom, R. E., & Laffont, J.-J. (1979). A general equilibrium entrepreneurial theory of firm formation based on risk aversion. *Journal of Political Economy, 87*(4), 719–748.

Kilby, P. (1971). *Entrepreneurship and economic development* (S. ix, 384). Collier-Macmillan.

Kim, T.-Y., Hon, A. H. Y., & Crant, J. M. (2009). Proactive personality, employee creativity, and newcomer outcomes: A longitudinal study. *Journal of Business Psychology, 24*, 93–103.

Kirzner, I. M. (1993). *Competition and entrepreneurship* (7. Dr Aufl., S. 246). University of Chicago Press.

Klotz, A. C., & Neubaum, D. O. (2016). Research on the dark side of personality traits in entrepreneurship: Observations from an organizational behavior perspective. *Entrepreneurship Theory and Practice, 40*(1), 7–17.

Klotz, A. C., Hmieleski, K. M., Bradley, B. H., & Busenitz, L. W. (2014). New venture teams. *Journal of Management, 40*(1), 226–255.

Knight, F. H. (1921). *Risk, uncertainty and profit* (S. xi, 381). Martino Publishing.

Koenig, M., Schlaegel, C., & Gunkel, M. (2013). *Entrepreneurial traits and strategy in the performance of owner-manager led firms: A meta-analysis*. Academy of Management Annual Meeting Proceedings, Orlando, 09/08/2013– 13/08/2013.

Korunka, C., Frank, H., Lueger, M., & Mugler, J. (2003). The entrepreneurial personality in the context of resources, environment, and the startup process-a configurational approach. *Entrepreneurship Theory and Practice, 28*(1), 23–42.

Koudstaal, M., Sloof, R., & van Praag, C. M. (2016). Risk, uncertainty, and entrepreneurship: Evidence from a lab-in-the-field experiment. *Management Science, 62*(10), 2897–2915.

Kroeck, K. G., Bullough, A. M., & Reynolds, P. D. (2010). Entrepreneurship and differences in locus of control. *Journal of Applied Management and Entrepreneurship, 15*(1), 21–49.

Krueger, N. F., & Dickson, P. R. (1994). How believing in ourselves increases risk taking: Perceived self-efficacy and opportunity recognition. *Decision Sciences, 25*(3), 385–400.

Krueger, N. F., Reilly, M. D., & Carsrud, A. L. (2000). Competing models of entrepreneurial intentions. *Journal of Business Venturing, 15*(5–6), 411–432.

Lee, D. Y., & Tsang, E. W. K. (2001). The effects of entrepreneurial personality, background and network activities on venture growth. *Journal of Management Studies, 38*(4), 583–602.

Liñán, F., & Fayolle, A. (2015). A systematic literature review on entrepreneurial intentions: Citation, thematic analyses, and research agenda. *International Entrepreneurship and Management Journal, 11*(4), 907–933.

Lindh, T., & Ohlsson, H. (1996). Self-employment and windfall gains: Evidence from the Swedish lottery. *The Economic Journal, 106*(439), 1515.

Lukeš, M. (2013). Entrepreneurs as innovators: A multi-country study on entrepreneurs' innovative behaviour. *Prague Economic Papers, 22*(1), 72–84.

Lumpkin, G. T., & Dess, G. G. (1996). Clarifying the entrepreneurial orientation construct and linking it to performance. *The Academy of Management Review, 21*(1), 135–172.

Lumpkin, G. T., & Erdogan, B. (2004). If not entrepreneurship, can psychological characteristics predict entrepreneurial orientation? – A pilot study. *The ICFAI Journal of Entrepreneurship Development, 1*(1), 21–33.

Luszczynska, A., Gutiérrez-Doña, B., & Schwarzer, R. (2005a). General self-efficacy in various domains of human functioning: Evidence from five countries. *International Journal of Psychology, 40*(2), 80–89.

Luszczynska, A., Scholz, U., & Schwarzer, R. (2005b). The general self-efficacy scale: Multicultural validation studies. *The Journal of Psychology, 139*(5), 439–457.

Lüthje, C., & Franke, N. (2003). The ‚making' of an entrepreneur: Testing a model of entrepreneurial intent among engineering students at MIT. *R&D Management, 33*(2), 135–147.

Malmendier, U., & Tate, G. (2005). CEO overconfidence and corporate investment. *The Journal of Finance, 60*(6), 2661–2700.

Markman, G. D., Balkin, D. B., & Baron, R. A. (2002). Inventors and new venture formation: The effects of general self–efficacy and regretful thinking. *Entrepreneurship Theory and Practice, 27*(2), 149–165.

Martiarena, A. (2013). What's so entrepreneurial about intrapreneurs? *Small Business Economics, 40*(1), 27–39.

Matthews, C. H., Schenkel, M. T., Ford, M. W., & Human, S. E. (2009). Comparing nascent entrepreneurs and intrapreneurs and expectations of firm growth. *Journal of Small Business Strategy, 20*, 53–80.

McAuley, E., Courneya, K. S., Rudolph, D. L., & Lox, C. L. (1994). Enhancing exercise adherence in middle-aged males and females. *Preventive Medicine, 23*(4), 498–506.

McClelland, D. C. (1958). Methods of measuring human motivation. In J. W. Atkinson (Hrsg.), *Motives in fantasy, action and society* (University series in psychology, S. 7–42). Van Nostrand Reinhold.

McClelland, D. C. (1961). *The achieving society*. Van Nostrand.
McClelland, D. C. (1965). Need achievement and entrepreneurship: A longitudinal study. *Journal of Personality and Social Psychology, 1*(4), 389–392.
McCrae, R. R., & Costa, P. T. (1990). *Personality in adulthood*. Guilford Press.
McCrae, R. R., & John, O. P. (1992). An introduction to the five-factor model and its applications. *Journal of Personality, 60*(2), 175–215.
McGee, A., & McGee, P. (2016). Search, effort, and locus of control. *Journal of Economic Behavior & Organization, 126*, 89–101.
McGrath, R. G., MacMillan, I. C., & Scheinberg, S. (1992). Elitists, risk-takers, and rugged individualists?: An exploratory analysis of cultural differences between entrepreneurs and non-entrepreneurs. *Journal of Business Venturing, 7*(2), 115–135.
Meikle, N. L., Tenney, E. R., & Moore, D. A. (2016). Overconfidence at work: Does overconfidence survive the checks and balances of organizational life? *Research in Organizational Behavior, 36*, 121–134.
Miller, D., Kets de Vries, M. F. R., & Toulouse, J.-M. (1982). Top executive locus of control and its relationship to strategy-making, structure, and environment. *Academy of Management Journal, 25*(2), 237–253.
Miner, J. B., & Raju, N. S. (2004). Risk propensity differences between managers and entrepreneurs and between low- and high-growth entrepreneurs: A reply in a more conservative vein. *Journal of Applied Psychology, 89*(1), 3–13.
Moller, A. C., & Deci, E. L. (2010). Interpersonal control, dehumanization, and violence: A self-determination theory perspective. *Group Processes & Intergroup Relations, 13*(1), 41–53.
Moore, D. A., & Healy, P. J. (2008). The trouble with overconfidence. *Psychological Review, 115*(2), 502–517.
Morris, J. L., & Fargher, K. (1974). Achievement drive and creativity as correlates of success in small business. *Australian Journal of Psychology, 26*(3), 217–222.
Moskowitz, T. J., & Vissing-Jørgensen, A. (2002). The returns to entrepreneurial investment: A private equity premium puzzle? *American Economic Review, 92*(4), 745–778.
Mueller, G., & Plug, E. (2004). *Estimating the effect of personality on male-female earnings*. Discussion paper no. 1254. Discussion paper series.
Ng, T. W. H., Sorensen, K. L., & Eby, L. T. (2006). Locus of control at work: A meta-analysis. *Journal of Organizational Behavior, 27*(8), 1057–1087.
Niemiec, C. P., & Ryan, R. M. (2013). What makes for a life well lived? Autonomy and its relation to full functioning and organismic wellness. In S. A. David, I. Boniwell & A. C. Ayers (Hrsg.), *Oxford handbook of happiness* (S. 214–226). Oxford University Press.
Perry, C., Macarthur, R., Meredith, G., & Cunnington, B. (1986). Need for achievement and locus of control of Australian small business owner-managers and super-entrepreneurs. *International Small Business Journal, 4*(4), 55–64.
Peterson, C. (2000). The future of optimism. *American Psychologist, 55*(1), 44–55.
Pinchot, G. (1985). *Intrapreneuring: Why you don't have to leave the corporation to become an entrepreneur*. Harper & Row.
van Praag, C. M., & Cramer, J. S. (2001). The roots of entrepreneurship and labour demand: Individual ability and low risk aversion. *Economica, 68*(269), 45–62.
van Praag, C. M., & Versloot, P. H. (2007). What is the value of entrepreneurship?: A review of recent research. *Small Business Economics, 29*(4), 351–382.
Pritchard, R. D., & Karasick, B. W. (1973). The effects of organizational climate on managerial job performance and job satisfaction. *Organizational Behavior and Human Performance, 9*(1), 126–146.

Puri, M., & Robinson, D. T. (2007). *Optimism and economic choice. Journal of Financial Economics, 86*(1), 71–99.
Puri, M., & Robinson, D. T. (2013). The economic psychology of entrepreneurship and family business. *Journal of Economics & Management Strategy, 22*(2), 423–444.
Rahim, A. (1996). Stress, strain, and their moderators: An empirical comparison of entrepreneurs and managers. *Journal of Small Business Management, 34*(1), 46–58.
Rasmussen, H. N., Scheier, M. F., & Greenhouse, J. B. (2009). Optimism and physical health: A meta-analytic review. *Annals of Behavioral Medicine, 37*(3), 239–256.
Rauch, A., & Frese, M. (2000). Psychological approaches to entrepreneurial success: A general model and an overview of findings. *International Review of Industrial and Organizational Psychology* 15.
Rauch, A., & Frese, M. (2007). Let's put the person back into entrepreneurship research: A meta-analysis on the relationship between business owners' personality traits, business creation, and success. *European Journal of Work and Organizational Psychology, 16*(4), 353–385.
Roberts, B. W., Walton, K. E., & Viechtbauer, W. (2006). Patterns of mean-level change in personality traits across the life course: A meta-analysis of longitudinal studies. *Psychological Bulletin, 132*(1), 1–25.
Roll, R. (1986). The Hubris hypothesis of corporate takeovers. *The Journal of Business, 59*(2), 197.
Rotter, J. B. (1966). Generalized expectancies for internal versus external control of reinforcement. *Psychological Monographs: General and Applied, 80*(1), 1–28.
Salamanca, N., de Grip, A., Fouarge, D., & Montizaan, R. (2016). *Locus of control and investment in risky assets*. IZA DP no. 10407. IZA discussion paper series.
Salvaggio, A. N., Schneider, B., Nishii, L. H., Mayer, D. M., Ramesh, A., & Lyon, J. S. (2007). Manager personality, manager service quality orientation, and service climate: Test of a model. *Journal of Applied Psychology, 92*(6), 1741–1750.
Scheier, M. F., & Carver, C. S. (1985). Optimism, coping, and health: Assessment and implications of generalized outcome expectancies. *Health Psychology, 4*(3), 219–247.
Schoen, J. L. (2015). Effects of implicit achievement motivation, expected evaluations, and domain knowledge on creative performance. *Journal of Organizational Behavior, 36*(3), 319–338.
Schumpeter, J. A. (1934). *The theory of economic development* (Harvard economic studies, Bd. XLVI. xii, 255). Harvard University Press.
Seibert, S. E., Crant, J. M., & Kraimer, M. L. (1999). Proactive personality and career success. *Journal of Applied Psychology, 84*(3), 416–427.
Seibert, S. E., Kraimer, M. L., & Crant, J. M. (2001). What do proactive people do? A longitudinal model linking proactive personality and career success. *Personnel Psychology, 54*(4), 845–874.
Sexton, D. L., & Bowman, N. (1985). The entrepreneur: A capable executive and more. *Journal of Business Venturing, 1*(1), 129–140.
Shane, S. A. (2008). *The illusions of entrepreneurship: The costly myths that entrepreneurs, investors, and policy makers live by*. Yale University Press.
Shane, S. A., & Venkataraman, S. (2000). The promise of entrepreneurship as a field of research. *Academy of Management Review, 25*(1), 217–226.
Sharma, S., & Tarp, F. (2018). Does managerial personality matter? Evidence from firms in Vietnam. *Journal of Economic Behavior & Organization, 150*, 432–445.
Shaver, K. G., & Scott, L. R. (1992). Person, process, choice: The psychology of new venture creation. *Entrepreneurship Theory and Practice, 16*(2), 23–46.
Shepherd, D. A., Covin, J. G., & Kuratko, D. F. (2009). Project failure from corporate entrepreneurship: Managing the grief process. *Journal of Business Venturing, 24*(6), 588–600.
Smith, A. (1776). *An inquiry into the nature and causes of the wealth of nations*. Methuen.

Stajkovic, A. D., & Luthans, F. (1998). Self-efficacy and work-related performance: A meta-analysis. *Psychological Bulletin, 124*(2), 240–261.

Steers, R. M. (1975). Effects of need for achievement on the job performance-job attitude relationship. *Journal of Applied Psychology, 60*(6), 678–682.

Stewart, A. J., & Chester, N. L. (1982). Sex differences in human social motives: Achievement, affiliation, and power. In A. J. Stewart (Hrsg.), *Motivation and society* (S. 172–218). Jossey-Bass.

Stewart, W. H., Jr., & Roth, P. L. (2001). Risk propensity differences between entrepreneurs and managers: A meta-analytic review. *Journal of Applied Psychology, 86*(1), 145–153.

Stewart, W. H., Jr., & Roth, P. L. (2004). Data quality affects meta-analytic conclusions: A response to Miner and Raju (2004) concerning entrepreneurial risk propensity. *Journal of Applied Psychology, 89*(1), 14–21.

Stewart, W. H., Jr., & Roth, P. L. (2007). A meta-analysis of achievement motivation differences between entrepreneurs and managers. *Journal of Small Business Management, 45*(4), 401–421.

Stewart, W. H., Jr., Watson, W. E., Carland, J. A. C., & Carland, J. W. (1998). A proclivity for entrepreneurship: A comparison of entrepreneurs, small business owners, and corporate managers. *Journal of Business Venturing, 14*, 189–214.

Tajeddini, K., & Mueller, S. L. (2009). Entrepreneurial characteristics in Switzerland and the UK: A comparative study of techno-entrepreneurs. *Journal of International Entrepreneurship, 7*(1), 1–25.

Thomas, A. S., & Mueller, S. L. (2000). A case for comparative entrepreneurship: Assessing the relevance of culture. *Journal of International Business Studies, 31*(2), 287–301.

Thoresen, C. J., Kaplan, S. A., Barsky, A. P., Warren, C. R., & de Chermont, K. (2003). The affective underpinnings of job perceptions and attitudes: A meta-analytic review and integration. *Psychological Bulletin, 129*(6), 914–945.

Travis, J., & Freeman, E. (2017). Predicting entrepreneurial intentions: Incremental validity of proactive personality and entrepreneurial self-efficacy as a moderator. *Journal of Entrepreneurship Education, 20*(1), 45–57.

Trevelyan, R. (2007). Optimal optimism. *Business Strategy Review, 18*, 18–22.

Trevelyan, R. (2008). Optimism, overconfidence and entrepreneurial activity. *Management Decision, 46*(7), 986–1001.

Utsch, A., & Rauch, A. (2000). Innovativeness and initiative as mediators between achievement orientation and venture performance. *European Journal of Work and Organizational Psychology, 9*(1), 45–62.

Ward, T. B. (2004). Cognition, creativity, and entrepreneurship. *Journal of Business Venturing, 19*(2), 173–188.

Wennekers, S., Thurik, R., Van Stel, A., & Noorderhaven, N. (2007). Uncertainty avoidance and the rate of business ownership across 21 OECD countries, 1976–2004. *Journal of Evolutionary Economics, 17*(2), 133–160.

Wulfert, E., & Wan, C. K. (1993). Condom use: a self-efficacy model. *Health Psychology, 12*(5), 346–353.

Zhao, H., & Seibert, S. E. (2006). The big five personality dimensions and entrepreneurial status: A meta-analytical review. *Journal of Applied Psychology, 91*(2), 259–271.

Zhao, H., Seibert, S. E., & Lumpkin, G. T. (2010). The relationship of personality to entrepreneurial intentions and performance: A meta-analytic review. *Journal of Management, 36*(2), 381–404.

Zimmerman, B. J. (2000). Self-efficacy: An essential motive to learn. *Contemporary Educational Psychology, 25*(1), 82–91.

Social Intrapreneurship: Eine begriffliche Annäherung zur Darstellung der praxisrelevanten Bedeutungsvielfalt der Akteure

Wolfgang Gehra und Erik Hoffmann

> ***Die Gestaltung unserer Zukunft braucht ein professionelles Management Sozialer Innovationen.***

1 Zielsetzung dieses Beitrages

Unternehmerisches Denken und Handeln von Mitarbeitenden in einem Unternehmen, erstmalig als Intrapreneurship bezeichnet von Gifford Pinchot III (Pinchot, 1985), bezieht sich dabei primär auf eine innovative Ressourcenkombination und auf die Schaffung einer neuen Form der Organisation sowie der damit verbundenen Transformation. Eine Erweiterung dieses Begriffes mit einer ethischen Zielsetzung und dem gesellschaftlichen Verantwortungsbewusstsein der Unternehmen erfolgt erst ca. 20 Jahre später. Die Sichtung der Literatur zeigt, dass der Begriff des Social Intrapreneurship – als praxisnäheres Synonym zum wissenschaftlich ursprünglichen „Corporate Social Entrepreneurship" – zunehmend verwendet wird. Damit ist Social Intrapreneurship ein Wegweiser hin zu einem zukunftsfähigen Unternehmen vor dem Hintergrund zunehmender gesellschaftlicher Ansprüche an Organisationen.

Die folgenden Überlegungen sollen dazu beigetragen, die Relevanz von Social Intrapreneurship für die Zukunftsfähigkeit von Unternehmen aufzuzeigen, insbesondere mit

W. Gehra (✉)
Hochschule München, München, Deutschland
E-Mail: wolfgang.gehra@hm.edu

E. Hoffmann
(Alumnus) Hochschule München, München, Deutschland

R. Kraus et al. (Hrsg.), *Intrapreneurship*,
https://doi.org/10.1007/978-3-662-64102-6_4

dem Fokus auf Unternehmen, die die Potenziale der eigenen Angestellten erkennen und auf diesem Weg im Stande sind, einen unternehmerischen Mehrwert für die Lösung gesellschaftlicher Herausforderungen zu generieren. Trotz der Aktualität der vielfältigen ökosozialen Herausforderungen, die Social Intrapreneurship als Ansatz und Untersuchungsgegenstand ins Licht rücken, fehlt es in der wissenschaftlichen Literatur immer noch an einer einheitlichen Definition sowie einer Abgrenzung zu bereits etablierten Begriffen. Damit geht einher, dass der Begriff in der Praxis bisher noch wenig gebräuchlich ist. Dabei ließe sich mit einer Konkretisierung und Operationalisierung des Begriffs „Social Intrapreneurship" eine bessere Sichtbarkeit von Akteuren in Organisationen gewinnen, die einerseits durchaus als Unternehmende im Unternehmen agieren, dabei aber vor allem gesellschaftlich relevante Ziele im Fokus haben.

2 Worin unterscheiden sich die Konzepte des Intrapreneurship und des Social Entrepreneurship (SE)?

Organisationen befinden sich in einem kontinuierlichen Wandel und müssen daher stets ihren Aktionsraum neu denken und angleichen, um die gesetzten Ziele zu erreichen. Hierfür gilt es, den Schöpfungsprozess permanent aufrecht zu erhalten und stetig Neues zu schaffen (Kubicek & Thom, 1976). Damit dies ermöglicht werden kann, gilt es für Unternehmen, den innovativen Geist und das motivierte unternehmerische Handeln über die Gründungsphase hinweg zu verstetigen. Davon betroffen sind neben der Organisation selbst, deren strategische Ausrichtung sowie die gesamte Unternehmenskultur. Diese Form des operativen Vorgehens eines Unternehmens wird in der Literatur als institutionalisiertes Entrepreneurship aufgefasst und als Corporate Entrepreneurship (CE) – im Synonym „Intrapreneurship" – bezeichnet. Mittels CE wird ein Prozess beschrieben, der in nahezu allen Bereichen einer Organisation Einfluss nehmen kann (Barringer & Bluedorn, 1999). Darauf bezugnehmend finden sich in den meisten Definitionen von CE die Fähigkeiten der innovativen Ressourcenkombination sowie der Schaffung einer neuen Form der Organisation und der damit verbundenen Transformation (Guth & Ginsberg, 1990).

Der Begriff Intrapreneurship setzt sich wiederum aus „Intracorporate" und „Entrepreneurship" zusammen (Kaufmann, 2003). Inhaltlich lehnt sich der abgeleitete Begriff des Intrapreneurs dabei an den Entrepreneur an und lässt sich von diesem zunächst schwer trennen. Ihre Hauptunterscheidung findet sich in der Grundlage einer bestehenden Organisation (Intrapreneur) oder einer zu gründenden Organisation (Entrepreneur). Bei der Betrachtung der charakterlichen Merkmale der Akteure sind sie kaum zu differenzieren (Schmitz & Scheuerle, 2013; zit. nach Brenneke & Spitzeck, 2010). Da es sich in dieser thematischen Auseinandersetzung um die allgemein verständliche und praxistaugliche Darstellung erforderlicher Charakterzüge der Akteure handelt, ist die Betrachtung der charakterlichen Merkmale hier als die Betrachtung von allgemeinen Persönlichkeitseigenschaften eines jeden Individuums zu verstehen. In der Wissenschaft werden Charakter und Persönlichkeit oftmals synonym verwendet und insbesondere in der Persönlichkeitspsychologie wird „Charakter bzw. Persönlichkeit" als die zeitlich relativ stabile und individuelle Eigenschaft einer Person (bspw. die Umgangsweise mit Veränderungen) verstanden (Wirtz, o. J.). Demnach grenzen sich Intrapreneure von Entrepreneuren lediglich dadurch ab, dass sie ihre Wagnisse in ihrer Funktion als Mitarbeitende einer bestehenden Organisation unternehmen. Hiermit gehen sie ein geringeres Risiko ein und können auf bereits vorhandene Ressourcen (Vorwissen, Zeit, Rohstoffe, finanzielle Mittel etc.) zurückgreifen. Zu den Ressourcen zählen im weiteren Sinne auch die bestehenden Kooperationen, Geschäftsbeziehungen und Netzwerke der Organisation. Während ein Entrepreneur in der Regel die meisten Kontakte für seinen unternehmerischen Zweck erst aufbauen muss, kann der Intrapreneur die bestehenden Kooperationspartner direkt kontaktieren, inspirieren und ggf. einbinden.

Als Synonym für Unternehmen mit einem Modell für die Versorgung von menschlichen Grundbedürfnissen, die durch die existierenden Märkte und Institutionen nicht gewährleistet werden können, lässt sich „Social Entrepreneurship" (SE) festhalten. Die schnell wachsende Anzahl an Unternehmen mit diesem Modell will einen Wandel in und für die Gesellschaft ermöglichen (Seelos & Mair, 2005). Der Begriff des SE baut damit auf dem ursprünglichen Begriff des Entrepreneurships auf. Im Wesentlichen beziehen sich die meisten Auslegungen auf die Kompetenz der Akteure, Ressourcen zu nutzen, die soziale Herausforderungen adressieren. Einigkeit besteht aber nicht, denn andere sehen es lediglich als klassisches Entrepreneurship, das verbunden mit Corporate Social Responsibility praktiziert wird bzw. lediglich als Ergebnis jener organisationalen Wohltätigkeit. Weitere definieren es als nachhaltiges ökonomisches Konzept mit dem Ziel, soziale Werte zu erwirtschaften (Dacin et al., 2010). Eine aktuelle Definition aus dem Jahr 2013 untermauert diese Annahme: „Sozialunternehmen werden hier verstanden als Organisationen, die auf unternehmerische, innovative Art und Weise zur Lösung sozialer und ökologischer Probleme beitragen und dabei ein auf ihren Leistungen basierendes Einkommen generieren" (Schmitz & Scheuerle, 2013, S. 12).

Das Modell von Social Entrepreneurship findet in der Praxis auf organisationaler Ebene zwei Anwendungsmöglichkeiten. Zum einen wird es von Non-Profit-Unternehmen angewendet, um die eigene Zielsetzung durch unternehmerische Fertigkeiten besser zu erreichen. Zum anderen findet es Anwendung in klassischen Unternehmen. Hierbei liegt der Fokus darin, gesellschaftliche Verantwortung zu übernehmen. Eine Bewertung erfolgt nicht mehr nur nach Profit, sondern nach gesellschaftlichem Nutzen (Achleitner, o. J.).

3 Corporate Social Responsibility (CSR) – Woher entwickelte sich dieser Ansatz?

Die Frage nach dem „gesellschaftlichen Nutzen" wird auch oft in Verbindung mit dem Konzept der Corporate Social Responsibility (CSR) gestellt. Der US-amerikanische Ökonom und College-Präsident Howard R. Bowen entwickelte vor knapp 70 Jahren die begriffliche Grundlage dessen, was heute als Corporate Social Responsibility bezeichnet wird. Aufbauend auf seinem 1953 erschienenen Werk „Social Responsibilities of the Businessman“ wird heute unter dem Begriff des CSR die gesellschaftliche Verantwortung von Unternehmen zusammengefasst. Nach der Veröffentlichung des Werkes ereigneten sich in den USA einige Wendungen in den Bereichen der ethischen Grundlagen, Normativität und Bewertungskriterien (Frederick, 2006). Ausgelöst wurde dabei die Frage nach einer unternehmerischen sozialen Verantwortlichkeit durch eine Öffentlichkeitsdiskussion als Reaktion auf den Wandel der Industrieländer Ende des 19. Jahrhunderts.

In Deutschland entwickelten sich, ausgehend vom Gedanken der „ehrbaren Kaufleute“ des europäischen Bürgertums bereits ab dem 18. Jahrhundert Unternehmenspersönlichkeiten, für die gesellschaftliches Engagement zur Selbstverständlichkeit gehörte. Außerdem etablierten sich Ende des 20. Jahrhunderts Konzepte wie Sozialbilanzen und Gemeinwohlorientierungen, dennoch fand das Konzept des CSR zunächst keine Anwendung. Das Managementkonzept oder auch Verantwortungskonzept, das unterschiedliche Verantwortungsebenen integrierte, wurde zunächst hauptsächlich in den USA angewendet.

Mit der Globalisierung hat sich dies in den letzten Jahren gewandelt und durch Richtlinien auf europäischer Ebene wird den Unternehmen in Deutschland mehr Verantwortung zugeschrieben. Somit werden auch die sozialen und kulturellen Verpflichtungen seitens des Staates vermehrt der Wirtschaft zugeordnet (Bauhofer, 2004). Dieser Ansatz zur verpflichteten Verantwortlichkeit – sei sie gesetzlich reglementiert oder gesellschaftlich gewünscht – entstand bereits in den 1950er-Jahren, als diskutiert wurde, ob unternehmerisches Handeln über das reine Tagesgeschäft hinaus und damit über das reine Wirtschaften orientiert sein sollte. Damit öffnete sich die Themenstellung der CSR. Zunächst eingeordnet als theoretisches Konzept innerhalb der Unternehmensethik, befasste sich dieser Forschungsgegenstand mit Fragen nach einer moralischen Unternehmensführung (Pieper, 2003). Zusätzlich setzte sich in den 1970er-Jahren die Erkenntnis durch, dass zwischen Unternehmen und ihren Stakeholdern Nutzenbeziehungen bestehen und letztere eine unverzichtbare Rolle für die Existenz von Unternehmen spielen (Cyert & March, 1963). Als Reaktion darauf erfolgte die Aufnahme des Stakeholder-Ansatzes in das strategische Management und legte somit die Grundlage für heutige CSR-Konzepte.

Seit etwa den 1990er-Jahren scheinen diese beiden Ansätze „Verantwortung“ und „Nachhaltigkeit“ zu einer gemeinsamen Idee verschmolzen, wodurch sich – aufbauend auf dem Werteverständnis des ehrbaren Kaufmanns[1] – das ganzheitliche CSR-Verständnis in Deutschland bildete. Es war anschließend besonders die Europäische Kommission, die im Jahr 2001 mit ihrem Grünbuch „Europäische Rahmenbedingungen für die soziale Verantwortung der Unternehmen“ („Promoting a European Framework for Corporate Social Responsibility“) die CSR-Diskussion in Westeuropa maßgeblich befruchtete. In den darauffolgenden Dokumenten forderte die Kommission zusätzlich besonders von Konzernen ein CSR-Engagement (Europäische Kommission, 2001).

[1] Dieses steht für ein ausgeprägtes Verantwortungsbewusstsein für das eigene Unternehmen, für die Gesellschaft und für die Umwelt.

4 Wie ist die aktuelle Wahrnehmung von Social Intrapreneurship (SI)?

Durch die Überschneidung der Basiswerte „soziales Unternehmertum“ (siehe Abschn. 2) und „unternehmerische Verantwortung“ (siehe Abschn. 3) ebnete sich ein Weg aus den Konzepten von Social Entrepreneurship und Corporate Social Responsibility für Corporate Social Entrepreneurship (CSE) oder auch Social Intrapreneurship (SI). Obwohl der zugrunde liegende Begriff des Intrapreneurships bereits 1985 durch Gifford Pinchot erstmalig wissenschaftlich genutzt wurde (Schießl, 2015), zeigt die Literaturauswertung, dass die Erweiterung zu Social Intrapreneurship derzeit verhältnismäßig wenig wissenschaftliche Anwendung findet.

Nach Schmitz und Scheuerle bildete dieser Begriff ursprünglich eher eine Unterkategorie bei der Betrachtung des Sozialunternehmertums, da auch hier die Definitionen nicht einheitlich seien und definitorisch nicht mehr nur Neugründungen betrachtet würden, sondern auch die Innovationsimpulse in etablierten Organisationen (Schmitz & Scheuerle, 2013). Gemäß Austin et al. (2006a, b) wurde Social Intrapreneurship weitestgehend als soziales Unternehmertum in bestehenden Unternehmen verstanden, das hauptsächlich auf die Erschließung weiterer Finanzierungsquellen im sozialen Sektor ausgerichtet ist.

Mit dem Bericht „The Social Intrapreneur: A Field Guide for Corporate Changemakers“ von SustainAbility wird der Begriff innerhalb eines wegweisenden Berichtes abgegrenzt, beschrieben und aktive Akteure aus der Praxis, die sich selbst als Social Intrapreneure bezeichnen, vorgestellt (Elkington, 2008). Eine gemeinsame Plattform für Menschen mit einer sozialunternehmerischen Einstellung wurde erst durch das gemeinsame Wirken von den Ashoka Changemakers und Accenture möglich. Aus der gemeinsamen Motivation heraus entstand 2012 das Netzwerk für soziale Intrapreneure: „The League of Intrapreneurs“. Damit lässt sich erkennen, dass Social Intrapreneurship in seiner Bedeutung als soziales Unternehmertum aus einer bestehenden Organisation heraus gerade einmal seit etwas mehr als einer Dekade eine praxistaugliche Verwendung findet. Weiterhin ist die inhaltliche Nähe zum Social Entrepreneurship vermutlich Ursache für die aktuell geringe Etablierung von Social Intrapreneurship in der wissenschaftlichen Literatur. Mair und Marti (2006) meinten bereits 2006, dass es keine klare Trennlinie zwischen beiden Bezeichnungen gäbe. Vielmehr bezögen sich beide Konzepte auf Charaktermerkmale der Individuen bzw. auf innovative Prozesse und Lösungen für gesellschaftliche Probleme.

Um die notwendigen Charaktermerkmale der Akteure zu spezifizieren und den Bezug zur organisationalen Ebene der Unternehmen herzustellen, bedarf es einer Betrachtung des bereits erwähnten und dem Social Intrapreneurship zu Grunde liegenden Konzeptes des Corporate Social Entrepreneurship.

5 Lässt sich SI durch eine begriffliche Annäherung mittels Corporate Social Entrepreneurship (CSE) besser verstehen?

Wie bereits angedeutet, kann Social Intrapreneurship als Synonym zum Modell des Corporate Social Entrepreneurship betrachtet werden (Hemingway, 2013). Dieser Begriff ist in der gegenwärtigen Literatur häufiger zu finden als Social Intrapreneurship und dient daher in der weiteren Darstellung als Grundlage für das Verständnis von Social Intrapreneurship. Die nachfolgenden Erkenntnisse aus dem Corporate Social Entrepreneurship können in ihrer Konzeptionierung ohne Zweifel für Social Intrapreneurship adaptiert werden. Seinen Ursprung findet der Begriff des Corporate Social Entrepreneurship in erster Linie in der Corporate Social Responsibility. Damit untermauert es die bereits genannten gemeinsamen Basiswerte – der unternehmerischen Verantwortlichkeit gegenüber der Gesellschaft.

Mit der erstmaligen Bezeichnung von CSE, in einem Arbeitspapier der „Research Memorandum"-Serie der University of Hull Business School (2002), wurde festgehalten, dass CSR durch einen altruistischen Handlungsimpuls – basierend auf persönlichen Werten – der Managementebene motiviert sein kann. Damit entstand erstmalig ein Verständnis für unternehmerisches Verantwortungsbewusstsein, dass über die bis dahin angenommenen politischen und wirtschaftlichen Treiber hinausging (Hemingway, 2002). Dies spiegelt auch die philosophische und unternehmensethische Diskussion über soziale Verantwortung und moralisches Verhalten wider (Lovell, 2002; Maclagan, 1998). Jenes Arbeitspapier bildete wiederum die Grundlage für eine britische Konferenz mit der Bestrebung, auf die Bedeutung der Umsicht der Führungskräfte hinzuweisen. Bereits ein Jahr später wurde der Beitrag im „Journal of Business Ethics" veröffentlicht (Hemingway & Maclagan, 2004).

Auf der 17. jährlichen European Business Ethics Network Conference wurde folglich der Begriff des CSE im Jahr 2004 erstmalig definiert. Hierbei fand auch eine Abgrenzung zu anderen Typen des Entrepreneurs statt (Hemingway & Maclagan, 2004). In der anfänglichen Definition wurde das Konzept nur in Bezug zu den Führungskräften gestellt, was aber später um die Mitarbeitenden aus allen Bereichen und Stufen des Unternehmens ergänzt wurde. Denn es wurde erkannt, dass nicht nur ein Manager ein Corporate Social Entrepreneur sein kann, da die inhärenten Eigenschaften unabhängig vom formal festgestellten Status der Mitarbeitenden sind. Dennoch kann es von Vorteil sein, eine Seniorität im Unternehmen zu besitzen (Hemingway, 2011). Inspiriert wurden diese Erkenntnisse außerdem durch die Studien von Wood, die darüber sprach, dass ethische Bildung und Lebenserfahrungen das Verhalten der Akteure motivieren können (Wood, 1991).

5.1 Fünf Kernelemente des CSE

Im Folgenden werden die fünf zentralen Elemente aufgezeigt, mit denen James Austin und Ezequiel Reficco das Konzept des CSE, unter Inbezugnahme der Chancen und Risiken für Unternehmen, entwickelt haben (Austin & Reficco, 2009).

> „The process of extending the firm's domain of competence and corresponding opportunity set through innovative leveraging of resources, both within and outside its direct control, aimed at the simultaneous creation of economic and social value". (Austin, Reficco et al. 2006a, 170)

Nach dieser Definition haben Austin und Reficco CSE verstanden und auf Basis dessen, stellten sie in einem Arbeitspapier (2009) die fünf Elemente – in Bezug auf eine Studie in zwei Unternehmen – auf. Diese Unternehmen gelten als Pioniere in der praktischen Umsetzung von CSR und sind zum einen ein Produzent von Outdoorbekleidung (Timberland Company) und zum anderen ein bekanntes Unternehmen für Kaffeespezialitäten (Starbucks Coffee). Des Weiteren wurden von Austin und Reficco zu dieser grundlegenden Studie weitere Untersuchungen dutzender Unternehmen hinzugefügt und gesamtheitlich ausgewertet. Ergebnis dieser Untersuchung waren fünf Kernelemente, die das Konzept von CSE darstellen und eine praktische Anwendung für Unternehmen erleichtern sollten.

CSE stellte für sie per definitionem einen Prozess dar, der versucht, eine signifikante Veränderung in der Art und Weise, wie eine Organisation operiert, zu generieren. Hierfür wurden folgende fünf Elemente als bedeutsam ausgemacht (Austin & Reficco, 2009):

- Schaffung einer förderlichen Umwelt („Enabling Environment")
- Förderung sozialer Intrapreneure („Corporate Social Intrapreneurs")
- Verstärkung der Unternehmensziele und -werte („Values-based Organizations")
- Erzeugung doppelter Wertschöpfung („Double Return")
- Aufbau strategischer Allianzen („Co-generating Value")

Nachfolgend werden die wichtigsten Erkenntnisse von Austin und Reficcio zu den Elementen zusammengefasst. Womit sich die Darstellung der Ergebnisse auf eben nur diese Erkenntnisse aus der einen Studie von 2009 beziehen. Die Resultate von Austin und Reficcio sind in ihrer Ausführung einzigartig und dadurch auch wegweisend für weiterführende Thematisierungen durch andere Autoren wie z. B. Kidd, Maak et al. (2020) oder Arora (2016).

5.1.1 Schaffung einer förderlichen Umwelt (Enabling Environment)

Eine grundlegende organisationale Veränderung, wie sie für den Wechsel eines CSR-Ansatzes zu einem CSE-Ansatz notwendig ist, bedarf einer neuen unternehmerischen Denkweise und der Pflege des unternehmerischen Umfeldes. Allen voran muss hier besonders die Managementebene den Anstoß dazu geben und diesen Willen vorleben. Die

Führungskräfte müssen sich für diese Veränderung einsetzen und eine motivierende Vision kommunizieren. Wichtig hierbei ist das Verständnis, warum diese Transformation entscheidend für den Unternehmenserfolg sein kann. Allerdings ist es nicht ausreichend, nur darüber zu berichten. Die Vision und neue Strategiesetzung müssen ebenfalls Anwendung durch Veränderungen in den Unternehmensstrukturen und -prozessen finden. Entscheidend sind Indikatoren, die neben den wirtschaftlichen auch die sozial erwirtschafteten Erfolge messen und Anreize für weitere systemische Veränderungen bieten. Mittels dieser können Führungskräfte sicherstellen, dass die operative Tätigkeit gleichgestellt zum Engagement der sozialen Wertschöpfung ist. Dafür bietet es sich an, dass die Unternehmen funktionsübergreifende Teams einsetzen, die die Verantwortung für die Schaffung sozialer Werte tragen. Dies garantiert, dass die neuen Werte in alle Bereiche der Organisation eindringen und damit in die internen Prozesse implementiert werden können (Austin & Reficco, 2009).

5.1.2 Förderung sozialer Intrapreneure (Corporate Social Intrapreneur)

Es sind die Akteure, die eine Implementierung von CSE-Prozessen umsetzen. Diese werden als „Change Agents" oder auch „Intrapreneure" bezeichnet. Bei der Differenzierung von Social- und Corporate Entrepreneurship wird zwischen den Rollen der Akteure sowie der Rolle des Managements unterschieden. Während der Entrepreneur die Gründung von Start-ups vorantreibt, ist das Management maßgebend für die Umsetzung und Implementierung der unternehmerischen Idee (Thompson et al., 2000).

Im CSE-Konzept koexistieren beide Seiten dauerhaft. Organisationen müssen unternehmerisch innovativ handeln, um aus bekannten Managementstrukturen ausbrechen zu können und weiterhin die Innovationskraft aufrecht zu halten. Das heißt, es bedarf einer Änderung der Art, wie das Unternehmen geleitet wird. Diese Veränderung passiert auf der Ebene der Organisationsentwicklung, wird aber durch einzelne interne Akteure gesteuert, die sich auf die Förderung und Realisierung des internen Wandels fokussieren. Sie nehmen die Interessen der Stakeholder auf und überzeugen diese, wie wichtig die Veränderung auch für die Stakeholder selbst sein kann. Bei dieser intensiven Überzeugungsarbeit sind sie keine Manager des Status Quo. Vielmehr sind sie die Schöpfer und Wegbereiter eines neuen Status Quo, auch wenn dieser auf einige Stakeholder zunächst verstörend wirken kann (Austin & Reficco, 2009).

Mit ihren Bestrebungen treiben sie die Entwicklung von Synergien in der Arbeit anderer voran. Dabei koordinieren sie über interne wie externe Grenzen hinweg die Angleichung von Interessen und Anreizen. Es zeichnet sie aus, dass sie den Erfolg anderer unterstützen möchten. Dies macht sie – nach der Überwindung von Barrieren – zu nützlichen und geschätzten Mitarbeitenden. Es ist nicht ihr Bestreben, neue Machtzentren auszubauen, vielmehr wirken sie als Teamplayer (Austin & Reficco, 2009).

5.1.3 Stärkung der Unternehmensziele/-werte (Value-based-Organization)

Insbesondere die Unternehmenswerte bilden einen wesentlichen Schwerpunkt des CSE. Denn eine Weiterentwicklung von CSR funktioniert nur dann, wenn die richtigen Unternehmenswerte Anwendung finden. Hierbei spielen die CS-Intrapreneure wieder eine wichtige Rolle. Diese müssen sicherstellen, dass die Umsetzung der sozialen Verantwortlichkeit als Grundlage der Unternehmensmission verstanden werden. Der CSE-Prozess soll dazu dienen, dass die Ansätze in der Praxis umgesetzt werden (Austin & Reficco, 2009).

Value-based-Organizations nehmen sich selbst als vertrauenswürdige Organisationen wahr, die mittels nachhaltigen ethischen Verhaltens Vertrauen gewinnen und innovative Lösungen für die Auseinandersetzung mit sozialen Herausforderungen bereitstellen können. Ihre Ziele sind nicht nur die Einhaltung von Gesetzen (Compliance) oder die Bedürfnisbefriedigung der wichtigsten Stakeholder. Entscheidender ist es für sie, mit gutem Beispiel voran zu gehen, durch ihr Verhalten Erwartungen zu übertreffen und damit neue Maßstäbe für andere Organisationen zu setzen. Werte sind hier die Eckpfeiler der Identität und bilden damit die wichtigste strukturelle Komponente jener Unternehmen. Demnach werden die Werte nicht an eine Strategie angepasst, die Strategie wird vielmehr an den Werten ausgerichtet. Dieser besondere Umstand ermächtigt einzelne Akteure und setzt ihre kreativen Energien frei (Austin & Reficco, 2009).

5.1.4 Erzeugung doppelter Wertschöpfung (Double Return)

Im Konzept des CSE soll bewirkt werden, dass die Suche nach innovativen Wegen der Wertschöpfung nicht mehr nur dem eigentlichen Zweck eines Unternehmens dient: der Gewinnmaximierung.

Gemäß dem Konzept des CSE bedeutet das, dass das Unternehmen neben den wirtschaftlichen auch soziale Werte erwirtschaftet. Das Ziel dabei ist es, die Bedürfnisse nicht konkurrierend, sondern komplementär zu gestalten. Demnach soll die soziale Wertschöpfung nicht als eigenständiges Element betrachtet werden. Sie wird hingegen in ein erweitertes und transparentes Controlling eingebettet, was den Stakeholdern wiederum eine Übersicht über die Leistungen der Organisation liefern soll (Austin & Reficco, 2009).

5.1.5 Aufbau strategischer Allianzen (Co-generating Value)

Strategisch ausgerichtete Kooperationen, in denen sich die Kooperationspartner ihre Kompetenzen gegenseitig zur Verfügung stellen, schaffen die Entwicklung neuer Ressourcen-Verbindungen, die wiederum innovative Lösungen hervorbringen können. Jene Vereinigung organisationaler Ressourcen und Fähigkeiten bietet die Möglichkeit zur sozialen und wirtschaftlichen Wertschöpfung für alle Parteien (Austin & Reficco, 2009).

Der Aufbau von Brücken, sowohl intern als auch über die Grenzen der eigenen Organisation hinweg, ist das Streben der CS-Intrapreneure, um damit auch Ressourcen außerhalb ihres Wirkungskreises akquirieren und nutzen zu können. Entscheidend dafür ist erneut die Beziehung zu den Stakeholdern. Durch diese werden neue Partnerschaften mit einem gemeinsamen Vorgehen ermöglicht. Dabei wird der Abgleich von gemeinsamen Interessen mit externen Gruppen zur institutionalisierten Gewohnheit und verwurzelt sich zunehmend in der Unternehmenskultur – ausgeführt durch CSE (Austin & Reficco, 2009). Auf der Basis dieser Partnerschaften wird es dem Unternehmen ermöglicht, den Kontakt zu interessanten Bereichen herzustellen, für die sie vorher keine Kompetenzen hatten oder die notwendigen Einflussmöglichkeiten fehlten (Austin & Reficco, 2009).

5.2 Konkretisierung der Charaktereigenschaften

Die Betrachtung der Charaktereigenschaften ist hier, wie bereits zuvor (siehe Abschn. 2) erwähnt, als Betrachtung der Persönlichkeitseigenschaften zu verstehen. Das heißt, die zeitlich relativ stabilen und individuellen Eigenschaften einer Person. Diese Charaktereigenschaften können angeboren, aber auch erlernt sein. Ausschlagegebend ist die Betrachtung der Vielzahl der Charaktereigenschaften, welche dazu verhilft, den Persönlichkeitstypus von Intrapreneuren zu verstehen.

Wie sich aus den fünf Kernelementen nach Austin und Reficco (2009) erkennen lässt, müssen die Akteure des Social Intrapreneurship gewisse Motive und Fähigkeiten besitzen, um die Grundbedingungen für eine erfolgreiche Umsetzung zu erfüllen. Vor allem ist Offenheit für Innovationen sowie die Fähigkeit zum Umgang mit besonderen Risiken und Herausforderungen ausschlaggebend.

Social Intrapreneure verfügen in der Regel über besondere Grundsätze und Werte, auf die sie sich bei der Ausübung ihrer Tätigkeiten und ihrer Ideen konzentrieren. Die Grundsätze orientieren sich an der gesellschaftlichen Werteschöpfung (bspw. Erhaltung der Natur oder Unterstützung von Hilfsbedürftigen). Sie zeichnen sich dadurch aus, dass sie nicht entweder gesellschaftlich oder unternehmerisch denken. Vielmehr verbinden sie beide Aspekte und versuchen, ihre Ideen innerhalb bestehender Organisationen zu platzieren. Damit sind sie in der Lage, soziale und ökologische Ziele in einem Geschäftsmodell zu integrieren. Durch ihre Tätigkeit im Unternehmen können sie den geschäftlichen Nutzen von gesellschaftlichen Fragen verstehen und die Trennung von Gewinn und sozialem Mehrwert aufheben. Auf der Basis ihres besonderen Mindsets entscheiden sich Social Intrapreneure oft bewusst gegen eine Teilnahme an „Sozialen Tagen" und interessieren sich nicht für die jährlichen Spenden des Unternehmens an gemeinnützige Zwecke. Für sie ist das Streichen eines Zauns im Kindergarten oder das Sortieren von Kleidung im Obdachlosenheim zu wenig, um unternehmerische Verantwortung zum Ausdruck zu bringen. Vielmehr zeigen sie Initiative und verbinden Fähigkeiten sowie Wissen aus der täglichen Arbeit, um sozialen Mehrwert zu generieren (Schießl, 2015; Draeger-Ernst, 2003; von der Oelsnitz & Eickhölter, 2014).

Beispiel

Das Unternehmen Coca-Cola ist in erster Linie nicht für soziale Innovationen bekannt, dennoch hat der Mitarbeiter Dan Vermeer mit seinem sozialen Innovationsgeist einen

Lösungsansatz gesucht, mit der Coca-Cola den globalen Herausforderungen der Wasserknappheit gerecht werden kann. Dies tat er nicht als selbstständiger Sozialunternehmer, sondern als Social Intrapreneur innerhalb des Unternehmens. Wasser bildet die wichtigste Grundlage des Produktes der unternehmerischen Tätigkeit. Daher versuchte Dan Vermeer mittels nachhaltiger Innovationen der sozialen Verantwortung im Umgang mit dieser Ressource nachzukommen. Hierfür nutzte er die globale Vernetzung des Unternehmens, arbeitete mit Partnern zusammen, die sich mit derselben Herausforderung konfrontiert sahen und entwickelte die „Global Water Initiative". Diese setzt sich für eine nachhaltige Wasserkette (Wasserkette: Nachhaltige Verwaltung des Wassersystems – Gewinnung, Nutzung und Rückführung) ein. Mittlerweile hat Coca-Cola als erstes Fortune 500-Unternehmen den Wasserverbrauch komplett ausgeglichen. Das heißt, für jeden genutzten Tropfen Wasser wird auch die gleiche Menge Wasser wieder in die Natur zurückgeführt (Sapiro, 2016). ◄

Durch die aktive Ausübung solcher Prozesse und ihre inhärente Lernbereitschaft entwickeln die Mitarbeitenden besondere Fähigkeiten und Kompetenzen bei der Gestaltung und Umsetzung der Konzepte. Eine besonders relevante Charaktereigenschaft bietet dabei die Fähigkeit zur Selbstständigkeit. Social Intrapreneure müssen nicht nur vorausschauend planen, sondern darüber hinaus dazu imstande sein, notwendige Ressourcen beschaffen zu können.

Ferner ist es von Vorteil, wenn kommunikative Fähigkeiten vorhanden sind. Social Intrapreneure müssen mit Kommunikation andere von dem Projekt begeistern und mithilfe von motivierenden Erläuterungen die persönliche Vision zu dem Projekt übertragen können. Zu den weiteren Charaktereigenschaften eines Social Intrapreneurs zählt damit idealerweise auch die Fähigkeit zum Netzwerken. Ein solches Netzwerk ist für die Umsetzung der Innovation durch die Akteure, besonders innerhalb der Organisation, von enormer Bedeutung. Mit ihren Ansätzen verfolgen sie oftmals eine Idee, die zunächst auf interne Barrieren treffen kann. Für diese Fälle ist es notwendig, über das Netzwerk Unterstützer innerhalb der Organisation zu gewinnen, die behilflich sein können bei der Ideenumsetzung und im Falle einer missglückten Implementierung Rückhalt bieten. Bestenfalls besteht dieses Netzwerk schon vor Beginn der Projekte und beinhaltet im Idealfall auch Personen aus anderen Bereichen der Organisation (Schießl, 2015; von der Oelsnitz & Eickhölter, 2014).

Insbesondere bei der Betrachtung der Charaktereigenschaften ist es nachvollziehbar, dass eine Abgrenzung, nicht nur zwischen Social Intrapreneuren und Social Entrepreneuren, sondern auch zu einem Corporate Social Entrepreneur – per definitionem aus wissenschaftlicher Sicht – schwierig ist. Ausgehend von einer Synonymität zwischen CSE und SI ist zu vermuten, dass keinerlei Unterschiede zwischen beiden existieren. Wird aber die literarischen Grundlage und die praxistaugliche Anwendung differenziert betrachtet, ist eine Unterscheidung wahrnehmbar. Zurückführen lässt sich dies möglicherweise auf den normativen Gebrauch der Begrifflichkeiten. CSE bildete historisch den Ursprung des Konzeptes, während SI sich einige Zeit später daraus entwickelte. Letztlich ist es bei beiden

Konzepten wichtig, Menschen zu überzeugen und den Akteuren einen Namen zu geben. Zum einen erschließt sich damit die direkte Nennung der Motivation, das „Social", in Social Intrapreneurship. Diese scheint zielführender als der Begriff des „Corporate". Zum anderen zeigt der Begriff „Intra" mit seinem lateinischen Ursprung die Perspektive, aus der die Akteure heraus handeln. Damit lässt sich annehmen, dass ein Akteur, der aus seinem intrinsischen Werteverständnis heraus andere und die eigene Organisation zu einem bestimmten sozialen Verhalten und/oder möglichen Innovationen zu sozialen Herausforderungen motivieren möchte, sich selbst eher als Social Intrapreneur bezeichnen und in dieser Funktion definieren würde. Gleichzeitig wird damit der Begriff des Corporate Social Entrepreneurs eher ein wissenschaftliches Konzept, das dem praxistauglicheren Begriff eine Basis bietet.

6 Fazit

Das Ziel der vorausgegangenen Überlegungen war die Schärfung des Begriffs Social Intrapreneurship, um eine bessere Sichtbarkeit der Akteure in Organisationen zu erreichen, die einerseits durchaus als Unternehmende im Unternehmen agieren, dabei aber vor allem gesellschaftlich relevante Ziele im Fokus haben.

Mit Hilfe der Abgrenzung zu Intrapreneurship und Social Entrepreneurship sowie einer Reflektion zu CSE, erfolgte der Versuch, SI klarer von den genannten Phänomenen im normativen Diskurs der gesellschaftlichen Herausforderungen hervorzuheben und die Relevanz für die aktuellen Transformationen aufzuzeigen.

Damit zeigt sich zunächst, dass ein Social Intrapreneur mehr ist als ein bisher definierter Social Entrepreneur. Vielmehr ist er ein „Social Entrepreneur Plus" (Schmitz & Schröer, 2019). Der Einbezug des CSR gibt zusätzlich Aufschluss über den Ursprung des Konzeptes sowie die Differenzierung hierzu. Mittels der konzeptionellen Verbindung zu CSR und dem Entwicklungshintergrund zu SI zeigt sich, dass beide Konzepte einer gemeinsamen Wertebasis folgen – der unternehmerischen Verantwortlichkeit gegenüber gesellschaftlicher Herausforderungen. Es zeigt sich, dass SI als deutliche Weiterentwicklung verstanden werden muss. Denn Social Intrapreneure verkörpern eine unternehmerische Einstellung hinsichtlich der zu bewältigenden Aufgaben, mit dem besonderen Blick für das Machbare, unter Einbezug möglicher neuer Innovationen für das Unternehmen selbst. Mit SI wird die Bewältigung gesellschaftlicher Herausforderungen ein Teil der DNA des Unternehmens und erhebt sich somit über die gesetzlichen Reglementierungen zu aktuellen CSR-Leistungen der Organisationen.

Wenn Social Intrapreneurship eine weite Verbreitung in Unternehmen und Organisationen finden würde, wäre auch der etablierte Ansatz von CSR wirkungsvoller. Während CSR als Managementsystem der Organisation betrachtet wird, bildet SI einen differenzierten Ansatz – auf Basis der individuellen Leistungen der Akteure. Mit den Maßnahmen der individuellen Förderung unternehmerischer Mitarbeitender, der Förderung von Themen mit Bezug zu gesellschaftlichen Herausforderungen und der Öffnung für Kooperationen, würden die Organisationen eine breitere Wirkung erzeugen, die nicht mehr nur die eigenen Stakeholder fokussiert, sondern auch die Gesellschaft. Die Entwicklungsmöglichkeiten innovativer Produkte und Märkte sind zusätzliche Anreize, die für eine ernsthafte Implementierung von Social Intrapreneurship sprechen.

Social Intrapreneure könnten folglich aufgrund individueller Handlungsspielräume in Kombination mit ihrer intrinsischen Motivation für Unternehmergeist und die Bewältigung sozialer Herausforderungen, unter Einbezug der vorhandenen Ressourcen, einen praxisnäheren oder praxistauglicheren Begriff begründen. Dieser Begriff ermöglicht es, die Potenziale zur Bewältigung gesellschaftlicher Herausforderungen von Social Intrapreneuren hervorzuheben und deren Wert für Unternehmen und Gesellschaft sichtbar und damit unterstützbar zu machen.

Literatur

Achleitner, A. (o. J.). *Social Entrepreneurship. Ausführliche Definition.* https://wirtschaftslexikon.gabler.de/definition/social-entrepreneurship-52240. Zugegriffen am 03.08.2020.

Arora, R. (2016). Perspectives of entrepreneurship and its impact on stakeholders co-creation. In H. R. Kaufmann & S. M. R. Shams (Hrsg.), *Entrepreneurial challenges in the 21st century – Creating stakeholder value co-creation* (S. 1–11). Palgrave Macmillan.

Austin, J., & Reficco, E. (2009). *Corporate social entrepreneurship.* Harvard Business School working paper. https://www.hbs.edu/faculty/Publication%20Files/09-101.pdf. Zugegriffen am 03.08.2020.

Austin, J., Leonard, H., Reficco, E., & Wei-Skillern, J. (2006a). Social entrepreneurship – It's for corporations, too. In A. Nicholls (Hrsg.), *Social entrepreneurship: New paradigms of sustainable social change* (S. 169–181). Oxford University Press.

Austin, J., Stevenson, H., & Wei-Skillern, J. (2006b). Social and commercial entrepreneurship: Same, different, or both? *Entrepreneurship Theory and Practice, 30*(1), 1–22.

Barringer, B. R., & Bluedorn, A. C. (1999). The relationship between corporate entrepreneurship and strategic management. *Strategic Management Journal, 20*(5), 421–444.

Bauhofer, B. (2004). *Reputation Management. Glaubwürdigkeit im Wettbewerb des 21. Jahrhunderts.* orell füssli.

Cyert, R. M., & March, J. G. (1963). *A behavioral theory of the firm University of Illinois at Urbana-Champaign's academy for entrepreneurial leadership historical research reference in entrepreneurship.* https://ssrn.com/abstract=1496208. Zugegriffen am 03.08.2020.

Dacin, P. A., Dacin, T. M., & Matear, M. (2010). Social entrepreneurship: Why we don't need a new theory and how we move forward from here. *Academy of Management Review, 24*(3), 37–57.

Draeger-Ernst, A. (2003). *Vitalisierendes Intrapreneurship. Gestaltungskonzept und Fallstudie.* Rainer Hampp.

Elkington, J. (2008). *The social intrapreneur: A field guide for corporate changemakers* (Corporation of sustainability, IDEO, Skoll Foundation, Allianz). https://www.allianz.com/content/dam/onemarketing/azcom/Allianz_com/migration/media/current/en/press/news/studies/downloads/thesocialintrapreneur_2008.pdf. Zugegriffen am 27.09.2020.

Europäische Kommission, Generaldirektion Beschäftigung und Soziales. (Hrsg.). (2001). *Grünbuch Europäische Rahmenbedingungen für die soziale Verantwortung der Wirtschaft. Brüssel.* https://eur-lex.europa.eu/legal-content/DE/TXT/PDF/?uri=CELEX:52001DC0366&from=de. Zugegriffen am 03.08.2020.

Frederick, W. C. (2006). *Corporation, be good! The story of corporate social responsibility*. Dog Ear Publishing.

Guth, W. D., & Ginsberg, A. (1990). Guest editor's introduction: Corporate entrepreneurship. *Strategic Management Journal, 11*(Special Issue), 5–15.

Hemingway, C. A. (2002). An exploratory analysis of corporate social responsibility: Definitions, motives and values. In *Research memorandum 34*. University of Hull Business School.

Hemingway, C. A. (2011). *Corporate social entrepreneurship: Integrity within the socially responsible organisation*. Cambridge University Press.

Hemingway, C. A. (2013). Corporate social entrepreneurship. In S. O. Idowu, N. Capaldi, L. Zu & A. Das Gupta (Hrsg.), *Encyclopedia of corporate social responsibility* (S. 544–551). Springer.

Hemingway, C. A., & Maclagan, P. W. (2004). Managers personal values as drivers of corporate social responsibility. *Journal of Business Ethics, 50*(1), 33–44.

Kaufmann, J. (2003). *Intrapreneuring. Gestaltungsansätze von Instrumenten ausgewählter personalwirtschaftlicher Funktionsbereiche*. Peter Lang, Internationaler Verlag der Wissenschaften.

Kidd, A., Maak, T., Pless, N., & Harris, H. (2020). Development of employee engagement through CSR. In D. Haski-Leventhal, L. Roza & S. Brammer (Hrsg.), *Employee engagement in corporate social responsibility* (S. 28–46). SAGE Publications.

Kubicek, H., & Thom, N. (1976). Betriebliches Umsystem. In E. Grochla & W. Wittmann (Hrsg.), *Handwörterbuch der Betriebswirtschaftslehre* (S. 3977–4017). Schäffer-Poeschel.

Lovell, A. (2002). Moral agency as victim of the vulnerability of autonomy. *Business Ethics: A European Review, 11*(1), 62–76.

Maclagan, P. W. (1998). *Management and morality*. Sage.

Mair, J., & Marti, I. (2006). Social entrepreneurship research: A source of explanation, prediction, and delight. *Journal of World Business, 41*(1), 36–44.

von der Oelsnitz, D., & Eickhölter, J. K. (2014). Intrapreneurship-Mitarbeiter als Erfolgsfaktor der Innovation. In W. Burr (Hrsg.), *Innovation. Theorien, Konzepte und Methoden der Innovationsforschung* (S. 288–319). Kohlhammer.

Pieper, A. (2003). *Einführung in die Ethik* (5. Aufl.). A. Francke.

Pinchot, G. (1985). *Intrapreneuring. Why you don't have to leave the corporation to become an entrepreneur* (2. Aufl.). Harper & Row.

Sapiro, U. (2016). *Lebensquelle Wasser: Wie sichern wir es für die Zukunft?* http://www.stage.coca-colacompany.com/stories/lebensquelle-wasser-wie-wir-es-sicher-und-sauber-machen/. Zugegriffen am 27.09.2020.

Schießl, N. (2015). *Intrapreneurship-Potenziale bei Mitarbeitern. Entwicklung, Optimierung und Validierung eines Diagnoseinstruments*. Springer.

Schmitz, B., & Scheuerle, T. (2013). Social Intrapreneurship – Innovative und unternehmerische Aspekte in drei deutschen christlichen Wohlfahrtsträgern. In S. A. Jansen, R. G. Heinze & M. Beckmann (Hrsg.), *Sozialunternehmen in Deutschland. Analysen, Trends und Handlungsempfehlungen* (S. 187–218). Springer Fachmedien.

Schmitz, B., & Schröer, A. (2019). Social Intrapreneurship. Unternehmerisches Handeln in Organisationen. *IM+io Best & Next Practices aus Digitalisierung; Management Wissenschaft, 2*, 76–79.

Seelos, C., & Mair, J. (2005). Social Entrepreneurship: Creating new business models to serve the poor. *Business Horizons, 48*(3), 241–246.

Thompson, J., Geoff, A., & Lees, A. (2000). Social entrepreneurship – A new look at the people and the potential. *Management Decision, 38*(5), 338–348.

Wirtz, M. A. (o. J.). *Dorsch. Lexikon der Psychologie*. https://dorsch.hogrefe.com/stichwort/charakter und https://dorsch.hogrefe.com/stichwort/persoenlichkeit. Zugegriffen am 06.12.2020.

Wood, D. J. (1991). Corporate social performance revisited. *Academy of Management Review, 16*(4), 691–718. University of Pittsburgh.

Teil II

Corporate Intrapreneurship: Wissenschaftliche Perspektive

Wie können organisationale Routinen Intrapreneurship nachhaltig fördern?

Malte Brakemeier, Christian A. Mahringer und Birgit Renzl

1 Einleitung

In Zeiten des kontinuierlichen Wandels erweist sich die Anpassungsfähigkeit an dynamische Umwelten als eine notwendige Fähigkeit von Organisationen, um Wettbewerbsvorteile zu erzielen, aufrecht zu erhalten und das Fortbestehen zu sichern (Eisenhardt & Martin, 2000). Insbesondere Krisen und ökonomischer Abschwung, wie in 2008 oder erneut in 2020 erlebbar, stellen weltweit einen „Game Changer" für viele Organisationen dar (Kuratko et al., 2015). Langfristige Trends, wie das Internet der Dinge und künstliche Intelligenz, tragen ebenfalls zu solchen Dynamiken bei (Kaufmann & Servatius, 2020). Organisationen benötigen daher Prozesse, durch die sie ihre Anpassungsfähigkeit an solche Umwelten stärken können.

Intrapreneurship ist ein wichtiger Prozess, der die Anpassungsfähigkeit von Organisationen stärkt (Honig & Samuelson, 2021; Mahringer & Renzl, 2018; Zahra et al., 2006). Unter Intrapreneurship kann das Hervorbringen neuer Produkte oder Prozesse innerhalb von bestehenden Organisationen verstanden werden (Antoncic & Hisrich, 2003). Intrapreneurship beschreibt unternehmerische Initiativen von Organisationsmitgliedern, welche die Organisation, ihre Strukturen und das Handeln darin verändern (Ahuja & Lampert, 2001; Ireland et al., 2009). Sie können Organisationen deshalb an die Anforderungen dynamischer Umwelten adaptieren (Ireland et al., 2009; Rauch et al., 2009).

Insbesondere vor dem Hintergrund solcher Umweltdynamiken scheint es sinnvoll auf eine wiederholte Umsetzung unternehmerischer Initiativen hinzuwirken. In der Intrapreneurship-Forschung wird jedoch nicht deutlich, wie unternehmerische Initiativen

M. Brakemeier (✉) · C. A. Mahringer · B. Renzl
Universität Stuttgart, Stuttgart, Deutschland
E-Mail: christian.mahringer@bwi.uni-stuttgart.de; birgit.renzl@bwi.uni-stuttgart.de

R. Kraus et al. (Hrsg.), *Intrapreneurship*,
https://doi.org/10.1007/978-3-662-64102-6_5

nachhaltig gefördert und in Erträge unternehmerischen Handelns umgesetzt werden können (Hornsby et al., 2009; Kuratko et al., 2015). Darunter kann das wiederholte Erzeugen innovativer Produkte oder Prozesse verstanden werden.

Das zentrale Argument dieses Beitrags ist, dass organisationale Routinen eine geeignete Möglichkeit darstellen, um Intrapreneurship zu fördern. Organisationale Routinen sind repetitive Verhaltensmuster; sie werden also wiederholt ausgeführt (Feldman & Pentland, 2003). Es wird argumentiert, dass Routinen, durch die unternehmerische Initiativen umgesetzt werden können, zu einer nachhaltigen Förderung von Intrapreneurship beitragen. Der vorliegende Beitrag entwickelt ein Modell, wie dies möglich ist, und definiert spezifische Gestaltungsbereiche, die zu einer nachhaltigen Förderung von Intrapreneurship beitragen.

Abschn. 2 stellt den theoretischen Hintergrund dar und geht hier insbesondere auf die Forschung zu Intrapreneurship und organisationalen Routinen ein. Abschn. 3 entwickelt ein Modell, das aufzeigt, wie organisationale Routinen Intrapreneurship fördern. Der folgende Abschn. 4 identifiziert spezifische Routinen zur Förderung von Intrapreneurship in der Unternehmenspraxis. Abschn. 5 zeigt Implikationen des Beitrags auf und arbeitet zukünftigen Forschungsbedarf heraus.

2 Theoretischer Hintergrund

Das nachfolgende Kapitel gibt einen Überblick über die relevante Literatur. Zunächst wird die Literatur im Bereich Intrapreneurship betrachtet. Im Anschluss folgt eine Betrachtung der Literatur organisationaler Routinen.

2.1 Intrapreneurship

Antoncic und Hisrich (2003) definieren Intrapreneurship als Unternehmertum innerhalb bestehender Organisationen. Zudem erläutern sie, dass Intrapreneurship in denjenigen emergenten Verhaltensintentionen und Verhaltensweisen in einer Organisation begründet liegt, welche zu Abweichungen von üblichen etablierten (Handlungs-)Mustern führen können. Die Literatur zeigt mehrere Charakteristika von Intrapreneurship auf. Erstens ist Intrapreneurship durch innovatives Handeln von (Gruppen an) Organisationsmitgliedern gekennzeichnet, welche auf eine spezifische Weise in der Organisation wirken (Kuratko et al., 2005; Pinchot, 1985; Sharma & Chrisman, 1999). Zweitens stellt das Handeln dieser Individuen und Gruppen eine Abweichung von bestehenden Mustern innerhalb der Organisation dar und verfolgt die Wahrnehmung unternehmerischer Möglichkeiten (Antoncic & Hisrich, 2003). Drittens ermöglichen diese Handlungsweisen das Aufbrechen rigider Muster der Organisation und eine Anpassung an dynamische Unternehmensumwelten (Kuratko et al., 2005). In diesem Rahmen kann Intrapreneurship sowohl neue Geschäftstätigkeiten der Organisation schaffen als auch die organisationale Erneuerung zum Zweck der Innovation innerhalb einer bestehenden Geschäftstätigkeit fördern (Kuratko et al., 2005; Sharma & Chrisman, 1999). Es scheint also wertvoll, Intrapreneurship in Organisationen nachhaltig zu fördern.

Die Literatur beschreibt einige Ansätze zur Förderung von Intrapreneurship. Hier soll auf zwei besonders prominente Ansätze eingegangen werden: Die Intrapreneurship-Strategie und ein intrapreneurshipförderlicher Kontext. Eine erste Möglichkeit der Förderung stellt das Etablieren einer **Intrapreneurship-Strategie** dar (Ireland et al., 2009). Das Hauptmotiv für die Implementierung einer solchen Intrapreneurship-Strategie liegt darin begründet, nachhaltige Wettbewerbsvorteile durch unternehmerische Initiativen zu erzielen (Kuratko & Morris, 2018). Dies gelingt durch unternehmerisches Handeln vieler Organisationsmitglieder, welches die Organisation und ihre Geschäftstätigkeit verändert (Ireland et al., 2009). Zwar zeigt die Forschung die Charakteristika einer solchen Strategie auf (Kuratko et al., 2015; Morris et al., 2011; Narayanan et al., 2009), jedoch ist noch nicht ausreichend geklärt, durch welche Prozesse eine solche Strategie das unternehmerische Handeln von Organisationsmitgliedern unterstützt und zu gelebten unternehmerischen Initiativen führt. Daher ist eine erfolgreiche Implementierung von Intrapreneurship in Unternehmen allein durch eine solche Strategie schwer umsetzbar (Kuratko et al., 2014).

Ein zweiter Ansatz ist die Gestaltung eines **intrapreneurshipförderlichen organisationalen Kontexts**, welcher Organisationsmitglieder dazu anregt unternehmerische Initiativen voranzutreiben (Hornsby et al., 2009; Kuratko et al., 1990, 2014). Kuratko et al. (2014) zeigen beispielsweise auf, dass in einem intrapreneurshipförderlichen Kontext Organisationsmitglieder durch das Management unterstützt werden, sie Entscheidungsfreiräume erhalten, für Initiativen incentiviert werden, Ressourcen zur Verfügung gestellt bekommen und sich klaren Anforderungen gegenübersehen.[1] Obwohl dieser Ansatz vielversprechend ist, bleibt hier ebenfalls unklar, wie solch ein Kontext auf die Umsetzung von unternehmerischen Initiativen wirkt. Es bedarf somit einer vertieften inhaltlichen Auseinandersetzung mit der gezielten nachhaltigen Förderung von Intrapreneurship (Kuratko et al., 2015; Shane & Venkataraman, 2000).

Das nachfolgende Kapitel komplementiert bisherige Ansätze, indem es organisationale Routinen als eine weitere Möglichkeit zur nachhaltigen Förderung von Intrapreneurship betrachtet. Mithilfe von Routinen können Akteurinnen und Akteure Ideen in Erträge unternehmerischen Handelns transformieren. Aus diesem Grund führt Abschn. 2.2 in die aktuelle Forschung zu organisationalen Routinen ein.

2.2 Routinen als dynamische Phänomene

Um die bisherigen Ansätze zu komplementieren, betrachtet dieser Beitrag organisationale Routinen als eine weitere Möglichkeit zur nachhaltigen Förderung von Intrapreneurship.

---

[1]Weitere Forschungserkenntnisse zu intrapreneurshipförderlichen Unternehmenskontexten finden sich in dem Beitrag von Tanja Kreitenweis in diesem Sammelband.

Während Routinen traditionell als statische Entitäten betrachtet wurden, zeigt aktuelle Forschung auf, dass Routinen tatsächlich dynamische Phänomene sind, die flexibel ausgeführt werden können (Feldman, 2000; Feldman et al., 2016, 2021; Parmigiani & Howard-Grenville, 2011). Feldman und Pentland (2003) definieren Routinen als repetitive, erkennbare Muster abhängiger Handlungen, welche durch mehrere Akteurinnen und Akteure ausgeführt werden. Sie argumentieren, dass Routinen aus einem ostensiven und einem performativen Aspekt bestehen. Der performative Aspekt beschreibt die tatsächlichen Handlungen, die zu bestimmten Zeitpunkten und an bestimmten Orten ausgeführt werden. Der ostensive Aspekt dagegen bezieht sich auf Strukturen, durch die kollektives Handeln möglich wird. Führen Individuen beispielsweise wiederholt eine Planungsroutine aus, so erkennen sie in der Regel das typische Handlungsmuster der Routine (z. B. erst Kapazität bestimmen, dann Aufgaben bestimmen, etc.) (ostensiver Aspekt) und können dieses typische Muster nutzen, um passende Handlungen auszuführen und sich gegenseitig verständlich zu machen (performativer Aspekt). Entwickeln Intrapreneurinnen und Intrapreneure beispielsweise mehrere Produktinventionen weiter, ist das Vorgehen anhand von Entwicklungsschritten und Iterationsschleifen in der Regel bekannt (ostensiver Aspekt), die jeweiligen Handlungen können dann basierend auf diesen Strukturen für jede Invention ausgeführt werden (performativer Aspekt).

Der ostensive und der performative Aspekt einer Routine stehen in einem kontinuierlichen Wechselspiel und sind somit untrennbar miteinander verbunden (Feldman & Pentland, 2003). Dieses Wechselspiel erklärt, warum Routinen dynamische Phänomene sind. Wenn Akteurinnen und Akteure eine Routine ausführen, greifen sie auf den ostensiven Aspekt der Routine zurück. In manchen Fällen kann dies bedeuten, dass sie diese Routinen identisch ausführen. In anderen Fällen können Akteurinnen und Akteure jedoch auch bewusst von bisherigen Ausführungen der Routine abweichen. Somit ermöglichen Routinen beides, die nahezu exakte Wiederholung als auch die Anpassung und Veränderung von Handlungsmustern (Feldman, 2000; Feldman & Pentland, 2003; Howard-Grenville, 2005). Routinen sind also sowohl Quelle für Stabilität als auch für Flexibilität und Veränderung (Danner-Schröder & Geiger, 2016), sowie Innovation (Deken & Sele, 2021; Mahringer et al., 2019; Sele & Grand, 2016).

3 Modell: Wie können unternehmerische Initiativen routinisiert werden?

Das in Abb. 1 dargestellte Modell zeigt auf, wie Intrapreneurship, d. h. Ideen und Konzepte sowie deren Umwandlung in Erträge unternehmerischen Handelns in Form von Produkten und Prozessen, nachhaltig durch Routinen gefördert werden kann. Das Modell beschreibt drei Gestaltungsbereiche, welche für eine nachhaltige Förderung von Intrapreneurship relevant sind. Diese Gestaltungsbereiche sind

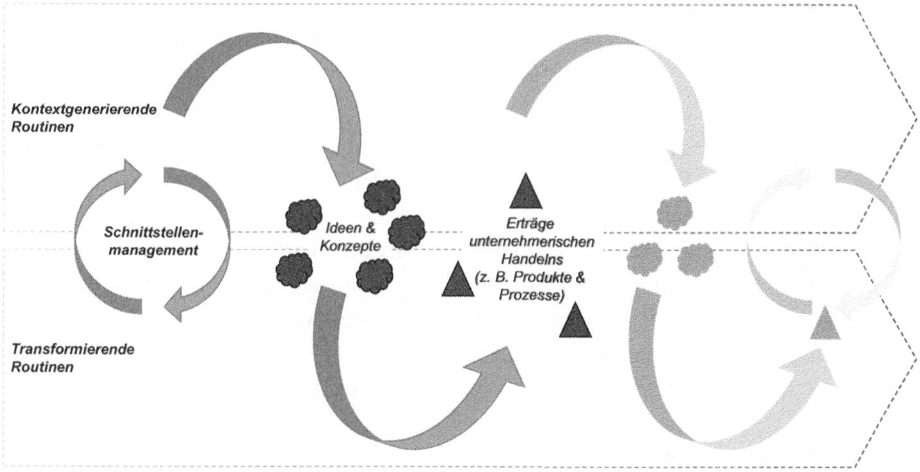

Abb. 1 Routinen zur nachhaltigen Förderung von Intrapreneurship

- kontextgenerierende Routinen
- transformierende Routinen und
- Schnittstellenmanagement.

Kontextgenerierende Routinen

Unter kontextgenerierenden Routinen werden hier repetitive Verhaltensmuster verstanden, die einen intrapreneurshipförderlichen organisationalen Kontext erzeugen. Sie wirken auf die Verfügbarkeit von Ideen und Konzepten in der Organisation hin. Beispielsweise unterstützt die Investition freier Ressourcen in Wissenstransferprozesse und Kreativitätsroutinen die Ideenbildung der Mitarbeitenden. Dieser Gestaltungsbereich folgt der Sichtweise, dass der Kontext eine entscheidende Rolle für Intrapreneurship spielt (Burgelman, 1983; Kuratko et al., 2014). Eine Routinenperspektive kann jedoch zusätzlich verdeutlichen, dass solch ein Kontext keine gegebene Entität darstellt, sondern selbst aus repetitiven Verhaltensmustern besteht. Beispielsweise sind freie Ressourcen für unternehmerische Initiativen nicht gegeben, sondern diese Ressourcen werden durch Routinen erzeugt und bereitgestellt. Dieses Argument wird ebenfalls durch die Routinenforschung bekräftigt, die verdeutlicht, dass Routinen immer in einen Kontext eingebettet sind (Howard-Grenville, 2005) und dass Organisationen in der Regel aus Netzwerken abhängiger Routinen bestehen, in denen eine Routine den Kontext für andere Routinen bildet (Kremser & Schreyögg, 2016; Mahringer, 2019; Salvato & Rerup, 2011). Beispielsweise hängt die Wirksamkeit von Produktentwicklungsroutinen davon ab, ob Kreativitätsroutinen (wie Design Thinking) neue Ideen und Konzepte entwickeln, die dann in den Produktentwicklungsroutinen aufgenommen werden können. Solch eine Sichtweise würde beispielsweise auch die Frage aufwerfen, inwiefern Managementroutinen Entscheidungsfreiräume erzeugen, die dann in der Ausführung anderer Routinen genutzt werden können (Kuratko et al., 2014).

Transformierende Routinen

Transformierende Routinen dienen der Umwandlung von Ideen und Konzepten über unternehmerische Initiativen in Erträge unternehmerischen Handelns, wie beispielsweise in innovative Produkte oder Prozesse. Diese Routinen erfordern ein hohes Maß an Kompetenz, denn die erfolgreiche Transformation von Ideen in erfolgreiche Produkte bedarf der Berücksichtigung von Faktoren, wie beispielsweise den Kundenwünschen, Technologien und der Unternehmensstrategie (Dougherty, 1992). Die Verfügbarkeit von Routinen, die diese Aspekte verknüpfen, kann somit zum Erfolg der unternehmerischen Initiative beitragen. Es wird hierdurch ermöglicht, dass Organisationsmitglieder das Potenzial einer unternehmerischen Idee als Verbindung von Marktanforderungen und technologischer Lösung erkennen, sowie daraus ein Produkt oder einen Prozess entwickeln und auf die strategische Agenda der Organisation bringen (Salvato et al., 2009).

Schnittstellenmanagement

Unter Schnittstellenmanagement sind Handlungen zu verstehen, die zu einer Abstimmung verschiedener Routinen aufeinander führen. Um unternehmerische Initiativen nachhaltig zu fördern, müssen die Ausführungen von Routinen aufeinander abgestimmt werden (Howard-Grenville, 2005). Wird beispielsweise eine kontextförderliche Managementroutine ausgeführt, die unternehmerische Initiativen incentiviert, sind jedoch aktuell alle Personen in Projekten gebunden, so kann die kontextförderliche Routine ihre Wirkung nicht entfalten. Dies wird ebenfalls durch die Einsicht unterstützt, dass Schnittstellen zwischen Routinen immer durch Akteurinnen und Akteure in spezifischen Situationen aktiv erzeugt und adaptiert werden (Sele & Grand, 2016; Spee et al., 2016). Schnittstellenmanagementaktivitäten sind somit nicht lediglich exogen zu Routinen zu verstehen (z. B. Handlungen des außenstehenden Topmanagements), sondern finden im Rahmen spezifischer Routineausführungen statt.

4 Förderung von Intrapreneurship in der Unternehmenspraxis

Das nachfolgende Kapitel identifiziert beispielhaft spezifische Routinen, die in der Unternehmenspraxis implementiert werden können, um Intrapreneurship nachhaltig zu fördern. Zunächst werden kontextgenerierende Routinen identifiziert, dann werden transformierende Routinen aufgezeigt und zuletzt Schnittstellenmanagementaktivitäten vorgestellt. Ziel des Kapitels ist es, die Bedeutung der verschiedenen Arten von Routinen anhand konkreter Beispiele zu illustrieren und Impulse für die Unternehmenspraxis aufzuzeigen.

4.1 Kontextgenerierende Routinen

Kontextgenerierende Routinen sind dazu geeignet, transformierende Routinen zu unterstützen, indem sie die Entstehung von Ideen und Konzepten in einer Organisation begünstigen. Im Folgenden werden beispielhaft drei spezifische Routinen identifiziert, die eine solche Wirkung aufweisen: Wissenstransferroutinen, Kreativitätsroutinen und Trainingsroutinen.

Wissenstransferroutinen

Im Rahmen von Wissenstransferroutinen wird zentral vorliegendes organisationales Wissen an Einheiten weitergegeben, die dieses Wissen benötigen (Daft & Lengel, 1986) aber auch ein Transfer von spezifischem Wissen zwischen Organisationsmitgliedern ermöglicht (Salvato et al., 2009). Hierdurch sollen die Personen dazu befähigt werden, Wissen aus unterschiedlichen Unternehmensbereichen zu rekombinieren und dadurch neue Ideen und Konzepte zu entwickeln. Zudem soll eine breite Wissensbasis geschaffen werden, durch die potenzielle Intrapreneurinnen und Intrapreneure Ideen und Konzepte entwickeln können (Dougherty, 1992; Jansen et al., 2005).

In der Unternehmenspraxis können Wissenstransferroutinen durch mehrere Maßnahmen gefördert werden. Beispielsweise können Prozessbeschreibungen (prototypische Handlungsmuster) definiert werden, die es Organisationsmitgliedern ermöglichen, Wissen zu finden und zu teilen. Es ist hier anzumerken, dass Prozessbeschreibungen die Entstehung von Wissenstransferroutinen fördern können. Dies bedeutet jedoch nicht, dass diese Prozessbeschreibungen identisch als Routinen umgesetzt werden (Pentland & Feldman, 2008). Vielmehr sollte die Frage gestellt werden, wie man Prozessbeschreibungen so gestalten kann, dass sie Organisationsmitgliedern dabei helfen, ihre alltäglichen Probleme zu lösen (performativer Aspekt von Routinen). Dies bedarf auch einer Sensitivität gegenüber bereits bestehenden Wissenstransferroutinen in der Organisation (Mahringer & Gabler, 2018).

Des Weiteren benötigen die Personen die entsprechenden Ressourcen, um diese prototypischen Prozesse in die Praxis umzusetzen. Cross-funktionale Rollen, wie beispielsweise in Matrixstrukturen integrierte Produktverantwortliche (Daft & Lengel, 1986) oder Wissensverantwortliche (Lenox & King, 2004) können hier ebenfalls förderlich wirken. Die regelmäßige Teilnahme an Wissenstransfermeetings und die Gestaltung von Anreizsystemen (z. B. Bonifikation für die aktive und regelmäßige Teilnahme an Wissenstransferprozessen) können die Entstehung und Funktion solcher Routinen begünstigen (Güttel, 2007). Werden in der Organisation aktiv Wissenstransfermeetings abgehalten, können diese durch maßvolle Erhöhung der Diversität (z. B. in Alter oder Fachbereich) intensiviert werden. Bonifikationsmechanismen können beispielsweise so ausgestaltet werden, dass rekombiniertes Wissen in Tandems entwickelt wird. Ebenso können zusammenfassende oder ergänzende Vorträge der Mitarbeitenden incentiviert werden. All diesen Maßnahmen liegt eine gewisse Regelmäßigkeit zugrunde, sodass eine repetitive Ausführung von Routinen ermöglicht wird.

Kreativitätsroutinen

Kreativitätsroutinen, wie beispielsweise Brainstorming oder Design Thinking, können ebenfalls zur Entstehung neuer Konzepte und Ideen beitragen (Hargadon & Sutton, 1997).

Beispielsweise fördert der Austausch über voneinander unabhängige Projekte gemeinsame Perspektiven und ein gemeinsames Verständnis bei Projekt- und Organisationsmitgliedern (Tsai & Ghoshal, 1998). Dies ermöglicht es potenziellen Intrapreneurinnen und Intrapreneuren Wissen aus unterschiedlichen Bereichen zu rekombinieren, wodurch die Entstehung neuer Ideen und Konzepte angeregt wird. Die Etablierung von Kreativitätsroutinen kann auch die Wertekongruenz innerhalb der Organisation fördern, sodass das Commitment der Organisationsmitglieder zur aktiven Suche unternehmerischer Ideen gestärkt wird (Adler & Kwon, 2002). Werden beispielsweise regelmäßige Brainstormingsitzungen veranstaltet und von den Organisationsmitgliedern akzeptiert, so teilen sie verstärkt Werte wie Unternehmertum, Neugier, Kollaboration und Gestaltungswillen.

Design Thinking ist eine kontextübergreifend anwendbare und kontextspezifisch anpassbare Methode, die Werkzeuge für die Konzept- und Ideenerzeugung zur Verfügung stellt (Le Glatin et al., 2016). Es handelt sich um einen iterativen Prozess (eine Routine), durch den unternehmerische Ideen und potenzielle Lösungen aus der Kundenperspektive entwickelt werden (Weinberg, 2012). Weinberg (2012, S. 249) definiert gemeinschaftliche Prinzipien („Scheitere früh und oft", „Begleite Teams mit Teams"), um den Kontext zu schaffen, in dem aus Fehlern gelernt werden kann. Durch Design Thinking erlernen Organisationsmitglieder ungewohnte Denk- und Verhaltensweisen, um Kundenwünsche zu verstehen, Ideen zu generieren und diese zu testen (Liedtka, 2018). Design Thinking kann als sechsstufiges Handlungsmuster verstanden werden (Liedtka, 2015; Seidel & Fixson, 2013):

1. einen Kundenbedarf identifizieren, das Problem definieren, den Kontext beschreiben;
2. beobachten, um Kundenbedürfnisse zu verstehen;
3. Ergebnisse zusammenführen und Zielgruppe („Persona") definieren;
4. eine Vielzahl von Lösungsansätzen generieren und priorisieren;
5. Prototypen erstellen;
6. mögliche Lösungen durch Tests verbessern.

Eine klare Kommunikation dieser Prozessbeschreibung, Unterstützung durch kompetente moderierende Personen sowie die Institutionalisierung in einem Innovationsraum können beispielsweise dazu beitragen, dass Design Thinking als Routine etabliert wird, und hiermit nachhaltig neue Ideen und Konzepte in der Organisation erzeugt werden.

Trainingsroutinen

Trainingsroutinen ermöglichen den Erwerb von Kompetenzen, die für die Generierung von Ideen und Konzepten relevant sind. **Methodenkompetenzen** ermöglichen die systematische Entwicklung von Ideen und Konzepten. **Persönliche Kompetenzen** fördern den Austausch und damit die Wissensrekombination zwischen Organisationsmitgliedern. **Fachkompetenzen** verbreitern die Wissensbasis, sodass Ideen und Konzepte entstehen können. Damit Mitarbeitende Fachkompetenzen in weiteren Arbeitsbereichen erlangen, kann beispielsweise regelmäßiger Erfahrungsaustausch institutionalisiert oder zeitlich befristete Job Rotation angewendet werden.

In jedem Fall stellt die Lernbereitschaft der Mitarbeitenden eine notwendige Anforderung für kontinuierliche Innovation dar (Bormann & Gregersen, 2007). Trainingsroutinen haben also einen positiven Effekt auf das Entstehen unternehmerischer Initiativen, indem die Personen durch sie das dafür notwendige Wissen erwerben. Durch die Schaffung von sozialen Interaktionsräumen können Kompetenzen von Person zu Person weitergegeben werden. Güttel (2007) schlägt dazu Communities-of-Practice, Qualitätszirkel, Mentoringprogramme oder Lernpartnerschaften vor. Durch strategisches Kompetenzmanagement kann sichergestellt werden, dass Trainingsprogramme routinisiert werden, wodurch eine nachhaltige Kompetenzentwicklung der Organisationsmitglieder stattfindet.

4.2 Transformierende Routinen

Transformierende Routinen unterstützen die Umwandlung von Ideen und Konzepten in Erträge unternehmerischen Handelns und sorgen somit für Veränderung und Erneuerung in einer Organisation. Im Folgenden wird die Bedeutung von transformierenden Routinen anhand von Projektmanagementroutinen sowie Routinen zur Ressourcenzuweisung erläutert.

Projektmanagementroutinen

Das Projektmanagement muss einen dynamischen iterativen Entwicklungsprozess (z. B. eines Produkts) beherrschbar machen, welcher technologische und Marketingfähigkeiten flexibilisiert, um Marktanforderungen gerecht zu werden (Marsh & Stock, 2003; Teece, 1992). Hierzu ermöglichen Projektmanagementroutinen sowohl Stabilität als auch Flexibilität, die für die Transformation von Ideen und Konzepte in Erträge unternehmerischen Handelns relevant sind (Dönmez et al., 2016; Vidgen & Wang, 2009). Dies wird zum Beispiel anhand der agilen (Produkt-) Entwicklungsmethode SCRUM deutlich (Dönmez et al., 2016; Mahringer, 2017; Mahringer et al., 2019; Sutherland, 2010). SCRUM definiert festgelegte iterative Phasen („Sprints"), die von klar definierten Events unterstützt werden. Des Weiteren sieht SCRUM einen Product Owner vor, der für den Mehrwert des Produkts und die daraus resultierenden Aufgabenpakete verantwortlich ist, Developer, welche die Arbeitspakete erledigen, sowie einen SCRUM-Master, der die Einhaltung des Regelwerks sicherstellt (Rost et al., 2020). Diese Regeln, Rollen und Events erzeugen Stabilität, da durch den iterativen Charakter von SCRUM Teammitglieder eine klare Vorstellung (ostensiver Aspekt) der Routinen entwickeln können. Gleichzeitig ermöglicht SCRUM jedoch auch Flexibilität. Der Fokus auf Kundenbedarfe und Anforderungsentwicklung unterstützt SCRUM-Teams beim Transformationsprozess. Durch diesen Fokus können sie innerhalb der kurzen Iterationsschleifen des Projekts kontinuierlich auf Veränderungen reagieren (Barlow et al., 2011; Conforto & Amaral, 2016).

Routinen der Ressourcenzuweisung
Zur erfolgreichen Transformation von Ideen und Konzepten in Erträge unternehmerischen Handelns spielen Routinen der Ressourcenzuweisung eine wichtige Rolle. Durch sie kann das Management eine strategische Steuerung von unternehmerischen Initiativen bewirken und hierdurch auf die Dynamik der Unternehmensumwelt reagieren. Während eine unternehmerische Initiative meist auf den Ressourcen Wissen oder Fähigkeiten gegründet wird, können Führungskräfte weitere Ressourcen (insbesondere: Menschen, Zeit und finanzielle Mittel) mobilisieren und orchestrieren. Das Vertrauen des Managements der mittleren Ebene ist als relationale Ressource zur Förderung unternehmerischer Initiativen wichtig (Howard-Grenville, 2005). Es wird vor allem durch Ressourcenzuweisung zu den Ideen der Mitarbeitenden ausgedrückt. Vertrauen ist unabdingbar, um es Intrapreneurinnen und Intrapreneuren (trotz möglicher konkurrierender Interessen im Unternehmen) zu ermöglichen, Erträge unternehmerischen Handelns zu erzielen (Carlile, 2002). In der Unternehmenspraxis können solche Routinen beispielsweise durch regelmäßige Projekt-Panels, in denen die Personen Ideen und Konzepte pitchen und hierfür Ressourcen erhalten, gefördert werden. Durch diese Bonifikation unternehmerischer Initiativen drückt das Management (der mittleren Ebene) Vertrauen gegenüber den Mitarbeitenden und deren Ideen aus. Die Regelmäßigkeit trägt hierbei zu einer nachhaltigen Förderung unternehmerischer Initiativen bei. Weiterhin können klare Förderrichtlinien, die in Artefakten verankert werden, Orientierung geben und somit die Umsetzung solcher Routinen fördern.

4.3 Schnittstellenmanagement

Die Schnittstellen zwischen kontextförderlichen Routinen und transformierenden Routinen werden immer durch handelnde Akteurinnen und Akteure aktiv erzeugt und adaptiert (Sele & Grand, 2016; Spee et al., 2016). In der Unternehmenspraxis sollte somit berücksichtigt werden, dass Schnittstellen eine wichtige Rolle in der Förderung von Intrapreneurship spielen. Speziell gilt es Integrationsprobleme zwischen intrapreneurshipförderlichen Routinen abzuschwächen, da Routinen interdependent sind, aber sich nicht gegenseitig behindern sollen (Kremser, 2017). Dies kann durch mehrere Maßnahmen gefördert werden.

Erstens sollten Organisationsmitglieder möglichst einen Überblick und ein Verständnis der interagierenden Routinen haben, um zu verstehen, wie diese Routinen sich gegenseitig beeinflussen können (Nigam et al., 2016). Beispielsweise sollten die Verantwortlichen für Wissensmanagementroutinen ein Verständnis für die Spezifika von SCRUM haben, sodass Projektmitglieder nicht innerhalb von Sprints aus diesen Projektteams zu Zwecken des Wissenstransfers (z. B. in Form einer zeitlich befristeten Job Rotation) versetzt werden. Hierzu kann beispielsweise eine Gruppierung von Routinen (z. B. anhand von Verrichtungsarten oder Produkten) vorgenommen werden, sodass die zu erwartenden Abstimmungsprobleme zwischen den (Gruppen an) Routinen für die betroffenen Zuständigkeitsbereiche bearbeitbar werden (Kremser, 2017). Weiterhin bietet es sich an, Räume zu schaffen, in denen über die Interaktion verschiedener Routinen reflektiert werden kann (Nigam et al., 2016).

Zweitens impliziert Schnittstellenmanagement zugleich ein hohes Konfliktpotenzial. Hierfür sollten Teammitglieder bereits vor Beginn des Projekts mit der Hilfe von Managementtrainings oder Weiterbildungsprogrammen sensibilisiert werden, damit sie sich über den Einfluss von Schnittstellen- und Konfliktmanagement auf den Erfolg der unternehmerischen Initiative bewusst sind (Hoegl & Weinkauf, 2005). Nach dem Auftreten eines Konflikts (in der Ausübung von Routinen) kann zur Überwindung ein neutrales Organisationsmitglied als Konfliktmanager oder Konfliktmanagerin in das Projekt (also die unternehmerische Initiative) einbezogen werden. Ziel ist es einen funktionalen Diskurs innerhalb der unternehmerischen Initiative zu fördern, damit Reibungsverluste im Transformationsprozess vermieden werden. Erfolgversprechend ist insbesondere die Diskurssteuerung durch Konfliktmanagerinnen und Konfliktmanager mit fachlicher Expertise und hoher Glaubwürdigkeit. Andernfalls droht ein Scheitern, wenn eine der Diskursparteien während der Konfliktüberwindung eine „hidden agenda" vermutet (Will, 2015).

5 Implikationen

Zusammenfassend konnte der vorliegende Beitrag aufzeigen, dass organisationale Routinen eine geeignete Möglichkeit darstellen, unternehmerische Initiativen nachhaltig zu fördern. Es wurden zwei Typen von Routinen, kontextgenerierende und transformierende Routinen, identifiziert, die für die nachhaltige Umsetzung von Intrapreneurship relevant sind. Des Weiteren konnte gezeigt werden, dass diese Routinen durch endogene Schnittstellenmanagementaktivitäten abgestimmt werden müssen. Zu jedem dieser Gestaltungsbereiche wurden spezifische Möglichkeiten der Umsetzung in der Unternehmenspraxis ausgeführt. Diese Möglichkeiten können von Organisationen genutzt werden, um Intrapreneurship in der Praxis zu fördern.

Der Beitrag trägt zur aktuellen Forschung im Bereich Intrapreneurship bei, indem er Routinen als eine ergänzende Möglichkeit zur Förderung von Intrapreneurship vorschlägt (Mahringer & Renzl, 2018). Die bisherige Literatur postuliert beispielsweise Intrapreneurship-Strategien als eine Möglichkeit zur Förderung von Intrapreneurship (Ireland et al., 2009). Dieser Ansatz fokussiert sich auf die Tätigkeiten des Top-Managements und die Ausgestaltung von Strategien, die Intrapreneurship fördern sollen. Offen bleibt jedoch oftmals die Frage, inwiefern Strategien in konkretes Handeln von Individuen übersetzt werden, also durch welche Prozesse sie de facto unternehmerische Initiativen beeinflussen. Das entwickelte Modell zeigt, dass solche Strategien (beziehungsweise das damit verbundene „Strategizing") kontextgenerierende Routinen darstellen, die via Outputs (Ideen und Konzepte) und Schnittstellenmanagement in Zusammenhang mit transformierenden Routinen stehen. Organisationsmitglieder sollten also darauf achten, wie Intrapreneurship-Strategien und die damit assoziierten Routinen auf transformierende Routinen Einfluss nehmen und wie diese Routinen synchronisiert werden können.

Gleichermaßen postuliert die Intrapreneurship-Forschung, dass die Gestaltung intrapreneurshipförderlicher Kontexte eine geeignete Möglichkeit zur Förderung von Intrapreneurship darstellt (Hornsby et al., 2009; Kuratko et al., 1990, 2014). Die Berücksichtigung entsprechender organisationaler Routinen verdeutlicht, wie solch ein Kontext selbst durch repetitive Handlungsmuster (Routinen) ausgestaltet wird. Darüber hinaus wird gezeigt, inwiefern solche kontextgenerierenden Routinen Einfluss auf transformierende Routinen und damit die eigentlichen unternehmerischen Initiativen nehmen. Es bedarf jedoch weiterer Forschung, um diese Prozesse und deren Wechselspiel besser zu verstehen.

Der vorliegende Beitrag soll ebenfalls verdeutlichen, dass Routinen und Intrapreneurship keine gegensätzlichen Konzepte sind (Heinze & Weber, 2016), sondern dass Routinen eine entscheidende Rolle für Intrapreneurship spielen (Mahringer & Renzl, 2018). Dies wird insbesondere durch die Einsicht möglich, dass Routinen keine starren Entitäten sind, sondern Handlungsmuster, die flexibel umgesetzt werden können (Feldman & Pentland, 2003). Solche flexiblen Routinen sind in der Lage, sich an die vielseitigen Herausforderungen unternehmerischer Initiativen anzupassen und gleichzeitig deren emergenten Charakter zu stärken. Daher stellen dynamische Routinen eine geeignete Möglichkeit dar, Intrapreneurship zu fördern und dadurch die Anpassungsfähigkeit von Organisationen zu stärken.

Literatur

Adler, P. S., & Kwon, S.-H. (2002). Social capital: Prospects for a new concept. *Academy of Management Review, 27*(1), 17–40.

Ahuja, G., & Lampert, C. M. (2001). Entrepreneurship in the large corporation: A longitudinal study of how established firms create breakthrough inventions. *Strategic Management Journal, 22*(6/7), 521–543.

Antoncic, B., & Hisrich, R. D. (2003). Clarifying the intrapreneurship concept. *Journal of Small Business and Enterprise Development, 10*(1), 7–24.

Barlow, J. B., Giboney, J. S., Keith, M. J., Wilson, D. W., Schuetzler, R. M., Lowry, P. B., & Vance, A. (2011). Overview and guidance on agile development in large organizations. *Communications of the Association for Information Systems, 29*(2), 25–44.

Bormann, I., & Gregersen, J. (2007). Kompetenzentwicklung und Innovation in der Wissensgesellschaft. In L. A. Pongratz, R. Reichenbach & M. Wimmer (Hrsg.), *Bildung – Wissen – Kompetenz* (S. 44–63). Janus Presse.

Burgelman, R. A. (1983). A process model of internal corporate venturing in the diversified major firm. *Administrative Science Quarterly, 28*(2), 223–244.

Carlile, P. R. (2002). A pragmatic view of knowledge and boundaries: Boundary objects in new product development. *Organization Science, 13*(4), 442–455.

Conforto, E. C., & Amaral, D. C. (2016). Agile project management and stage-gate model – A hybrid framework for technology-based companies. *Journal of Engineering and Technology Management, 40*(1), 1–14.

Daft, R. L., & Lengel, R. H. (1986). Organizational information requirements, media richness and structural design. *Management Science, 32*(5), 554–571.

Danner-Schröder, A., & Geiger, D. (2016). Unravelling the motor of patterning work: Toward an understanding of the microlevel dynamics of standardization and flexibility. *Organization Science, 27*(3), 633–658.

Deken, F., & Sele, K. (2021). Innovation work and routine dynamics. In M. S. Feldman, P. T. Pentland, L. D'Adderio, K. Dittrich, C. Rerup & D. Seidl (Hrsg.), *Cambridge handbook of routine dynamics*. Cambridge University Press.

Dönmez, D., Grote, G., & Brusoni, S. (2016). Routine interdependencies as a source of stability and flexibility. A study of agile software development teams. *Information and Organization, 26*(3), 63–83.

Dougherty, D. (1992). Interpretive barriers to successful product innovation in large firms. *Organization Science, 3*(2), 179–202.

Eisenhardt, K. M., & Martin, J. A. (2000). Dynamic capabilities: What are they? *Strategic Management Journal, 21*(10/11), 1105–1121.

Feldman, M. S. (2000). Organizational routines as a source of continuous change. *Organization Science, 11*(6), 611–629.

Feldman, M. S., & Pentland, B. T. (2003). Reconceptualizing organizational routines as a source of flexibility and change. *Administrative Science Quarterly, 48*(1), 94–118.

Feldman, M. S., Pentland, B. T., D'Adderio, L., & Lazaric, N. (2016). Beyond routines as things: Introduction to the special issue on routine dynamics. *Organization Science, 27*(3), 505–513.

Feldman, M. S., Pentland, P. T., D'Adderio L., Dittrich, K., Rerup, C., & Seidl, D. (2021). What is routine dynamics? In M. S. Feldman, P. T. Pentland, L. D'Adderio, K. Dittrich, C. Rerup & D. Seidl (Hrsg.), *Cambridge handbook of routine dynamics*. Cambridge University Press.

Güttel, W. (2007). Wissenstransfer in Organisationen: Koordinationsmechanismen und Anreizsysteme als Gestaltungsparameter. *Schmalenbachs Zeitschrift für betriebswirtschaftliche Forschung, 59*(4), 465–486.

Hargadon, A., & Sutton, R. I. (1997). Technology brokering and innovation in a product development firm. *Administrative Science Quarterly, 42*(4), 716–749.

Heinze, K. L., & Weber, K. (2016). Toward organizational pluralism: Institutional intrapreneurship in integrative medicine. *Organization Science, 27*(1), 157–172.

Hoegl, M., & Weinkauf, K. (2005). Managing task interdependencies in multi-team projects: A longitudinal study. *Journal of Management Studies, 42*(6), 1287–1308.

Honig, B., & Samuelsson, M. (2021). Business planning by intrapreneurs and entrepreneurs under environmental uncertainty and institutional pressure. *Technovation, 99* (January), 102124.

Hornsby, J. S., Kuratko, D. F., Shepherd, D. A., & Bott, J. P. (2009). Managers' corporate entrepreneurial actions: Examining perception and position. *Journal of Business Venturing, 24*(3), 236–247.

Howard-Grenville, J. A. (2005). The persistence of flexible organizational routines: The role of agency and organizational context. *Organization Science, 16*(6), 618–636.

Ireland, R. D., Covin, J. G., & Kuratko, D. F. (2009). Conceptualizing corporate entrepreneurship strategy. *Entrepreneurship Theory and Practice, 33*(1), 19–46.

Jansen, J. J. P., Van den Bosch, F. A. J., & Volberda, H. W. (2005). Managing potential and realized absorptive capacity: How do organizational antecedents matter? *Academy of Management Journal, 48*(6), 999–1015.

Kaufmann, T., & Servatius, H. G. (2020). *Das Internet der Dinge und Künstliche Intelligenz als Game Changer*. Springer.

Kremser, W. (2017). Interdependente Routinen. In G. Ortmann & A. Windeler (Hrsg.), *Organisation und Gesellschaft – Forschung*. Wiesbaden: Springer VS.

Kremser, W., & Schreyögg, G. (2016). The dynamics of interrelated routines: Introducing the cluster level. *Organization Science, 27*(3), 698–721.

Kuratko, D. F., & Morris, M. H. (2018). Corporate entrepreneurship: A critical challenge for educators and researchers. *Entrepreneurship Education and Pedagogy, 1*(1), 42–60.

Kuratko, D. F., Montagno, R. V., & Hornsby, J. S. (1990). Developing an intrapreneurial assessment instrument for an effective corporate entrepreneurial environment. *Strategic Management Journal, 11*(Special Issue, Summer), 49–58.

Kuratko, D. F., Ireland, R. D., Covin, J. G., & Hornsby, J. S. (2005). A model of middle-level managers' entrepreneurial behavior. *Entrepreneurship Theory and Practice, 29*(1), 699–716.

Kuratko, D. F., Covin, J. G., & Hornsby, J. S. (2014). Why implementing corporate innovation is so difficult. *Business Horizons, 57*(5), 647–655.

Kuratko, D. F., Hornsby, J. S., & Hayton, J. (2015). Corporate entrepreneurship: The innovative challenge for a new global economic reality. *Small Business Economics, 45*(2), 245–253.

Le Glatin, M., Le Masson, P., & Weil, B. (2016). *Measuring the generative power of an organisational routine with design theories: The case of design thinking in a large firm.* In: 6th CIM Community Workshop – 25th Anniversary of the Creativity and Innovation Management Journal, University of Potsdam, Potsdam.

Lenox, M., & King, A. (2004). Prospects for developing absorptive capacity through internal information provision. *Strategic Management Journal, 25*(4), 331–345.

Liedtka, J. (2015). Perspective: Linking design thinking with innovation outcomes through cognitive bias reduction. *Journal of Product Innovation Management, 32*(6), 925–938.

Liedtka, J. (2018). Why design thinking works. *Harvard Business Review, 96*(5), 72–79.

Mahringer, C. A. (2017). Scrum. *WISU – Das Wirtschaftsstudium, 12*, 1345.

Mahringer, C. A. (2019). *Exploring routine ecologies – A characterization and integration of different perspectives on routines* (Dissertation). Stuttgart: University of Stuttgart.

Mahringer, C. A., & Gabler, M. (2018). Wie können Wissensmanagementsysteme nutzerorientiert gestaltet werden? *HMD Praxis der Wirtschaftsinformatik, 55*(4), 791–800.

Mahringer, C. A., & Renzl, B. (2018). Entrepreneurial initiatives as a microfoundation of dynamic capabilities. *Journal of Accounting and Organizational Change, 14*(1), 61–79.

Mahringer, C. A., Dittrich, K., & Renzl, B. (2019). Interdependent routines and innovation processes – An ethnographic study of scrum teams. *Academy of Management Proceedings, 2019*, 11891.

Marsh, S. J., & Stock, G. N. (2003). Dynamic capabilities in new product development through intertemporal integration. *Journal of Product Innovation Management, 20*(2), 136–148.

Morris, M. H., Kuratko, D. F., & Covin, J. G. (2011). *Corporate entrepreneurship and innovation.* Cengage, Southwestern.

Narayanan, V. K., Yang, Y., & Zahra, S. A. (2009). Corporate venturing and value creation: A review and proposed framework. *Research Policy, 38*(1), 58–76.

Nigam, A., Huising, R., & Golden, B. (2016). Explaining the selection of routines for change during organizational search. *Administrative Science Quarterly, 61*(4), 551–583.

Parmigiani, A., & Howard-Grenville, J. (2011). Routines revisited: Exploring the capabilities and practice perspectives. *The Academy of Management Annals, 5*(1), 413–453.

Pentland, B. T., & Feldman, M. S. (2008). Designing routines: On the folly of designing artifacts, while hoping for patterns of action. *Information and Organization, 18*(4), 235–250.

Pinchot, G. (1985). *Intrapreneuring: Why you don't have to leave the corporation to become an entrepreneur*. Harper & Row.

Rauch, A., Wiklund, J., Lumpkin, G. T., & Frese, M. (2009). Entrepreneurial orientation and business performance: An assessment of past research and suggestions for the future. *Entrepreneurship Theory and Practice, 33*(3), 761–787.

Rost, M., Peter, M., Mahringer, C. A., & Renzl, B. (2020). Rollen-Anforderungen zur Zusammenarbeit in Scrum Teams. *Austrian Management Review, 10*(1), 36–46.

Salvato, C., & Rerup, C. (2011). Beyond collective entities: Multilevel research on organizational routines and capabilities. *Journal of Management, 37*(2), 468–490.

Salvato, C., Sciascia, S., & Alberti, F. G. (2009). The microfoundations of corporate entrepreneurship as an organizational capability. *The International Journal of Entrepreneurship and Innovation, 10*(4), 279–289.

Seidel, V. P., & Fixson, S. K. (2013). Adopting "design thinking" in novice multidisciplinary teams: The application and limits of design methods and reflexive practices. *Journal of Product Innovation Management, 30*(1), 19–33.

Sele, K., & Grand, S. (2016). Unpacking the dynamics of ecologies of routines: Mediators and their generative effects in routine interactions. *Organization Science, 27*(3), 722–738.

Shane, S., & Venkataraman, S. (2000). The promise of entrepreneurship as a field of research. *Academy of Management Review, 25*(1), 217–226.

Sharma, P., & Chrisman, J. J. (1999). Toward a reconciliation of the definitional issues in the field of corporate entrepreneurship. *Entrepreneurship Theory and Practice, 23*(3), 11–28.

Spee, P., Jarzabkowski, P., & Smets, M. (2016). The influence of routine interdependence and skillful accomplishment on the coordination of standardizing and customizing. *Organization Science, 27*(3), 759–781.

Sutherland, J. (2010). *Jeff Sutherland's scrum handbook.* Scrum Training Institute Press.

Teece, D. J. (1992). Competition, cooperation, and innovation: Organizational arrangements for regimes of rapid technological progress. *Journal of Economic Behavior and Organization, 18*(1), 1–25.

Tsai, W., & Ghoshal, S. (1998). Social capital and value creation: The role of intrafirm networks. *Academy of Management Journal, 41*(4), 464–476.

Vidgen, R., & Wang, X. (2009). Coevolving systems and the organization of agile software development. *Information Systems Research, 20*(3), 355–376.

Weinberg, U. (2012). Querdenken im Team – Mit Design Thinking wird Innovation zur Routine. In S. Pfeiffer, P. Schütt & D. Wühr (Hrsg.), *Smarte Innovation* (S. 247–252). VS Verlag für Sozialwissenschaften.

Will, M. G. (2015). Successful organizational change through win-win. *Journal of Accounting and Organizational Change, 11*(2), 193–214.

Zahra, S. A., Sapienza, H. J., & Davidsson, P. (2006). Entrepreneurship and dynamic capabilities: A review, model and research agenda. *Journal of Management Studies, 43*(4), 917–955.

Mit-Unternehmerpotenziale in Teams und Organisationen durch digitales Selbstcoaching aktivieren

Wolfgang Gehra, Carlotta Linden und Christina Weber

1 Eine neue Art der unternehmerischen Mitarbeit

Angesichts radikal neuer Anforderungen in Organisationen aller Art, wie Digitalisierung, Ambidextrie, Agilität und notwendigen Innovationen, bedarf es zukünftig selbstständiger und kooperativer Mitarbeitenden, die sich für ihre Organisation mit der Motivation von Entrepreneuren einsetzen und den betrieblichen Raum mit Unternehmergeist gestalten. Intrapreneure oder auch Mitunternehmerinnen und Mitunternehmer[1] sind gesucht, die durch ihre Kooperationsfähigkeit, durch Selbstständigkeit und mit Verantwortungsbewusstsein aufkommenden Herausforderungen begegnen (Wunderer, 2011; Burkhard et al., 2015; Häusling & Rutz, 2017; Lindner, 2017; Bruckner & Werther, 2018; Jacobs et al., 2018).

Die Identifikation von Mit-Unternehmerinnen und Mit-Unternehmern sowie Intrapreneuren wird von unternehmerischer Seite häufig mittels Seminaren zu Teamentwicklung versucht, die sich allerdings selten nachhaltig auf das Verhalten der Mitarbeitenden auswirken (Cermak & Mcgurk, 2010; Erhardt & Walter, 2019; Kitzmann, 2019; Moraal, 2009; Triebel & Hürter, 2012).

[1] Mitunternehmertum bzw. Intrapreneurship wird unterschiedlich definiert (siehe 1.1).

W. Gehra (✉)
Hochschule München, München, Deutschland
E-Mail: gehra@hm.edu

C. Linden
everskill GmbH, München, Deutschland

C. Weber
SCE gGmbH, München, Deutschland

R. Kraus et al. (Hrsg.), *Intrapreneurship*,
https://doi.org/10.1007/978-3-662-64102-6_6

Der Lerntransfer von intrapreneurship-typischen, kooperativen und initiativen Verhaltensweisen in den Alltag stellt ein Problem dar, auf das sich dieser Beitrag im Kontext des Mitunternehmertums nach Wunderer (2011) fokussiert und dafür einen neuen Ansatz liefert. Denn obwohl es Vorschläge für innovationsförderliche Strukturen in Unternehmen (Sailer et al., 2016) sowie digitale Selbstcoaching-Tools zum Lerntransfer in den Alltag gibt (everskill GmbH, 2019a; Wunderer, 2011) existiert noch kein Ansatz, der diese beiden Faktoren kombiniert. Es geht um eine nachhaltige Trainingsmethode, die Individuen und deren Selbstreflexion bzgl. der betrieblichen Zusammenarbeit in den Mittelpunkt stellt, um so den Bedarf an mehr Mitunternehmerinnen und Mitunternehmern zu decken.

Besonders geprägt ist der Begriff Intrapreneurship durch seinen Begründer, Pinchot (1988), der Intrapreneure als leitende Angestellte versteht, die selbstständig Entscheidungen unter Ungewissheit treffen und intuitive Handlungen zu neuen Erfolgsmustern für Organisationen zusammenfügen. Sie zeichnen sich besonders auch dadurch aus, dass sie keinen dominanten Führungsstil zeigen, sondern ihre Mitarbeitenden als intelligente und selbstständige Persönlichkeiten begreifen und sie in Entscheidungsprozesse miteinbeziehen.

Wunderer geht 2011 einen Schritt weiter, indem er den Begriff des Mitunternehmertums definiert, der nicht mehr an eine leitende Position gekoppelt ist. Er versteht Mitunternehmertum als unternehmerische Verhaltensweisen, die sich aus dem Denken und Handeln einer Gruppe von Personen sämtlicher Hierarchiestufen und Funktionen ergeben kann: „Unter Mitunternehmertum [...] verstehen wir die aktive und effiziente Unterstützung der Unternehmensstrategie [...] einer möglichst großen Anzahl von Mitarbeitern aller Hierarchie- und Funktionsbereiche“ (Wunderer, 2011, S. 51).

Es ist also eine Mitarbeiterqualität, die sich aus dem bewussten Handeln der Summe aller Beteiligten ergibt und auf die persönlichen Merkmale der Einzelnen zurückzuführen ist, unabhängig von deren Position und Funktion (Wunderer, 2011; Schießl, 2015).

Wunderer (2011) bezeichnet Mitunternehmertum als „internes Unternehmertum“. Was einen Mitunternehmer bzw. eine Mitunternehmerin in deren Verhalten konkret vom Unternehmer oder Unternehmerin unterscheidet, ist kooperatives Verhalten im Mit-Denken, Mit-Entscheiden und Mit-Verantworten (Wunderer, 2011; Pinchot, 1988; Schießl, 2015). Diese *kooperative Schlüsselkompetenz* ist es, die den Unterschied zwischen Mitunternehmertum und individueller Unternehmerpersönlichkeit ausmacht: Gestaltungs- und Umsetzungskompetenz beinhalten denselben Unternehmergeist sowie die erforderlichen Fähigkeiten, die auch dem Unternehmer und der Unternehmerin zuzuordnen sind, während die Sozialkompetenz verstärkt Kooperationsfähigkeit und Integritätswillen eines Mitarbeitenden umfasst. Kooperationskompetenz kann als zentrales Merkmal und Grundvoraussetzung von mitunternehmerischem Verhalten verstanden werden (Wunderer, 2011).

Mitunternehmer und Mitunternehmerinnen als kooperative Unternehmer oder Unternehmerinnen teilen die Ziele des Unternehmen und bilden ein *Team* für dieses (Wunderer, 2011; Triebel & Hürter, 2012; Möller, 2014). Auch Triebel und Hürter (2012) sehen diese gemeinsame Ausrichtung als zentral und schlagen folgende Definition von Teamarbeit vor: „Zwei oder mehrere Menschen kooperieren, wenn sie sich in einer Beziehung befinden, die ihnen hilft, ihre Ziele und Pläne zu verwirklichen“ (Triebel & Hürter, 2012, S. 21.). Über gemeinsame Ziele erfolgt die Kooperation von Seiten der Mitunternehmerinnen und Mitunternehmer auf eine aktive und effiziente Art. Wunderer (2011, S. 51) hebt dies auch hervor, indem er die „aktive und effiziente Unterstützung der Unternehmensstrategie“ in seine Definition für Mitunternehmertum mit aufnimmt.

Nach Wunderer (2011) manifestiert sich mitunternehmerisches Verhalten in einer Folge von neun Gestaltungs- und Verhaltenszielen: „Mitwissen und Mitdenken, Mitentscheiden und Mithandeln, Mitverantworten, Mitfühlen und Miterleben, Mitverdienen und Mitbeteiligen“ (Wunderer, 2011, S. 56). Diese Verhaltensweisen sind voneinander abhängig (Abb. 1).

Wunderer sieht die Verhaltensweisen als Ziele, die sich stufenweise aufbauen: ‚Mit-Wissen‘ oder auch Wissen teilen und weitergeben ist die Grundvoraussetzung dafür, dass man sich emotional mit dem Unternehmen und dem Team identifizieren kann (Mit-Fühlen) und schafft das notwendige Knowhow, um überhaupt unternehmerisch denken zu können (Mit-Denken).

Dieses Verhalten wiederum bildet die Grundlage für darauf basierende Entscheidungen (Mit-Entscheiden) und Handlungen (Mit-Handeln) zur Unterstützung des Unternehmens. „Umfassende unternehmerische Verantwortung“ (Wunderer, 2011, S. 56) ist nur möglich, wenn die Gedanken und Entscheidungen zuvor emotional und kooperativ im Sinne des Unternehmens gefasst worden sind (Mit-Verantworten). Diese Komponenten sind alle stark mit der Motivation und Integrität der betreffenden Person verknüpft (Wunderer, 2011).

‚Mit-Beteiligen‘ als Folgestufe bezieht sich auf die Vergütung, oder eine andere „Belohnung“ des mitunternehmerischen Verhaltens und soll dazu dienen, eine Rückkopplung zu den vorangegangenen Verhaltensweisen herzustellen (Wunderer, 2011). Da dieser Artikel am bewussten Handeln von Individuen ansetzt, wird diese Komponente als Rückmeldung in Form von Reaktionen aus der Gruppe definiert, die einen Mehrwert für die Person

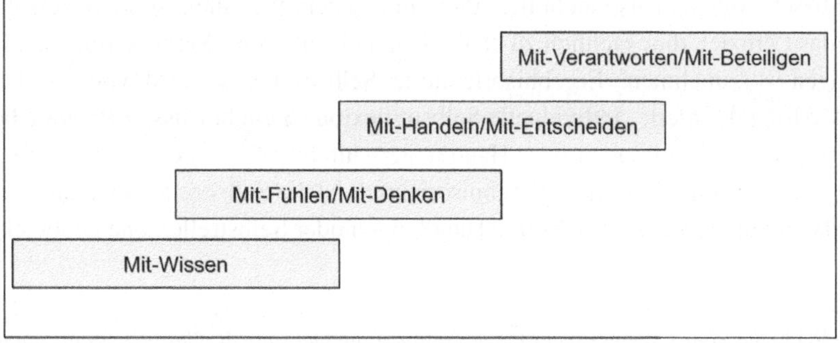

Abb. 1 Personale Gestaltungs- und Verhaltensziele (eigene Darstellung nach Wunderer, 2011)

haben (Greif, 2008). Damit orientieren wir uns an dem Verständnis von Feedback als Belohnung nach Möslein-Tröppner und Bernhard (2018).

Das von Wunderer (2011) gewählte Stufenschema der Verhaltensweisen entspricht auch der Abfolge ihrer Entstehung. Es zeigt einen Verlust an Passivität und eine Zunahme an Aktivität der Mitarbeitenden: Während ‚Mit-Wissen' zunächst als passives Verhaltensziel, unabhängig vom Team gesehen werden kann, beziehen ‚Mit-Denken' und ‚Mit-Fühlen' bereits das emotionale Engagement einer Person im Kontext ihres Teams mit ein. ‚Mit-Handeln' und ‚Mit-Entscheiden' beziehen sich auf eine aktive Realisierung, da hier Taten auf Gedanken und Emotionen folgen. Abschließend gilt ‚Mit-Verantworten' als umfassendes Verhaltensziel, das ein proaktives und mitteilendes Handeln der Person meint (Wunderer, 2011; Linden, 2017).

Da Mitunternehmertum als gesuchtes Phänomen nach Wunderer (2011) aus diesen gut beobachtbaren Verhaltensweisen besteht, wird sein dynamisches Modell als Untersuchungsgrundlage gewählt, um die folgende Forschungsfrage zu beantworten: Lässt sich das vielerorts gesuchte mitunternehmerische Verhalten durch digitales Selbstcoaching in der alltäglichen Zusammenarbeit aktivieren?

2 Impulsfragen – Blick in den Spiegel auf das eigene Verhalten im Team

Da sich dieser Beitrag mit dem Entwicklungspotenzial der Einzelnen im Arbeitskontext beschäftigt, wird hier zunächst der Kontext des Lernens genauer betrachtet.

Menschen zeichnen sich nicht nur durch ihre tief verwurzelte Kooperationsfähigkeit aus (Triebel & Hürter, 2012, S. 25 ff.), sondern können auch als „potenziell selbstreflexive Subjekte" (Greif, 2008, S. 19) und lernende Handlungswesen verstanden werden. Konkreter ermöglicht dieses Potenzial zur Selbstreflexion laut Greif (2008) „den Menschen den Zugang zu höheren Formen des Lernens und zur *bewussten* Veränderung des Handelns als Individuum oder Gruppe". Lernen durch Selbstreflexion ist möglich, wenn Erkenntnisse aus der Reflektion für kommende Handlungen gewonnen werden (Greif, 2008; Aulenbacher & Riegraf, 2009; Alex, 2011).

Man beschäftigt sich also nicht beiläufig mit eigenem Verhalten, sondern verfolgt wiederholt das Lernziel, dies sachlich zu betrachten und bei Bedarf Verbesserungen oder Veränderungen vorzunehmen. Ergebnisorientierte Selbstreflexion wird von Greif (2008, S. 40) wie folgt definiert: „Individuelle Selbstreflexion ist ein bewusster Prozess, bei dem eine Person ihre Vorstellungen oder Handlungen durchdenkt und expliziert, die sich auf ihr […] Selbstkonzept[2] beziehen. Ergebnisorientiert ist die Selbstreflexion dann, wenn die Person dabei Folgerungen für künftige Handlungen oder Selbstreflexionen entwickelt".

[2] „Das individuelle Selbstkonzept einer Person umfasst die Gesamtheit aller bewussten, subjektiven wichtigen Vorstellungen, die eine Person von sich […] hat, einschließlich aller charakteristischen und subjektiv als wichtig eingeschätzten Ziele, Bedürfnisse, Merkmale und Entwicklungspotenziale sowie Normen und Regeln, an denen sie sich orientieren" (Greif, 2008, S. 24).

Wenn Selbstreflexion in Form einer Beratung zur Selbstentwicklung oder Problembewältigung gefördert wird, wird von Coaching gesprochen (Greif, 2008; Hampe & Schlegel, 2014). Coaching wird in den weiteren Ausführungen synonym zu angeleiteter Selbstreflexion verwendet.

Erfolgreiches Coaching setzt durch „bewusste Selbstreflexion [.] die Aktivierung intuitiver Selbstaufmerksamkeit voraus" (Greif, 2008, S. 34). Selbstaufmerksamkeit bedeutet, dass eine Person sich bewusst oder unbewusst mit ihren Vorstellungen oder Normen auseinandersetzt (Greif, 2008; Hampe & Schlegel, 2014). Für eine ergebnisorientierte Selbstreflexion wird zunächst die Selbstaufmerksamkeit der entsprechenden Person in Form von Feedback stimuliert, damit sie prinzipiell bereit ist, sich mit sich selbst auseinanderzusetzen. Danach folgt die Aktivierung der Selbstaufmerksamkeit, womit das eigentliche Nachdenken über sich selbst beginnt, also das Erfassen und Arbeiten mit der Selbstwahrnehmung. Dies sollte nicht nur ein kurzer, intuitiver Moment sein, sondern ein bewusstes, intensives mit sich selbst Auseinandersetzen. Dann kann der Prozess als Selbstreflexion verstanden werden. Anschließend ist die Motivation dieser Person notwendig, um das eigene Verhalten bei Bedarf anzupassen. Erst dann gilt es abschließend als ergebnisorientierte Selbstreflexion (Hampe, 2014; Greif, 2008; Hampe & Schlegel 2014).

Für mitunternehmerisches Verhalten im Team-Arbeitskontext ist es ausschlaggebend, dass die eigene Rolle sowie die eigenen Fähigkeiten verstanden und im Sinne des Unternehmens genutzt werden (Wunderer, 2011). Es ist also notwendig, dass das Selbstkonzept sowie das Gruppenselbstkonzept fortlaufend reflektiert werden, um eine Handlungsbasis zu bilden (Wunderer, 2011). Diese Beobachtungen und die eigene Klarheit darüber, sind auch nach Triebel und Hürter (2012) ein wichtiger Aspekt, da Personen, die nicht in der Lage sind, ihre eigenen Werte zu reflektieren, möglicherweise keine dauerhafte Kooperationsbeziehung mit einer anderen Person oder einer Gruppe eingehen können.

2.1 Untersuchung: Digitales Training zur Selbstreflektion in der Teamarbeit

Das zu untersuchende mitunternehmerische Verhalten zeichnet sich durch herausragendes Engagement, das über die transaktionale Aufgabenbeschreibung hinausgeht, und Kooperationsfähigkeit aus (Wunderer, 2011). Zur Untersuchung des Einflusses von Selbstreflexion auf das mitunternehmerische Verhalten wurde eine digital begleitete Coaching-Maßnahme entwickelt. Für die Beantwortung der Forschungsfrage ist es notwendig, dass die Teilnehmenden der Untersuchungsmaßnahme Teil eines Arbeits Teams sind oder mindestens einmal pro Woche in einem kooperativen Kontext agieren. Diese Frequenz ist Voraussetzung für den Test des Selbstreflexionsprozesses, der durch die everskill App (Abb. 2) abgebildet wird (Greif, 2008; Erhardt & Walter, 2019; everskill GmbH, 2019b).

Bei everskill handelt es sich um eine Smartphone Applikation, die Mitarbeitende bei der Aneignung von Softskills (z. B. Leadership und Kommunikationsverhalten) unterstützt und den Lerntransfer in den Alltag fördert. Durch das Festlegen konkreter

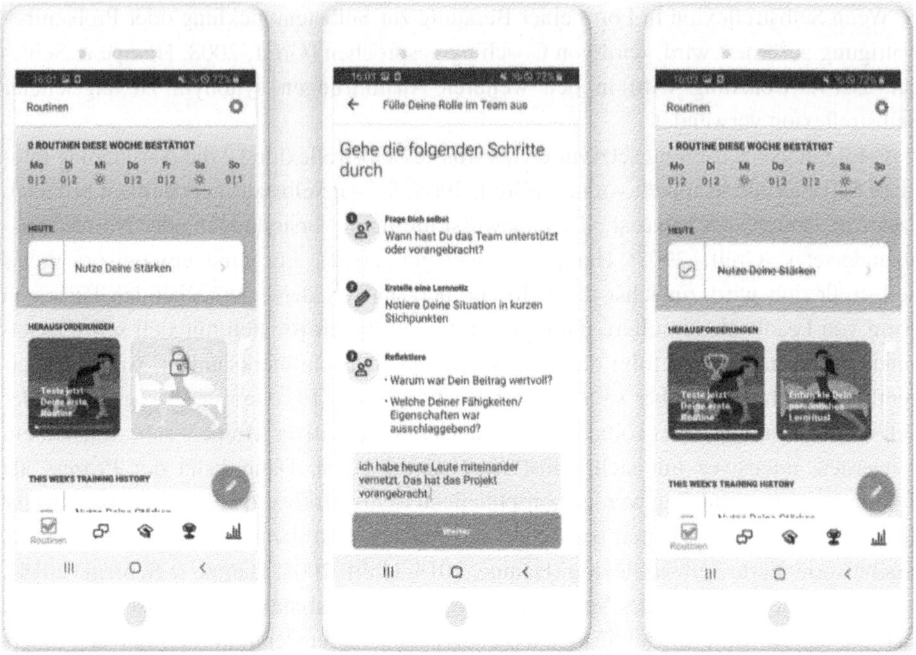

Abb. 2 Die everskill App als ein „Spiegel" zur digitalen Selbstreflexion. Mit freundlicher Genehmigung von © everskill GmbH 2021

Verhaltensziele wird ein persönlicher Trainingsplan generiert. Zusätzlich wird in der App zu jedem Verhaltensziel ein Lerntagebuch geführt, sodass der eigene Lernfortschritt nachvollziehbar und messbar wird (everskill GmbH, 2019a).

Um an den Übungen entsprechend zu arbeiten, werden diese als ‚offene Aufgabe' in der Applikation angezeigt. Um die einzelnen Aufgaben zu erledigen, kann ein Leitfaden genutzt werden, der diese ausführlich erklärt. Zudem können Lernnotizen durch den Lernenden eingegeben werden. Hier werden den Teilnehmenden die konkreten Impulsfragen angezeigt. Nach dem Eingeben der entsprechenden Lern- oder Reflexionsnotiz wird die Aufgabe als ‚Erledigt' angezeigt (Abb. 2).

Neunzehn Teilnehmende erhielten auf wöchentlicher Basis Impulsfragen über die everskill App und wurden gezielt zur Selbstreflexion ermutigt. Die „Übungen" forderten alle Teilnehmenden dazu auf, ihre Erkenntnisse in ihre Handlungen einfließen zu lassen und diese erneut zu reflektieren. Mittels Push-Nachrichten wurden die Teilnehmenden von everskill erinnert, diese Reflexionsübungen durchzuführen. Es wurde ein konkreter Leitfaden angeboten, der beim Durchdenken und Reflektieren der Teamsituation unterstützt. Anschließend konnten die Teilnehmenden ihre Erkenntnisse in einer Lernnotiz in der App anlegen und ihre Übung als erledigt markieren. So dokumentierten sie ihren Fortschritt und machten ihre Gedanken für sich selbst – wie im Spiegel – transparent. Die Impulsfragen der Coaching-Maßnahme waren darauf ausgerichtet, die untersuchten mitunternehmerischen Verhaltensziele im Teamkontext zu fördern.

Bei der Auswahl der Teilnehmenden wurde darauf geachtet, dass sie sich hinsichtlich ihres Arbeitskontextes, ihrer Position innerhalb eines Teams und hinsichtlich ihrer Führungsverantwortung unterscheiden (siehe Annex Tab. 2). Um Teamsituationen und Positionen in unterschiedlichen Strukturen und Hierarchien erfassen zu können, wird die Untersuchung in drei verschiedenen Hauptbereichen durchgeführt: Arbeit, Ehrenamt und Teamsport oder Hobbyverein. Der Bereich Arbeit wird wiederum in Wirtschaftliches und Soziales aufgegliedert.

Alle Teilnehmenden haben sich über sechs Wochen einer Selbstcoachingphase mit den entsprechenden Impulsfragen unterzogen und wöchentlich ihr eigenes Verhalten und ihre Position im Teamkontext reflektiert. Die Dauer der Maßnahme betrug sechs Wochen, da dies dem Mittelwert zwischen den 21 Tagen, derer es bedarf, um sich an eine neue Situation zu gewöhnen und den 66, die mindestens benötigt werden, um ein neues Verhalten zu automatisieren, entspricht (Clear, 2018; Lally et al., 2010).

Die Grundstruktur der Reflexionsübungen in everskill orientiert sich an Sinek (2014), der eine Handlung in drei Stufen gliedert: Das ‚Warum' kann als Motivation und Ziel der Handlung verstanden werden (z. B. „Helfe anderen sich weiterzuentwickeln"). Das ‚Wie' ist als Aktionsvorschlag zu verstehen, der dabei hilft, das ‚Wie' zu erreichen (z. B. „Gib heute einem Teammitglied Feedback"). Das ‚Was' bietet einen konkreten Leitfaden zur Umsetzung, um effektive Veränderungen anzustoßen (z. B. „Überlege dir zwei positive und negative Rückmeldungen").

Die Impulsfragen wurden in jeweilige Teamsituationen (Betrieb, Ehrenamt, Hobbygruppe) integriert, damit Rückkopplungen eine aktive Veränderung und reflexives Lernen herbeiführen können (Greif, 2008). Durch die Blended Learning App wird der notwenige Transfer (Kurt, 2016) des durch die Reflexion neu Erlernten in den Alltag ermöglicht (Erpenbeck et al., 2015; Erhardt & Walter, 2019). Im Interview werden die mitunternehmerischen Verhaltensweisen anschließend systematisch erfragt. Abschließend werden die Daten mithilfe der qualitativen Inhaltsanalyse nach Mayring (2015) ausgewertet. Die Ergebnisse der Untersuchungsphase wurden deskriptiv ausgewertet und werden im Folgenden dargestellt und interpretiert (Abschn. 2.2).

Der Fokus der Untersuchung liegt auf der Selbstlernphase, in der die Teilnehmenden ihren Lernprozess mithilfe der digitalen Begleitung selbst organisieren. Dies führt zu einer Förderung des eigenverantwortlichen Denkens und Handelns (Erpenbeck et al., 2015). Zur Aktivierung des gewünschten Mitunternehmertums dient „everskill" als Coaching-Tool dazu, den Teilnehmenden in digitaler Form wiederholt einen ‚Spiegel' anzubieten.

Die Teilnehmenden der Untersuchung besetzen unterschiedliche „Verhaltensstufen" (siehe oben) und Eigenschaften des mitunternehmerischen Mindsets, wie beispielsweise Handlungs- und Entscheidungsfreiheit, Führungsverantwortung oder nur einen persönlichen Kooperations- und Identifikationsgrad mit dem jeweiligen Team (Wunderer, 2011; Linden, 2017). Diese Vielfalt ist gewünscht, um die Potenzialentwicklung auf jeder Stufe zu beobachten.

Deshalb werden alle Personen vor Beginn der Maßnahme mithilfe eines Fragebogens klassifiziert und entsprechend ihrer Ausgangslage (A, B, C) eingruppiert. Dies stellt sicher, dass sie angepasste Reflexionsübungen auf ihre Mobilgeräte erhalten. Und auch entsprechend des bereits vorhandenen mitunternehmerischen Potenzials lässt sich die Untersuchungsgruppe einteilen:

- ‚Mit-Wissen' kann als Zustand verstanden werden, in dem eine Person Themen aus ihrem Team mitgeteilt bekommt.
- ‚Mit-Denken/Mit-Fühlen' kann ebenfalls eher als passive Verhaltensweise verstanden werden, die aber bereits emotionales Engagement der Person gegenüber ihrem Team miteinbezieht, aber keine tatsächliche Aktion erfordert.
- ‚Mit-Handeln/Mit-Entscheiden' setzt ein Aktivwerden der Person voraus, das dann bei ‚Mit-Verantworten' in gesteigerter Form auftritt (Wunderer, 2011).

Basierend auf Ausgangslage und Potenzial der Teilnehmenden wird eine Einteilung in drei Gruppen vorgenommen, um das Aktivierungspotenzial durch Selbstreflexion auch für jede Ausgangsposition zu testen:

A) Passive Mitunternehmende
B) Aktive Mitunternehmende
C) Mitunternehmermultiplikatoren

Die **passiven Mitunternehmenden** (Gruppe A) sind in der ersten Verhaltensstufe von Wunderer (2011) ‚Mit-Denken/Mit-Fühlen' angesiedelt, da hier noch kein Aktivwerden der Person an sich gefragt ist. **Aktive Mitunternehmende** (Gruppe B) können bereits der Verhaltensstufen ‚Mit-Handeln/Mit-Entscheiden' sowie ‚Mit-Verantworten' zugeordnet werden, da diese ein proaktives Handeln der Person erfordern. Hier kann davon ausgegangen werden, dass die emotionale Grundlage sowie das dazu notwendige Hintergrundwissen vorhanden sind. Die **Mitunternehmermultiplikatoren** (Gruppe C) zählen zu den Teilnehmenden, die bereits aktives mitunternehmerisches Verhalten gezeigt haben.

Die Übergänge zwischen diesen Gruppen waren fließend und nicht scharf abtrennbar, da sowohl Rahmenbedingungen als auch die Verhaltensweisen Überschneidungen aufweisen (Wunderer, 2011; Linden, 2017). Um zu überprüfen, ob die erwünschten Verhaltensweisen verstärkt zum Tragen kommen, wurde die Ausgangssituation als Basiswert genutzt.

Nach dem Abschluss der Coachingmaßnahme (also sechs Wochen später) wurden alle neunzehn Teilnehmenden zu ihren Erfahrungen befragt, um ihre Gedanken und Handlungen, die durch die Selbstreflexion ausgelöst worden sind, aufzunehmen. In Tab. 1 wird aufgeführt, wie oft welche Verhaltensweisen durch Gedanken oder Handlungen im Durchschnitt pro Person (je Bereich) im Gespräch erwähnt wurden, und somit im Bewusstsein verstärkt und als gefördert gelten können.

Tab. 1 Auswirkung auf die Verhaltensziele nach Wunderer 2011 durch die Trainingsmaßnahme

	Wirtschaft	Soziales	Ehrenamt	Teamsport/ Hobbyverein	Gesamt
Mit-Wissen	9,0	6,0	4,1	3,2	**22,3**
Mit-Fühlen/Mit-Denken	5,8	7,2	8,3	4,2	**25,5**
Mit-Handeln/Mit-Entscheiden	7,0	6,5	8,0	3,6	**25,1**
Mit-Verantworten/Mit-Beteiligen	1,8	3,7	4,8	2,8	**13,1**
Gesamt	**23,6**	**23,4**	**25,2**	**13,8**	

2.2 Untersuchungsergebnis: Steigerung der mitunternehmerischen Verhaltensweisen

Die Auswertung der Interviews zeigt, dass Selbstreflexion bzgl. des persönlichen kooperativen Verhaltens mit Hilfe von everskill auf jeder der drei Stufen mitunternehmerisches Verhalten aktivieren und verstärken kann. Der Blick in den „digitalen Spiegel" hat alle Teilnehmenden ermutigt, eigenes Handlungspotential zu erkennen und für die Interaktion und Struktur agiler Teams zu nutzen. In der digitalen Selbstreflexion liegen Potenziale für die Aktivierung des Teamverhaltens und gleichzeitig für die Selbstwahrnehmung, in einer interaktiven Weise, wie Tab. 1 und ihre Auswertung zeigen.

Der Wert 9,0 im ersten Feld links oben bedeutet, dass bei den Interviewten aus dem wirtschaftlichen Bereich im Schnitt 9,0 mal eine Reflexion zu Mit-Wissen während der Selbstreflexionsphase mittels everskill erlebt wurde. Die Spalte ganz rechts nennt jeweils die Durchschnittssumme je Verhaltensziel (Tab. 1).

Alle Studienteilnehmenden haben sich mit ihren eigenen Werten, Zielen, Stärken, ihrer Teamrolle, ihren Handlungsmöglichkeiten und ihren Handlungsmotivationen auseinandergesetzt. Zugleich haben sie sich mit dem Teamkontext befasst, in dem sie agieren, und haben sich dadurch mit den anderen Teammitgliedern, der Organisationsstruktur des Teams sowie dessen Zielen, Strategien und Gegebenheiten beschäftigt.

Basierend auf der Auseinandersetzung mit den persönlichen Stärken, hat sich bei einem Teilnehmer aus dem Bereich Teamsport die eigene Teamrolle verändert. Er ist mittlerweile für die Teamtaktik verantwortlich, die er mit Hilfe der Meinungen und Einschätzungen seiner Teamkolleginnen- und kollegen entwickelt hat. Es ist also hier das ‚Mit-Denken/Mit-Fühlen', ‚Mit-Handeln/Mit-Entscheiden' sowie ‚Mit-Verantworten' aktiviert worden, da er sich zuvor mit dieser Thematik nicht auseinandergesetzt hat.

Bei einer anderen Teilnehmerin aus dem sozialen Bereich konnte das ‚Mit-Denken', ‚Mit-Handeln' und ‚Mit-Verantworten' aktiviert werden. So hat sie sich durch das Hinterfragen der Teambedingungen bewusstgemacht, was sie ändern möchte, und Veränderungen (wie bspw. die Büroaufteilung und die Anschaffung ergonomischer Stühle) herbeigeführt, um damit das Klima und die Effizienz im Team zu verbessern. Ein weiterer

Teilnehmer wiederum setzt sein erlangtes ‚Mit-Wissen' ein, um den Wissensaustausch anzuregen, Wissen seiner Teammitglieder einzuholen, zu teilen und mehr Begegnungsmöglichkeiten für mögliche Synergieeffekte zu schaffen und damit sein ‚Mit-Verantworten' zu verstärken.

Diese gewonnenen Erkenntnisse haben sich im Verhalten der Teilnehmenden widergespiegelt und sind mit mitunternehmerischem Verhalten direkt in Verbindung zu bringen. Durch das wiederholte Aufzeigen der eigenen Bedeutung für das Team und der Wertschätzung für bestehende positive Teamfaktoren (z. B. gute Zusammenarbeit, freundlicher Umgangston, gemeinsame Erfolge) konnte die Motivation sowie das Verantwortungsbewusstsein der Teilnehmenden gestärkt werden, um aktiv zu handeln. Zusätzlich erlangten sie durch das bessere Selbst- und Teamverständnis die Möglichkeit, selbst sinnbringend einen Beitrag für das Team zu leisten und hierbei ihre eigenen Stärken effektiv einzubringen. Es wurde nicht nur die Kooperationsmotivation, sondern auch die entsprechende Handlungsfähigkeit gestärkt (Wunderer, 2011).

Die Auswertung belegt zunächst, dass alle mitunternehmerischen Verhaltensweisen durch die Reflexionsübungen gefördert wurden, da sie in jedem Bereich mindestens einmal pro Person erwähnt wurden. In der rechten Spalte der Tab. 1 wird sichtbar, dass die Verhaltensziele ‚Mit-Fühlen/Mit-Denken' sowie ‚Mit-Handeln/Mit-Entscheiden' am häufigsten auftreten. Es lässt sich ableiten, dass die Aktivierung von Mitunternehmertum durch digitale Selbstreflexion besonders die emotionale und Handlungsebene verstärkt. Mit-Wissen und Mit-Verantworten werden weniger häufig erwähnt und betont.

Des Weiteren reicht im Kontext der Selbstreflexion ‚Mit-Wissen' in der Darstellung von Wunderer (2011) als Basis für die darauf aufbauenden Verhaltensstufen nicht aus. Aus der untersuchten Maßnahme kann abgeleitet werden, dass ‚Mit-Wissen' vielmehr an jede darauffolgende Verhaltensstufe gekoppelt sein muss, da es notwendig ist, über ‚Mit-Wissen' zu verfügen, um die aktivere Verhaltensform einzunehmen. Dieses ‚Mit-Wissen' ist hierbei die Grundbedingung, die erfüllt werden muss, um die anderen Verhaltensweisen zu fördern. Deshalb wird eine Ergänzung von Wunderers (2011) Verhaltensmodell um eine aufgeschlüsselte Dimension des ‚Mit-Wissens' und dessen spezifischen Wirkungszusammenhangs vorgeschlagen.

Zusammenfassend kann durch die Reflexionsfragen das Verhaltensziel ‚Mit-Wissen' auf unterschiedlichen Ebenen eingeholt werden, das anschließend nutzbar gemacht wird. Durch das Bewusstwerden dieser Komponenten wird implizit ein entsprechendes Verhalten ausgelöst. Hierbei ist anzumerken, dass die Teilnehmenden ihr Verhalten im Kontext der Selbstreflexion selbst bestimmen konnten und die Reflexion hier nur den Anstoß gegeben hat. Das Verhalten wurde folglich nicht entwickelt, sondern selbst aktiviert.

Abb. 3 stellt den Prozess dar, den die Selbstreflexion auslöste, die als Grundlage sowie Rückkopplungsebene für alle folgenden Verhaltensweisen des Mitunternehmertums gilt. Wie bereits aufgeführt, ist ‚sich klar Werden' im Mitwissen innerhalb jedes Selbst- und Teamkontexts ausschlaggebend, um mitunternehmerisches Verhalten zu aktivieren und zu verstärken. Tatsächlich gliedert sich das gewonnene Wissen zur Aktivierung und Verstärkung von Mitunternehmertum in zwei Bereiche: den Selbstkontext sowie den Teamkon-

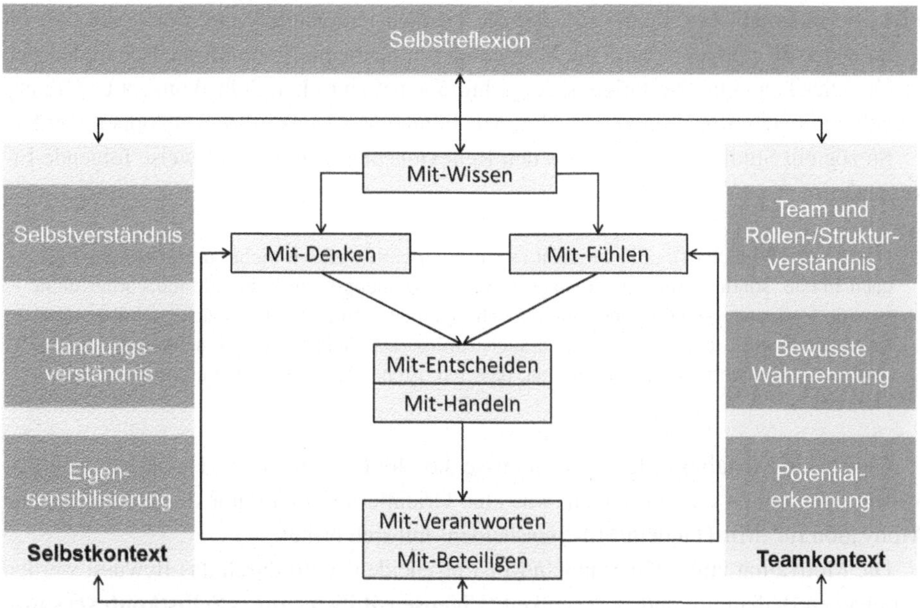

Abb. 3 Mitunternehmerische Potenzialentwicklung: Wachstum in Selbst- und Teamverständnis (Quelle: eigene Darstellung nach Wunderer 2011)

text (rechter und linker Block in der Abbildung). Durch das Selbstcoaching können sechs aufeinander aufbauende Wissens- und Verständnisebenen aktiviert werden:

Das Verständnis der eigenen Person (**Selbstverständnis – Selbstkontext, links**) sowie des Teams (**Team/Rollen- und Strukturverständnis – Teamkontext, rechts**) schafft die Möglichkeit, sich selbst in den Teamkontext einzuordnen und die Kompatibilität der Beziehungen, Werte und Ziele abzugleichen. Diese bringen erste Anhaltspunkte für Integrität. Dies ist (in der Mitte) der Kategorie ‚Mit-Wissen' zuzuordnen, da es die Grundlage für die Entwicklung einer Beziehung darstellt und damit den gesamten weiteren Prozess bedingt. Gleichzeitig beeinflusst es die Ebene ‚Mit-Denken/Mit-Fühlen', da man emotional involviert ist, wenn eine Schnittmenge mit der Teamsituation und dem Selbstkonzept hergestellt werden kann.

Fußballkapitän (Teamsport):[3] „Wenn man sich nicht bewusst ist, welche Rolle man im Team spielt und was für Stärken man hat, dann weiß man auch nicht, was man daraus machen kann."

Dies wird von dem Erkennen der eigenen Handlungsmöglichkeiten (**Handlungsverständnis – Selbstkontext**) sowie der bewussten Auseinandersetzung mit Abläufen und Zusammenhängen im Team (**Bewusste Wahrnehmung – Teamkontext**) aufgegriffen. Diese Faktoren zeigen den ausgestaltbaren Handlungsrahmen und bereits funktionierende

[3] Siehe Auflistung der Teilnehmenden im Annex (Tab. 2).

Prozesse innerhalb des Teams auf, das die eigenen Fähigkeiten und Werte, die sich im Team widerspiegeln, und damit die Motivation für die eigene Teammitgliedschaft deutlich macht. Dies kann eine Bestätigung der Schnittmenge zwischen Selbstkonzept und Teamsituation mit sich bringen und damit zu ‚Mit-Fühlen/Mit-Denken' rückgekoppelt werden.

So zog ein Studienteilnehmer aus den Reflexionsübungen beispielsweise folgende Erkenntnis:

> Doktorand (Wirtschaft): „Für mich ist es ein Mehrwert, weil ich nicht nur auf der persönlichen Ebene, sondern auch im Austausch Sachen kennengelernt habe, die ich vorher nicht wusste. Und auch eine Offenheit, denn, wenn man dem einen ein Feedback [...] über seine Problematik gibt, dann kommt das ja auch zurück. Das heißt, ich habe schon das Gefühl, dass sich das noch mal ausgeweitet hat, dass ich offene Ohren habe, wenn jemand ein Problem hat."

Gleichzeitig schaffen solche Erkenntnisse die Möglichkeit, eigene Handlungsmöglichkeiten zu erkennen und zu nutzen, was eine Orientierung und daraus eine resultierende Motivation für ‚Mit-Handeln/Mit-Entscheiden' mit sich bringt.

Die Motivation zum ‚Mit-Handeln/Mit-Entscheiden' wird durch das Bewusst werden der eigenen Bedeutung und Wirksamkeit (**Eigensensibilisierung – Selbstkontext**) sowie des konkreten Handlungsbedarfs (**Potentialerkennung – Teamkontext**) verstärkt. Man kann das Gesamtkonzept bewerten und führt sich vor Augen, warum man selbst eine wichtige Rolle im Team einnimmt und wie man diese ausfüllen kann. Gleichzeitig werden neben den Handlungsoptionen der konkrete Handlungsbedarf aufgezeigt. Dies kann dazu führen, dass man sich selbst in die Verantwortung nimmt und aus ‚Mit-Handeln/Mit-Entscheiden' ein ‚Mit-Verantworten' entsteht.

> Erzieherin (Soziales): „Man hat selber in der Hand [...], wie zufrieden man in dem Team ist, wie progressiv auch das Team sein kann oder wie man Teamstrukturen verändern kann."

3 Potenzial für Mitunternehmertum in jeder Person

Insgesamt ist es durch das Vereinen der beiden Kontexte möglich, Selbstkonzepte, Handlungen und Verhaltensweisen im Kontext des Gruppenselbstkonzeptes zu bewerten und sich selbst auf allen Verhaltensebenen einzuordnen. Dadurch kann über das eigene Selbstkonzept hinausgewachsen und die Selbstreflexion auf das gruppenorientierte Selbstkonzept bezogen werden (Gruppenkontextsensibilisierung). Durch diese Erkenntnisse können das Selbstkonzept sowie das Gruppenselbstkonzept abgeglichen und abschließend fusioniert werden. Dies ist ein Ausdruck von allumfassendem Mitunternehmertum, dem ‚Mit-Verantworten'.

Dies stellt einen neuen Betrachtungskontext dar, der aus der Selbstreflexion in diesem Rahmen entstehen kann und sich in Form von Rückkopplungen beschleunigend auf alle Verhaltensstufen auswirkt. Das Gruppenselbstkonzept in den Fokus zu stellen, kann auch als eine intensive Form des ‚Mit-Fühlens' betrachtet werden, die sich über die Zeit entwickelt, da hier das Team bei Handlungen und Gedankengängen gegenüber dem Selbstkonzept priorisiert wird oder die Trennung der beiden Selbstkonzepte als aufgelöst betrachtet werden kann. Die Person fühlt sich also in einem solchen Maß integriert und verantwortlich, dass sie ihre Sichtweise anpasst.

Das Ergebnis der Untersuchung bestätigt einen Trend in der neueren Entrepreneurshipforschung, der die zentrale Rolle von Emotionen und Affekten („emotional connectivity") in Innovationsprozessen feststellt und unternehmerische Verhaltensmuster auch in gemeinsamen und verbindenden Emotionen erforscht (zum Beispiel Breugst, Domurath, Patzelt & Klaukien, 2012; Farny et al., 2019).

Um die Effektivität der Trainingsmaßnahme zu gewährleisten, scheint aber wichtig, dass Selbstreflexionsprozesse nicht punktuell beschränkt ablaufen, sondern mit entsprechenden Rückkopplungsschleifen in laufende Teamerfahrung eingebettet sind. Die Gestaltung solcher Rahmenbedingungen fällt dann in den Verantwortungsbereich des Unternehmens oder der Organisation. Wenn hierbei Selbstreflexionsschleifen mit den entsprechenden Verhaltensweisen zusammenwachsen, kann eine Potenzialentwicklung stattfinden, die nicht nur Einzelne durch das Selbstcoaching verändert, sondern auch auf das Team und die Organisation positiv wirkt.

Durch die Untersuchung wird deutlich, dass Mitarbeitende aller Bereiche und Ebenen mitunternehmerisches Potenzial besitzen, das sich durch das aktive und wiederholte ‚Vorhalten eines Spiegels' im Sinne der Selbstreflexion aktivieren lässt.

Die Selbstreflexion stellt in jeder Teamsituation und Beziehung die Herausforderung dar, das ‚Ich' und das ‚Wir' zu bewerten und hier eine gesunde Balance zu finden. Ziel hierbei ist es ein effizientes Kooperationsverhältnis zu schaffen, das es ermöglicht, das eigene Selbstkonzept auf das Gruppenselbstkonzept zu beziehen und intrinsisches Mitunternehmertum zu schaffen (Triebel & Hürter, 2012).

Besonders vor dem Hintergrund dieser Herausforderung wird deutlich, dass das Individuum in der sich wandelnden Arbeitswelt und der digitalen Transformation weder verloren gehen, noch auf seine aktuellen Fähigkeiten reduziert werden darf. Die Einbindung der Selbstreflexion schafft neben der Förderung von Mitunternehmertum die Möglichkeit, menschliche Bedürfnisse und Potenziale aufzudecken und die im Menschen verankerte Kooperationsbereitschaft zu aktivieren, sodass sie sowohl den Mitarbeitenden als auch dem Unternehmen zum Vorteil gereicht (Triebel & Hürter, 2012) – ein Wissen, das es zu nutzen und für eine neue Mitarbeit in Teamkontexten digital weiterzuverfolgen gilt.

Anhang

Datenbasis

Dem Kapitel liegt die Datenbasis der Masterarbeit „Selbstreflexion als Aktivierung zu mitunternehmerischen Verhalten" zugrunde. In dieser Abschlussarbeit wurden sämtliche

Tab. 2 Auflistung Teilnehmende der everskill-Studie

Bereich	Akteurin/Akteur	Position im Team	Gruppe
Wirtschaft	Fachteamleiter	Fachteamleiter	A
Wirtschaft	Unternehmens-beraterin	Junior Consultant	A
Wirtschaft	Projektleiter	Projektleiter	B
Soziales	Polizist	Mitarbeiter	A
Soziales	Ärztin	Assistenzärztin	B
Soziales	Krankenpflegerin	Anleiterin	B
Ehrenamt	Wasserwacht-bootsführer	Bootsführer	A
Soziales	Erzieherin	Erzieherin	C
Ehrenamt	Feuerwehrmann	Mitglied	B
Teamsport/Hobbyverein	Einradhockeyfahrer	Mitglied (> 6 Monate)	A
Teamsport/Hobbyverein	Fußballspieler	Mitglied (> 6 Monate)	B
Teamsport/Hobbyverein	Fußballkapitän	Kapitän	B
Wirtschaft	Doktorand	Mitglied	C
Teamsport/Hobbyverein	Gardeprinz	Mitglied (> 6 Monate)	C
Soziales	Reha Rezeptionistin	Abteilungsleitung	B
Soziales	Lehrer	Lehrer	C
Teamsport/Hobbyverein	Jugendvorsitzender	Vorsitzender	B
Ehrenamt	Jugendfußballtrainer	Trainer	C
Teamsport/Hobbyverein	Theaterspieler	Trainer	C
Wirtschaft	Fachteamleiter	Fachteamleiter	A

Interviewdaten erhoben und ein theoretischer Rahmen aufgestellt, aus dem sich die hier vorgelegte und in Co-Autorschaft fortgeführte Arbeit und Analyse eigenständig weiterentwickelt.

Literatur

Alex, C. (2011). Selbstreflexion. Das eigene Verhalten beobachten. *S-POOL | SPECIAL, 2*, 20–21.

Aulenbacher, B., & Riegraf, B. (2009). Zeiten des Umbruchs – Zeit zur Reflexion Einleitung. In B. Aulenbacher (Hrsg.), *Erkenntnis und Methode* (S. 9–23). Springer.

Breugst, N., Domurath, A., Patzelt, H., & Klaukien, A. (2012). Perceptions of entrepreneurial passion and employees' commitment to entrepreneurial ventures. *Entrepreneurship Theory and Practice, 36*(1), 171–192.

Bruckner, L., & Werther, S. (2018). Relevanz von Arbeit 4.0. In S. Werther & L. Bruckner (Hrsg.), *Arbeit 4.o aktiv gestalten. Die Zukunft der Arbeit zwischen Agilität, People Analytics und Digitalisierung* (S. 2–5). Springer.

Burkhardt, R., Greiwe, S., Kropp, M., Mateescu, M., & Zahn, C. (2015). *Erfolgreiche Zusammenarbeit in agilen Teams: Ergebnisse einer Interview-Studie über Zusammenarbeit, Kommunikation und Koordination sowie den Einsatz von Tools in agilen Software Projekten in der Schweiz.* Unter Mitarbeit von Vischi, D. Brugg-Windisch: Fachhochschule Nordwestschweiz/Swiss Agile Study.

https://irf.fhnw.ch/bitstream/11654/24282/1/AgileKollaboration-Studienbericht-2015.pdf. Zugegriffen am 02.01.2020.

Cermak, J., & Mcgurk, M. (2010). Putting a value on training. *McKinsey Quarterly*. https://www.mckinsey.com/business-functions/organization/our-insights/%20putting-a-value-on-training. Zugegriffen am 05.01.2020.

Clear, J. (2018). *How long does it take to form a habit? Backed by Science*. https://jamesclear.com/new-habit. Zugegriffen am 05.01.2020.

Erhardt, K., & Walter, G. (everskill GmbH, Hrsg.). (2019). *Effectiveness of the everskill transfer program*, International School of Management & everskill GmbH. https://everskill.de/de/wissenschaftliche-studie/. Zugegriffen am 05.01.2020.

Erpenbeck, J., Sauter, S., & Sauter, W. (2015). *E-Learning und Blended Learning. Selbstgesteuerte Lernprozesse zum Wissensaufbau und zur Qualifizierung*. Springer.

Everskill GmbH. (2019a). *Learn like a top athlete*. https://everskill.de/de/. Zugegriffen am 05.01.2020.

Everskill GmbH. (2019b). *Unser digitales Transferprogramm*. https://everskill.de/de/produkt. Zugegriffen am 05.01.2020.

Farny, S., Kibler, E., Hai, S., & Landoni, P. (2019). Volunteer retention in prosocial venturing: The role of emotional connectivity. *Entrepreneurship: Theory and Practice, 1*(1), 1–30.

Greif, S. (2008). *Coaching und ergebnisorientierte Selbstreflexion. Theorie, Forschung und Praxis des Einzel- und Gruppencoachings* (Innovatives Management). Hogrefe.

Hampe, J. (2014). *Selbstreflexion in Business-Seminaren: Theoretische Hintergründe und ein Praxisbeispiel für Trainer*. Diplomica.

Hampe, J., & Schlegel, C. (2014). *Auswahl und Steuerung nachhaltiger Weiterbildung im Unternehmen. Trainings und Seminare zu komplexen Themen erfolgreich begleiten*. Springer.

Häusling, A., & Rutz, B. (2017). Agile Führungsstrukturen und Führungskulturen zur Förderung der Selbstorganisation – Ausgestaltung und Herausforderungen. In C. Au (Hrsg.), *Struktur und Kultur einer Leadership-Organisation. Holistik, Wertschätzung, Vertrauen, Agilität und Lernen*. Springer.

Jacobs, C., Kagermann, H., Sattelberger, T., & Lange, T. (2018). Zukunft der Arbeit: Die digitale Transformation gestalten. In S. Werther & L. Bruckner (Hrsg.), *Arbeit 4.0 aktiv gestalten: Die Zukunft der Arbeit zwischen Agilität, People Analytics und Digitalisierung* (S. 24–18). Springer.

Kitzmann, M.-I. A. (2019). *Kooperationstraining*. https://www.kitzmann.biz/seminare/seminaruebersicht/rhetorik-kommunikation/kooperationstraining/?gclid=EAIaIQobChMIkv_NwpPc4QIVDkPTCh0H4AR4EAAYASAAEgJDNPD_BwE. Zugegriffen am 05.01.2020.

Kurt, S. (2016). Kirkpatrick model: Four levels of learning evaluation. *Educational Technology*, October 24. https://educationaltechnology.net/kirkpatrick-model-four-levels-learning-evaluation/. Zugegriffen am 09.12.2020.

Lally, P., van Jaarsveld, C., Potts, H., & Wardle, J. (2010). How are habits formed: Modelling habit formation in the real world. *European Journal of Social Psychology, 40*(6), 998–1009.

Linden, C. (2017). *Förderung eines mitunternehmerischen Selbstbildes. Team-Erfahrung als Katalysator*. Bachelorarbeit, FK 11 für Angewandte Sozialwissenschaften: Studiengang Management Sozialer Innovationen. München: Hochschule München für Angewandte Wissenschaften, Mediennr.: 039301767805.

Lindner, D. (2017). *Was ist Arbeit 4.0 – Definition? Agile Unternehmen. Zukunftsfähig in der digitalen Transformation*. https://agile-unternehmen.de/was-ist-arbeit-4-0-definition/. Zugegriffen am 05.01.2020.

Mayring, P. (2015). *Qualitative Inhaltsanalyse. Grundlagen und Techniken*. Beltz Verlagsgruppe.

Möller, S. (2014). *Besser im Team. Teambildung und -führung für Physio- und Ergotherapeuten*. Springer.

Moraal, D. (Bundesinstitut für Berufsbildung (BIBB), Hrsg.). (2009). *Betriebliche Weiterbildung: Fachübergreifende Kompetenzen werden immer wichtiger,* Bundesinstitut für Berufsbildung (BIBB). https://www.bibb.de/de/pressemitteilung_805.php. Zugegriffen am 05.01.2020.

Möslein-Tröppner, B., & Bernhard, W. (2018). *Digitale Gamebooks in der Bildung. Spielerisch lehren und lernen mit interaktiven Stories*. Springer.

Pinchot, G. (1988). *Intrapreneuring. Mitarbeiter als Unternehmer*. Gabler.

Sailer, K., Wannags, S., & Weber, C. (2016). Arbeitswelt 2030 – Co-Inkubation in Unternehmen. Von Mitarbeiterförderung bis zur Innovationssteigerung.

Schießl, N. (2015). *Intrapreneurship-Potenziale bei Mitarbeitern: Entwicklung, Optimierung und Validierung eines Diagnoseinstruments*. Springer.

Sinek, S. (2014). *Frage immer erst: warum. Wie Topfirmen und Fürhungskräfte zum Erfolg inspirieren*. Redline.

Triebel, C., & Hürter, T. (2012). *Die Kunst des kooperativen Handelns. Eine Agenda für die Welt von morgen*. orell füssli.

Wunderer, R. (2011). *Führung und Zusammenarbeit: Eine unternehmerische Führungslehre*. Hermann Luchterhand.

Teil III

Organisationaler Rahmen für Intrapreneurship

Digitalisierung als Treiber für Intrapreneurship-Aktivitäten – Erkenntnisse aus der praktischen Umsetzung in einem Versicherungskonzern

Diane Robers und Martin Fleischer

1 Ausgangssituation: Historie und Entwicklung

> „Versicherung ist Deckung eines im Einzelnen ungewissen, insgesamt aber schätzbaren Geldbedarfs auf der Grundlage eines durch Zusammenführung einer genügend großen Anzahl von Einzelwirtschaften herbeigeführten Risikoausgleichs." (Hax, 1964, S. 22)

Die ersten Versicherungen auf Basis der Stochastik entwickelten sich im 17. Jahrhundert. Die Weiterentwicklung der Wahrscheinlichkeitstheorie durch Jakob Bernoulli schaffte die Grundlage für das bis heute prägende traditionelle Geschäftsmodell der Versicherungswirtschaft. Zu den wesentlichen Risiken der damaligen Zeit gehörten große Brände, die zur Gründung von Feuerkassen und Gebäudeversicherungsanstalten führten. Die ersten deutschen Gründungen erfolgten 1676 mit der Hamburger Feuerkasse und der Feuersozität in Berlin 40 Jahre später (Walthes et al., 2019). Im 19. Jahrhundert entstanden zahlreiche Versicherungszweige und -unternehmen, so auch eine der ersten Versicherungsgesellschaften des heutigen Konzerns Versicherungskammer, die ‚Allgemeine Brandversicherungsanstalt' durch König Maximilian I. von Bayern 1811.

Heute stellt die Versicherungswirtschaft in Deutschland einen Wirtschaftszweig von wesentlicher Bedeutung dar. Im Jahr 2019 beschäftigte sie rund 490.000 Personen und konnte 446 Mio. an Verträgen und 217 Milliarden € an Beiträgen verzeichnen. Der Anteil

D. Robers (✉)
EBS Universität für Wirtschaft und Recht, Oestrich-Winkel, Deutschland
E-Mail: diane.robers@ebs.edu

M. Fleischer
BavariaDirekt Versicherung AG, Berlin, Deutschland
E-Mail: Martin.Fleischer@bavariadirekt.de

R. Kraus et al. (Hrsg.), *Intrapreneurship*,
https://doi.org/10.1007/978-3-662-64102-6_7

der Finanz- und Versicherungswirtschaft lag im Jahr 2019 bei 6,33 Prozent der deutschen Bruttowertschöpfung, und damit über der Autoindustrie (GdV, 2020).

Abb. 1 gibt einen Überblick zur historischen Entwicklung der Versicherungswirtschaft und den Auswirkungen der Digitalisierung auf Geschäftsmodelle und Anbieter ab 2000.

Die zunehmende digitale Vernetzung aller Lebensbereiche verändert seit Beginn der 2000er-Jahre die Wertschöpfungsketten und Geschäftsmodelle von Versicherungsunternehmen. Angefangen von Direktversicherern und Aggregatoren, die einen weiteren digitalen Kanal neben den klassischen Vertriebsstrukturen (wie persönlicher Vertrieb) bilden, bis hin zu digitalen Ökosystemen. Neue Technologien – allen voran Internet of Things, Big Data, Künstliche Intelligenz (KI), Robotics und Blockchain sowie die Bedarfe jüngerer Kundengenerationen nach simplifizierten mobilen oder Peer-to-Peer Lösungen, treiben diese Entwicklung. Daten gewinnen an Relevanz. Versicherer waren von jeher datenzentriert, um z. B. aus der Sammlung und Auswertung von historischen Schadendaten ihre Produkte zu erstellen. Nun stehen sie aber vollständig datengetriebenen Firmen mit innovativen digitalen Geschäftsmodellen gegenüber, die entweder Schadendaten haben (z. B. über Rückversicherer) oder innovative Substitute für Schadendaten generieren (z. B. Google) und diese mit Daten zu Kundenverhalten kombinieren. Von der Automatisierung von Geschäftsprozessen bis zur Optimierung der Kundeninteraktion bietet die Digitalisierung das Potenzial, viele Bereiche von Unternehmen grundlegend zu verändern. Neue Wege in der Datenerfassung und -nutzung ermöglichen mittel- bis langfristig auch neue innovative Produkte und Dienstleistungen sowie Geschäftsmodelle. Neue Wettbewerber, außerhalb der Wertschöpfungskette der Versicherer, drängen in den Markt und besetzen die Kundenschnittstelle.

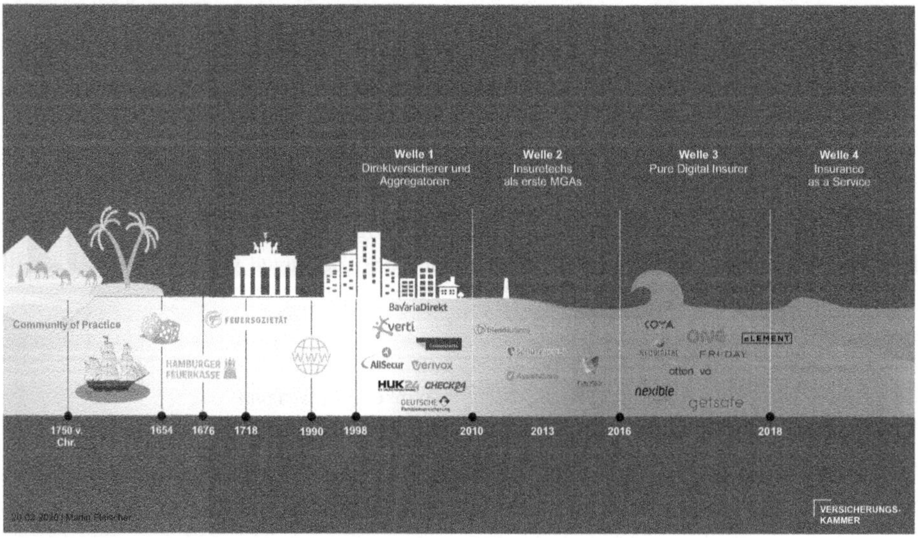

Abb. 1 Historische Entwicklung der Versicherungswirtschaft und neue Spieler. Mit freundlicher Genehmigung von © Konzern Versicherungskammer 2020. All Rights Reserved

2 Digitalisierung und organisationale Antworten

Das Jahr 2002 gilt allgemein als der Beginn des digitalen Zeitalters. Erstmals war es möglich, mehr Informationen digital als analog zu speichern (Hilbert & López, 2011). Hinzu kommt, dass seit Ende der 1990er-Jahre wichtige Fortschritte im Thema Künstliche Intelligenz erzielt werden, die durch die Verfügbarkeit großer Datenmengen, steigender Rechnerleistung und -kapazitäten sowie deutlich verbesserter maschineller Lernansätze und Algorithmen begünstigt werden.

Durch neue Technologien und ein geändertes Kundenverhalten konnte somit ein noch nie da gewesenes disruptives Umfeld entstehen. Unter Disruption (engl. ‚disrupt' zerstören) wird ein Prozess verstanden, bei dem ein bestehendes Geschäftsmodell oder ein gesamter Markt durch eine bedeutende, häufig radikale Innovation ersetzt wird. Wie von Christensen in verschiedenen Ausarbeitungen beschrieben (Christensen, 2013; Christensen & Raynor, 2018), werden dann neue Wettbewerber aktiv, die etablierte Anbieter angreifen oder sogar aus dem Markt drängen. Diese befriedigen ein strategisch relevantes Kundenbedürfnis besser als das eigene Geschäftsmodell. Wenn ein solcher Verdrängungseffekt stattfindet, spricht man vom Phänomen des ‚Digitalen Darwinismus' (Kreutzer et al., 2017): Es tritt ein, wenn sich bestehende Unternehmen auf ihre bewährten Geschäftsmodelle verlassen und sich nicht für Innovationen – außerhalb ihrer Forschungs- und Entwicklungsabteilungen – öffnen. So verpassen sie die Gelegenheit, radikale Innovationen zu entdecken, in ihr Portfolio zu integrieren und in der digitalen Geschäftswelt mitzuspielen.

Beobachtungen zeigen, dass langjährige Marktteilnehmende aufgrund ihrer Größe, Traditionen und Hierarchiestrukturen sowie auch ihrer oft mangelnden Veränderungsgeschwindigkeit nicht in der Lage sind, mit wachstumsgetriebenen Start-ups bei der Suche nach innovativen Ideen für Dienstleistungen oder Produkte zu konkurrieren. Start-ups tragen keine organisatorischen Altlasten, sie planen (zunächst) auf der grünen Wiese und können schneller auf Veränderungen reagieren, da sie ihre Services strikt an den neuen Kundenbedürfnissen ausrichten. Etablierte Unternehmen sind eher von Effizienz getrieben und auf die Optimierung ihrer bestehenden Geschäftsprozesse fokussiert. Deswegen stellt sich die Frage, wie eine solche Organisation optimal ausgestaltet sein sollte, um langfristig erfolgreich zu sein. Hierbei ist zu berücksichtigen, dass Digitalisierung nicht nur zu technischen Innovationen führt, sondern auch weitreichende organisationale Veränderungen und eine höhere Entscheidungsgeschwindigkeit erfordert. Gemäß dem von Chandler geprägten Leitsatz ‚Structure follows strategy' soll die Struktur eines Unternehmens dabei unterstützen, dessen Ziele zu erreichen und die dafür nötigen Prozesse zu ermöglichen (Chandler, 1998). Dabei gilt es existierende erfolgreiche Wertschöpfungselemente beizubehalten und gleichzeitig die digitale Transformation voranzutreiben. Die Kunst, sowohl Kerngeschäft im Sinne des ‚operativen Heute' als auch neue Innovationen und Disruptionen, im Sinne des ‚strategisch wichtigen Morgen', in einem Konzern miteinander zu vereinen, wird durch das Ambidextrie-Modell beschrieben: „Organizations that pursue both exploration and exploitation simultaneously or consecutively are called ambidextrous“ (Keller & Weibler, 2015, S. 55 aufbauend auf Lavie et al., 2010; Raisch & Birkinshaw, 2008; Raisch et al., 2009; Simsek et al., 2009; Tushman & O'Reilly, 1996). So werden duale Organisationsstrukturen zur Vermeidung organisatorischer Dilemmata geschaffen: Zum einen kann das klassische Tagesgeschäft als Performance Engine weiterbetrieben werden (‚Exploitation'), zum anderen gelingt es, neue Innovations- oder Digitalisierungsvorhaben als Innovation Engine (‚Exploration') parallel zu bearbeiten. Letztere sind durch ein hohes Maß an Unsicherheit über die Zukunft gekennzeichnet, haben häufig andere Handlungsmaximen und bedingen agile Prozesse, um die Erfolgswahrscheinlichkeit des neuen Geschäfts durch die frühzeitige Einbindung von potenziellen Kundinnen und Kunden bei der Produktentwicklung zu steigern.

Hierbei gibt es verschiedene Vorgehensweisen: Etablierte Unternehmen gründen Geschäftseinheiten oder separate Tochtergesellschaften mit dem Ziel, Wissen und Prozesse externer Start-ups für das Mutterunternehmen zu nutzen. Neben separaten Units sind Netzwerkorganisationen oder Start-up-Vehikel wie beispielsweise Inkubatoren, Acceleratoren, Innovation Labs o. ä. denkbar. Durch die Nachahmung der Geschäftspraktiken von Start-ups oder durch intelligente Kooperationsmodelle sollen diese Strukturen neben den klassischen F&E-Aktivitäten verstärkt radikale Innovationen sowie neue Geschäftsmodelle für das Mutterunternehmen erbringen. Kennzeichnend für dieses Vorgehen ist der Outside-In-Gedanke aus dem Open-Innovation-Ansatz: Externes Wissen wird in die Innovationsaktivitäten des Unternehmens integriert (Weiblen & Chesbrough, 2015). Die organisationale Ausgestaltung kann nach Ziel und Intensität der Zusammenarbeit sowie Unternehmensphasen unterschiedlich ausgeprägt sein, z. B. als Corporate Business Lab, Corporate Business Incubator, Corporate Business Accelerator, Corporate Venture Capital oder Corporate Business Hub. Eine umfassende Bestandsaufnahme findet sich bei Blume, der verschiedene organisationale Antworten der etablierten Spieler auf diese Fragestellung untersucht und eine entsprechende Taxonomie entwickelt hat (Blume, 2020).

Auch die Versicherungswirtschaft reagiert mit entsprechenden Konzepten auf die neuen technologischen Rahmenbedingungen und den Druck auf ihr traditionelles Geschäftsmodell, hier erläutert am Beispiel des Konzerns Versicherungskammer. Zur ersten ‚Generation' der organisationalen Antworten gehört die Gründung einer eigenen Digitalversicherung. Ausgangspunkt für die Innovationsreise war die Erkenntnis, dass neues Kundenverhalten, neue Technik (Web 2.0) und neue Vertriebsformen wie Aggregatoren eine Antwort benötigen. Im Zuge des Aufbaus eines eigenen Digital-Arms (BavariaDirekt) ab 2006 wurde evident, dass das Haus sich mit eigenen F&E Tätigkeiten für Dienstleistungs- und Geschäftsmodellinnovationen befassen muss. So wurde 2008 die BavariaDirekt als eigenständige Gesellschaft gegründet. Neben vielen Initiativen zur Digitalisierung des Kerngeschäfts folgte 2017 ein weiterer organisationaler Schritt mit der Beteiligung des Konzerns Versicherungskammer am InsurTech Hub Munich e.V. mit weiteren 11 Versicherungsunternehmen aus Bayern. 2018 folgte dann die Gründung des ersten Corporate-Start-ups „Uptodate" und 2019 die Beteiligung an einem Company Builder. Die Assekuranz zeigt damit, dass sie sich auf einen verschärften Wettbewerb mit neuen

Modellen einstellt. Auf Seiten der Versicherungsunternehmen geht es um die Bewältigung technologischer Herausforderungen, den Zugang zu smarten Talenten und neuen Geschäftsideen. Start-ups hingegen bekommen Markt- und Kundenzugang sowie Expertise in regulatorischen Fragen.

Die Zusammenarbeit mit Start-ups ist mittlerweile ein branchenübliches Vorgehen. In den vergangenen Jahren wurden die Investitionen in Insurtechs (Start-ups der Versicherungsbranche) erheblich verstärkt. So belief sich das diesbezügliche Investitionsvolumen im Zeitraum von 2016 bis 2018 auf insgesamt 11,2 Milliarden Dollar und hat sich gegenüber dem Vergleichszeitraum 2010 bis 2015 mehr als verdoppelt (Everis & NTT-Data, 2019). Die Mehrheit der Versicherer investiert in bereits reife Start-ups. Allerdings hat der Markt an Insurtechs einen hohen Sättigungsgrad erreicht, die Anzahl an Neugründungen geht wieder zurück. Die meisten Geschäftsmodelle greifen die Versicherung aber nicht an – wie zunächst erwartet – sondern unterstützen oder verlängern deren Wertschöpfungskette. Da die disruptiven Erwartungen der Fin- und Insurtechs der ersten Generation ausblieben, sind im Fokus heute eher Tech-Start-ups, die auf Cloud-Technologien und mobile Anwendungen zurückgreifen, gefolgt von Big Data, KI, Internet of Things und Blockchain. KI-Unternehmen erzielten zwischen 2016 bis 2018 ein besonders hohes Wachstum von 665 Prozent.

Die genannten Investitionen unterstreichen, dass die Versicherungswirtschaft technologische und organisationale Treiber für ihre Zukunftsgestaltung erkannt hat. Um ihre Innovationskraft insgesamt zu stärken, sind sie aber nicht ausreichend.

3 Intrapreneure – interne Innovationstreiber

Die oben beschriebene Ambidextrie führt in der Praxis noch eher zu Effizienz-, denn zu Effektivitätsvorteilen, d. h. eine radikale Erneuerung bzw. Änderung des Geschäftskonzeptes wird nicht erreicht. Den organisationalen Rahmen zu verändern, erscheint somit als notwendige, aber nicht hinreichende Bedingung. Zudem scheitern Corporate Start-ups oft, weil sie nach denselben Kennzahlen wie das klassische Geschäft gemessen werden, eine Konkurrenz um die besten hauseigenen Ressourcen erzeugen, die entsprechend nötige Fehlerkultur für die ersten Schritte fehlt oder ein eigenes Management mit entsprechenden Beteiligungsformen (z. B. in Form von Unternehmensanteilen) nicht möglich ist.

Bei der Suche nach neuen Konzepten, um im verschärften, digitalen Wettbewerb zu bestehen, integrieren etablierte Unternehmen nun Verhaltensweisen von erfolgreichen Entrepreneuren und Start-ups. Entrepreneurship wird als ein geeignetes Mittel angesehen, das etablierte wirtschaftliche Organisationen dabei unterstützt, ihre strategischen Ziele zu erreichen, da Entrepreneuren zugetraut wird, den wachstumsorientierten Gestaltungsprozess effektiv zu organisieren. Im Unternehmensinnenverhältnis wird auch der Begriff ‚Intrapreneurship' verwendet, zusammengesetzt aus dem englischen „intra-corporate" (unternehmensintern) und Entrepreneurship für Unternehmertum. Intrapreneurship bezeichnet das unternehmerische und innovationsorientierte Verhalten von Mitarbeitenden in

Organisationen, die als Intrapreneure agieren. Bereits 1978 beschreibt das Ehepaar Elisabeth S. und Gifford Pinchot III das Problem großer Unternehmen, richtige Entscheidungen für Innovationen zu treffen, da ihre Managerinnen und Manager zu sehr damit beschäftigt sind, bestehende Ressourcen und Abläufe effizient zu organisieren. Unternehmerinnen und Unternehmer hingegen sind freier, die Welt auf neue Weise zu sehen und können nach eigenem Gutdünken neue Geschäfte aufbauen (Pinchot, 1985). Solche Intrapreneure oder auch ‚Employee Entrepreneure' gehen eigene Risiken ein, um ihre innovativen Ideen verfolgen zu können, Geschäftspläne auszuarbeiten, um- oder auch durchzusetzen. Sie tun dies intrinsisch motiviert und ergebnisgeleitet, gelegentlich gegen interne Widerstände, aber mit eingeschränkter Verantwortung gegenüber dem (Markt) Unternehmer. Der unternehmerischen Aktivität einzelner Mitarbeitenden liegt oft eine spezifische Motivlage zugrunde, die sie beflügelt, innovative Ideen in ihrer Organisation umzusetzen. Hierzu zählt der Wunsch nach eigenverantwortlichem Handeln, wie ein Unternehmer zu denken und entsprechende (Geschäfts-)Ziele engagiert zu verfolgen. „Intrapreneurs tend to express and desire in their work environment personal characteristics like autonomy, optimism, pioneering innovative motive, creative ability, achievement motivation and managerial skills" (Sayeed & Gazdar, 2003, S. 79).

Intrapreneurship ist für etablierte Organisationen ein mögliches Vorgehen, um innovative und agile Entwicklungsprozesse zu initiieren und zur Marktreife zu führen. Dies wird durch entsprechende strukturelle und kulturelle Rahmenbedingungen gestützt. Der Intrapreneurship-Prozess beschreibt, wie Organisationsmitglieder auf Basis ihrer innovativen Ideen neue Geschäftsfelder aufbauen und damit die ständige Anpassung der Organisation an die sich ändernden Anforderungen der Unternehmensumwelt erreichen: „the process whereby an individual [...] creates a new organization or instigates renewal or innovation within that organization" (Sharma & Chrisman, 2007, S. 18). „Es ist dabei das Ziel, auch etablierte Unternehmen so agil, flexibel und kreativ zu halten wie ihre jungen Wettbewerber, die gerade erst gestartet sind" (Kuckertz, 2017, S. 4). Dass ‚Unternehmertum im Unternehmen' zu überlegenen Ergebnissen bezüglich Unternehmensperformance führt, wurde in einer Studie von Zahra und Covin (1995) nachgewiesen. Dazu benötigt das Unternehmen neben den internen Treibern idealerweise eine Grundhaltung („entrepreneurial orientation"), die in der Literatur durch fünf Dimensionen beschrieben wird „autonomy, innovativeness, risk taking, proactiveness, and competitive aggressiveness" (Lumpkin & Dess, 1996, S. 136). Dies wird in der Diskussion um die sogenannte ‚Innovator's DNA' unterstützt: Innovative Organisationen entstehen durch das Zusammenspiel von innovativen Mitarbeitenden oder Intrapreneuren, unterstützenden Prozessen, die innovatives Verhalten fördern und einer Kultur, die diese ermutigt, kontrolliert und kalkuliert Risiken einzugehen („take smart risks") (Christensen, 2013). Scheiternde Projekte gehören bei innovativen Unternehmen dazu. Misserfolge dürfen auf keinen Fall ignoriert werden. Sie sind wichtig, um für die Zukunft daraus zu lernen.

Die Erfahrungen des Konzerns Versicherungskammer belegen dies und zeigen auf, dass Innovationsvorhaben neben inhaltlicher Kompetenz, auch stets den passenden Zeitpunkt und die richtigen handelnden Personen benötigen. Dabei helfen die Fähigkeiten des

Intrapreneurs für Veränderungen offen zu sein, Out-of-the-box zu denken, als Lead User zu agieren und gleichzeitig fachlich zu verstehen, was in der Branche passiert. Darüber hinaus entscheidend sind Führungskräfte, die den Intrapreneuren Freiräume, Entwicklungsmöglichkeiten und förderliche organisatorische Rahmenbedingungen geben. Hierbei ist wichtig, Nähe und Distanz zu definieren, da Spielräume notwendig sind, um komplett neue Ansätze zu entwickeln. Vor allem große Konzerne tendieren zu übermäßiger Kontrolle und Integration, was einer innovativen Entwicklung entgegensteht. Dies erfordert ein entsprechendes Mindset (Abb. 2), damit sich ‚Unternehmergeist' und ‚Angestelltengeist' gegenseitig befruchten. Ohne die richtige Einstellung des Topmanagements können die neuen Satelliten aufgrund der Gravitationskraft der Muttergesellschaft nicht gedeihen.

Über 300 Jahre waren Innovationen in der Assekuranz nur im geringen Umfang nötig, man folgte neuen Risiken wie z. B. seinerzeit die Einführung der Kfz-Versicherung oder die Versicherung von Elementarschäden und adaptierte zudem neue technische Entwicklungen. Das Geschäftsmodell Versicherung war bisher nie in Gefahr. Die Herausforderung eines sich rasant ändernden Umfelds, führte zu einer intensiven Diskussion im Konzern Versicherungskammer seit Gründung der BavariaDirekt 2008. Das Vorantreiben der Digitalen Transformation ab 2010 diente als zusätzlicher Beschleuniger. Es ging vor allem darum, Veränderungen durch technologische Entwicklungen und insbesondere neue Kundenbedürfnisse zügig aufzunehmen und das eigene Handeln schneller anzupassen. Kurzum: Das Thema Innovativität neu zu bewerten.

Eine der ersten Erkenntnisse war, dass Innovationen weniger reaktiv als proaktiv gemanagt werden müssen. Wesentlich für die Etablierung einer Innovationskultur ist das Innovationsverständnis bei Topmanagement und Mitarbeitenden. Innovation im Konzern

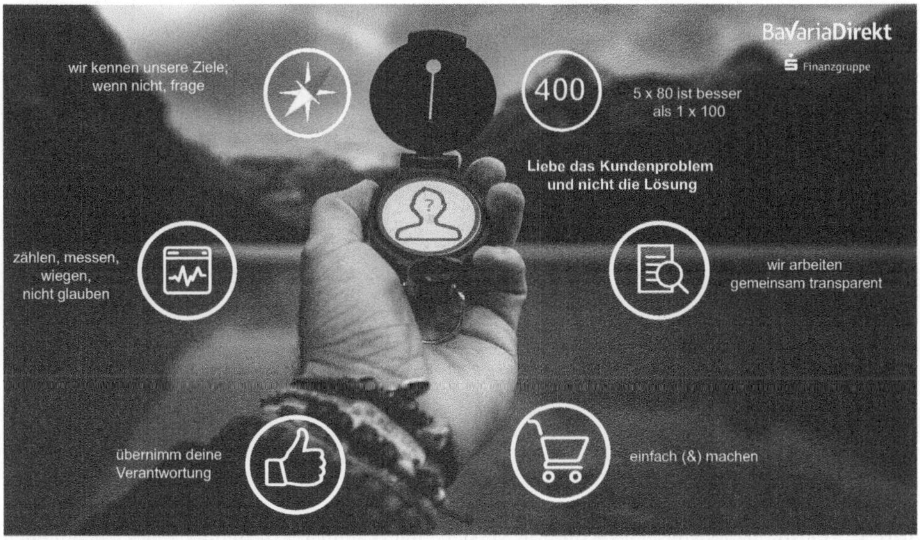

Abb. 2 Kernelemente des Mindset bei der BavariaDirekt. Mit freundlicher Genehmigung von © Bavaria Direkt. All Rights Reserved

Versicherungskammer bedeutet nicht nur eine Idee zu haben, sondern diese im Schumpeterschen Sinne auch marktreif umzusetzen. Innovation hat mehrere Dimensionen Markt-, Produkt, Prozess und Geschäftsmodell. Damit die Mitarbeitenden den Transformationsprozess aktiv mitgestalten können, wird gemeinsam mit der Gesellschaft für Ausbildungsforschung und Berufsentwicklung (GAB) an einem Konzept zur Weiterentwicklung digitaler Kompetenzen und lebenslangem Lernen gearbeitet. Hierbei geht es unter anderem darum zu lernen, wie KI und Automation den Arbeitsalltag verändern, welche neuen Aufgaben entstehen oder wegfallen werden. Als weiterer Rahmen wurden Innovationsziele (bspw. ‚Veränderung und neue Konzepte werden gefördert' oder ‚Märkte werden gestaltet') gesetzt, Zuständigkeiten geschaffen und ergänzende Maßnahmen ergriffen: Dazu gehören neue Coaching-Formate für Projekte und Abteilungen oder das Customer Experience Lab, wo wertvolle Erkenntnisse und Ideen für kundenzentrierte neue Produkte oder Dienstleistungen getestet werden.

Im Jahr 2017 wurde neben einem Chief Digital Officer, der die Digitalisierung des klassischen Geschäftsmodells verantwortet, die Konzernfunktion ‚New Business Models' geschaffen, die sich insbesondere auf die Prüfung und Ausarbeitung neuer Geschäftsmodelle und das Arbeiten in Innovationsökosystemen fokussiert. Dabei wird deutlich, dass nicht eine Technik disruptiv ist, sondern viele einzelne Innovationen und das daraus resultierende Geschäftsmodell. Nachfolgend (Abb. 3) werden die wichtigsten Meilensteine der Innovationsreise dargestellt.

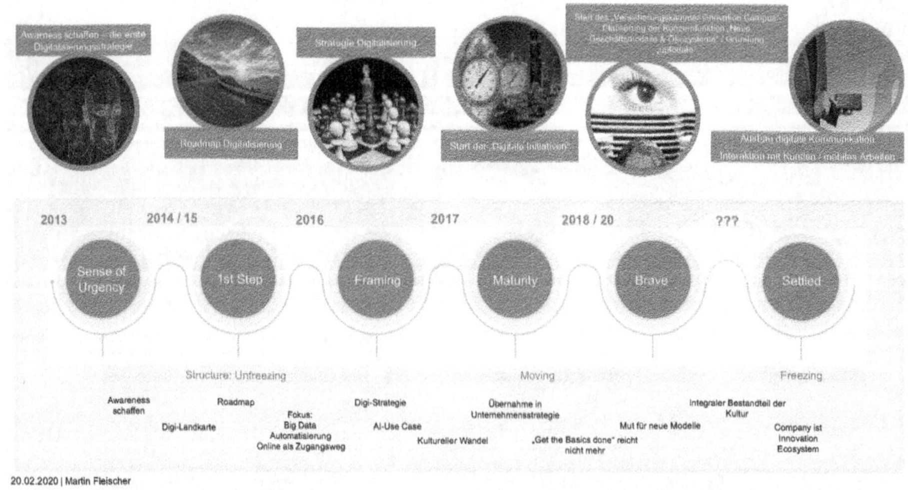

Abb. 3 Transformationsreise des Konzerns Versicherungskammer. Mit freundlicher Genehmigung von © Konzern Versicherungskammer 2020. All Rights Reserved

4 Veränderung in Wertschöpfung, smarten Services und Geschäftsmodell

> „Um auf die veränderten Ansprüche der Kunden eingehen zu können, muss zunächst die bestehende Wertschöpfung digitalisiert werden. Diese Erkenntnis ist in der Versicherungswirtschaft heute weit verbreitet und die meisten Anbieter haben bereits damit begonnen, Digitalisierungsvorhaben umzusetzen, wenn auch mit unterschiedlicher Intensität“ (Braun et al., 2019, S. 76).

In der Versicherungsbranche wurden in den letzten Jahren große Fortschritte vor allem in der Automatisierung der Geschäftsprozesse sowie der IT-Modernisierung erzielt. Laut einer Befragung im Jahr 2018 unter Führungskräften aus Versicherungsgesellschaften im deutschsprachigen Raum, glauben 71 Prozent, dass die Digitalisierung große Auswirkungen auf ihr Unternehmen hat. Die dort genannten Digitalisierungsprojekte widmen sich hauptsächlich der Operational Excellence, der Optimierung der Interaktionskanäle mit der Kundin bzw. dem Kunden, der Erhöhung des digitalen Kundenerlebnisses und einer (voll) integrierten Kundenkommunikation; dabei wird die digitale Transformation vorwiegend innerhalb bestehender Organisationsstrukturen betrieben, was u. a. an regulatorischen Anforderungen liegt (Zillmann, 2018). In allen Teilen der Wertschöpfungskette, ob bei der Produktentwicklung, im Marketing und Vertrieb, im Schadenmanagement oder den unterstützenden Prozessen der Verwaltung werden durch die Nutzung digitaler Möglichkeiten Prozesse vereinfacht und effizienter gemacht.

Im Konzern Versicherungskammer wurden als wesentliche Kernfelder für die Digitalisierung das Omnikanalmanagement und die Automatisierung definiert. Potenziale bestehen aufgrund der Automatisierung von Workflows, Robotics und dem Einsatz von KI. So wird Data Analytics zur Analyse und Auswertung unstrukturierter Datenmengen in Echtzeit über verschiedene Server und Datenbanken eingesetzt. Anwendungsfälle sind beispielsweise Wetter- und Schadenprognosen. In der digitalen Schadensteuerung werden Erfahrungswerte früherer Schadenfälle mit dem konkret vorliegenden Schadenfall kombiniert. Sachbearbeiterinnen und Sachbearbeiter werden beim Zusammentragen aller relevanten Informationen durch Robotics Process Automation oder auch Predictive Analytics unterstützt. Eine Automatisierung der Schadenbearbeitungsprozesse bis hin zur maschinellen Entscheidung über Deckung und Haftung wäre möglich. Die langfristige Perspektive eröffnen smarte Geräte, die autonom Schäden melden und die Regulierung veranlassen, sodass sich die Kundin bzw. der Kunde um nichts mehr kümmern muss (sog. Touchless Claims).

Besonderes Augenmerk verdient das Thema ‚Customer Centricity‘, das sich in innovativen smarten Services – datenbasierte, digitale Dienstleistungsangebote – oder neuen Geschäftsmodellen widerspiegelt. Im Kontext der Digitalisierung gewinnt genau diese „Service Innovation“ an Bedeutung. Sie setzt unmittelbar am Kundennutzen an und schafft neue Wege für die Dienstleistungsarten und -erbringung. Unter dem Stichwort ‚next best offer‘ oder ‚next best customer‘ wird es durch den Einsatz von KI möglich,

Kundinnen und Kunden das Angebot zu machen, das für sie in ihrer Lebenssituation gerade wichtig ist. Serviceinnovation bedeutet die digitalen Möglichkeiten für neue kundenzentrierte Lösungen sowie für eine verbesserte Kundeninteraktion, auch in Echtzeit, einzusetzen. Beispiele sind die S-Versicherungsmanagerin bzw. -manager mit Trackingfunktionen für die Schadensbearbeitung, die Kfz-Walletcard mit allen wesentlichen Versicherungsinformationen oder auch die ‚Rundum-GesundApp' mit verschiedenen Gesundheitsservices und integriertem Rechnungsmanagement (Abb. 4).

Diese radikal „kundenzentrierte Sichtweise" ist die entscheidende Änderung bei der Gestaltung von neuen Angeboten. So geht es vor allem darum, ein tiefes Verständnis für die Bedürfnisse von Kundinnen und Kunden rund um Wohnen und Leben, Sicherheit, Mobilitätsfragen oder Gesundheit zu erlangen und darauf basierend auch neue Geschäftsmodelle zu entwickeln. Dabei ist ein Strategiewechsel vom Schadenzahler zum „Allround-Kümmerer" in den wesentlichen Bedarfsfeldern erkennbar. Das bisher wichtigste Beispiel im Bereich New Business Models ist die Gründung des konzerneigenen Start-ups Uptodate. Damit „bereitet sich die VKB auf den erwarteten Boom beim vernetzten Haus oder Smart Home vor. […] Versicherer sehen hier gute Geschäftsmöglichkeiten, schließlich sehen sie sich als den natürlichen Bewahrer der Sicherheit" (Hagen, 2018). Über das aus dem ursprünglichen Konzept „Ökosystem Living" entstandene neue Geschäftsmodell wird der Wettbewerb um die Kundenschnittstelle neu definiert. Uptodate entwickelt Ideen, bei denen die Bedürfnisse der Kundinnen und Kunden im Mittelpunkt stehen. Themen wie Sicherheit & Notfall sind dabei immer eine wichtige Komponente, aber auch Alter & Pflege, Betreiben von Immobilien, Nachbarschaftshilfe und vieles mehr.

Abb. 5 zeigt die Ausprägung verschiedener Innovationsstrategien in Abhängigkeit der Erfüllung der Kundenbedürfnisse. Die Versicherung bedient grundsätzlich das Bedürfnis Sicherheit. Wie sie durch Digitalisierung ihre eigene Wertschöpfung verändert (1a), ist aus Kundensicht zunächst weniger relevant, da es vor allem um interne Effizienzen geht. Die Volldigitalisierung empfinden Kundinnen und Kunden schon als Verbesserung, da sie

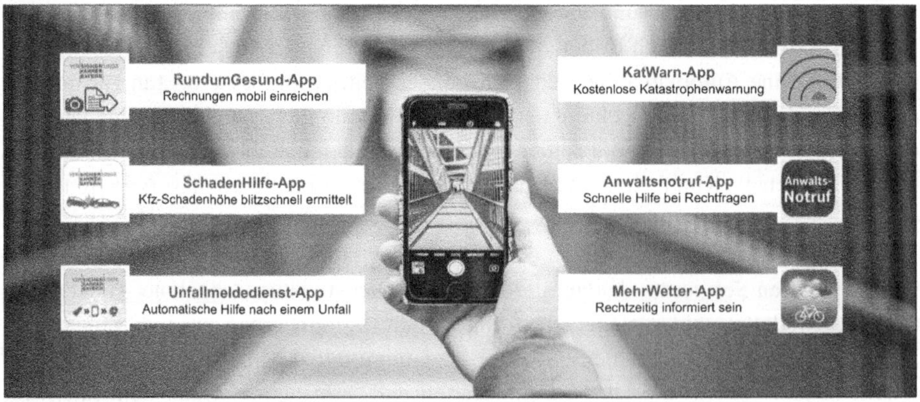

Abb. 4 Beispiele für Kunden-Apps. Mit freundlicher Genehmigung von © Konzern Versicherungskammer 2020. All Rights Reserved

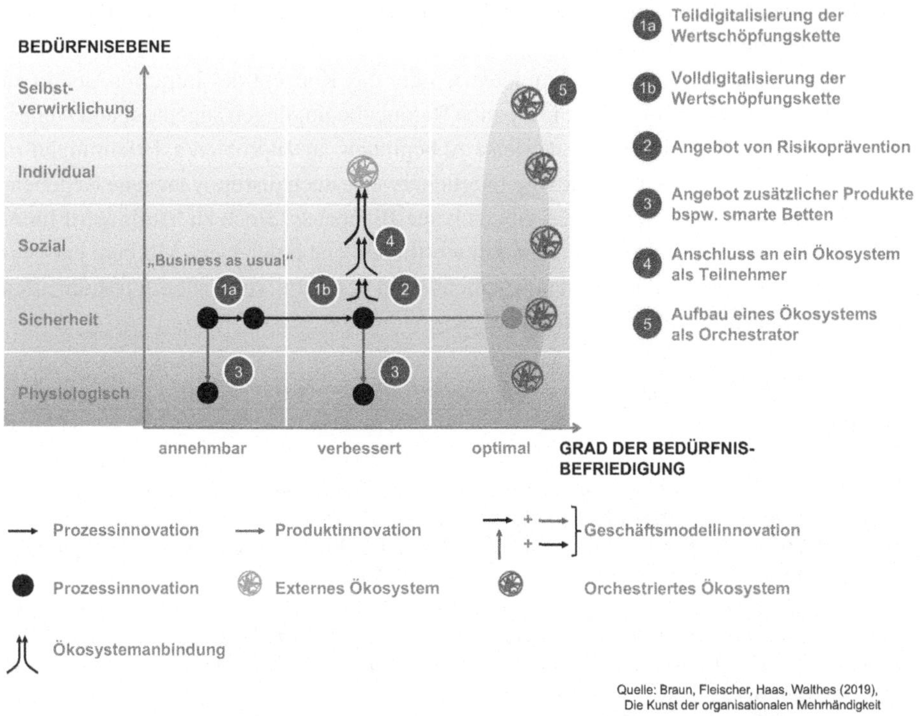

Abb. 5 Innovationsstrategien im Kontext Digitalisierung und Geschäftsmodellinnovation (Braun et al., 2019)

unmittelbar nach der Anfrage bedient werden kann (1b). Darüber hinaus können Versicherer ihre Lösungen in anderen Ökosystemen anbieten (z. B. Elektronikversicherung für das neue Handy), womit sie als Koppelprodukt auch andere Bedürfnisebenen erreichen. Als optimale Bedürfnisbefriedigung durch den Versicherer wird von Kundinnen und Kunden die Risikoprävention (2) oder der Aufbau eines eigenen Ökosystem (z. B. hinsichtlich Smart Home) wahrgenommen (5). Dies sind Geschäftsmodellinnovationen, die über die eingangs formulierte Ausgangsdefinition hinausgehen. Hierfür braucht es Intrapreneure.

5 Fazit: Innovation ist eine Kompetenz, keine Funktion

Die aufgezeigten Beispiele geben nicht nur Einblick in die immensen Potenziale der Versicherungswirtschaft durch die Digitalisierung, sie zeigen auch die Handlungsnotwendigkeit, neue Konzepte rasch aufzunehmen und umzusetzen. Herangezogen werden insbesondere Ansätze aus der (Dienstleistungs-)Innovationsforschung und dem Intrapreneurship. Die gegenseitige Befruchtung auf Seiten von Praxis und Wissenschaft zeigt positive Ergebnisse. Aus Sicht der Wissenschaft geben Innovations- und Branchenexperten wichtige Impulse für aktuelle und drängende Herausforderungen und relevante Forschungsfragen. Aus

Praxissicht bietet angewandte Wissenschaft die Plattform, eigene Themen in einem übergeordneten Kontext zu durchdringen. Allerdings reicht es nicht aus, bestehende Modelle wie hier das der organisationalen Ambidextrie oder das Konzept des Intrapreneurship zu übertragen, sie müssen immer auf die eigenen Rahmenbedingungen angepasst und weiterentwickelt werden. Es gilt, die eigene Reise zu beginnen, auszuprobieren, Erfahrungen zu sammeln, daraus zu lernen und den Weg möglicherweise auch disruptiv an neue Gegebenheiten anzupassen. Für Innovationen gibt es keine Blaupause. Noch zu häufig wird Innovation an eine Abteilung oder an eine verantwortliche Person delegiert. Mit dem entsprechenden Ambitionsniveau des Topmanagements und dem Mut von vielen Intrapreneuren wird Innovation zur Unternehmenskompetenz.

Literatur

Blume, T. (2020). *New taxonomy for corporate open innovation initiatives*. Springer Fachmedien. https://doi.org/10.1007/978-3-658-27349-1.

Braun, A., Walthes, F., Fleischer, M., & Haas, M. (2019). Die Kunst der organisationalen Mehrhändigkeit (September 2019). *Versicherungswirtschaft, 9*, 74–79. Karlsruhe.

Chandler, A. D. (1998). Struktur folgt der Strategie. In C. Kennedy (Hrsg.), *Management Gurus: 40 Vordenker und ihre Ideen* (S. 57–59). Gabler. https://doi.org/10.1007/978-3-322-82771-5_9.

Christensen, C. M. (2013). *The innovator's dilemma: when new technologies cause great firms to fail*. Harvard Business Review Press.

Christensen, C. M., & Raynor, M. E. (2018). *The innovator's solution*. Franz Vahlen GmbH. https://doi.org/10.15358/9783800652167.

Everis & NTT-Data. (2019). InsurTech Outlook 2019. https://www.nttdata.com/global/en/media/press-release/2019/september/ntt-data-and-everis-publish-insurtech-outlook-2019. Zugegriffen am 16.09.2020.

GdV. (2020). Erwerbstätige in der Versicherungswirtschaft. *GdV*. https://www.gdv.de/de/zahlen-und-fakten/versicherungsbereiche/erwerbstaetige-24122. Zugegriffen am 01.09.2020.

Hagen, P. (2018). Versicherungskammer kämpft um den digitalen Kunden (11.5.2018). *Süddeutsche Zeitung*. München. https://www.sueddeutsche.de/wirtschaft/smart-home-versicherungskammer-kaempft-um-den-digitalen-kunden-1.3976537. Zugegriffen am 12.09.2020.

Hax, K. (1964). *Grundlagen des Versicherungswesens*. Gabler. https://doi.org/10.1007/978-3-663-02532-0.

Hilbert, M., & López, P. (2011). The world's technological capacity to store, communicate, and compute information. *Science, 332*(6025), 60–65. https://doi.org/10.1126/science.1200970.

Keller, T., & Weibler, J. (2015). What it takes and costs to be an ambidextrous manager: Linking leadership and cognitive strain to balancing exploration and exploitation. *Journal of Leadership and Organizational Studies, 22*(1), 54–71. https://doi.org/10.1177/1548051814524598.

Kreutzer, R. T., Neugebauer, T., & Pattloch, A. (2017). *Digital business leadership*. Springer Gabler. https://doi.org/10.1007/978-3-658-11914-0.

Kuckertz, A. (2017). *Management: Corporate entrepreneurship*. Gabler. https://doi.org/10.1007/978-3-658-13066-4.

Lavie, D., Stettner, U., & Tushman, M. L. (2010). Exploration and exploitation within and across organizations. *Academy of Management Annals, 4*(1), 109–155. https://doi.org/10.1080/19416521003691287.

Lumpkin, G. T., & Dess, G. G. (1996). Clarifying the entrepreneurial orientation construct and linking It to performance. *Academy of Management Review, 21*(1), 135–172. Academy of Management. https://doi.org/10.5465/amr.1996.9602161568.

Pinchot, G. (1985). *Intrapreneuring: Why you don't have to leave the corporation to become an entrepreneur* (Erste). Joanna Cotler Books.

Raisch, S., & Birkinshaw, J. (2008). Organizational ambidexterity: Antecedents, outcomes, and moderators. *Journal of Management, 34*(3), 375–409. https://doi.org/10.1177/0149206308316058.

Raisch, S., Birkinshaw, J., Probst, G., & Tushman, M. L. (2009). Organizational ambidexterity: Balancing exploitation and exploration for sustained performance. *Organization Science, 20*(4), 685–695. https://doi.org/10.1287/orsc.1090.0428.

Sayeed, O. B., & Gazdar, M. K. (2003). Intrapreneurship: Assessing and defining attributes of intrapreneurs. *The Journal of Entrepreneurship, 12*(1), 75–89. https://doi.org/10.1177/097135570301200104.

Sharma, P., & Chrisman, S. J. J. (2007). Toward a reconciliation of the definitional issues in the field of corporate entrepreneurship. In A. Cuervo, D. Ribeiro & S. Roig (Hrsg.), *Entrepreneurship* (S. 11–27). Springer. https://doi.org/10.1007/978-3-540-48543-8_4.

Simsek, Z., Heavey, C., Veiga, J. F., & Souder, D. (2009). A typology for aligning organizational ambidexterity's conceptualizations, antecedents and outcomes. *Journal of Management Studies, 46*(5), 864–894.

Tushman, M. L., & O'Reilly, C. A. (1996). Ambidextrous organizations: Managing evolutionary and revolutionary change. *California Management Review, 38*(4), 8–29. https://doi.org/10.2307/41165852.

Walthes, F., Fleischer, M., & Sandner, K. (2019). Die neuen Digitalen Versicherer – Ein Blick hinter die Fassade. *Zeitschrift für Versicherungswesen, 15–16*, 470–474.

Weiblen, T., & Chesbrough, H. W. (2015). Engaging with startups to enhance corporate innovation. *California Management Review, 57*(2), 66–90. https://doi.org/10.1525/cmr.2015.57.2.66.

Zahra, S. A., & Covin, J. G. (1995). Contextual influences on the corporate entrepreneurship-performance relationship: A longitudinal analysis. *Journal of Business Venturing, 10*(1), 43–58. https://doi.org/10.1016/0883-9026(94)00004-E.

Zillmann, M. (Lünendonk). (2018). *Versicherungen in der Zeitfalle*. Mindelheim.

Corporate-Venturing-Praktiken im Intrapreneurship und das Potenzial von Corporate Venture Buildern

Von der Idee zum skalierbaren Business in 7 Schritten

Tobias Gutmann und Bettina Maisch

1 Herausforderungen des unternehmerischen Inkubationsmanagements

Der Aufbau von risikobehaftetem Neugeschäft und disruptiven Innovationen ist vergleichbar mit einer Besteigung eines Berggipfels. Es ist eine Herausforderung, die Geduld, Disziplin, Erfahrung, Übung und Teamarbeit erfordert. Es liegt an der Zielsetzung der Bergsteigerinnen und Bergsteiger wie hoch sie hinauswollen, ob es ein gut erklimmbarer Gipfel oder eine Herausforderung wie der Mount Everest sein soll. Es gilt jedoch: je höher der Aufstieg, desto feindseliger die Umweltbedingungen. Und nicht selten wird ein gut vorbereitetes Unterfangen auch mit erfahrenen Bergsteigerinnen und Bergsteigern abgebrochen, weil die Reserven ausgehen oder die aktuell vorherrschenden Umweltbedingungen ein Weiterkommen unmöglich machen.

Diese Metapher kann für Unternehmen in ihrem Vorhaben, risikobehaftetes Neugeschäft aufzubauen, übernommen werden. Im strategischen Innovationsmanagement wird entschieden, wie hoch die Ziele gesetzt und welche Neugeschäftsfelder adressiert werden sollen. Es wird zudem auch festgelegt, welche Ressourcen bereitgestellt werden und wie riskant das Unterfangen sein darf. Die Personen, die innerhalb etablierter Unternehmen Innovationen umsetzen sollen, benötigen, ähnlich wie die Bergsteigerinnen und Bergsteiger, auch die entsprechenden notwendigen Charaktereigenschaften, Fähigkeiten

T. Gutmann
European Business School, Wiesbaden, Deutschland
E-Mail: tobias.gutmann@ebs.edu

B. Maisch (✉)
Hochschule München und Strascheg Center for Entrepreneurship, München, Deutschland
E-Mail: bettina.maisch@sce.de

R. Kraus et al. (Hrsg.), *Intrapreneurship*,
https://doi.org/10.1007/978-3-662-64102-6_8

und Kompetenzen. Zusätzlich benötigen sie neben der richtigen Ausrüstung auch erfahrene Mentorinnen und Mentoren sowie Sponsoren, die ihnen auf dem Weg zum Erfolg helfen. Unternehmen haben erkannt, dass Innovationen nicht nur Wettbewerbsvorteile ermöglichen (Lengnick-Hall, 1992), sondern auch die Grundlage für einen langfristigen, wirtschaftlichen Erfolg und nachhaltiges Fortbestehen des Unternehmens darstellen (Cefis & Marsili, 2005). Gleichzeitig besteht jedoch die grundlegende Herausforderung für etablierte Unternehmen darin, dass sich diese nicht nur um investitionsintensive und risikobehaftete Neuprodukte kümmern können (Exploration). Ganz im Gegenteil: Etablierte Unternehmen legen meist einen Fokus darauf, ihr bereits existierendes Produkt- und Lösungsportfolio und bestehende Prozesse zu optimieren (Exploitation). Zudem ist die Entwicklung von innovativen Lösungen inhärent mit Herausforderungen und Risiken behaftet. Das Phänomen des Innovationstrichters (Dunphy et al., 1996) zeigt auf, dass es viele Ideen und Erfindungen gibt, jedoch wenige Lösungen umgesetzt werden, und noch weniger davon wirklich am Markt implementiert und nachhaltig erfolgreich werden. Im Kontext der Globalisierung kamen noch zusätzliche Dynamiken hinzu, welche unter dem Akronym VUCA zusammengefasst wurden. VUCA, steht für volatility, uncertainty, complexity, und ambiguity und beschreibt die sich verändernden, unsicheren, komplexen und mehrdeutigen Anforderungen an Unternehmen (Bennett & Lemoine, 2014). Auch die fortschreitende Digitalisierung und die damit einhergehenden veränderten Geschäftsmodelle sind für traditionelle Unternehmen häufig mit großen Herausforderungen verbunden. Besonders in diesem Kontext sehen sich viele Unternehmen einem neuartigen Wettbewerb gegenüber, welcher mit anderen Mechanismen arbeitet als sie selbst und in vielen Fällen sehr viel profitabler ist. Es finden sich vielfältige Beispiele, bei denen jüngere Unternehmen höher bewertet werden als etablierte Marktteilnehmer. So hat ein Unternehmen wie Airbnb nicht nur den Markt für Übernachtungsmöglichkeiten disruptiert, sondern wies in 2014 eine Marktbewertung von 10 Milliarden US-Dollar auf. Ein anderes prominentes Beispiel ist der Fahrdienst Uber, der mit 30 Milliarden US-Dollar im gleichen Jahr bewertet wurde, was zu diesem Zeitpunkt mehr als dem 15-fachen der Einnahmen entsprach (Libert et al., 2014).

Diese Beispiele zeigen, wie lukrativ Innovationen und risikobehaftetes Neugeschäft sein können. Neu gegründete Unternehmen haben nicht nur von Beginn an die Freiheit, eine dynamische Innovationskultur zu etablieren und ein Innovationsteam anforderungsgerecht aufzubauen, sie sind auch nicht gezwungen auf Bestandsgeschäft Rücksicht zu nehmen. Etablierte Unternehmen haben diese Ausgangsbedingungen in der Regel nicht und tun sich mit der erfolgreichen Umsetzung von Innovation schwer. Aufgrund dieser veränderten Markt- und Wettbewerbssituation sind etablierte Unternehmen gezwungen, ihr Innovationsmanagement nicht selten grundlegend zu überdenken und an neue Rahmenbedingungen sowie Dynamiken anzupassen. Es besteht die Notwendigkeit, frühzeitig Innovationspotenziale zu identifizieren und den Prozess von der Ideengenerierung bis zur erfolgreichen Implementierung am Markt bestmöglich zu managen (Barclay, 1992). Anforderungen an das Innovationsmanagement sind, dass diese Prozesse mit minimalem Ressourceneinsatz, Zeitaufwand und Risiko erfolgen müssen. Multinationale Konzerne haben eine Vielzahl von Praktiken der Neugeschäftsentwicklung etabliert. Im Folgenden werden diese verschiedenen Praktiken unter dem Begriff „Corporate Venturing" zusammengefasst.

▶ Narayanan et al. (2009) beschreiben den Begriff Corporate Venturing als die Gesamtheit der organisatorischen Systeme, Prozesse und Praktiken, die sich auf die Gründung von Unternehmen in bestehenden oder neuen Bereichen, Märkten oder Branchen konzentrieren – unter Verwendung interner und externer Mittel.[1]

Im vorliegenden Beitrag werden wir die unterschiedlichen Ansätze des Corporate Venturings vorstellen und auf die Ausprägung „Venture Building" für Unternehmen im Detail eingehen, da dieser Ansatz eine besondere Rolle einnimmt. Wir werden ferner die Rahmenbedingungen für den erfolgreichen Einsatz des so genannten Corporate Venture Buildings beschreiben, ein empfohlenes Vorgehensmodell des Venture Buildings darlegen und den Beitrag mit Handlungsempfehlungen für die Praxis abschließen.

2 Strategien in der organisationalen Ambidextrie

Etablierte Unternehmen verfügen bereits über ein bestehendes Portfolio an Produkten und Lösungen. Ein wichtiger Bereich des strategischen Managements ist es daher, die Potenziale im aktuellen Kerngeschäft bestmöglich auszuschöpfen und zu optimieren (Exploitation). Gleichzeitig sind Unternehmen gezwungen, neue Geschäftsfelder zu erschließen (Exploration), um sich verändernden Kundenanforderungen anzupassen und langfristig konkurrenzfähig zu bleiben (March, 1991; McGrath et al., 2006). Jede Ausrichtung geht mit unterschiedlichen Anforderungen an das Management und der Organisation einher, was zu Spannungen führt. Während sich die Exploitation mit der bestmöglichen Ausnutzung von bestehenden Ressourcen und mit einer kontinuierlichen Verfeinerung und Erweiterung etablierter Kompetenzen, Technologien und Prozessen befasst, so bedarf die Exploration eine hohe Flexibilität in der Organisation, die das Experimentieren mit neuen Alternativen ermöglicht und mit Unsicherheiten und Risiken umgehen kann (March, 1991). Unternehmen, die sowohl Exploration als auch Exploitation gleichzeitig managen können, werden als „ambidextrous" (beidhändige) Organisationen bezeichnet (O'Reilly & Tushman, 2004). Eine visuelle Darlegung der wichtigsten Aspekte der Ambidextrie wird in Abb. 1 dargestellt.

[1] Weitere Definitionen von Corporate Venturing gibt Burgelman (1983), der unter Corporate Venturing die Investition in Möglichkeiten, die für ein Unternehmen neu sind, untergliedert. Markham et al. (2005) dagegen verstehen unter Corporate Venturing einen strategischen Mechanismus zur Gewinnung, Qualifizierung und Monetarisierung von Werten aus Vermögen, das von außen kommt und/oder nicht eindeutig zum bestehenden strategischen Fokus der Organisation passt.

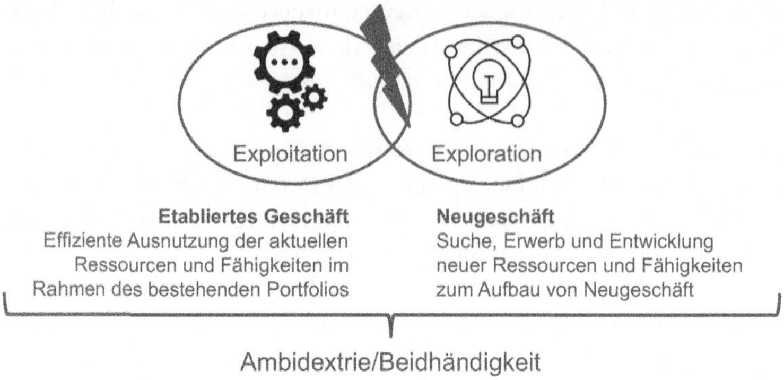

Abb. 1 Herausforderungen der Ambidextrie

Um gleichzeitig die Optimierung des bestehenden Geschäfts und die Entwicklung von Neugeschäft voranzutreiben, bedarf es in den Organisationen einer klaren strategischen Zielsetzung (Biniari et al., 2015), einer Lernorientierung (Williams & Lee, 2009), einer Kompetenzentwicklung (Reimsbach & Hauschild, 2012), der Fähigkeit Wissen von außerhalb des Unternehmens in den Innovationsprozess einzubinden, sowie eigenes Wissen am Markt anzubieten. Die zweckmäßige Nutzung von Wissen innerhalb und außerhalb des Unternehmens zur Optimierung des Innovationsprozesses wird als Open Innovationen (Chesbrough, 2003) verstanden. Es geht explizit darum, mit internen Ressourcen außerhalb der Organisation Mehrwerte zu schaffen (**inside-out**), als auch mit externen Ressourcen die Entwicklung von Neugeschäft zu optimieren (**outside-in**). Eine dritte Innovationflussrichtung ist **„inside-in"** (Gutmann, 2019). Diese Praktik beschreibt, dass Innovationen entsprechend von innerhalb eines Bereichs der Organisation in einen anderen fließen. Hierbei wird häufig die Komplexität moderner Organisationen deutlich, die ein Netz miteinander verbundener interner Einheiten (Abteilungen, Business Units, Sektoren) umfasst. Praktiken im Innovationsflussbereich „inside-in" können Quellen für neue Ideen sowie Koordinationsvehikel sein, die an einer Vielzahl von Aktivitäten zur Suche und Durchführung von Innovationen beteiligt sind.

Forschende sowie Praktikerinnen und Praktiker sind sich einig, dass die effektive Auswahl von Innovationsmethoden bzw. Venturing-Praktiken zunächst von einer kohärenten Unternehmensstrategie abhängt, die flankiert wird mit klaren Zielen und einer gut geeigneten Struktur zur Umsetzung dieser Ziele (Birkinshaw et al., 2002; Markham et al., 2005). Bestehende Typologien und Frameworks zur Beschreibung und Bündelung von Corporate-Venturing-Aktivitäten in der vorhandenen Literatur sind jedoch typischerweise breit gefächert und decken eine Vielzahl verschiedener Praktiken ab, ohne notwendigerweise die Merkmale zu beleuchten, die sie unterscheiden. Gutmann (2019) schlägt eine neuartige, integrative 3×3-Matrix vor, die frühere Schemata in Einklang bringt. Die Praktiken wurden mithilfe einer systematischen Literaturauswertung extrahiert. Aus der Untersuchung von 32 wissenschaftlichen Artikeln aus den Jahren 1995 bis 2017 und der damit

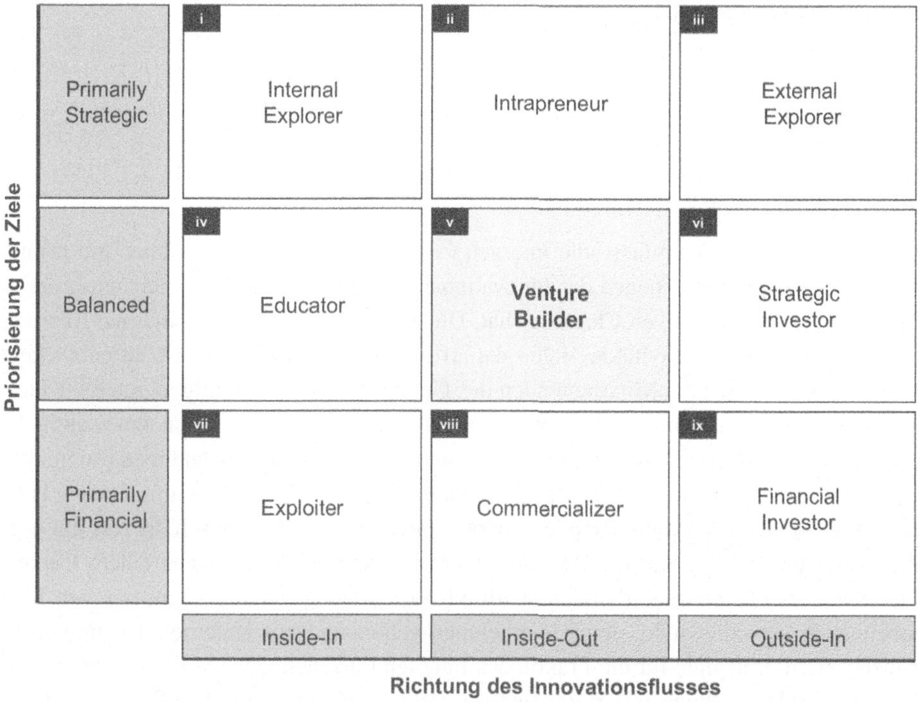

Abb. 2 Vorgeschlagene 3×3-Matrix, basierend auf der Priorisierung der Ziele und der Richtung des Innovationsflusses

einhergehenden Identifikation von insgesamt 120 Corporate-Venturing-Aktivitäten resultierte die aktivitätsbezogene Bündelung in neun Praktiken. Der Rahmen destilliert die wesentlichen Merkmale und Unterschiede zwischen neun Corporate-Venture-Praktiken, indem er sich auf die Priorisierung von Zielen und die Richtung des Innovationsflusses konzentriert. Multinationale Unternehmen mit einer gewissen Größe und einem professionellen Innovationsmanagement setzen häufig mehrere Praktiken gleichzeitig ein, richten diese entlang der Innovationsstrategie aus und stellen sicher, dass die Teams und deren Arbeiten in den jeweiligen Praktiken entsprechend effizient orchestriert werden. Die neun Praktiken im Corporate Venturing laut Gutmann (2019) sind (Abb. 2):

(i) Internal Explorer
(ii) Intrapreneur
(iii) External Explorer
(iv) Educator
(v) Venture Builder
(vi) Strategic Investor
(vii) Exploiter

(viii) Commercializer und
(ix) Financial Investor.

Im Folgenden werden die einzelnen neun Praktiken kurz erläutert und mit Beispielen belegt.[2]

Internal Explorer (i)
Diese Venture-Praktik umfasst alle internen Corporate-Venturing-Aktivitäten mit primär strategischen Zielen, bei denen der Innovationsfluss innerhalb der Unternehmensgrenzen bleibt und eher explorativen Charakter hat. Die unter der Bezeichnung Internal Explorer zusammengefassten Aktivitäten zielen darauf ab, den Unternehmergeist zu entwickeln und zu fördern sowie die Mitarbeitenden des Unternehmens zu ermutigen, interne Unternehmungen zu verfolgen. Auf diese Weise pflegt und erweitert das Unternehmen aktiv die internen Geschäftsmöglichkeiten, in die es strategisch investiert hat, sodass diese mit der Zeit zu Wachstumsquellen für das Unternehmen werden. In diesem Zusammenhang kann die Entwicklung neuer Ventures innerhalb oder außerhalb des Kerngeschäfts verfolgt werden. Die Finanzierung solcher Aktivitäten erfolgt manchmal sogar aus einem Captive Fund, der als ein interner Risikokapitalfonds beschrieben werden kann, der von Mitarbeitenden verwaltet wird, dem Unternehmen gehört und mit Unternehmensmitteln finanziert wird. Beispiele für die Praktik des Internen Forschenden sind interne Ideenwettbewerbe und Hackathons, wie z. B. Mindbox, initiiert von der Deutschen Bahn (Mindbox, 2016), sowie Bootcamps wie das Intrapreneurs Bootcamp der Siemens AG (Engelhardt et al., 2019).

Intrapreneur (ii)
Der Begriff Intrapreneurship wurde 1978 von Gifford Pinchot als Bezeichnung für das Phänomen des internen Unternehmertums bzw. das unternehmerische Handeln in bestehenden, etablierten Organisationsstrukturen geprägt (Pinchot, 1985). Unter der Praktik Intrapreneur werden alle Aktivitäten zusammengefasst, die darauf abzielen, primär strategische Ziele nach einem „inside-out-Innovationsfluss" zu verfolgen. Diese Aktivitäten sind von Natur aus explorationsorientiert, langfristig angelegt und intern. Mitarbeitende eines Unternehmens generieren, entwickeln und kommerzialisieren Ideen innerhalb oder außerhalb des Bereichs des Unternehmens unter Verwendung interner Ressourcen, um Innovationen und Geschäftsmöglichkeiten zu schaffen und zu beschleunigen. Im Allgemeinen werden diese direkt durch operative oder strategische Budgets finanziert. Solche

[2] Die Einordnung der Beispiele ist im Rahmen der wissenschaftlichen Analyse im Zeitraum von 2017 bis 2019 entstanden. Die strategische Ausrichtung von Unternehmensprogrammen kann sich jedoch über den Zeitverlauf nicht selten stark verändern. So kann sich die strategische Zielrichtung im Corporate Venturing ändern und ein Programm, welches zu dem Zeitpunkt der Beitragsveröffentlichung als Intrapreneur zu beschreiben war, sich zu einem Company Builder oder reinem Strategic Investor umstrukturieren.

Intrapreneurship-Angebote können ein feststehendes Programm in Form eines Inkubators, wie der Hubraum (2020), der Technologieinkubator der Telekom oder Akzeleratoren, wie das Airbus BizLab (2020) sein.

External Explorer (iii)

Unter der Praktik External Explorer finden die strategischen Aktivitäten statt, die außerhalb der Grenzen des Unternehmens entstehen, bei welchen Innovation von außen nach innen fließt (outside-in). External Explorer umfassen alle Aktivitäten, die dazu beitragen, die Zusammenarbeit zwischen dem eigenen Unternehmen und externen Partnern zu managen, Technologien, Produkte und Geschäftsmodelle außerhalb des Unternehmens zugänglich zu machen und strategisch mit dem Unternehmen zu verknüpfen. Durch die Integration von externen Expertisen und Ressourcen sollen Entwicklungsprozesse beschleunigt und kostengünstiger gestaltet werden sowie in manchen Fällen überhaupt erst möglich gemacht werden. Das Öffnen der Innovationsprozesse erlaubt den Unternehmen nicht nur auf die eigenen Fähigkeiten limitiert zu sein, sondern ermöglicht die Zusammenarbeit mit den richtigen Partnern auf der ganzen Welt. Bei externen Partnern kann es sich um Einzelpersonen, Institutionen, Universitäten oder Firmen – etablierte Unternehmen oder junge Start-ups[3] – handeln. Zur Förderung einer solchen Zusammenarbeit finden sich vielfältige Ideen- bzw. Crowdsourcing-Plattformen, wie beispielsweise Innocentive (2020). Einige Unternehmen, wie z. B. BASF (2020a) und Bayer (2020), sehen in diesem Ansatz starke Potenziale, sodass dieser zu einem Kernelement ihrer Innovationsstrategie wurde und sie eigene Kollaborationsplattformen anbieten.

Educator (iv)

In der Praktik Educator bieten eine Vielzahl von Unternehmen spezielle Schulungs- und Ausbildungsprogramme an, die das Ziel verfolgen, kreatives Denken, Innovationsverhalten und kalkulierte Risikobereitschaft der Mitarbeitenden zu fördern. Diese Aus- und Weiterbildungsangebote sollen Mitarbeitende unter anderem befähigen, in anderen Corporate-Venturing-Praktiken zu arbeiten und die dortigen Anforderungen zu meistern. Sie erlernen Prozesse, Werkzeuge und Methoden, die ein unternehmerisches Denken und Handeln optimieren. Teilweise werden vorhandene Ansätze zum Aufbau von Geschäften mit Ausbildungsprogrammen vermischt, was zu Zielkonflikten führen kann. Um ein neues Methodenset nicht nur theoretisch zu erlernen, sondern im Nachgang auch noch gewinnbringend umsetzen zu können, ist eine praktische und anwendungsbezogene Weiterbildung natürlich sinnvoll. Doch sehen sich die Teams teilweise Erfolgserwartungen gegenübergestellt, die sie nur schwer erfüllen können. Ein prominentes Beispiel für ein

[3] Im Kontext der Zusammenarbeit zwischen Unternehmen mit Start-ups prägte der Gründer der BMW Start-up Garage, Gregor Gimmy (2017), den Begriff „Venture Client". Die Idee ist, die Funktion der Risikokundin bzw. des Risikokunden einzunehmen und zu einem viel früheren Zeitpunkt als normalerweise üblich mit einem Start-up zusammenzuarbeiten und es schneller zum Erfolg zu führen.

Schulungs- und Ausbildungsprogramm ist Fastworks von General Electric (2020). General Electric versuchte, ein Modell zu entwerfen, wie man Innovationen möglichst ressourcenarm und beschleunigt in einer großen Organisation umsetzen kann. Das Unternehmen bemühte sich sehr darum, seine Mitarbeitenden systematisch zu schulen, damit sie neue Instrumente und Denkweisen übernehmen können.

Venture Builder (v)

Corporate-Venturing-Aktivitäten mit dem Ziel, gleichzeitig strategische und finanzielle Ziele zu verfolgen, während die Innovation von innerhalb nach außerhalb des Unternehmens fließt (inside-out), werden als Venture Building verstanden. Dies spiegelt den Gedanken der Ausgliederung von Unternehmen und der Beteiligung an Joint Ventures oder gemeinsamen Geschäftsbestrebungen wider. Die Ausgliederung eines Unternehmens und damit die Gründung eines neuen Unternehmens, das eine innerhalb der Unternehmensgrenzen entwickelte Geschäftsidee in ein eigenständiges Unternehmen überführt, ist die häufigste Corporate-Venturing-Aktivität innerhalb dieses Bausteins. Da Innovation in der Regel ihren Ursprung innerhalb der Unternehmensgrenzen hat, werden diese Aktivitäten als intern bezeichnet. Darüber hinaus dienen Aktivitäten dieser Art als explorative Vehikel, um neue Geschäftsmodelle außerhalb der Unternehmensgrenzen zu validieren und auszuführen, meist innerhalb neuer separater Organisationseinheiten. Venture Builder haben den Prozess der Neugeschäftsentwicklung optimiert und die entsprechenden Rahmenbedingungen für eine Erfolgsmaximierung geschaffen. Auf diese Praktik werden wir im nächsten Teil des Beitrags noch im Detail eingehen, da es sich nach unserer Ansicht um ein Best Practice Model für die Entwicklung von Neugeschäft für etablierte Unternehmen handeln kann.

Strategic Investor (vi)

Eine ausgewogene Mischung aus strategischen und finanziellen Zielen sowie Outside-in-Innovation zeichnet den Strategischen Investor aus. Insgesamt stehen diese Aktivitäten im Zusammenhang mit Corporate Venture Capital. Diese explorationsorientierten Aktivitäten werden als strategisches Eigenkapital oder eigenkapitalgebundene Investitionen in junge, privat gehaltene Unternehmen definiert, bei denen der Investor ein Finanzintermediär ist, der in der Regel aktiv beteiligt ist. Während der strategische Investor Zugang zu neuen Geschäftsmodellen, Fähigkeiten, Märkten oder Technologien hat, partizipiert er gleichzeitig am Erfolg des Start-ups, in das er investiert hat. Ein Beispiel ist hier BASF Venture Capital (2020b). Die Corporate Venture Capital Gesellschaft des weltweit tätigen Chemieunternehmens investiert in junge Start-ups, die in den bestehenden Geschäftsfeldern der BASF-Gruppe tätig sind und innovative Lösungen auf den Markt bringen.

Exploiter (vii)

Interne Corporate-Venturing-Aktivitäten, die sich hauptsächlich auf finanzielle Ziele konzentrieren, fallen in die Kategorie Exploiter. In diesem Kontext fließt die Innovation von innen nach innen, und ihr Hauptaugenmerk liegt auf der Nutzung der Unternehmensressourcen zur Optimierung der Bemühungen um die Gründung von Neugeschäft und Innovation. Hierbei bestehen Möglichkeiten, interne Mechanismen zur Verwaltung der Schnittstellen und der Ströme von finanziellen und anderen Ressourcen effizient bereitzustellen, um radikale Innovationen zu entwickeln und zu kommerzialisieren. Ein Beispiel für ein Exploitation-Programm ist Procter & Gambles PG connect + develop (2020). Im Allgemeinen fallen Exploiter-Programme in die Kategorie der Exzellenzprogramme oder Corporate-Venturing-Optimierungsprogramme – bei denen alle Corporate-Venturing-Aktivitäten analysiert, ausgerichtet, gestrafft und neugestaltet werden. Besonders in Krisenzeiten ist dies eine Möglichkeit, eine Bestandsaufnahme aller Corporate-Venturing-Aktivitäten vorzunehmen und ein harmonisiertes Corporate-Venturing-Strategieportfolio zu erstellen. Aus diesem Grund sind Exploiter-Programme nicht selten Kostensenkungs- oder Optimierungsprogramme, die teilweise mithilfe externer Unternehmensberatungen umgesetzt werden.

Commercializer (viii)
Unter Commercializer werden rein finanziell orientierte Corporate-Venturing-Aktivitäten verstanden, bei denen der Innovationsfluss von innen nach außen fließt und Vermögenswerte zu Monetarisierungszielen eingesetzt werden. Durch das Ernten des vorhandenen geistigen Eigentums oder anderer Vermögenswerte können die Barmittel des Unternehmens erhöht werden. Es ist eine Möglichkeit, Vermögenswerte wie Patente, Technologien, und Managementtalente zu nutzen und Lizenzen dafür zu vergeben oder Unternehmen, die nicht in die Unternehmensstrategie passen, auszugliedern. In der Praktik Commercializer finden sich wenige Beispiele, da dies eindeutig mit sehr F&E-intensiven Organisationen verbunden ist. Das Industrieunternehmen Siemens hat die Siemens Technology Accelerator GmbH (2020) gegründet, um die firmeneigenen innovativen Technologien, welche nicht ins Kerngeschäft passen, in erfolgreiche neue, von Siemens getrennte Unternehmen umzuwandeln – entweder durch die Gründung von Start-up-Unternehmen oder durch eine Verkaufs- oder Lizenzvereinbarung.

Financial Investor (ix)
Aktivitäten innerhalb der Kategorie Financial Investor werden als „indirektes externes Venturing", „passive Investitionen", „Private Equity Venturing", „externes finanzielles Venturing" oder „indirekte externe Investitionen" beschrieben. Im Allgemeinen haben diese Aktivitäten einen gemeinsamen Nenner: Indirekte (in verschiedenen seltenen Fällen auch direkte) Beteiligung an externen Corporate-Venturing-Aktivitäten ausschließlich aus finanziellen Gründen durch Anwendung des unabhängigen Venture Capital Modells auf den Unternehmenskontext. In diesem Kontext hat ein Unternehmen mehrere Möglichkeiten: Sie kann zum Limited Partner eines externen Risikokapitalfonds werden, der von Personen verwaltet wird, die keine Mitarbeitende des Unternehmens sind. Darüber hinaus kann sie in einen Risikokapitalfonds investieren, der aus dem Unternehmen selbst stammt und von Mitarbeitenden des Unternehmens verwaltet wird. Andere Optionen sind Syndikate mit unabhängigen Risikokapitalfirmen, die Beauftragung einer Risikokapitalfirma

mit der Verwaltung eines speziellen Fonds, bei dem das Unternehmen der einzige Investor ist, oder die bloße Investition in einen gezielten gepoolten Fonds mit anderen Investoren. Ein Beispiel ist SAPs Sapphire Ventures (2020), die weltweit in Risikokapitalfonds investieren.

3 Venture Builder – Neugeschäft am laufenden Band

Nachdem die neun verschiedenen Corporate-Venturing-Praktiken nach Gutmann (2019) beschrieben wurden, wird im Folgenden ein Fokus auf den Venture Builder (v) im Unternehmenskontext gelegt. Der Fokus auf diese Praktik bietet interessante Einblicke in den systematischen Aufbau von Neugeschäft mit einem Schwerpunkt auf Effizienz und Skalierung unter Verwendung standardisierter Prozesse und gemeinsamer Ressourcen. Es gilt für etablierte Unternehmen einen Rahmen zu schaffen, der es ihnen erlaubt, risikobehaftete Neuentwicklungen mit einer höheren Erfolgswahrscheinlichkeit auf den Markt zu bringen. William B. Gartner (1985) entwickelte ein konzeptionelles Framework, welches die sich gegenseitig beeinflussenden, wichtigsten Dimensionen der Neugeschäftsentwicklung visualisiert und beschreibt. Diese sind im Einzelnen

(i) die Charakteristika des individuellen Innovators bzw. des Teams,
(ii) die Organisationsstruktur, in welcher das Neugeschäft aufgebaut wird,
(iii) die Prozesse, durch die dies geschieht, sowie
(iv) die Umgebung, in welcher das Neugeschäft gegründet wird (Abb. 3).

Eine Form, die alle vier Dimensionen zum Aufbau von risikobehaftetem Neugeschäft bestmöglich orchestriert, ist die des Venture Builders. Diese Praktik wurde bereits kurz eingeführt, wird jedoch im Folgenden detaillierter dargestellt. Für die Organisationsform Venture Builder lassen sich in der Praxis verschiedene Synonyme finden, wie beispiels-

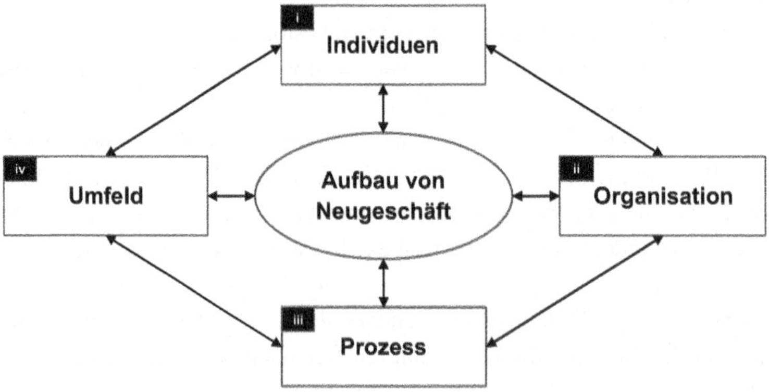

Abb. 3 Framework zur Beschreibung des Aufbaus neuer Unternehmen (Gartner, 1985)

weise Start-up-Studio (Bliemel et al., 2013), Start-up-Fabrik (Köhler & Baumann, 2015), Venture Production Studio, oder Company Builder. Köhler und Baumann (2015) beschreiben diese als eine neuere Art von Unternehmensinkubatoren, die neue Unternehmen in fabrikähnlicher Weise gründen, d. h. mit dem Schwerpunkt auf Effizienz und Skalierung sowie unter Verwendung standardisierter Prozesse und gemeinsamer Ressourcen. Venture Builder versuchen das Gründungsrisiko zu verringern, indem sie einem strengen Gründungsprozess folgen und diverse Anreize (wie zum Beispiel erheblichen Eigenkapitalbeteiligungen der Gründerinnen und Gründer) nutzen (Köhler & Baumann, 2015). Venture Builder verfolgen eine ausgewogene Zielsetzung und einen Inside-Out-Innovationsfluss. Sie verfolgen strategische und finanzielle Ziele, während die Innovation von innerhalb des Unternehmens nach außen fließt. Der Name „Venture Builder" spiegelt den Gedanken der Ausgliederung von Unternehmen (Sharma & Chrisman, 1999), der Beteiligung an Joint Ventures oder gemeinsamen Geschäftsvorhaben (Markham et al., 2005) und der Unterstützung des Kunden-, Lieferanten- und komplementären Geschäftsnetzwerks eines Unternehmens wider (Campbell et al., 2003; Weiblen & Chesbrough, 2015). Köhler und Baumann (2015) untersuchten in einer Fallstudie den renommierten Venture Builder Rocket Internet (2020) und stellten fest, dass sich Venture Builder in Bezug auf Eigentumsverhältnisse, Entscheidungsfindung, Anreize und Zusammenarbeit bemerkenswert von traditionellen Inkubatoren zu unterscheiden scheinen. Venture Builder halten eine wesentlich höhere Kapitalbeteiligung und üben dadurch mehr Einfluss auf die Entscheidungsfindung aus. In einigen Fällen übernehmen Spezialisten des Venture Builders sogar die gesamte Entwicklung des Neugeschäfts. Darüber hinaus gewähren Venture Builder wesentlich weniger Beteiligung bzw. Eigenkapital, zahlen den Gründerinnen und Gründern jedoch im Gegenzug regemäßige Gehälter aus. Schließlich arbeiten Venture Builder langfristig mit ihren Ausgründungen (Start-ups) zusammen und unterscheiden sich damit von dem zeitlich begrenzten Inkubatormodell (Köhler & Baumann, 2015). Darüber hinaus zeigen nicht-akademische Studien, dass Venture Builder meist mehrere Start-ups parallel entwickeln und dabei wiederverwendbare Infrastruktur und disziplinübergreifende Teams nutzen (Mocker & Murphy, 2014). Es handelt sich also im Wesentlichen um Organisationen, die Neugeschäft mit internen Ressourcen nach einem klar definierten Blaupausenprozess aufbauen (Diallo, 2015; Rathgeber et al., 2017). Die Ausgliederung eines Unternehmens und damit die Gründung eines neuen Unternehmens, welches eine innerhalb der Unternehmensgrenzen entwickelte Geschäftsidee in eine eigenständige Firma überführt (Narayanan et al., 2009), ist die häufigste Corporate-Venturing-Aktivität innerhalb von traditionellen Venture Builder. Darüber hinaus dienen Aktivitäten dieser Art als explorative Vehikel zur Validierung und Durchführung neuer Geschäftsmodelle auch außerhalb der Unternehmensgrenzen, meist innerhalb neuer, separater eigener Organisationseinheiten oder mit Hilfe eines Dienstleisters.

Da die Praktik des Venture Builders eine Professionalisierung und Optimierung des Inkubationsprozesses darstellt, weist sie besondere Potenziale für die Umsetzung von Neugeschäft für etablierte Unternehmen auf. Dieses haben einige Unternehmen erkannt und eigene Corporate Venture Builder aufgebaut.

▶ Ein Venture Builder ist eine Organisation, deren Aufgabe es ist, mithilfe eines professionalisierten, repetitiven Gründungsprozesses eigenständige Unternehmen zu gründen, die meist auf intern erarbeiteten Gründungsideen basieren und an denen der Venture Builder selbst einen beträchtlichen Anteil an Eigenkapital hält.

Da nicht immer eine neue Firma gegründet wird, finden Gründungsideen, welche in einem Venture Builder umgesetzt werden, auch ein Zuhause im Rahmen einer Produktorganisation, einer neuen Abteilung oder einer neuen Geschäftseinheit innerhalb des Unternehmens. Die Viessmann Gruppe, als ein internationaler Heiztechnikhersteller und eines der größten Unternehmen im deutschen Mittelstand, hat beispielsweise einen solchen Corporate Venture Builder aufgebaut. Zur Diversifizierung und zur Erschließung neuer Geschäftschancen hat sie WATTx (2020) gegründet, die Neugeschäft auf der Grundlage eines systematischen Prozesses auf den Weg bringt (Rathgeber et al., 2017). Im Rahmen der digitalen Transformationsstrategie schließt die Viessmann Gruppe ihre Portfoliolücken in digitalen Märkten, die durch einen hohen Grad an technologischem Wandel gekennzeichnet sind. Innerhalb von WATTx entstehen nicht nur Produkte oder Dienstleistungen in neuen Technologiefeldern (Deep Tech), sondern sie können diese auch in einer sehr viel höheren Geschwindigkeit als im Unternehmenskern umsetzen (Bergmann, 2017).

Oft haben etablierte Unternehmen nicht die Fähigkeiten aus eigener Kraft effizient Neugeschäft aufzubauen und greifen entsprechend auf Unternehmensberatungen oder Joint Venture Partner zurück, die ihnen dabei helfen. Während der letzten Jahre haben beinahe alle großen Strategieberatungen ein Vehikel aufgebaut oder aufgekauft, welches sie befähigt, Venture Building als Dienstleistung anzubieten. Die Bosten Consulting Group hat BCG Digital Ventures etabliert und beispielsweise zusammen mit Volkswagen die Online-Gebrauchtwagenplattform HeyCar (2020) gegründet. Auch McKinsey hat mit Leap by McKinsey ein solches Angebot geschaffen und beschreibt dies als das „Business-Building-Angebot […] der Unternehmensberatung McKinsey", welches „Klienten [unterstützt], neue Geschäftsideen zu entwickeln, zur Marktreife zu bringen und zu skalieren" (McKinsey Insights, 2020). Die Prüfungs- und Beratungsgesellschaft Ernst & Young hat im Jahr 2017 den Company Builder und Digitalberater Etventure übernommen (WiWo, 2017) und Deloitte kaufte die Berliner Start-up-Schmiede Makers zur beinahe gleichen Zeit (Finance Magazin, 2017).

Weiterhin gibt es Venture Builder, die kein Beratungsgeschäft verfolgen, sondern gemeinsam und unternehmerisch Joint Ventures mit etablierten Unternehmen gründen. Ein bekanntes Beispiel dafür ist das Münchner Unternehmen Mantro, welches sich seit der Gründung im Jahr 2005 von einer klassischen Softwareagentur zu einem internationalen Venture Builder entwickelte. Mantro baut eigene Start-ups und arbeitet mit etablierten Unternehmen zusammen, um maßgeschneiderte Firmen und strategische Beteiligungen für den digitalen Wandel zu schaffen. Erfolgreiche Neuentwicklungen mit Unternehmenspartnern sind z. B. die industrielle Weiterbildungsplattform IND.ACADEMY (mit Phoenix Contact) oder das Gebäudeautomatisierungssystem Raumgold (mit EnBW).

4 Systematischer Inkubationsprozess von Corporate Venture Buildern

Neben der Vielfalt an Möglichkeiten, Corporate Venturing zu managen ist eine der entscheidenden Fragestellungen, wie die Entwicklung von Innovationen und risikobehaftetem Neugeschäft operativ-prozessual durchgeführt werden kann (McMullen & Shepherd, 2006). Während die Entrepreneurshipforschung bereits erhebliche Fortschritte bei dem Verständnis des unternehmerischen Denkens (Keh et al., 2002; Gruber et al., 2013) und Handelns (Foss et al., 2007) gemacht hat, ist das Verständnis der Entwicklung von Neugeschäft aus einer Prozessperspektive noch recht begrenzt (Shepherd & Patzelt, 2017).

Im klassischen unternehmerischen Entwicklungsprozess ist der Stage-Gate-Prozess bekannt (Cooper et al., 2002), der in seinen modernisierten Ausführungen kein wasserfallartiges Vorgehen mehr verfolgt, sondern mit iterativen Schleifen den Anforderungen einer agilen Entwicklungsumgebung gerecht wird. Blank (2013) hat einen zweistufigen Kundenentwicklungsprozess konzeptualisiert:

(i) die Suche nach einem Geschäftsmodell, das auf einem grundlegenden Kundenverständnis beruht, und
(ii) die Umsetzung des Geschäftsmodells.

Darauf aufbauend hat Eric Ries (2011) einen iterativen 3-stufigen Prozess für die Entwicklung von Start-ups entwickelt, die noch auf der Suche nach einem skalierbaren Geschäftsmodell sind und viele ihrer kritischen Erfolgsfaktoren überprüfen müssen. Die drei Phasen des Prozesses, der auch als Lean Start-up bekannt ist, sind als

(i) Build (Entwicklung von Prototypen),
(ii) Measure (Testen) und
(iii) Learn (Erkenntnisse aus dem Testing extrahieren)

beschrieben. Dieses Vorgehen ist gekennzeichnet durch frühe Prototypen und systematisches Kundenfeedback, gefolgt von iterativen Produkt- und Geschäftsentwicklungszyklen, die es Neugründungen ermöglichen, in kurzer Zeit ein tragfähiges Produkt und Geschäftsmodell zu entwickeln. Doch noch sind die derzeitigen Theorien über den Prozess der Unternehmensgründung begrenzt. Shepherd und Patzelt (2017) fordern daher ein besseres Verständnis der frühen Phasen des unternehmerischen Prozesses und drängen Wissenschaftlerinnen und Wissenschaftler dazu, die zahlreichen Aktivitäten des unternehmerischen Handelns zu untersuchen.

Rathgeber et al. (2017) legen ein Best Practice Vorgehen für den Entwicklungsprozess für Innovationen dar, welches sie auf Basis einer qualitativen Studie mit neun Venture Builder ermittelt haben. Wir bauen auf dieser Blaupause auf (Abb. 4), und beschreiben in diesem Beitrag die sieben Schritte, die als Vorgehensmodell für Corporate Venture Building dienen können:

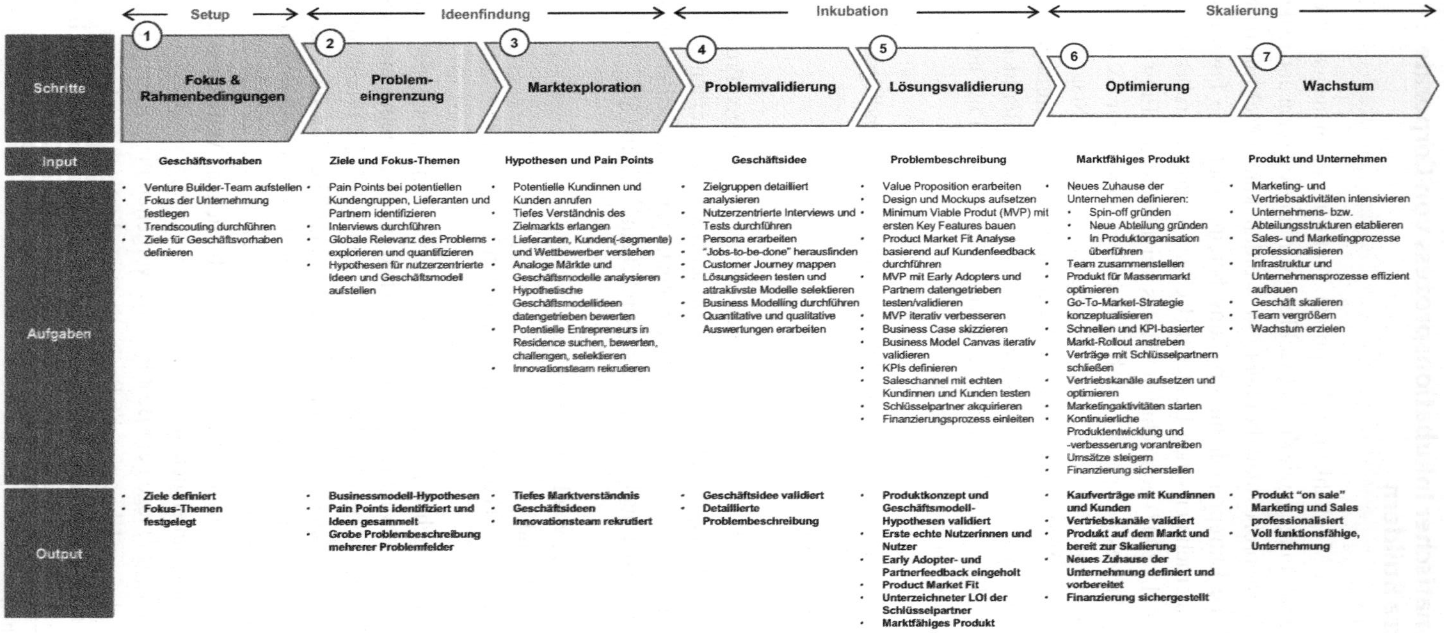

Abb. 4 Aggregierter Inkubationsprozess als Best Practice für die unternehmerische Risikokreation – angelehnt an Rathgeber et al. (2017)

(i) Fokus und Rahmenbedingungen
(ii) Problemeingrenzung
(iii) Marktexploration
(iv) Problemvalidierung
(v) Lösungsvalidierung
(vi) Optimierung
(vii) Wachstum.

Im Folgenden werden die einzelnen Prozessschritte detailliert dargelegt.

Fokus und Rahmenbedingungen (i)
Zu Beginn des Prozesses muss das notwendige Setup für die Entwicklung von Neugeschäft erstellt werden. Für die Projektbearbeitung bedarf es eines Teams, welches Erfahrungen mit einer erfolgreichen Umsetzung von Neugeschäft aufweist und die Anforderungen des Geschäftsvorhabens bestmöglich adressieren kann. Zuerst muss jedes Geschäftsvorhaben an den Fokus des Venture Builders ausgerichtet und die Rahmenbedingungen für das Gründungsvorhaben abgesteckt werden. Dabei werden Markt- und Technologietrends analysiert, die Opportunitäten darstellen können und Ziele erarbeitet, die das Anspruchsniveau des Geschäftsvorhabens definieren. Erfolgreiche Venture Builder aus der Praxis stechen hervor, da sie einen bestimmten strategischen Fokus für ihre Aktivitäten legen. Beispiele dafür sind die bereits erwähnten WATTx, in der Deep-Tech-Branche, FinLeap (2020) in der Fintech-Branche, oder HeartBeatLabs (2020) im Healthcare- und Medizinbereich.

Problemeingrenzung (ii)
Die zweite und dritte Phase umfasst die Ideenfindung. Nach einem Kick-off werden Problemfelder bei relevanten Stakeholdern wie potenziellen Kundinnen und Kunden, Partnern oder Lieferanten identifiziert. In ersten Gesprächen mit Vertretern aus diesen Bezugsgruppen wird das Problem eingegrenzt und wichtige Kontextinformationen gesammelt werden. Aufbauend auf diesen Informationen werden nutzerzentrierte Geschäftsmodell-Hypothesen entwickelt und Ideen gesammelt, die als neue Geschäftsidee umgesetzt werden könnten.

Bevor die Hypothesen und Problemfelder tiefgreifender analysiert werden, müssen diese durch ein Quality Gate, in welchem die folgenden Bereiche erfolgsversprechend beantwortet werden müssen:

- **Proximity:** Wie nahe ist die Geschäftsidee an der Strategie des Venture Builders?
- **Feasibility:** Ist die Geschäftsidee im Venture Builder umsetzbar (bzgl. Technologie, Ressourcen, Know-How, Marktzugang)?
- **Significance:** Löst die Geschäftsidee signifikante Kundenprobleme, die bisher ungelöst sind?
- **Potenzial:** Ist der adressierte Markt groß genug, um ein neues Unternehmen dafür zu gründen?

Marktexploration (iii)

Nachdem die Hypothesen und Problembereiche das Quality Gate durchlaufen haben, folgt die Phase der Marktexploration. Das Venture Builder Team entwickelt mittels Computerrecherche sowie durch Feldforschung ein tiefes Verständnis des Marktes, seiner Stakeholder (z. B. Kundinnen und Kunden, Lieferanten, Wettbewerber) sowie der angrenzenden Märkte. Es werden Benchmarkings durchgeführt, um einen Überblick der Positionierung der vorhandenen Wettbewerber zu erhalten und sich über deren Geschäftsmodelle eingehend zu informieren. Auf Basis der gewonnenen Erkenntnisse werden erste Lösungsideen modelliert und bewertet. Für die vielversprechendsten Lösungsansätze werden Hypothesen für die kritischen Erfolgsfaktoren abgeleitet. Darüber hinaus wird in dieser Phase das Gründerteam zusammengestellt.

Problemvalidierung (iv)

Im vierten Schritt findet der Übergang von der Ideenfindungsphase in die Inkubationsphase statt. Hier wird die der entwickelten Geschäftsidee zugrunde liegenden Problemstellung validiert und detailliert beschrieben. Dies erfordert eine umfassende qualitative wie auch quantitative Analyse der Zielgruppen. Es muss überprüft werden, ob das Problem für eine Zielgruppe real und relevant ist, sowie ob sich im Problemkontext ein finanziell attraktiver und adressierbarer Markt befindet.

Lösungsvalidierung (v)

Danach wird eine geeignete Lösung validiert. Sowohl die Hypothesen zum Produktkonzept als auch zum Geschäftsmodell müssen in Verbindung mit überzeugenden ersten Anwendenden und der Einholung von Feedback von potenziellen Kundinnen und Kunden validiert werden. Nach dieser Phase muss der Produkt-Markt-Fit erreicht werden, und es sollte ein marktreifes Produkt zur Verfügung stehen. Problem- und Lösungsvalidierung werden in einem iterativen Prozess erarbeitet, der Schritt für Schritt mit einem datengetriebenen Lean-Start-up-Zyklus nach Ries (2011) erarbeitet wird.

Optimierung (vi)

Nachdem das marktreife Produkt entwickelt ist, wird es optimiert und ein neues, unabhängiges Unternehmen gegründet. Darüber hinaus werden die Finanzierung gesichert, Verträge mit Kundinnen und Kunden abgeschlossen und Vertriebskanäle validiert, sodass die Skalierung beginnen kann.

Wachstum (vii)

Während der Wachstumsphase ist es das Ziel, ein voll funktionsfähiges und unabhängiges Unternehmen aufzubauen. Dazu werden Strukturen und Prozesse aufgebaut, die Teams vergrößert und das Unternehmen skaliert. Ist das Gründerteam rekrutiert, nimmt seine Verantwortung mit der Zeit zu. Der Venture Builder selbst zieht sich nach und nach aus der Entscheidungsfindung und dem Betrieb des Portfoliounternehmens zurück. Eine Zusammenarbeit findet nur bei Bedarf statt, aber dennoch besteht eine kontinuierliche Mentoren- und Coaching-Beziehung. Darüber hinaus wird das Finanzcontrolling von dem Venture Builder selbst durchgeführt. In den meisten Fällen steht der Venture Builder bei den anstehenden Finanzierungsrunden an der Spitze, da er typischerweise einen besseren Zugang zu Investoren hat.

Dieser 7-stufige Prozess des Venture Buildings kann als Blaupause für ein rigoroses Management der prozessualen Gestaltung des effizienten und systematischen Aufbaus von Neugeschäft verwendet werden. Während einige Venture Builder der Studie von Rathgeber et al. (2017) die Bedeutung der Flexibilität hinsichtlich der Einhaltung des Venture Gründungsprozesses betonten, waren sich alle Befragten über die Bedeutung eines etablierten Prozesses einig, der in den oft turbulenten Tagen der Frühphasen-Gründungen als Leitfaden dient. Die grobe Befolgung dieses Best-Practice-Prozesses sollte den Venture Buildern helfen, die Effektivität ihres Outputs zu steigern, und den Unternehmensleitern helfen, neue Innovationsquellen zu erschließen.

5 Fazit und Empfehlungen für die Praxis

In den letzten Jahrzehnten hat die dynamische Natur des Corporate Venturing sowohl Forschende als auch Praktikerinnen und Praktiker immer wieder vor Herausforderungen gestellt. Die Beschreibungen in diesem Sammelbandbeitrag haben in erster Linie Auswirkungen auf das Topmanagement von Unternehmen, die die Unternehmensinnovation steigern wollen. Die aus Analyse und Synthese früherer Studien entstandene 3×3-Matrix (Abb. 2) liefert einen Überblick auf die sehr heterogene Landschaft des Corporate Venturing. Das Framework von Gutmann (2019) hilft dabei, die verschiedenen Corporate-Venturing-Praktiken einzuordnen und ermöglicht einen ganzheitlichen Blick auf das Thema. Wichtig dabei ist, dass jeweils verschiedene Zielsetzungen ausschlaggebend für die Auswahl einer bestimmten Corporate-Venturing-Praktik sind. Weiterhin werden Venturing-Aktivitäten meist in Silos betrieben und es ist die Aufgabe des Topmanagements, die jeweiligen Aktivitäten zu orchestrieren.

Im weiteren Verlauf des Beitrags wurde der Fokus auf das neuartige Venture Builder Model gelegt. In der vertieften Darstellung des Venture Builder Models wird ein Best-Practice-Ansatz für ein holistisches Management von risikobehaftetem Neugeschäft innerhalb von etablierten Unternehmen gegeben. Der aus der Analyse von Praxisbeispielen abgeleitete 7-stufige Prozess des Venture Buildings nach Rathgeber et al. (2017) dient als Blaupause, um erfolgreich von der Idee bis zum skalierbaren Geschäft zu navigieren. Es zeigt sich jedoch auch, dass etablierte Unternehmen bei der Umsetzung von neuen Geschäftsideen nicht zwangsläufig eine neue Firma gründen möchten. Entsprechend ist es wichtig, während des Prozesses die bestmögliche Implementierungs- und Skalierungsumgebung für das Vorhaben zu finden und zu gestalten. Aus diesem Grund wird empfohlen, den „Exit“ der Neugeschäftsentwicklung und die Gestaltung der Rendite entweder (i) außerhalb des Unternehmens zu planen, oder (ii) intern zu gestalten. Entsprechend wird entweder (i) ein Start-up ausgründet (Spin-off), oder (ii) das Vorhaben in die Produktorganisation einer bestehenden Einheit überführt, eine neue Abteilung oder sogar eine neue Geschäftseinheit gegründet.

Auch wenn die Praktik des Corporate Venture Builders ein vielversprechender Rahmen für die Erfolgsmaximierung von Neugeschäft darstellt, sei davon abgeraten dieses bestehende Erfolgsmuster 1:1 kopieren zu wollen. Der 7-stufige Prozess ist kein Kochrezept für Erfolg, sondern bietet lediglich Orientierung im prozessualen Ablauf von der Idee bis zur Skalierung. Mit Blick auf das von Gartner (1985) entwickelte Framework bietet dieser Sammelbandbeitrag nur einen Einblick in die Prozess-Dimension ohne Rücksicht auf die Organisationsstruktur, die beteiligten Individuen, sowie das Umfeld, in welchem die Unternehmung aufgebaut wird. Etablierte Unternehmen neigen dazu, sich auf die beiden Dimensionen *Prozess* und *Organisation* zu fokussieren, da diese mit harten Fakten (Prozessbeschreibungen und Organisationscharts) zu managen sind. Die etwas weicheren Faktoren (*Individuen* und *Umfeld)* werden dabei meist aus den Augen gelassen. Jedoch sind diese von enormer Bedeutung, um erfolgreich Neugeschäft aufzubauen.

In populärwissenschaftlichen Kreisen wird dies oft als Unterschied zwischen Management und Leadership diskutiert, welches auf die bekannte Diskussion von Zaleznik (1977) zurückzuführen ist. Folglich könnte man argumentieren, dass der Fokus auf die härteren Faktoren (Prozess und Organisation) auf Management hinweist, und jener auf die weicheren Faktoren (Individuen und Umfeld) auf Leadership (Abb. 5).

Entsprechend appellieren wir an die Praxis, dass der Aufbau von Neugeschäft sowohl Management als auch Leadership benötigt und geben folgende Tipps für den Aufbau von Neugeschäft in etablierten Unternehmen:

- **Vision:** Ohne eine unternehmerische Zukunftsvision ist jeder Aufbau von Neugeschäft zum Scheitern verurteilt. Eine Vision gibt dem Vorhaben Energie, Zweck und Richtung. Sie hilft dabei kurz- und langfristige Ziele zu definieren und wichtige Entscheidungen zu treffen.
- **Prozess:** Etablierte Unternehmen haben mit dem in diesem Sammelbandbeitrag vorgestellten 7-stufigen Prozess eine Blaupause zur systematischen Entwicklung von Neugeschäft. Sie sollten diese aber vielmehr als Inspiration sehen, anstatt als exakte Anleitung. Der unternehmerische Prozess ist charakterisiert durch kreative Problemlösung und kann nicht kochrezeptartig durch Checklisten ersetzt werden.
- **Organisation:** Zur Organisation gehören natürlich die klaren Strukturen im Unternehmen, jedoch ist die erfolgreiche Einbettung in ein Unternehmensgeflecht auch von vielen weiteren Faktoren gekennzeichnet. An welchem Ort der Venture Builder aufgehangen ist, kann unterschiedlich sein, aber es ist ausschlaggebend, welche Unterstützung er erfährt. Vor allem die langfristige Unterstützung des Topmanagements für das Vorhaben, sowie klare Budgets für mehrere Jahre als auch eine klare Kommunikation (sowohl nach intern als auch extern) im Organisationskontext ist von hoher Bedeutung.
- **Individuen:** Mitarbeitende mit unternehmerischer Denkweise und der Bereitschaft zur Veränderung sind ausschlaggebend für den Erfolg des Neugeschäfts. Die richtigen Er-

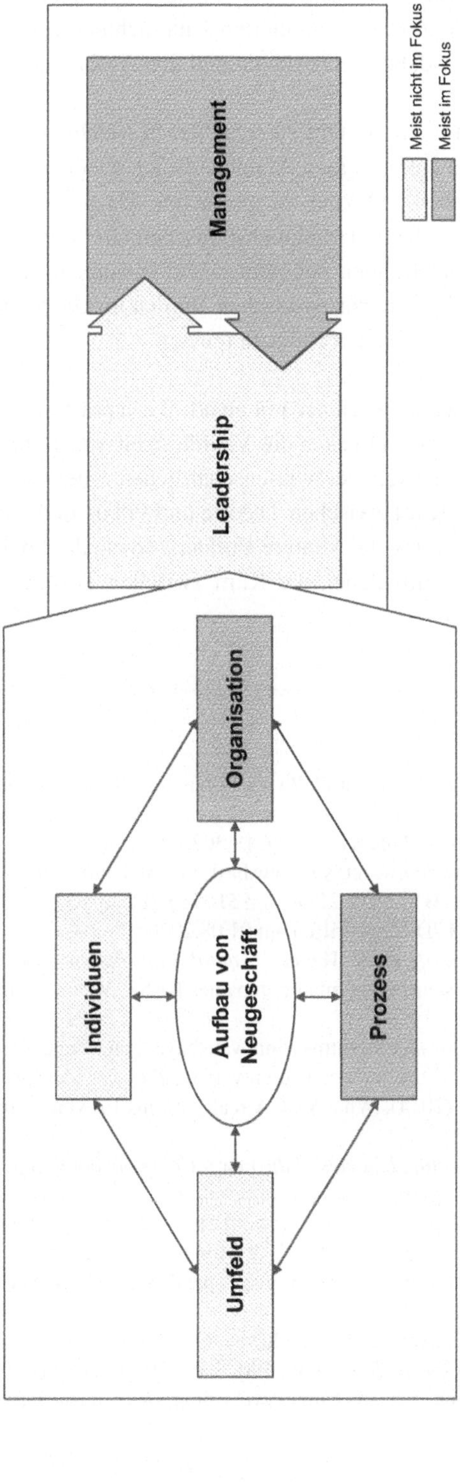

Abb. 5 Management vs. Leadership im Corporate Venture Building (angelehnt an Gartner, 1985)

fahrungen, Kompetenzen, Netzwerke und Fähigkeiten spielen dabei eine wichtige Rolle. Da diese im Kontext von etablierten Unternehmen oft nicht vorhanden sind, können externe Partner dabei unterstützen und den Aufbau des Neugeschäfts vorantreiben.
- **Umfeld:** Es ist wichtig, ein Umfeld zu schaffen, in welchem die einzelnen Personen erfolgreich Innovation vorantreiben können. Dazu gehört freier Raum zur unternehmerischen Entfaltung und zum Ausprobieren. Dazu gehört auch, dass die involvierten Personen aus den unternehmenstypischen Grenzen ausbrechen dürfen, Zugang zu Kundinnen und Kunden bekommen und entsprechend mit der „Außenwelt" interagieren können, ohne die bürokratischen Hürden im Unternehmen zu überwinden und politische Machtkämpfe ausfechten zu müssen.

„Entrepreneurship is neither a science nor an art. It is a practice" (Drucker, 1993, S. 3). Mit diesem Zitat drückt Peter Drucker die Vielfältigkeit von Entrepreneurship und die damit verbundene Schwierigkeit der wissenschaftlichen Untersuchung aus. Außerdem unterstreicht er damit die Kluft zwischen Theorie und Praxis in diesem Feld. Wir hoffen, die 3×3-Matrix, die Vorstellung des Venture Builders, sowie der Fokus auf den 7-stufigen Venture Building Prozess hilft dabei, die Kluft zwischen Theorie und Praxis etwas zu schließen.

Literatur

Airbus BizLab. (2020). *Airbus Bizlab.* https://www.airbus-bizlab.com. Zugegriffen am 01.08.2020.

Barclay, I. (1992). The new product development process: Part 2. Improving the process of new product development. *R&D Management, 24*(4), 307–317.

BASF. (2020a). *Innovate with us!* https://www.basf.com/global/de/who-we-are/innovation/Innovate_with_us.html#%7B%220%22%3A%5B%5B%22q%22%2C%5B%22collaboration%22%5D%5D%5D%7D. Zugegriffen am 01.08.2020.

BASF. (2020b). *Willkommen bei BASF Venture Capital.* https://www.basf.com/global/de/who-we-are/organization/locations/europe/german-companies/BASF_Venture-Capital.html. Zugegriffen am 01.08.2020.

Bayer. (2020). *Collaborate for impact!* https://innovate.bayer.com. Zugegriffen am 01.08.2020.

BCGDV. (2020). *HeyCar.* https://www.bcgdv.com/ventures/hey-car. Zugegriffen am 01.08.2020.

Bennett, N., & Lemoine, J. (2014). What VUCA really means for you. *Harvard Business Review, 92*(1/2), 27–33.

Bergmann, B. (2017). *Connecting legacies to the new – Company building is uniquely positioned to help both startups and corporates succeed in deep tech – If done right.* https://medium.com/@BBergmann/connecting-legacies-to-the-new-5c6171d0b925. Zugegriffen im August 2020.

Biniari, M. G., Simmons, S. A., Monsen, E. W., & Moreno, M. P. (2015). The configuration of corporate venturing logics: An integrated resource dependence and institutional perspective. *Small Business Economics, 45*(2), 351–367.

Birkinshaw, J., van Basten Batenburg, R., & Murray, G. (2002). *Corporate venturing: The state of the art and the prospects for the future* (Bd. 390, S. 64–70). London Business School.

Blank, S. (2013). Why the lean start-up changes everything. *Harvard Business Review, 91*(5), 63–72.

Bliemel, M. J., Flores, R. G., Hamilius, J., & Gomes, H. (2013). *Accelerate Australia far: Exploring the emergence of seed accelerators within the innovation ecosystem down-under.* Australian Centre for Entrepreneurship Research Exchange. UNSW Business School Research Paper Nr. 2014 MGMT 02. SSRN: https://ssrn.com/abstract=2422173.

Burgelman, R. A. (1983). Corporate entrepreneurship and strategic management: Insights from a process study. *Management Science, 29*(12), 1349–1364.

Campbell, A., Birkinshaw, J., Morrison, A., & van Basten Batenburg, R. (2003). The future of corporate venturing. *MIT Sloan Management Review, 45*(1), 30–37.

Cefis, E., & Marsili, O. (2005). A matter of life and death: Innovation and firm survival. *Industrial and Corporate Change, 14*(6), 1167–1192.

Chesbrough, H. (2003). *Open innovation: The new imperative for creating and profiting from technology.* Harvard Business School Press.

Cooper, R. G., Edgett, S. J., & Kleinschmidt, E. J. (2002). Optimizing the stage-gate process: What best-practice companies do. *Research-Technology Management, 45*(5), 21–27.

Diallo, A. (2015). *How ‚venture builders' are changing the startup model.* https://venturebeat.com/2015/01/18/how-venture-builders-are-changing-the-startup-model/. Zugegriffen am 01.08.2020.

Drucker, P. F. (1993). *Innovation and entrepreneurship. Practice and principles.* Harper Business (Business & Economics/Management).

Dunphy, S. M., Herbig, P. R., & Howes, M. E. (1996). The innovation funnel. *Technological Forecasting and Social Change, 53*(3), 279–292.

Engelhardt, L., Mayer, S., Krois, C., & Maisch, B. (2019). Siemens intrapreneurs bootcamp: Purpose-driven innovation to unleash people's potential for impact-based business. In T. Wunder (Hrsg.), *Rethinking strategic management* (S. 295–312). Springer.

Finance Magazin. (2017). *Deloitte kauft Berliner Start-up-Schmiede Makers.* https://www.finance-magazin.de/banking-berater/wirtschaftspruefer/deloitte-kauft-berliner-start-up-schmiede-makers-2001461/. Zugegriffen am 01.08.2020.

Finleap. (2020). *Finleap.* https://www.finleap.com/. Zugegriffen am 01.08.2020.

Foss, K., Foss, N. J., Klein, P. G., & Klein, S. K. (2007). The entrepreneurial organization of heterogeneous capital. *Journal of Management Studies, 44*(7), 1165–1186.

Gartner, W. B. (1985). A conceptual framework for describing the phenomenon of new venture creation. *The Academy of Management Review, 10*(3), 696–706.

General Electric. (2020). *Fastworks.* https://www.ge.com/news/reports/tag/fastworks. Zugegriffen am 01.08.2020.

Gimmy, G., Kanbach, D., Stubner, S., Konig, A., & Enders, A. (2017). What BMW's corporate VC offers that regular investors can't. *Harvard business review,* 2–6.

Gruber, M., MacMillan, I. C., & Thompson, J. D. (2013). Escaping the prior knowledge corridor: What shapes the number and variety of market opportunities identified before market entry of technology start-ups? *Organization Science, 24*(1), 280–300.

Gutmann, T. (2019). Harmonizing corporate venturing modes: An integrative review and research agenda. *Management Review Quarterly, 69*(2), 121–157.

Heartbeat Labs. (2020). *Heartbeat labs.* https://www.heartbeatlabs.com/. Zugegriffen am 01.08.2020.

Hubraum. (2020). *Hub:raum – Tech Inkubator der Telekom.* https://www.hubraum.com. Zugegriffen am 01.08.2020.

Innocentive. (2020). *Innocentive.* https://www.innocentive.com. Zugegriffen am 01.08.2020.

Keh, H. T., Der Foo, M., & Lim, B. C. (2002). Opportunity evaluation under risky conditions: The cognitive processes of entrepreneurs. *Entrepreneurship Theory and Practice, 27*(2), 125–148.

Köhler, R., & Baumann, O. (2015). *Organizing a venture factory. Company builder incubators and the case of rocket internet.* Verfügbar unter SSRN 2700098.

Lengnick-Hall, C. A. (1992). Innovation and competitive advantage: What we know and what we need to learn. *Journal of Management, 18*(2), 399–429.

Libert, B., Wind, Y., & Fenley, M. (2014). What Airbnb, Uber, and Alibaba have in common. *Harvard Business Review, 11*(1), 1–9.

March, J. G. (1991). Exploration and exploitation in organizational learning. *Organization Science, 2*(1), 71–87.

Markham, S. K., Gentry, S. T., Hume, D., Ramachandran, R., & Kingon, A. I. (2005). Strategies and tactics for external corporate venturing. *Research-Technology Management, 48*(2), 49–59.

McGrath, R. G., Keil, T., & Tukiainen, T. (2006). Extracting value from corporate venturing. *MIT Sloan Management Review, 48*(1), 50–56.

McKinsey Insights. (2020). *McKinsey Digital Transformation mit Technologie und Kompetenz.* https://www.mckinsey.de/funktionen/mckinsey-digital. Zugegriffen am 01.08.2020.

McMullen, J. S., & Shepherd, D. A. (2006). Entrepreneurial action and the role of uncertainty in the theory of the entrepreneur. *Academy of Management Review, 31*(1), 132–152.

Mindbox. (2016). *5. DB Hackathon: Der interne Hackathon, 9. & 10. September 2016.* https://dbmindbox.com/de/db-opendata-hackathons/hackathons/hackathon-5-der-interne-hackathon/. Zugegriffen am 01.08.2020.

Mocker, V., & Murphy, S. (2014). *Startup Studios – A better model to build startups?* https://www.nesta.org.uk/blog/startup-studios-a-better-model-to-build-startups-1/. Zugegriffen am 01.08.2020.

Narayanan, V. K., Yang, Y., & Zahra, S. A. (2009). Corporate venturing and value creation: A review and proposed framework. *Research Policy, 38*(1), 58–76.

O'Reilly, C. A., & Tushman, M. L. (2004). The ambidextrous organization. *Harvard Business Review, 82*(4), 74–81.

Pinchot III, G. (1985). *Intrapreneuring: Why you don't have to leave the corporation to become an entrepreneur.* University of Illinois at Urbana-Champaign's Academy for Entrepreneurial Leadership Historical Research Reference in Entrepreneurship.

Procter & Gamble. (2020). P*&G connect + develop – Partnering for mutual value.* pgconnectdevelop.com. Zugegriffen am 01.08.2020.

Rathgeber, P., Gutmann, T., & Levasier, M. (2017). Organizational best practices of company builders – A qualitative study. *Journal for International School of Management, 4*(1), 29–54.

Reimsbach, D., & Hauschild, B. (2012). Corporate venturing: An extended typology. *Journal of Management Control, 23*(1), 71–80.

Ries, E. (2011). *The lean startup: How today's entrepreneurs use continuous innovation to create radically successful businesses.* New York: Crown Business.

Rocket Internet. (2020). *Rocket Internet.* https://www.rocket-internet.com. Zugegriffen am 01.08.2020.

Sapphire Ventures. LLC. (2020). *Sapphire Ventures.* https://sapphireventures.com. Zugegriffen am 01.08.2020.

Sharma, P., & Chrisman, J. J. (1999). Toward a reconciliation of the definitional issues in the field of corporate entrepreneurship. *Entrepreneurship Theory and Practice, 23*(3), 11–27.

Shepherd, D. A., & Patzelt, H. (2017). Researching entrepreneurial failures. In D. A. Shepherd & H. Patzelt (Hrsg.), *Trailblazing in entrepreneurship: Creating new paths for understanding the field* (S. 63–102). Springer International Publishing. https://doi.org/10.1007/978-3-319-48701-4_3.

Siemens Technology Accelerator. (2020). *Siemens Technology Accelerator – Building innovative businesses since 2001.* https://sta.siemens.com. Zugegriffen am 01.08.2020.

WATTx GmbH. (2020). *WATTx.* https://wattx.io/. Zugegriffen am 01.08.2020.

Weiblen, T., & Chesbrough, H. W. (2015). Engaging with startups to enhance corporate innovation. *California Management Review, 57*(2), 66–90.

Williams, C., & Lee, S. H. (2009). Exploring the internal and external venturing of large R&D-intensive firms. *R&D Management, 39*(3), 231–246.

WiWo. (2017). *Etventure: Company Builder wird Teil der EY-Gruppe.* https://gruender.wiwo.de/etventure-company-builder-wird-teil-der-ey-gruppe/. Zugegriffen am 01.08.2020.

Zaleznik, A. (1977). *Managers and leaders. Are they different?* Harvard Business Review Case Services.

Zahra, S. A. (1995). [illegible] *Journal of Business Venturing*, [illegible]

Führungskultur Revisited

Das Zeitalter des Mäzen-Managers: Eine neue Perspektive zur Aktivierung und Pflege von Intrapreneurship

Seda Röder

Um wettbewerbsfähig zu bleiben, benötigen Unternehmen Innovationen. Ein beliebter Weg, der zu Innovationen führt, ist der Zukauf von Start-ups. So wie sich ein Fußballverein neue Spielerinnen und Spieler einkauft, setzen Konzerne auf Innovationen von außen. Doch hierbei gibt es zwei negative Effekte, die man bedenken sollte: 1) wenn die eigene Forschung und Entwicklung gänzlich auf externe Partner ausgelagert wird, wird die Verbreitung des innovativen Denkens im Unternehmen gefährdet, und 2) obwohl auf den ersten Blick vielversprechend, ist die Zusammenarbeit mit Start-ups relativ riskant, da in mehr als 70 Prozent der Fälle, die Integration des Start-ups in das Unternehmen scheitert (Martin, 2016).

Der alternative Weg ist die Förderung von Innovation von innen, in Form von Intrapreneurship. Das vornehmliche Merkmal von Intrapreneurship ist, dass die Mitarbeitenden aus den eigenen Reihen die Gründerrolle übernehmen und somit selbstständig Unternehmen kreieren. Erfolgreich umgesetzt, kann durch Intrapreneurship eine Kontinuität im innovativen Verhalten in der Breite geschaffen werden. Der Bitkom-Präsident Achim Berg plädiert daher, mehr auf die Innovationskraft der eigenen Mitarbeitenden zu setzen, statt die Innovation zu outsourcen:

> „Viele Unternehmen gehen neue Wege auf der Suche nach radikal neuen Geschäftsideen […]. Viele gehen Kooperationen mit Startups ein, investieren in junge Unternehmen oder kaufen sie. Nur eine Minderheit setzt auf die Kreativität der eigenen Mitarbeiter […]. Die Digitalisierung erfordert von allen Unternehmen, ihre bisherigen Geschäftsmodelle auf den Prüfstand zu stellen und neue Ideen zu entwickeln […]. Unternehmen sind gut beraten, ihr wichtigstes Kapital mit einzubeziehen: die eigenen Mitarbeiter“ (Bitkom, 2018).

S. Röder (✉)
The Mindshift®, Salzburg, Österreich
E-Mail: info@themindshift.global

R. Kraus et al. (Hrsg.), *Intrapreneurship*,
https://doi.org/10.1007/978-3-662-64102-6_9

In der Hoffnung, Innovation in die DNA des Unternehmens zu integrieren, haben bereits mehr als 20 Prozent der deutschen Konzerne mit 500+ Mitarbeitenden Intrapreneurship-Initiativen gestartet. Doch trotz dieser Bemühungen, schaffen nur wenige das Potenzial von Intrapreneurship voll auszuschöpfen. Viele Unternehmen stellen zwar Ressourcen wie Geld, Personal, Räume oder technische Geräte zur Verfügung, doch zu einem Erfolg kommt es nur in 17 Prozent der Fälle (Bitkom, 2018). Der wichtigste Grund dafür scheinen der fehlende Rückhalt und die Motivation durch die Führungskräfte zu sein (Press, 2019). Vijay Govindarajan, Professor am Dartmouth College, bestätigt dies. Laut seiner Forschung gibt es in Unternehmen mit 5000+ Mitarbeitenden mindestens 250 sogenannte „geborene Innovatoren“ (*natural innovators*). Mindestens 25 davon kämen auch als Corporate Unternehmer in Frage (Govindarajan & Desai, 2013). Doch viele Mitarbeitende finden nicht genügend Beistand für ihre Ideen bzw. für ein unternehmerisch-kreatives Verhalten und verlassen irgendwann das Unternehmen. Eine repräsentative Studie von Gallup mit über 2,7 Millionen Teilnehmenden in 195 Ländern zeigt, dass über 50 Prozent der vielversprechenden Mitarbeitenden wegen interner Barrieren, politischen Streits und fehlenden Rückhalts durch ihre Vorgesetzten kündigen (Gallup, 2015). Dabei ist genau dieser Rückhalt laut Govindarajan von sehr großer Bedeutung für die Bereitschaft zu Intrapreneurship:

> „Many senior leaders, surprisingly, are actually afraid to promote out-of-the-box thinking for fear of losing their best employees to success and then to competitors; this is a sure sign of failed leadership“ (Govindarajan & Desai, 2013, S. 1).

Leadership, als die Fähigkeit eine Atmosphäre des Vertrauens zu schaffen und die Menschen zu ihrer besten Leistung zu bewegen, spielt im Innovationsprozess eine essenzielle Rolle, da zuerst die individuelle Kreativität der Mitarbeitenden im Denken und Handeln aktiviert werden muss. Denn Innovation ist kein mechanischer, geistloser Prozess, sondern ein kreativ-menschlicher. Hinter jedem innovativen Produkt oder jeder bahnbrechenden Leistung stehen Individuen mit ihrer kreativen Kraft, ihrer Freude an technischer Vollendung und ihrem Drang zur erfolgreichen Umsetzung. Zudem können sie sich eine Zukunft vorstellen, die noch nicht existiert und andere Personen für diese Vision begeistern. In diesem Sinne sind Entrepreneure ein Stück weit wie Künstlerinnen und Künstler, setzen sich eigene Ziele, leisten schöpferische Geistesarbeit, finden Neukombinationen im Bestehenden und leiten so die Veränderung (Schumpeter, 1987).

Die Corporate Entrepreneurs sind also kreative Mitarbeitende, die sich oft auch durch ihre Proaktivität, Risikobereitschaft und kommunikativen Fähigkeiten auszeichnen. Die Bestandteile ihres kreativen Prozesses – Neugier, Ideengenerierung, Begeisterung, Umsetzungswunsch und Resilienz bzw. der optimistische Umgang mit Fehlern – sind, ähnlich wie bei Künstlerinnen und Künstlern, eigenmotiviert. Allerdings ist die Eigenmotivation fragil und wird stark von der geltenden (Arbeitsplatz-)Kultur beeinflusst. Deshalb werden in der Geschäftswelt, wie auch in der Kunstwelt, Mäzene benötigt, die die künstlerische bzw. unternehmerische Kreativität aufbauen. Dieser Sammelbandbeitrag beschäftigt sich mit der Rolle von Führung mit Fokus auf Kreativitätsförderung und empfiehlt den Begriff des *Mäzen-Managers* als Schirmherr von Kreativität, Innovation und Unternehmertum.

1 Eine neue Perspektive: Künstler-Intrapreneur trifft Mäzen-Manager

Der Künstler und Kunstphilosoph Joseph Beuys war überzeugt, dass jeder Mensch ein Künstler bzw. eine Künstlerin ist. Was er damit meinte, war nicht, dass jeder Mensch musizieren oder malen sollte, sondern vielmehr, dass jeder mit seiner bzw. ihrer Kreativität zu einer besseren Gesellschaft beitragen kann. In diesem Sinne sah er die Gesellschaft als demokratisches Kunstwerk und rief jeden dazu auf, an dieser „sozialen Plastik" gestalterisch mitzuwirken (Beuys, 2016). Was Beuys in den 1960er-Jahren als Theorie in den Raum warf, war für die starren Hierarchien der damaligen Zeit noch viel zu fortschrittlich. Doch heute funktionieren viele innovative Firmen genau nach diesem Prinzip. Mit abgeflachten Hierarchien und homogenen Strukturen, geben sie ihren Mitarbeitenden die Möglichkeit die Zukunft des Unternehmens aktiv mitzugestalten. So kann das Unternehmen im übertragenen Sinne zur „Leinwand" werden und die Mitarbeitenden zu Künstlerinnen und Künstlern. Doch genau wie in der Kunstwelt, werden auch im Unternehmen einflussreiche Unterstützerinnen und Unterstützer benötigt, also die „Mäzen-Manager", die als Schirmherren für Kreativität agieren. Wie ihre historischen Vorbilder in der Kunst und Wissenschaft, setzen sich die Mäzen-Manager für Innovation ein, sind offen für Ideen und können mit Ambiguität umgehen. Sie sind motiviert die Veränderung zu führen, geben den unternehmerisch-kreativen Initiativen ihrer Mitarbeitenden eine Bühne und ermöglichen Freiräume – auch für Ideen mit ungewissem Ausgang. Zudem sind sie eng mit ihren „Künstlerinnen und Künstlern" verbunden, begleiten deren Entwicklung, setzen sich mit ihrer politischen Stellung in der Organisation gegen Widerstände durch und steigern somit die Wahrscheinlichkeit, dass die Organisationsmitglieder gründungsorientierte Projekte starten. So wird Intrapreneurship unter der herrschenden Organisationskultur als „erwünscht" wahrgenommen.

Google ist eines der prominentesten Beispiele einer kreativen Organisationskultur mit fanatischem Mäzenatentum. Marissa Mayer, die ehemalige Vice President of Search Product & User Experience und die Mitgestalterin von Googles erfolgreichen *20 % Project,* drückt die Wichtigkeit der organisationalen Unterstützung für kreatives Unternehmertum folgendermaßen aus:

> „[We] gave the engineers the ability to work on whatever they were passionate about. You never know when you are going to create great products. That was why we gave them the opportunity to be creative. That was how Google News and Gmail were born. You have to try a number of different things. Certainly we are in the business of searching and advertising, but basically we are in the business of innovation" (Finkle, 2012, S. 882).

Wie die Kunstmäzene, sind die Mäzen-Manager der innovativen Organisation immer auf der Suche nach neuen Talenten und unternehmerischer Kreativität. Doch im Unterschied zu einer exkludierenden Praxis, wie es häufig in der Kunstwelt gelebt wird, will der Mäzen-Manager die Kreativität demokratisieren. Denn nur wenn sich alle Organisationsmitglieder für Kreativität verantwortlich fühlen, können die innovativen Ansätze in die DNA des Unternehmens integriert werden.

2 The Business of Innovation: Effizienz allein ist zu wenig

Damit das Schaffen von etwas Neuem kontinuierlich gewährleistet bleibt, muss der unternehmerische Schöpfungsprozess auch andauernd auf mehreren Ebenen revitalisiert werden. Doch diesem Prozess der ständigen Revitalisierung wohnt von Natur aus eine Spannung inne zwischen dem Optimieren von bereits Bestehendem – was leider oft im Zusammenhang mit *Operational Excellence* als Selbstzweck missverstanden wird – und dem Innovieren im Sinne einer schöpferischen Zerstörung (*creative destruction*), in der die alten Strukturen von den Besseren verdrängt werden (Schumpeter, 2005).

Managementstrategien, die sich primär auf die Optimierung des operativen Tagesgeschäftes und dem Beliefern des bestehenden Marktes konzentrieren, meinen zwar damit die Kernkompetenzen zu sichern, doch verursachen dabei oft, dass auf Dauer die innovativen Ansätze im Dschungel der Alltagsroutinen auf der Strecke bleiben. Die Optimierungsstrategie führt daher nicht unbedingt zu erfolgreichen Erneuerungen oder der Erschließung neuer Geschäftsfelder. Ganz im Gegenteil, durch die beharrliche Fokussierung auf Optimierung, entsteht eine Blindheit, die sogar das eigene Kerngeschäft sabotieren kann (man denke an das berühmte Kodak Fallbeispiel) (Anthony, 2016).

In einigen, sich eher allmählich verändernden Industrien, wie Immobilien oder Nahrungsmittel mögen Optimierung und Effizienzsteigerung weiterhin als plausible Wachstumsstrategien gelten. Doch für viele andere Industrien sind derartige Strategien nicht mehr zeitgemäß. Für Industrien wie beispielsweise Mobilität, Telekommunikation, IT oder Handel, verändert sich die Landschaft eher rasend schnell als graduell. Laut einem Vergleich von Marc J. Perry vom American Enterprise Institute waren weniger als zwölf Prozent der Fortune 500 Firmen, die im Jahr 1955 gelistet waren, 2017 noch auf dieser Liste zu finden. Die restlichen 88 Prozent mussten in der Zwischenzeit entweder schließen, wurden aufgekauft bzw. gemerged oder haben ihren Platz auf der Liste verloren (Perry, 2017). Laut einer weiteren Corporate-Longevity-Studie, geführt von Innosight, ist anzunehmen, dass 50 Prozent der heutigen S&P 500 Firmen in den nächsten zehn Jahren nicht mehr in ihrer ursprünglichen Form existieren werden (Anthony et al., 2016).

Die empirischen Beobachtungen zeigen also deutlich, dass Managementstrategien, die sich hauptsächlich auf Optimierung und Effizienz fokussieren, der Unvorhersehbarkeit des modernen Marktes nicht gewachsen sind. Um mit dieser neuen Realität zurechtzukommen, müssen sich die Organisationsmitglieder auf allen Ebenen, neue Fähigkeiten aneignen. Laut einer vom World Economic Forum veröffentlichten Studie zum Thema „Future of Jobs“ sind die neuen Top-Drei Fähigkeiten:

1. Komplexes Problemlösen,
2. kritisches Denken und
3. Kreativität (Schwab & Samans, 2016).

Genau diese Kombination von souveränem Umgang mit Komplexität, dem Mut für kritische Fragestellungen und der Kreativität, zeichnet auch erfolgreiche Künstlerinnen und Künstler, Unternehmerinnen und Unternehmer aber auch die visionären Mäzene aus. Da sie durch diese Fähigkeiten in einer komplexen Welt mit Zuversicht navigieren und zu Erneuerung, Perspektivenwechsel und gesellschaftlicher Transformation anregen.

3 Intrapreneurship, New Work und die kreative Selbst-Verwirklichung

Die disruptiven Veränderungen betreffen allerdings nicht nur den Markt, sondern auch die Vorstellung der Arbeit als emotionales Konzept. Immer mehr Menschen sehen ihren Arbeitsplatz als einen Ort, an dem sie sich selbst verwirklichen wollen. Laut einer kürzlich geführten Studie von Adobe, würden sich drei von vier Mitarbeitenden am Arbeitsplatz glücklicher fühlen, wenn sie mehr von ihrem kreativen Potenzial einsetzen dürften (Adobe, 2016). Laut derselben Studie spielt für die jüngeren Arbeitskräfte die unternehmerische Gestaltungsfreiheit eine entscheidende Rolle für die Auswahl des Arbeitgebers. Es ist also anzunehmen, dass wir nun zumindest in den entwickelten Ländern auf der obersten Stufe der *Maslowschen Pyramide* angekommen sind (Maslow, 1943). Das heißt, dass Individuen in einer Welt, in der die Grundbedürfnisse befriedigt werden, nach Selbstverwirklichung suchen. *New Work* bezeichnet eine neue Ära für die Arbeit. In dieser neuen, post-industrialisierten Welt, wollen Individuen nicht mehr nur Befehle ausführen, sondern auch Veränderung aktiv mitgestalten und dadurch ihrem Arbeitsleben einen Sinn verleihen. Laut einer von der Friedrich-Naumann-Stiftung herausgegebenen Studie, können sich 48 Prozent der Jugendlichen in Europa vorstellen, eine eigene Firma zu gründen statt als Angestellte zu arbeiten (Miksch, 2017).

Vor diesem Hintergrund, geben Künstler-Intrapreneure bestehenden Organisationen die Möglichkeit aus ihrem verengten Korsett auszubrechen und ihren Handlungsraum sowie ihre Geschäftsfelder zu diversifizieren. Dabei finden solche Intrapreneure mehr Sinn und Erfüllung in ihrer täglichen Arbeit. Durch diese kreative Transformation können Unternehmen Mitarbeitende mit Potenzial binden und werden fit für die Zukunft. Zudem bleibt durch den Gründergeist aus den eigenen Reihen das Innovationsrisiko minimal, da das Unternehmen seine strategischen Kernkompetenzen nicht grundsätzlich in Frage stellen muss. In der Praxis werden Geschäftsideen der eigenen Mitarbeitenden in Form von Ausgründungen vorangetrieben, wobei das Unternehmen sich als Auftrags- bzw. Kapitalgeber eine Beteiligung sichert. So können Unternehmen auch im nicht angestammten Geschäft erfolgsversprechend experimentieren und das Überleben und ihre Wettbewerbsfähigkeit gewährleisten.

4 Mäzen-Manager leiten die kreative Transformation

Während Intrapreneurship seit langem bei Unternehmen wie Google, Citigroup, Lockheed Martin oder 3M als natürlicher Modus Operandi praktiziert wird, gar manche dieser Unternehmen, wie Citigroup und Google auf den Prinzipien von Intrapreneurship aufgebaut wurden, signalisiert die Umsetzung einer langfristig erfolgreichen Intrapreneurship-Praxis für Traditionsunternehmen gleichzeitig auch den Beginn einer anstrengenden kulturellen Transformation. Diese Unternehmen müssen ihre konservativ-bürokratische Kultur durch eine chancen-fokussierte Kultur substituieren. Um es wie Thornberry auszudrücken:

> „If you can't plan for an unpredictable future, then you have to prepare for it by building an organization that is opportunity focused […] Therefore, it is the large, slow-moving, bureaucratic organization operating in an increasingly turbulent environment that needs to do the most amount of entrepreneurial soul searching. These are the companies that must build themselves to be more opportunity-focused in both mind and body, in both vision and structure" (Thornberry, 2001, S. 530).

Sich auf Chancen zu fokussieren, Möglichkeiten zu erkennen und diese effektiv zu nutzen, sind wichtige Grundvoraussetzungen des Unternehmertums. Um allerdings eine Kultur der Innovation und des unternehmerischen Denkens zu etablieren (bzw. um die Intrapreneurship-Bemühungen zumindest nicht zu sabotieren), müssen Führungskräfte die Kreativität als Must-Have im Businessalltag definieren und als treibende Kraft der Innovation, fördern. Der österreichische Ökonom Joseph A. Schumpeter verglich schon Jahre zuvor die künstlerische und die unternehmerische Kreativität und propagierte die „schöpferische Zerstörung" durch neue Kombinationen als dynamisch-kreative Geistesleistung von Unternehmerinnen und Unternehmern (Schumpeter, 2005). Kreatives Denken in seiner Essenz heißt also in Analogien zu denken, um Dinge miteinander zu verbinden, die an der Oberfläche nichts miteinander zu tun haben (Hofstadter & Sander, 2013). Dies benötigt Zeit und Offenheit, und genau in dieser Kombination liegt auch der Anfang einer auf Chancen fokussierten Denkweise. Deshalb sollten sich Führungskräfte ihrer Schlüsselrolle als Mäzenen kreativer Ideen und Experimente bewusst werden und sich dem Effizienz-Mantra „Time is money" widersetzen (Franklin, 1748). Dazu zählt auch eine ernsthafte Auseinandersetzung mit dem Thema „Kreativität" jenseits von Buzzwords und Mythen.

5 Hatte Beuys Recht?

Kreativität ist der Treiber von Innovation. Sie ist die Fähigkeit, die uns aus unseren Höhlen auf den Mond gebracht hat. Doch der lang anhaltende, romantische Mythos um die Kreativität, geschmückt mit willkürlichen Geistesblitzen, einsamen Genies, eingeborenen Talenten und dem göttlichen Chaos, erschwert die Übertragung einer wahren Kreativitätskultur in den unternehmerischen Kontext. So bleibt sie im unternehmerischen Alltag ein flüchtiges Lippenbekenntnis.

Doch wenn der Mäzen-Manager den Märchennebel um Kreativität durchdringt und sich an der modernen Epigenetik und der neurowissenschaftlichen Kreativitätsforschung orientiert, wird er verstehen, dass die Kreativität vielmehr durch das kulturelle Umfeld und den Ausbau kognitiver Fähigkeiten bestimmt wird, als von „metaphysischen" Kräften oder gar von physiognomischen Faktoren (Powledge, 2011). In ihrem 2016 veröffentlichten Artikel postulierten die Forschenden Chater und Loewenstein, dass das Gehirn eine Kreativitätsmaschine ist und einen natürlichen Drang für Sinngebung hat. Ihrer Meinung nach haben Individuen zwei Meta-Ziele im Leben, die ihr Verhalten genauso stark beeinflussen, wie der Drang nach Hunger, Durst oder Sex (*drive for sense-making*). Erstens, ihr eigenes Leben in einem positiven Licht zu sehen („Valenz") und zweitens, das eigene Leben als sinnstiftend anzusehen (Chater & Loewenstein, 2016).

Demnach ist der Prozess der Sinngebung zwar omnipräsent, uns jedoch nicht immer bewusst. Unser Gehirn sammelt ununterbrochen Informationen aus der Umgebung, simplifiziert diese und versucht ein sinnvolles Abbild der Realität bzw. eine Vorhersage der Zukunft zu konstruieren. Sogar in unseren Träumen sind wir mit der Realitätsbearbeitung beschäftigt („subjektives Erleben") (Schredl, 2014). In diesem Sinne befindet sich unser Gehirn eigentlich in einem Dauerzustand des Sinnmachens und Storytellings, und damit auch in einer kontinuierlichen Kreativitätsbereitschaft bzw. kreativen Aktivität. Außerdem sind wir in der Lage durch mentale und körperliche Übung unsere Gehirnstruktur zu beeinflussen und sogar strukturell zu verändern (Neuroplastizität). Diese beiden Fähigkeiten, also die Neuroplastizität und die Kreativitätsbereitschaft des Gehirns, gehören zur Grundausrüstung jedes menschlichen Körpers und stehen somit allen Menschen als a priori Veranlagung zur Verfügung. Anders ausgedrückt bedeutet dies, dass *alle Menschen* grundsätzlich zu kreativen Leistungen fähig sind bzw. diese auch ausbauen können. Diese Erkenntnis ist v. a. im Unternehmenskontext relevant, da eine Vielzahl an Ideen und Partizipationsmöglichkeiten auch mehr Chancen bedeuten. Nehmen wir ein Beispiel:

IBM

Obwohl IBM das größte Patentportfolio der Welt besitzt, hatte IBM seit den 1990er-Jahren Schwierigkeiten seine Marktposition zu verteidigen, bis es schließlich in den 2000er-Jahren die Position als des größten Technologieunternehmens verlor. IBM steckte in einer tiefen Innovations- und Kulturkrise. Der damalige Chairman Sam Palmisano war überzeugt, dass in einem Unternehmen mit über 340.000 Mitarbeitenden, großes Innovationspotenzial steckt. Also rief er 2006 zu dem größten internen Online Ideation Jam der Welt – unter dem Motto „Every Idea Counts" – auf. Die Mitarbeitenden schienen auf diesen Moment gewartet zu haben: Innerhalb von drei Meetings, die jeweils zwei Tage dauerten, wurden über 46.000 Ideen eingereicht und bearbeitet. Am Ende des Jams kristallisierten sich 31 „Big Ideas" heraus. In zehn dieser Ideen wurden bereits im selben Jahr insgesamt 100 Millionen US-Dollar investiert und entwickelten sich in erfolgreiche Geschäfte für IBM. Für die Führungskräfte bedeutete dies die Übernahme einer neuen Rolle – die Rolle von Mäzenen. Die Managerinnen und Manager waren angehalten, die bestehenden Systeme zu optimieren und mit „offenen Augen und Ohren" auf Entdeckungsreise zu gehen. Sie hörten zu, identifizierten Ideen, förderten Kollaboration, brachten Teams mit potenziellen Kundinnen und Kunden zusammen und ermöglichten Freiräume für Entwicklung:

> Their new role was about identifying and nurturing a good idea as it was built on by the organization (Bjelland & Chapman, 2008, S. 34).

Heute profitiert IBM immer noch von den Initiativen, die im *Innovation Jam* kreiert wurden und sich zu eigenständigen Business Units entwickelt haben, wie bspw. das Electronic Health Record System, Benchless Banking und das Mass Transit Information System. Auch das Arbeitsklima hat sich seitdem verbessert. Laut den aktuellsten Umfrageergebnissen bei Glassdoor, würden über 74 Prozent der Mitarbeitenden IBM als Arbeitgeber weiterempfehlen (Glassdoor, 2020). ◄

Eine Organisationskultur, die darauf basiert, Kreativität von allen Mitarbeitenden zu fordern und zu nutzen, hat nicht nur eine positive Wirkung auf bessere und innovative Produkte und Services, sondern trägt auch zur Zufriedenheit und somit zu einem besseren Klima am Arbeitsplatz bei. In der Arbeit ein Gefühl von Glück zu empfinden, hat wiederum zur Folge, dass die Mitarbeitenden weniger an Burnout oder anderen stressbedingten Krankheiten leiden und Engagement, Ownership, Motivation und Produktivität steigen. Dies könnte laut einer Gallup Studie alleine in Deutschland zu Einsparungen in Höhe von 75 bis 285 Milliarden Euro führen (Nink, 2016). In einer Gesellschaft, die ihr Glück in engem Verhältnis mit Arbeit definiert, hat die berufliche Zufriedenheit auch sozial und privat weitreichende Folgen (der Zusammenhang zwischen beruflichem Wohlbefinden und gesellschaftlichem Wohlstand ist ein weit erforschtes Gebiet) (de Neve & Ward, 2017). Allerdings funktioniert eine Transformation der Arbeitsplatzkultur nur, wenn Führungskräfte Kreativität als essenzielle Fähigkeit fordern und schätzen. Hier stehen den Mäzen-Managern weitere globale Vorbilder als Inspiration zur Verfügung.

6 The Art of Innovation: Mäzen-Manager fördern Künstler-Intrapreneure

Jack Ma, ein ehemaliger Englischlehrer und Gründer der größten chinesischen IT-Firmengruppe namens Alibaba Group, wies bspw. zwischen 2015 und 2019 auf dem World Economic Forum mehrfach darauf hin, dass für die kommenden Generationen eine werte- und kunstorientierte Ausbildung die Überlebenschancen im technologischen Zeitalter ungemein erhöhen wird. Er appellierte 2018 auf demselben Forum an die globale Bildungspolitik und das Bildungspersonal:

> „We cannot teach our kids to compete with machines. Teachers must stop teaching knowledge. We have to teach something unique, so a machine can never catch up with us. [...] That's why I think we should teach our kids sports, music, painting, art. Everything we teach should be different from machines" (World Economic Forum, 2018).

So ähnlich äußerte sich einst auch Rich Gurin, der ehemalige Chef des US-amerikanischen Herstellers von Stiften und Malfarben Binney & Smith (heute Crayola): „business needs what the arts teach" (Gurin, 1998, S. 27).

Beide Geschäftsmänner sehen in der Kunst und dem künstlerischen Arbeiten die menschliche Einzigartigkeit und die Unverwechselbarkeit manifestiert und verlangen nach einer schöpferischen Haltung am Arbeitsplatz. In der Tat wird oft argumentiert, dass die künstlerische Kreativität die einzige menschliche Qualität ist, die in absehbarer Zukunft nicht von Robotern übernommen werden könne (Gray, 2016). Doch nicht nur Künstlerinnen und Künstler, sondern auch erfinderische Unternehmerinnen und Unternehmer arbeiten mit essenziellen Elementen der menschlichen Kommunikation wie Intention, Emotion und Kontext, und wissen, dass Systeme, die nur auf eine perfekte Wiederholung des bereits Bekanntem aufbauen, früher oder später an Relevanz verlieren.

Was hier im Zusammenhang von Kunst und Bildung angesprochen wird, wird durch eine Studie von IBM in den Unternehmenskontext übertragen. Laut dieser globalen Studie mit mehr als 1500 Chief Executive Officers aus 60 Ländern und 33 unterschiedlichen Industrien, ist die Kreativität der entscheidende Faktor für den zukünftigen Erfolg eines jeden Unternehmens (IBM, 2010). Doch nur weniger als die Hälfte der gefragten CEOs gaben an, dass ihre Firmen die Kreativität der eigenen Mitarbeitenden systematisch und wirksam einsetzen. Obwohl also fast alle Verantwortlichen die Wichtigkeit der Kreativität als Innovationstreiber bestätigen, zeigen die empirischen Beobachtungen und die Erfahrungsberichte von Managerinnen und Managern, Mitarbeitenden und Intrapreneuren eher ein Gegenbild. Die Wahrnehmung und die gelebte Realität geraten hier weit auseinander. Demnach bleibt die aktive Förderung des kreativen Unternehmertums im Business-Alltag eher ein „nice-to-have". Stattdessen fokussieren viele Managerinnen und Manager eher standardisierte Methodenkompetenzen wie *Team Building, Design Thinking, Brainstorming und Storytelling* mittels Workshops. Diese schaffen zwar kurzfristig eine Wohlfühl-Atmosphäre, doch rufen gleichzeitig eine unterschwellige Skepsis hervor, da das Erlernte meistens nicht in den gewohnten Arbeitsalltag integrierbar ist. Das wiederum bestätigt die falsche Annahme, dass die Vorteile einer kreativen Organisationskultur nicht messbar wären. Das hat damit zu tun, dass sich die meisten Methoden ausschließlich mit den ersten drei Phasen des kreativen Prozesses befassen: Vorbereitung, Inkubation und Illumination, die zusammen zur Ideengenerierung führen sollen (Wallas, 1926). Doch nur selten fehlt es bei Mitarbeitenden an Ideen. Es fehlt eher an der Unterstützung bei der Umsetzung und Verifikation, also die letzte und die wichtigste Phase des kreativen Prozesses. Die mit klassischen betriebswirtschaftlichen Erfolgskennzahlen (z. B. Marktanteil, Umsatz etc.) messbaren Resultate, entstehen allerdings nur in dieser letzten Phase und in der darauffolgenden Zeit der weiteren Verfeinerung. Viele Führungskräfte ermutigen zwar ihre Mitarbeitenden („Machen Sie weiter."), aber lassen sie dabei doch alleine. Wohl, weil sie sich ungern mit ungeprüften Ideen oder gar mit Fehlern in Verbindung bringen möchten. Andere erwecken wiederum den Eindruck, dass sie nicht wollen, dass ihre Mitarbeitenden „zu groß" werden, während andere denken: „Wenn man wirklich gut ist, dann schafft man es auch ohne Hilfe." Durch diese ängstliche bzw. darwinistische Haltung werden potenzielle Erfolge im Keim erstickt und es macht sich die Mittelmäßigkeit und Zynismus im Unternehmen breit. Veränderung aber braucht mutige Unternehmen und Mäzen-Manager, die sich mit den individuellen Bedürfnissen ihrer „Künstlerinnen und Künstler" auseinandersetzen und sich für sie einsetzen.

7 Good Practice: We are in the same boat

Laut einer Umfrage von Bitkom aus dem Jahr 2018 haben lediglich sechs Prozent der Unternehmen mit 20 bis 99 Angestellten spezielle Programme zur Förderung des internen Unternehmertums gestartet. In mittelständischen Unternehmen bis 499 Angestellten fördern 14 Prozent Intrapreneurship mit entsprechenden Maßnahmen. Viele deutsche Unternehmen erachten Intrapreneurship weiterhin als „sinnlos" und haben demzufolge keinen „Buy-in" von ihren leitenden Managerinnen und Managern (Bitkom, 2018).

Die folgenden Beispiele zeigen allerdings, dass Intrapreneurship-Aktivitäten eine große Chance auf Erfolg haben, wenn gleichzeitig die Unterstützung durch Mäzen-Manager gewährleistet ist.

Beispiel

CoolJamm startete 2016 als Corporate Start-up von C-Lab, Samsungs internem Inkubator. Anfänglich hatte das IT-Start-up großen Erfolg und produzierte die App *HumOn*. Diese App ermöglichte Nutzern voll-orchestrierte Backgroundmusik zu ihren Videos oder Fotos zu produzieren, indem sie einfach nur eine Melodie ins Handy gesummt oder gepfiffen haben. Doch trotz der hohen Nutzerzahlen (über 750.000 Downloads), haben die Gründer versäumt einen nachhaltigen Business Case bzw. eine Monetarisierungsstrategie zu finden. Letztes Jahr musste *CoolJamm* die Niederlage akzeptieren und sich neu erfinden. In diesem schwierigen Prozess hatten der Gründer David Choi und sein Team einen beispielhaften Mäzen-Manager, Lee Jae-il, Vice President of Samsung Electronics' Creativity & Innovation Center, an ihrer Seite. David Choi erinnert sich, wie Lee Jae-il seinem Team in dieser Phase kontinuierlich Unterstützung anbot:

> „He was simply always present. We never felt alone as he would regularly check in, ask if we needed something and connect us to possible team members as well as to business partners. He was cheerful when we succeeded, but also candid with his critique. We knew that he had our best interest in mind, we felt that we were in the same boat, therefore we trusted his opinion"(selbstgeführtes Interview mit David Choi). ◄

Evonik Industries

Der Idea-to-Product-Prozess (I2P) vom deutschen Spezialchemie-Hersteller Evonik Industries AG involviert die Führungskräfte zunächst in geringerem Ausmaß. Am Anfang des I2P steht die Ideenfindung, die durch IT-gestützte Verfahren unterstützt wird. Nach dieser ersten Phase werden die interessantesten Ideen geprüft und in internen Wettbewerben bewertet. Durch diese transparent gestalteten Validierungs- und Verifikationsphasen, können unternehmenspolitische Diskussionen vermieden werden. Im Jahr 2017 gewann Dr. Sarah Hintermayer mit ihrem Team den Entrepreneurship-Award für die Idee *WallCraft* (Beton-Heilungsverfahren) und konnte daher zwei Jahre lang an der Weiterentwicklung ihrer Geschäftsidee arbeiten – vom Proof-of-Concept bis hin zur Marktreife. Laut Dr. Hintermayer war einer der wichtigsten Erfolgsfaktoren der Rückhalt durch den damaligen CIO Ulrich Küsthardt und sein Netzwerk. Er fungierte als Mäzen-Manager und schrieb „empowerment" und konsequente Betreuung groß. Ähnlich wie bei CoolJamm (siehe vorheriges Beispiel), hat Ulrich Küsthardt regelmäßig das persönliche Gespräch mit dem Team gesucht. Des Weiteren förderte er einen regelmäßigen Erfahrungsaustausch und setzte sich bei der Akquise von Ressourcen für das Team ein. So konnte *WallCraft* innerhalb von einem Jahr in die Produktpalette von Evonik übernommen werden. ◄

Während Evonik die Intrapreneurship-Aktivitäten eher In-House gestaltet, bevorzugen andere Unternehmen dieses Experiment in Form von Inkubationszentren. Dadurch sind die Intrapreneure nicht nur räumlich, sondern auch politisch vom Tagesgeschäft separiert.

BASF

Der Chemiekonzern BASF sendet seine Intrapreneure zu einem eigenen Gründerzentrum (Chemovator GmbH) und ermöglicht die Teilnahme an einem zweijährigen Entrepreneurship-Programm, in dem die Mitarbeitenden bei gleichbleibendem Gehalt an ihren Start-up Ideen arbeiten. Was Chemovator einzigartig macht, ist die Tatsache, dass hier auch Ideen weiterverfolgt werden dürfen, die keine direkte Verbindung zum Kerngeschäft von BASF haben. Gleichzeitig sollen die Mitarbeitenden ihren persönlichen

Horizont erweitern können, was mitarbeiter- und unternehmensseitig sehr geschätzt wird. So arbeitet beispielsweise einer der BASF Intrapreneure, Gregory von Abendroth (ehem. Senior Manager für Pharma Operations), an einem neuartigen Konzept für dezentrales Coworking, namens *1000 Satellites*. Mit Hilfe von Expertenvorträgen vertiefen die Intrapreneure der Chemovator GmbH ihr Wissen zu Themen wie Marketing, Verkauf, Finanzen oder Führungskompetenzen, und werden intensiv von externen Beraterinnen und Beratern begleitet. Der Geschäftsführer von Chemovator Dr. Markus Bold ist ein Befürworter der räumlichen Trennung, damit die Intrapreneure die konzerninternen Bürokratien ausblenden können und wird im Inkubator weitgehend als der „wichtigste Komplize" wahrgenommen. Dabei interveniert der Mäzen-Manager wenig und setzt auf Eigenverantwortung. Gregory von Abendroth berichtet Folgendes über seine bisherige Gründungserfahrung im Chemovator:

> „Wir haben viel Eigenverantwortung, da wir uns um die Finanzierung der Ideen selbst kümmern müssen. Da muss man sich beweisen. Das ist ein guter Ansporn und macht auch Spaß. Man bekommt eigentlich das Beste von beiden Welten: die Sicherheit des Konzern-Lebens gemischt mit der Aufregung und der steilen Lernkurve des Startup-Lebens" (selbstgeführtes Interview mit Gregory von Abendroth). ◄

In den oben genannten Beispielen übernehmen die Chefs persönlich eine Mäzenen-Rolle. Sie bringen ihre Erfahrung in die bestehenden Innovationsprozesse ein und setzen sich mit den operativen Prozessen sowie den individuellen Bedürfnissen ihrer Mitarbeitenden auseinander. Hier haben die Mäzen-Manager verstanden, dass der Aufbau von Systemen und das zur Verfügung stellen von Tools nicht ausreicht, um aus Mitarbeitenden innovative Unternehmerinnen und Unternehmer zu machen. Sie vereinen wichtige Elemente des Mäzenatentums in ihrer Person, indem sie die enge Zusammenarbeit mit ihren Intrapreneuren suchen. Zu diesen Elementen zählen:

1. Zuhören und offen sein.
2. Bereitschaft zur Unterstützung für ungewöhnlich innovative Ansätze und eine ehrliche Aufforderung zur Kreativität.
3. Aufbau eines emotional-sozialen Kontexts des Vertrauens und das Geben von Sicherheit bei Experimenten mit hohem Risikofaktor.
4. Bereitstellung von Ressourcen.
5. Flexibilität und unbürokratische Entscheidungswege.
6. Politischer Rückhalt bei Konflikten.
7. Unterstützung durch Marktkenntnisse bzw. Matchmaking.

Die mäzenenhafte Führungskultur ist ein direkter Einflussfaktor auf die Intensität und den Erfolg des Intrapreneurships, da Mitarbeitende eine empathische Grundhaltung, Unterstützung bei ihren Vorhaben und die Förderung ihrer Entwicklung sehr schätzen. Bezogen auf das Innovationsverhalten wurde dies von Scott und Bruce bereits in den 1990ern empirisch bestätigt (Scott & Bruce, 1994).

Durch das persönliche Engagement der Führungskräfte, gelingt es Unternehmen die Innovationskultur und das Intrapreneurship-Potenzial freizusetzen und zu pflegen. Wenn Führungskräfte eine Atmosphäre des Vertrauens schaffen und ihren Intrapreneuren das Gefühl vermitteln „im selben Boot" zu sitzen, bauen sie damit Sicherheit auf und regen zu Kreativität, Innovationsbereitschaft und Flexibilität im Denken und Handeln an.

Literatur

Adobe. (2016). *State of create*: 2016. https://www.adobe.com/content/dam/acom/en/max/pdfs/AdobeStateofCreate_2016_Report_Final.pdf. Zugegriffen am 10.11.2020.

Anthony, S. (2016). Kodak's downfall wasn't about technology. *Harvard Business Review, 15*, 1–5.

Anthony, S., Viguerie, P., & Waldeck, A. (2016). *Corporate longevity: Turbulence ahead for large organizations*. https://www.innosight.com/wp-content/uploads/2016/08/Corporate-Longevity-2016-Final.pdf. Zugegriffen am 10.11.2020.

Beuys, J. (2016). *Nicht Jeder Mensch ist ein Maler*. Club 2, 1983. https://www.youtube.com/watch?v=1Sn4pRP-09k. Zugegriffen am 10.11.2020.

Bitkom. (2018). Wenn die Mitarbeiter neue Geschäftsideen entwickeln. *Bitkom Research*. https://www.bitkom.org/Presse/Presseinformation/Wenn-die-Mitarbeiter-neue-Geschaeftsideen-entwickeln.html. Zugegriffen am 10.11.2020.

Bjelland, O., & Chapman, R. (2008). An inside view of IBM's ‚innovation jam'. *MIT Sloan Management Review, 50*(1), 31–40.

Chater, N., & Loewenstein, G. (2016). The under-appreciated drive for sense-making. *Journal of Economic Behaviour and Organization, 126*(B), 137–154.

Finkle, T. (2012). Corporate entrepreneurship and innovation in Silicon Valley: The case of google. *Entrepreneurship Theory and Practice, 36*(4), 863–884.

Franklin, B. (1748). Advice to a young tradesman. In G. Fisher (Hrsg.), *The American instructor: or young man's best companion* (S. 375–377). Printed by B. Franklin and D. Hall, at the New-Printing-Office.

Gallup. (2015). *State of the American manager report*. https://www.gallup.com/services/182138/state-american-manager.aspx. Zugegriffen am 11.11.2020.

Glassdoor. (2020). *Arbeiten bei IBM*. https://www.glassdoor.at/%C3%9Cberblick/Arbeit-bei-IBM-EI_IE354.11,14.htm? Zugegriffen am 10.11.2020.

Govindarajan, V., & Desai, J. (2013). Recognize intrapreneurs before they leave. *Harvard Business Review, 20*, 1–4.

Gray, A. (2016). The 10 skills you need to thrive in the fourth industrial revolution. https://www.weforum.org/agenda/2016/01/the-10-skills-you-need-to-thrive-in-the-fourth-industrial-revolution/. Zugegriffen am 10.11.2020.

Gurin, R. (1998). Arts education & art – based economic development: Sound investments for business & community. *International Journal of Art & Design Education, 17*(1), 27–33.

Hofstadter, D., & Sander, E. (2013). *Surfaces and essences; analogy as the fuel and fire of thinking*. Basic Books.

IBM. (2010). Creativity selected as most crucial factor for future success. https://www-03.ibm.com/press/us/en/pressrelease/31670.wss. Zugegriffen am 10.11.2020.

Martin, R. (2016). M&A: The one thing you need to get right. *Harvard Business Review, 94*(6), 42–48.
Maslow, A. H. (1943). A theory of human motivation. *Psychological Review, 50*(4), 370–396.
Miksch, J. (2017). *Start-up Deutschland. Die deutsche Gründungslandschaft im internationalen Vergleich* (Friedrich-Naumann-Stiftung für die Freiheit). COMDOK GmbH.
de Neve, J. E., & Ward, G. (2017). Does work make you happy? Evidence from the world happiness report. *Harvard Business Review, 4*, 1–7.
Nink, M. (2016). The negative impact of disengaged employees on Germany. *Gallup Business Journal.*
Perry, M. (2017). *Fortune 500 firms 1955 v. 2017: Only 60 remain, thanks to the creative destruction that fuels economic prosperity.* https://www.aei.org/carpe-diem/fortune-500-firms-1955-v-2017-only-12-remain-thanks-to-the-creative-destruction-that-fuels-economic-prosperity/. Zugegriffen am 10.11.2020.
Powledge, T. (2011). Behavioral epigenetics: How nurture shapes nature. *BioScience, 61*(8), 588–592.
Press, J. (2019). Innovationskultur fehlt bei 86 Prozent der global agierenden Unternehmen. *PT Magazin Online.* https://www.pt-magazin.de/de/wirtschaft/unternehmen/innovationskultur-fehlt-bei-86-prozent-der-global-_jztjq54l.html. Zugegriffen am 10.11.2020.
Schredl, M. (2014). Kino im Kopf. Wie Düfte unsere Träume beeinflussen. *Ruperto Carola, 5*, 136–142.
Schumpeter, J. (1987). *Theorie der Wirtschaftlichen Entwicklung* (2. Aufl.). Duncker & Humblot.
Schumpeter, J. (2005). *Kapitalismus, Sozialismus und Demokratie.* UTB.
Schwab, K. & Samans, R. (2016). *Future of jobs report.* http://www3.weforum.org/docs/WEF_Future_of_Jobs.pdf. Zugegriffen am 10.11.2020.
Scott, S., & Bruce, R. (1994). Determinants of innovative behavior: A path model of individual innovation in the workplace. *Academy of Management Journal, 37*(3), 580–607.
Thornberry, N. (2001). Corporate entrepreneurship: Antidote or oxymoron? *European Management Journal, 19*(5), 526–533.
Wallas, G. (1926). *Art of thought.* C.A. Watts & Co.
World Economic Forum. (2018). *Jack Ma says only by changing education can your children compete with machines.* https://www.facebook.com/watch/?v=10155081394521479. Zugegriffen am 10.11.2020.

Design Thinking und Virtual Reality zur Förderung von Innovation innerhalb von Unternehmen

Sebastian Stadler, Fritz Frenkler und Henriette Cornet

Design Thinking und Virtual Reality haben das Potenzial zu Innovation zu führen

1 Intrapreneurship, Design Thinking und neuartige Technologien

Die Begriffe Intrapreneurship und Design Thinking beschreiben Ansätze, welche besonders in den letzten Jahren präsenter und wichtiger für Unternehmen geworden sind, da sie im Innovationsprozess unterstützend wirken und somit die Konkurrenzfähigkeit und den Wert von Unternehmen steigern können.

Der Begriff Intrapreneurship beschreibt das Vorgehen, dass Mitarbeitende innerhalb von Unternehmen selbst unternehmerisches Denken und Handeln an den Tag legen, um durch gesteigerte Eigenverantwortung und aktives Gestalten Innovation innerhalb des Unternehmens

S. Stadler (✉)
Hochschule Ansbach, Ansbach, Deutschland
E-Mail: sebastian.stadler@hs-ansbach.de

F. Frenkler
Technische Universität München, München, Deutschland
E-Mail: Fritz.frenkler@tum.de

H. Cornet
UITP (International Association of Public Transport), Brüssel, Belgien
E-Mail: henriette.cornet@uitp.org

R. Kraus et al. (Hrsg.), *Intrapreneurship*,
https://doi.org/10.1007/978-3-662-64102-6_10

zu fördern. Pinchot (1988) bezeichnet Intrapreneure als „Erfinderinnen und Erfinder“ sowie „Träumerinnen und Träumer“, die Ideen so realisieren, dass sie gewinnbringend für das Unternehmen sind. Um dies zu erreichen, sind eine Reihe an Aspekten zu beachten, wie beispielsweise das Übernehmen von Verantwortung, die Etablierung von Transparenz und flachen Hierarchien innerhalb des Teams, fehlertolerant zu sein, sowie das Team mit einer Vision und einer Strategie zu überzeugen (Antoncic & Hisrich, 2003; Willmanns, 2009).

Der Begriff Design Thinking beschreibt einen Prozess, welcher sich über vier Phasen erstreckt, um Innovation zu schaffen und uneindeutig definierte Probleme, sogenannte „Wicked Problems“, zu lösen (Cross, 2006; Schön, 1983). Rittel und Webber (1973) schreiben diesen uneindeutig definierten Problemen unter anderem folgende Eigenschaften zu:

- Wicked Problems haben keine eindeutige Definition.
- Lösungen für Wicked Problems sind nicht wahr oder falsch, sondern gut oder schlecht.
- Es gibt keinen unmittelbaren oder endgültigen Test für die Lösung eines Wicked Problems.
- Wicked Problems sind einzigartig.
- Wicked Problems sind Symptome anderer Probleme.

Design Thinking und der darin definierte Vorgehensprozess kann dazu angewandt werden, um Wicked Problems zu behandeln. Hierbei werden in der ersten Phase Probleme identifiziert, in der zweiten Phase Konzepte anhand der Problemstellung generiert, welche in der dritten Phase ausgearbeitet und getestet werden, und in der vierten Phase implementiert und überwacht werden (Heufler, 2004). Während dieses Prozesses werden regelmäßig und iterativ Designmethoden genutzt, um zu „definieren“, zu „generieren“ und zu „evaluieren“. Design Thinking kann in Unternehmen die Art und Weise wie Produkte[1] entwickelt werden, vollständig verändern (Hilbrecht & Kempkens, 2013). Besonders in Unternehmen, in welchen komplexe Systeme bei kurzen Produktentwicklungszyklen entwickelt werden, ist der Ansatz von Design Thinking ratsam. Die charakteristische Denkweise von Design Thinking beinhaltet Kreativität, Spontanität und exploratives Denken in interdisziplinären Teams (Brenner & Uebernickel, 2016). Der Ansatz von Design Thinking kann ebenfalls im Intrapreneurship-Bereich Anwendung finden, um Wicked Problems zu behandeln sowie Innovation zu fördern (Brenner & Uebernickel, 2016). Erste Versuche diese Ansätze zu kombinieren, deuten vielversprechende Resultate an, jedoch sind weitere Studien notwendig, um die Möglichkeiten von Design Thinking im Unternehmenskontext absehen zu können (Abrell, 2016). Bislang wurden Design Thinking und Intrapreneurship kombiniert, um Innovation zu fördern und zu generieren, um neuartige unternehmerische Strategien einzuschlagen und Designmanagement in Unternehmen zu fördern (Abrell, 2016; Brenner & Uebernickel, 2016).

Ein weiterer Aspekt, welcher Innovation fördern und zugleich Produktentwicklungsprozesse verkürzen kann, ist die Verwendung von neuartigen Technologien. Studien haben gezeigt, dass Virtual Reality (VR) beispielsweise strategisch von Designerinnen und De-

[1] Der Begriff „Produkt“ umfasst jede Art eines Portfolios eines Unternehmens und bezieht sich daher in diesem Beitrag ebenfalls auf Dienstleistungen, Systeme und Erfahrungen.

signern verwendet wird, um Probleme zu identifizieren, Konzepte im immersiven Raum zu visualisieren und zu evaluieren, bevor zeit- und kostenintensive Prototypen gefertigt werden (Herrera et al., 2018; IDEO, 2016; Keeley, 2018; Rieuf & Bouchard, 2017; Tovey, 1989).

Anhand zweier Fallbeispiele wird im Folgenden gezeigt, wie innerhalb eines Forschungsunternehmens mit Hilfe von VR und Design Thinking Innovation geschaffen wird. Darüber hinaus wird anhand der Fallbeispiele diskutiert, welche Vor- und Nachteile sich durch die Nutzung von Design Thinking in Kombination mit VR ergeben, und welches Potenzial diese Kombination für Innovation innerhalb von Unternehmen haben kann.

2 Design Thinking und Virtual Reality zur Generierung von Innovation in Unternehmen: Fallbeispiele

2.1 Immersive Heuristische Evaluierung für dynamische Wegeleitsysteme

Im ersten Fallbeispiel wird ein interdisziplinäres Team innerhalb einer Forschungseinrichtung gebildet, um mit Hilfe der Designmethode der Heuristischen Evaluierung[2] in Kombination mit VR[3] Probleme mit existierenden Wegeleitsystemen an Transitknotenpunkten zu identifizieren, welche sich durch die Implementierung von sogenannten Level 5 autonomen Bussen ergeben würden. Level 5 autonomes Fahren in diesem Kontext bedeutet, dass das Fahrzeug alle Fahraufgaben übernimmt und es zu keinem Zeitpunkt zu einem Eingreifen einer Person kommt (SAE International, 2016). Der Design Thinking Ansatz dieses Projekts bezieht sich daher auf die Identifizierung von Problemen mit existierenden Wegeleitsystemen. Zudem wird eine Reihe an neuen, dynamischen Wegeleitsystemen im Rahmen der immersiven Heuristischen Evaluierung auf die jeweiligen Vor- und Nachteile untersucht (Konzeptgenerierung) und evaluiert, um ausgearbeitete Konzepte ableiten und Kundinnen und Kunden präsentieren zu können. Ähnlich zur konventionellen Heuristischen Evaluierung wird ein Studienmaßstab von sechs Expertinnen und Experten gewählt. Diese Anzahl ist ausreichend, um die Mehrheit an Nutzungsfehlern zu identifizieren (Jeffries et al., 1991; Nielsen, 2000; Nielsen & Molich, 1990). Ziel dieser Studie ist es, Innovation in den folgenden beiden Bereichen zu erzielen:

- Nutzungsprobleme mit aktuellen Wegeleitsystemen identifizieren und Innovation neuartiger Wegeleitsysteme erzeugen und evaluieren

[2] Heuristische Evaluierung ist eine Methode, die es einer kleinen Gruppe von Usability-Expertinnen und Experten ermöglicht, anhand genereller Heuristiken Systeme hinsichtlich ihrer Gebrauchstauglichkeit zu bewerten (Nielsen & Molich, 1990).

[3] Die Durchführung der Heuristischen Evaluierung in VR wird als „immersive Heuristische Evaluierung bezeichnet".

- Neuartige Technologien (VR) in Bezug auf Heuristische Evaluierung für zukünftige Forschungsfragen als passendes Datenerhebungsmittel identifizieren

2.1.1 Immersive Heuristische Evaluierung: Entwicklung des VR Apparats

Es wird ein Team bestehend aus einem Industriedesigner (Projektleiter), einem Softwareentwickler, einer Psychologin, sowie einem 3D-Visualizer innerhalb des Unternehmens gebildet, um die gegebene Aufgabenstellung zu bearbeiten. Den Akteurinnen und Akteuren wurde hierzu die gesamte Projektverantwortung sowie Kapazitäten und Ressourcen zur Bearbeitung der Forschungsfrage übertragen bzw. zur Verfügung gestellt. Der involvierte Industriedesigner, Softwareentwickler und 3D-Visualizer haben eine virtuelle Umgebung entwickelt, die es den Teilnehmenden ermöglicht, ein existierendes Wegeleitsystem eines Transitknotenpunktes in Singapur in VR zu erleben. Innerhalb dieser Umgebung werden neben manuell gefahrenen Bussen ebenso autonom fahrende Busse integriert. Die vorgeschlagene Methode der Studie basiert auf der heuristischen Auswertung von Nielsen and Molich (1990) und Nielsen (2000). Anstatt User Interfaces[4] (UI) mit Werkzeugen wie Smartphones, Tablets, Bildschirmen oder Papierprototypen zu evaluieren, wird VR mit Hilfe von Head-Mounted Displays (HMD) genutzt.

Es wird davon ausgegangen, dass aufgrund der Vorteile, die mit der Automatisierung der Verkehrssysteme verbunden sind (z. B. optimierte Fahrpläne), die Lokalisierung der Busabfahrpunkte an einem Transitknotenpunkt im Laufe des Tages variieren kann (ähnlich wie an Flughäfen, an welchen sich mehrere Fluggesellschaften über den Tag verteilt dasselbe Gate teilen). Daher könnten sich Fahrgäste an Transitknotenpunkten nicht mehr auf räumliche Vorkenntnisse verlassen, um in Busse einzusteigen, sondern müssten die erforderlichen Busliegeplätze ständig neu lokalisieren. Da dies zu Desorientierung, zusätzlichem kognitivem Aufwand und verminderter Akzeptanz in der Nutzung führen könnte, werden neuartige dynamische Wegeleitsysteme getestet, um deren Nutzungsfreundlichkeit zu bewerten.

Das Set allgemeiner Heuristiken von Nielsen und Molich (1990) dient als Grundlage für die Auswertung. Dieses besteht aus neun Heuristiken, die Aspekte wie die Bereitstellung eines einfachen und natürlichen Dialogs mit dem System, Konsistenz und Kontinuität von Information sowie Feedbackmöglichkeiten beinhalten. Forschende haben die allgemeinen Heuristiken von Nielsen und Molich (1990) bereits in einer adaptierten Art und Weise verwendet, um die Eignung für die gewählte Fallstudie sicherzustellen (Mankoff et al., 2003; Sutcliffe & Gault, 2004). Da Heuristiken wie „Navigationsabkürzungen sicherstellen" für die vorliegende Designstudie nicht anwendbar waren, wurde ein Workshop durchgeführt, in dem Expertinnen und Experten die Möglichkeit hatten, die allgemeinen Heuristiken so anzupassen, dass sie für die Anforderungen der Fallstudie passend sind. Während dieses Workshops hatten die Expertinnen und Experten die Möglichkeit, Erfahrungen in der virtuellen Umgebung zu sammeln und wurden darauf-

[4] Der Begriff User Interface bezieht sich in diesem Kontext auf die Wegeleitsysteme.

hin gebeten, die Heuristiken entsprechend der Designstudie anzupassen. Die folgenden Heuristiken wurden für die ausgewählte Fallstudie definiert:

- Kontinuität von Information
- Konsistenz von Informationen
- Sichtbarkeit der Informationen
- Angemessenheit der Informationen
- Verständlichkeit der Informationen
- Intuitives und klares User-Interface
- Zugänglichkeit für Personen mit besonderen Nutzungsanforderungen
- Bereitstellung von Feedback
- Vermeidung von Fehlern

Um ein realistisches Szenario zu gewährleisten, wird ein Transitknotenpunkt in Singapur (Boon Lay Station) als virtuelle Umgebung nachgebildet. Die notwendigen Informationen über den Transitknotenpunkt wurden vor Ort dokumentiert. Abb. 1 zeigt die virtuelle Umgebung einschließlich einer Simulation der Menschenmenge und des aktuellen Wegeleitsystems.

Interaktionen mit der virtuellen Umgebung werden implementiert, um eine Bewertung der Wegeleitsysteme durch die Expertinnen und Experten zu ermöglichen. Dies beinhaltete die Einbeziehung von Fortbewegungsmethoden (Touchpad-Bewegung, Teleportation, Arm-Schwenk-Bewegung und physische Bewegung) und Möglichkeiten zur Anpassung der Umgebung (z. B. Größe der Menschenmenge und Ankunftszeit der Busse). Letztere Interaktion war via eines User-Interfaces zugänglich, welches ein- und ausgeblendet werden konnte.

Abb. 1 Virtuelle Umgebung und existierendes Wegeleitsystem

Es wird eine Simulation dreidimensionaler humanoider Agenten[5] implementiert, die dynamische Menschenmengen visualisieren, die von den Expertinnen und Experten manuell erhöht oder verringert werden können (realisiert über NavMesh).

Ein weiterer Schwerpunkt der Anwendung war die Integration eines Modus, der die Umgebung aus der Perspektive einer Person mit besonderen Nutzungsanforderungen (in diesem Kontext Seniorinnen und Senioren) simuliert. Dies wird durch die Integration eines Modus realisiert, der eine Okklusion des peripheren Sehens simuliert sowie die Gehgeschwindigkeit der Touchpad-Bewegung und der Arm-Schwenk-Bewegung auf 60 % reduziert hat. Daher können die Expertinnen und Experten die virtuelle Umgebung und die Wegeleitsysteme aus der Perspektive von Seniorinnen und Senioren erleben, um die generelle Zugänglichkeit des Systems zu untersuchen.

Es werden verschiedene Szenarien implementiert, damit die Expertinnen und Experten jedes Wegeleitsystem in einer Reihe von Situationen erleben können. Jedes Szenario beinhaltet sowohl einen vordefinierten Startpunkt als auch eine Aufgabe, die zu erfüllen ist. Die zu erledigenden Aufgaben sind hier gelistet:

- Beginnen Sie bei Startpunkt zwei und finden Sie den Bus, der zu Boon Lay Drive fährt.
- Beginnen Sie am Startpunkt eins und finden Sie den Bus, der nach Bukit Merah fährt.
- Starten Sie am Busabfahrtspunkt B13 und steigen Sie in den Bus, der nach Bukit Merah fährt.
- Beginnen Sie am Startpunkt drei und suchen Sie den Bus, der nach Jurong East fährt.

Die Ankunftszeiten aller Busse sind für jedes Szenario individuell anpassbar, um die Variabilität für die Expertinnen und Experten zu erhöhen.

Neben der Entwicklung des VR Apparats wurde durch den involvierten Industriedesigner, der Psychologin und dem Softwareentwickler die Methodik der Datenerhebung und Analyse der Resultate definiert. Die Entwicklungszeit der Applikation sowie die Organisation und Durchführung der Datenerhebung betrug sechs Monate.

2.1.2 Datenerhebung (immersive Heuristische Evaluierung)

Da sich die Heuristiken der spezifischen Designstudie von konventionellen Heuristiken unterscheiden, werden sowohl Usability-Expertinnen und Experten als auch Architektinnen und Architekten sowie Mitarbeitende der öffentlichen Busgesellschaft in Singapur in die Studie einbezogen. Da der aktuelle Stand der Forschung darauf hindeutet, dass eine kleine Stichprobengröße von fünf bis zehn Teilnehmenden ausreichend ist, um die Mehrzahl der Usability-Probleme zu identifizieren, wurden sechs Expertinnen und Experten aus den folgenden Bereichen identifiziert und für die Studie rekrutiert (basierend auf Nielsen, 1992, 2000; Nielsen & Molich, 1990):

[5] Humanoide Agenten in diesem Kontext beziehen sich auf Bereiche einer Simulation, welche vermeintlich eigenständiges Verhalten zeigen (z. B. gewisse Wegpunkte anlaufen). Diese Bereiche treten als virtuelle dreidimensionale Darstellung von Personen in Erscheinung.

- Design, Usability und User-Interfaces (Industrie)
- Architektur mit Fokus auf Usability und User Interfaces (akademisches Umfeld)
- Infrastruktur öffentlicher Verkehrssysteme (Regierung)

Da die involvierten Designerinnen und Designer sowie Architektinnen und Architekten über Kenntnisse in den Bereichen Usability und User-Interfaces verfügten, wurden sie in separate Gruppen mit Expertinnen und Experten anderer Bereiche eingeteilt, um multidisziplinäre Gruppen zu schaffen. Die Beteiligten hatten moderate Vorerfahrung mit VR. Die Expertinnen und Experten wurden in Zweiergruppen eingeteilt, wobei in jeder Gruppe eine/ein Usability-Expertin/Experte anwesend war. Folglich gab es für die Durchführung der immersiven Heuristischen Evaluierung drei Gruppen mit jeweils zwei Expertinnen und Experten.

Die Tests wurden in einem Besprechungsraum mit 60 m^2 durchgeführt (Abb. 2). Eine freie Fläche von 6,2 m x 3,8 m wurde bereitgestellt, welche die Expertinnen und Experten verwendeten, um die virtuelle Umgebung zu erleben. Als VR Equipment wurde ein HMD (HTC Vive Pro) inklusive zwei dazugehörigen Eingabegeräten sowie zwei Trackern (Lighthouse 2.0) verwendet. Als Hardware für die Entwicklung und Durchführung der Simulation wurde ein Hochleistungs-Notebook genutzt.

Nach einer formalen Einführung zur Designstudie wurde die Methode der immersiven Heuristischen Evaluierung erklärt, sowie eine Einführung bezüglich des VR Equipments und der User-Interfaces gegeben (~30 Min.). Daraufhin hatten die Expertinnen und Experten Zeit, sich mit der Technologie vertraut zu machen (~15 Min). Nach der Klärung von Fragen wurden die Expertinnen und Experten in die zuvor definierten Gruppen eingeteilt und begannen mit der Anwendung. Während sich eine/ein Expertin/Experte in der virtuellen Umgebung aufhielt, verfolgte die/der zweite Expertin/Experte der jeweiligen Gruppe die Ereignisse auf einem externen Bildschirm und dokumentierte die Aussagen der/des

Abb. 2 Expertinnen und Experten während der Anwendung

ersten Expertin/Experten, die mittels der „Think-Aloud“-Methode[6] resultierten. Auch wenn ein „Think-Aloud“-Ansatz nicht Teil einer „konventionellen“ heuristischen Evaluation ist, sondern eher auf eine formative Evaluation hindeutet, wurde dieser Aspekt in die Methode integriert, um den Expertinnen und Experten die Datenerhebung und Dokumentation zu erleichtern. Abb. 2 zeigt einen Experten, der sich in einem VR-Szenario befindet, während der andere Experte das Videomaterial beobachtet und Kommentare dokumentiert.

Nachdem eine/ein Expertin/Experte alle Szenarien absolviert hatte, tauschten die Expertinnen und Experten ihre Rollen und folgten dem gleichen Vorgehen. Nachdem beide Expertinnen und Experten alle Szenarien in VR absolviert hatten, wurde der interaktive Teil des Tests in VR beendet (~60 Min.). Anschließend haben die Expertinnen und Experten ihre Beobachtungen innerhalb ihrer Gruppe diskutiert, bevor sie sich mit den anderen Gruppen trafen und die Erfahrungen unter allen Expertinnen und Experten diskutierten (~30 Min.). Das Hauptziel der Expertendiskussion war der Austausch von Usability-Fehlern, Ideen und Beobachtungen, die während des interaktiven Teils in VR identifiziert wurden. Die Expertinnen und Experten erstellten einen Bericht, um die Ergebnisse der heuristischen Evaluation in VR möglichst genau zu dokumentieren. Schließlich tauschten sie ihre Meinungen zur Nutzung von VR für die heuristische Evaluierung (~15 Min.) aus.

2.1.3 Resultate (immersive Heuristische Evaluierung)

Mit Hilfe der angewandten Methode wurden 65 Nutzungsprobleme identifiziert, die in geringfügige Fehler (46) und schwerwiegende Fehler (19) unterteilt wurden. Zudem wurden folgende Aussagen der Expertinnen und Experten bezüglich der Methode gemacht:

- VR erlaubt räumliche Wahrnehmungen der Umgebung; dies macht einen großen Unterschied für die Validität der gesammelten Daten.
- Ohne VR würden die Expertinnen und Experten mehr Zeit benötigen, um die Designstudie sowie die dahinterliegenden Konzepte zu verstehen.
- VR erlaubt Datenerhebung unter laborähnlichen Bedingungen.
- Die Möglichkeit von zusätzlichen Simulationen wie den Okklusionsfilter macht die Verwendung von VR einzigartig.
- Expertinnen und Experten können mit Hilfe von VR zwischen den Anwendungsfeldern wechseln und Konzepte häufiger untersuchen, ohne dabei äußere Einflüsse zu verändern.
- Die Bandbreite der Fortbewegungsmöglichkeiten sind sehr vorteilhaft bei der Untersuchung der Wegeleitsysteme.

Insgesamt wird die Datenerhebung als erfolgreich angesehen, da eine Reihe von Beobachtungen und Unzulänglichkeiten des bestehenden Wegeleitsystems am Transit-

[6] Die „Think-Aloud“-Methode beschreibt, dass spontan alle Beobachtungen, Erkenntnisse, Usability-Fehler und Ideen während der Anwendung der Methode laut ausgesprochen werden (Lewis, 1982).

knotenpunkt in Singapur abgeleitet wurden. Zudem konnten drei nutzungsfreundliche dynamische Wegeleitsysteme identifiziert werden, die in einem weiteren Verfahren ausgearbeitet und Kundinnen sowie Kunden präsentiert werden. Darüber hinaus verifizierten die Expertinnen und Experten in der qualitativen Bewertung VR als ein geeignetes Instrument zur Durchführung immersiver Heuristischer Evaluationen im vorliegenden Anwendungskontext.

In Bezug auf Intrapreneurship verdeutlicht diese Fallstudie, dass mit Hilfe des Ansatzes von Design Thinking und der Verwendung von VR zum einen in der Zukunft potenziell auftretende Probleme mit existierenden Wegeleitsystemen identifiziert werden können. Des Weiteren können Innovationen innerhalb eines Unternehmens in Bezug auf die Produktentwicklung geschaffen werden, da eine Reihe neuartiger Wegeleitsysteme entwickelt und bereits vor ihrer Marktimplementierung auf ihre Nutzungsfreundlichkeit hin evaluiert werden können. Die involvierten Expertinnen und Experten konnten nur aufgrund der immersiven Erfahrung in VR sowie der entwickelten Methodik die beschriebenen Erkenntnisse erfassen sowie die Produktideen zu neuartigen Wegeleitsystemen auf ihre Effektivität validieren.

2.2 Partizipativer Gestaltungsansatz mit Virtual Reality zur Gestaltung öffentlicher Warteräume

Im zweiten Fallbeispiel wird ein ebenfalls interdisziplinäres Team innerhalb einer Forschungseinrichtung gebildet, um Umfragen in VR zu generieren und zu absolvieren, welche mit Hilfe eines partizipativen Gestaltungsansatzes dazu dienen sollen, Designkonzepte zu identifizieren, die wiederum für öffentliche Warteräume entwickelt werden sollen. Ziel der Studie ist es, mindestens 400 Teilnehmende aus Singapur, Deutschland und Frankreich in die Studie zu integrieren. Der Design Thinking Ansatz dieses Projekts bezieht sich daher auf die partizipative Konzeptentwicklung von Räumen im internationalen Kontext. Die Generierung von Innovation innerhalb dieses Projekts ist zweigeteilt:

- Die Ableitung von Designkonzepten aufgrund einer immersiven Umfrage
- Die Ableitung von Gestaltungsrichtlinien als Grundlage für zukünftige Forschung

2.2.1 Immersive Umfrage: Entwicklung des VR Apparats

Es wird ein interdisziplinäres Team bestehend aus einem Industriedesigner (Projektleiter), zwei Softwareentwicklern, einem 3D-Visualizer und einer Psychologin innerhalb des Unternehmens gebildet, um die zuvor definierten Forschungsfragen zu beantworten. Die Methode der immersiven Umfrage findet in dieser Designstudie Anwendung, um Nutzerpräferenzen bezüglich öffentlicher Warteräume zu erfassen. Daher wird ein virtueller Konfigurator entwickelt, damit die Teilnehmenden Auswahlmöglichkeiten vornehmen und verifizieren können, bevor diese an das Auswertungssystem übermittelt werden. Die

Anwendung umfasst eine Einverständniserklärung, einen Fragebogen zu Hintergrundinformationen zu allen Teilnehmenden, den eigentlichen Test sowie einen Fragebogen nach dem Test in Bezug auf Immersion. Die Testumgebung besteht aus einem interaktiven Konfigurator (Abb. 3), der aus fünf Kategorien besteht (Raumproportionen, Farbschema, Licht, Menschenmenge sowie Positionierung innerhalb der Umgebung).

Nachdem eine Option im Konfigurator ausgewählt wurde, wird die Umgebung im virtuellen Raum automatisch entsprechend der Auswahl aktualisiert. Zur Darstellung anderer wartender Personen im Warteraum wird eine dreidimensionale Menschenmengensimulation gewählt (Abb. 4).

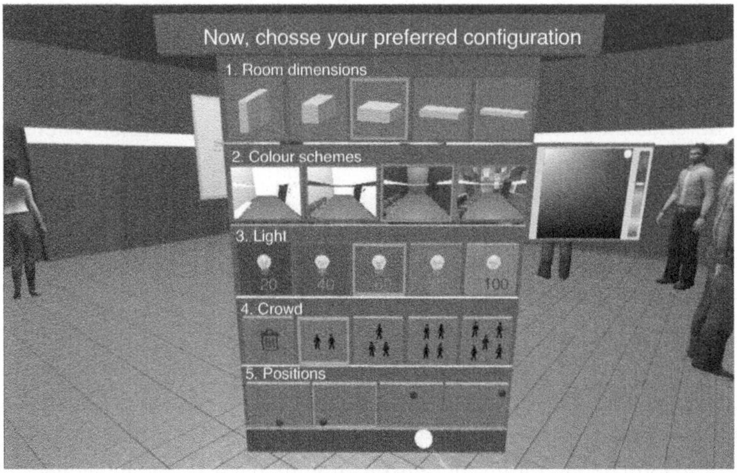

Abb. 3 User-Interface des interaktiven Konfigurators

Abb. 4 Dreidimensionale Menschenmengensimulation

Als Fortbewegungstechnik werden Teleportationspunkte gewählt, um eine intuitive und einfache Interaktion zu gewährleisten, die für die Teilnehmenden ohne vorherige Erfahrung mit VR geeignet ist. Für das Fortbewegen und die Interaktion im virtuellen Raum benutzen die Teilnehmenden ein VR Eingabegerät sowie einen Zeiger im virtuellen Raum, welcher einem Laserpointer ähnelt. Die Teilnehmenden können Optionen auswählen, indem sie mit dem Laserpointer auf eine Auswahloption zeigen und den Auswahlknopf des Eingabegeräts drücken. Diese Interaktionstechnik wird während des gesamten Experiments beibehalten.

Die VR Applikation wird von dem involvierten Industriedesigner, den beiden Softwareentwicklern, sowie dem 3D-Visualizer entwickelt, während die Methodik der Datenerhebung von dem Industriedesigner und der Psychologin definiert werden. Die Dauer der Entwicklung und Organisation der Datenerhebungsveranstaltungen betrug 4 Monate.

2.2.2 Datenerhebung (immersive Umfrage)

Daten von 463 Teilnehmenden aus Singapur, Deutschland und Frankreich werden innerhalb einer Reihe von Datenerhebungsveranstaltungen wie beispielsweise Messen, Ausstellungen, und Konferenzen erhoben (Abb. 5). Neben der Datenerhebung für die gewählte Fallstudie, wurde zudem die Methode der Durchführung von immersiven Umfragen getestet. Dabei wird untersucht, wie sich die Technologie von VR auf die Innovationsfindung innerhalb von Unternehmen sowie auf die erhobenen Daten auswirken kann. Darüber hinaus werden Aussagen von Teilnehmenden nach den Tests gesammelt, um die Eignung der Kombination von VR mit einer Umfrage unter Berücksichtigung der gewählten Fallstudie zu beurteilen.

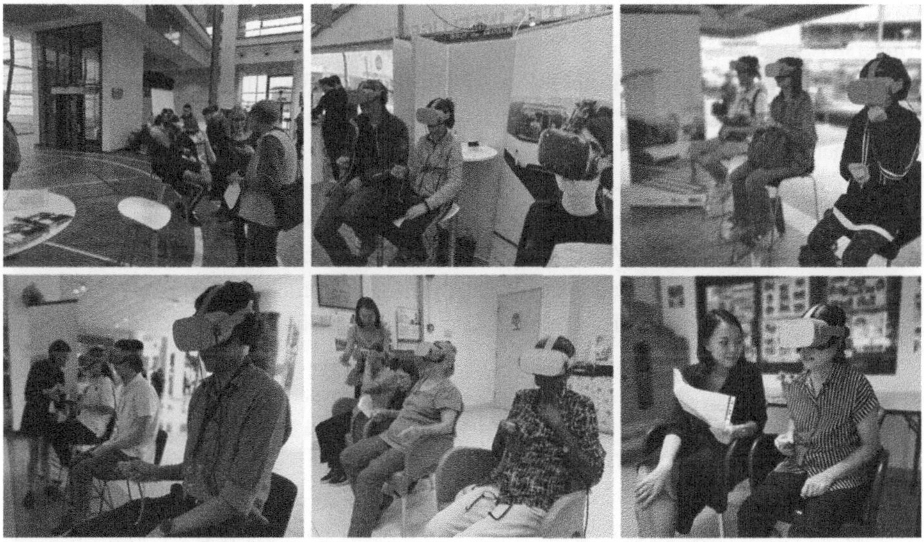

Abb. 5 Datenerhebungsveranstaltungen

Ausstellungsgäste, Passantinnen und Passanten, Studierende, Familien, Kinder und Seniorengemeinschaften werden in die Studie einbezogen, um eine hinsichtlich Alter, Wohnort und Vorerfahrungen in VR vielfältige Gruppe von Teilnehmenden in die Studie zu involvieren. Insgesamt werden 463 Teilnehmende (50 % weiblich, 49 % männlich, 1 % nicht spezifiziert) im Alter von 8 bis 89 Jahren ($M = 39{,}88$; $SD = 19{,}96$) in die Studie einbezogen. Die einzige Bedingung, um an der Studie teilnehmen zu können, war die Fähigkeit Englisch, Deutsch oder Französisch schreiben und sprechen zu können. Mindestens eine Person aus dem Forschungsteam war während jeder Veranstaltung anwesend, um eine effiziente Datenerhebung zu ermöglichen. Die durchschnittliche Dauer der Datenerhebung betrug je Teilnehmenden 30 Minuten.

2.2.3 Resultate (immersive Umfrage)

Insgesamt wird die Datenerhebung als erfolgreich bewertet, da alle Teilnehmenden in der Lage waren, Hintergrundinformationen sowie eine präferierte Raumkonfiguration an das System zu übermitteln. Darüber hinaus wurde auf der Grundlage der eingereichten Konfigurationen eine Reihe von Raumgestaltungen abgeleitet, welche für das Forschungsteam als potenzielle Gestaltungsexemplare dienen und zur weiteren Ausarbeitung verwendet werden. Des Weiteren konnte VR als passende Technologie evaluiert werden, um Nutzerpräferenzen zu erheben. Ein ausschlaggebender Punkt hierbei war, dass die Teilnehmenden Raumkonfigurationen vor der Einreichung überprüfen konnten. Daher lag der Vorteil der Verwendung der Technologie dabei, hypothetische Präferenzen der Teilnehmenden zu verifizieren. Zuletzt können aufgrund der Datenerhebung und den qualitativen Interviews nach der Datenerhebung eine Reihe von Design-Richtlinien definiert werden. Eine detaillierte Beschreibung der Designstudie einschließlich der Raumpräferenzen, der Informationen der Teilnehmenden, sowie der Design-Richtlinien findet sich in Stadler et al. (2020a). Das VR-Experiment wurde vom Institutional Review Board der Nanyang Technological University Singapore genehmigt.

In Bezug auf Intrapreneurship konnte das interdisziplinäre Team innerhalb der Forschungseinrichtung im beschriebenen Projekt Innovation auf zwei Ebenen schaffen. Zum einen wurde durch einen partizipativen Gestaltungsansatz Innovation im Bereich der Gestaltung im öffentlichen Raum erzielt, da aufgrund der Erhebung von 463 verifizierten Präferenzen Gestaltungsrichtungen für die weitere Produktentwicklung abgeleitet werden konnten. Andererseits konnte die Verwendung von VR zur Erhebung von Präferenzen basierend auf immersiven Erfahrungen als generelle Gestaltungsgrundlage verifiziert werden, die Vorteile wie Validität, Kosten- und Zeiteffizienz, sowie immersive Erlebnisse mit sich bringen.

3 Der Einfluss von Design Thinking und Virtual Reality auf Innovation innerhalb von Unternehmen

Wie die zwei Fallbeispiele gezeigt haben, wurde der Design Thinking-Ansatz in Kombination mit VR für zwei unterschiedliche Zwecke eingesetzt: (1) um Probleme zu identifizieren und Konzepte zu evaluieren und (2) um mit Hilfe eines partizipativen Gestaltungsansatzes Konzepte zu generieren und zu verifizieren. In beiden Projekten wurden interdisziplinäre Teams gebildet, um den jeweiligen VR Apparat sowie die zugrundeliegende Methodik der Datenerhebung zu gestalten und durchzuführen.

3.1 Vorteile von VR-Anwendungen in Kombination mit dem Design Thinking-Ansatz

Die Verwendung von Design Thinking im Unternehmenskontext ist ein bereits bekanntes Forschungsgebiet, welches das Potenzial hat, neue Strategien einzuschlagen und Innovation zu fördern (Abrell, 2016). Die Kombination dieses Ansatzes mit VR könnte jedoch zu einem weiteren Paradigmenwechsel führen. Die Nutzung von VR wurde bereits in anderen Anwendungsbereichen als empirisches Datenerhebungswerkzeug verifiziert (Kuliga et al., 2015; Pizzi et al., 2019). Wie sich anhand der beiden behandelten Fallstudien herausgestellt hat, eröffnet die Nutzung von VR neue Möglichkeiten. Im Folgenden werden vier Vorteile dargestellt:

Umgebungen erlebbar machen

Zum einen lassen sich „fiktive" Umgebungen erzeugen, welche jedoch immersiv erlebbar gemacht werden können. Daher können Daten in Szenarien gesammelt werden, welche unter echten Gegebenheiten nicht erhebbar wären. Wie im zweiten Fallbeispiel beschrieben wurde, wurde ein Konfigurator entwickelt, der es den Teilnehmenden ermöglichte, 500 Raumkonfigurationen immersiv zu erleben. Konventionelle Designmethoden, wie beispielsweise Papierprototypen oder digitale Visualisierungen, hätten verminderte Immersion nach sich gezogen, während der Nachbau aller Konfigurationen als 1:1 Prototypen einen erheblichen Aufwand bedeutet hätte. Diese Beobachtung wird durch Forschende bestätigt, welche ebenfalls die Zeit- und Kosteneffizienz von VR im Vergleich zu konventionellen Datenerhebungsmethoden beschreiben (Deb et al., 2017; Pillai, 2017; Stadler et al., 2020b). Mit Hilfe der VR-Applikation konnten in der beschriebenen Fallstudie Konzepte bereits vor der Anfertigung von zeit- und kostenaufwändigen Prototypen evaluiert werden. Wie im ersten Fallbeispiel erläutert wurde, konnten durch die Nutzung von VR neuartige dynamische Wegeleitsysteme visualisiert und von Expertinnen und Experten bezüglich ihrer Nutzungsfreundlichkeit evaluiert werden, bevor diese entwickelt und als Prototypen gefertigt wurden. Besonders in sich schnell entwickelnden Anwendungsgebieten ist diese Art und Weise der Produktevaluierung vorteilhaft.

Präferenzen verifizieren

Des Weiteren können Präferenzen gesammelt werden, welche durch die Visualisierung in VR durch die Studienteilnehmenden selbst verifiziert werden können. Dies kann zu einem Mehrwert in der Datenerhebung führen, da beschriebene Präferenzen („stated preferences") und eigentliche Präferenzen („actual preferences") oftmals keine oder nur eingeschränkte Kongruenz aufweisen (Bann, 2002; Murphy et al., 2003; Stadler et al., 2020a).

Aktuelle Studien weisen ebenfalls den Konsens auf, dass Präferenzen, welche aufgrund von Erfahrungen ausgedrückt werden, akkurater sind, als Präferenzen, welche aufgrund von hypothetischen Annahmen getroffen werden (Farooq et al., 2018; List & Gallet, 2001; Murphy et al., 2003; Stadler et al., 2020a). Daher kann die Verwendung von VR die Identifizierung von Bedürfnissen von Nutzerinnen und Nutzern bereits in den frühen Phasen des Design Thinking Prozesses unterstützen. Dies kann zum einen die Erzeugung von Innovation fördern und zum anderen die Entwicklung von Produkten nach sich ziehen, bei welchen die Anforderungen der Nutzerinnen und Nutzer in den Mittelpunkt gestellt werden (Human-Centred Design). Dies kann im Umkehrschluss zu erfolgreicheren Produkten führen (van der Bijl-Brouwer & Dorst, 2017).

Valide Daten erheben

Durch eine VR-Anwendung konnten Daten unter laborähnlichen und somit kontrollierten Bedingungen erhoben werden. Dieser Vorteil wurde bereits von anderen Forschenden beschrieben und führt dazu, dass valide Daten erhoben werden können, welche nicht durch äußere Störfaktoren beeinflusst werden (Deb et al., 2017; Kuliga et al., 2015; Stadler et al., 2020b). Bezüglich des ersten beschriebenen Fallbeispiels bedeutet dies, dass alle Teilnehmenden alle Szenarien unter gleichen Bedingungen erleben konnten. Da diese Szenarien ebenfalls von sich bewegenden Menschenströmen beeinflusst wurden, konnte dies nur durch eine Simulation ermöglicht werden, nicht jedoch im realen Umfeld. In Bezug auf Design Thinking bedeutet dies, dass Probleme frühzeitig erkannt werden können. Dieser Aspekt kann zu neuen Innovationen führen und Unternehmen während der Produktentwicklung unterstützen.

Bedürfnisse verschiedener Zielgruppen kennenlernen

Der vierte Vorteil der Nutzung von VR für Design Thinking ist die Möglichkeit, Umgebungen und Produkte unter außergewöhnlichen Gegebenheiten erfahren zu können. Im ersten Fallbeispiel wurde ein Okklusionsfilter in die Applikation integriert, welcher es den Expertinnen und Experten erlaubte, die Wegeleitsysteme aus der Sicht von Seniorinnen und Senioren zu erleben. Des Weiteren wurde die Schrittgeschwindigkeit auf ein Tempo verringert, welches grundsätzlich dem Schritttempo von Seniorinnen und Senioren entspricht. Designerinnen und Designer nutzen bereits Methoden, um Produkte aus der Lage verschiedener Gruppen zu erfahren, wie beispielsweise „Empathy Tools". Diese Methode sieht es vor, dass Designerinnen und Designer Produkte beispielsweise mit beschwerten Handschuhen bedienen oder Brillen verwenden, welche das Sichtfeld einschränken, um nachzuempfinden, wie es für Nutzerinnen und Nutzer mit besonderen Bedürfnissen wäre, mit diesen Produkten umzugehen (IDEO, 2003). Diese Herangehensweise kann durch VR unterstützt werden und einen Mehrwert für den Innovationsprozess innerhalb von Unternehmen bedeuten.

3.2 Nachteile von VR-Anwendungen in Kombination mit dem Design Thinking-Ansatz

Es ergaben sich ebenfalls Nachteile durch die Kombination von Design Thinking und VR. Zum einen ist die Technologie von VR und besonders HMDs derzeit noch nicht in der Lage, das menschliche Sehvermögen (insbesondere Auflösung und Blickfeld) nachzustellen. Dadurch kann es während der Datenerhebung dazu kommen, dass Objekte (z. B. entgegenkommende Fahrzeuge) später wahrgenommen werden als in realen Gegebenheiten. Dies kann die Datenerhebung beeinflussen und im schwerwiegendsten Fall zu falschen Annahmen während des Innovationsprozesses führen. Daher ist es ratsam, keine Produkte zu evaluieren, welche nicht realistisch und ausreichend aufgelöst vom virtuellen System und HMD dargestellt werden können. Die Abwesenheit von haptischen Feedbacks in VR führt momentan ebenfalls dazu, dass nur Szenarien in Betracht gezogen werden können, in welchen kein haptisches Feedback notwendig ist. Des Weiteren kann die Benutzung und Interaktion mit dem VR-System von den Studienteilnehmenden als Hürde wahrgenommen werden. Besonders Teilnehmende ohne Vorerfahrung mit VR können dazu tendieren, von dieser Technologie eingeschüchtert zu sein. Daher ist eine ausführliche Einführung für alle Teilnehmenden sowie eine hohe Nutzerfreundlichkeit der Applikation entsprechend der Fähigkeiten der Nutzerinnen und Nutzer ratsam.

3.3 Design Thinking und VR im Kontext von Intrapreneurship

Zusammengefasst hat die Verwendung von VR im Design Thinking-Prozess in den beiden Fallstudien zu folgenden Vorteilen geführt, die Innovation innerhalb des Forschungsunternehmens nach sich gezogen hat:

- Probleme von existierenden Systemen in zukünftigen Szenarien wurden identifiziert.
- Neuartige Produktideen wurden *vor* ihrer Implementierung auf ihre Nutzungsfreundlichkeit und Effektivität überprüft.
- Produktideen konnten in verschiedenen (zukünftigen) Szenarien und aus der Sicht von Personen mit besonderen Bedürfnissen (z. B. körperliche Einschränkungen aufgrund des Alters) erlebbar gemacht werden.
- Eine Vielzahl an Produktvarianten wurde ohne physischen Modellbau erlebbar gemacht.
- Potenzielle Nutzerinnen und Nutzer konnten in den Produktentwicklungsprozess involviert werden.
- Produktideen konnten in einer laborähnlichen und kontrollierten Umgebung getestet werden.
- Präferenzen von Nutzerinnen und Nutzern konnten verifiziert werden.

Aufgrund der genannten Vorteile, ist es für die beiden interdisziplinären Teams möglich, innerhalb der beiden Fallstudien innovative Produktkonzepte (d. h. ein neuartiges Wegeleitsystem sowie drei Raumkonfigurationen für zukünftige Transitknotenpunkte) zu entwickeln. Dies ermöglichte die Evaluierung dieser Konzepte für aktuelle und zukünftige Szenarien. Die ausgearbeiteten Produkte konnten Kundinnen und Kunden präsentiert werden.

4 Fazit

Die Verwendung von VR in Kombination mit Design Thinking innerhalb von Unternehmen hat das Potenzial, den Innovationsprozess zu fördern und somit die Produktentwicklung zu unterstützen und effizienter zu gestalten. Besonders um neuartige Probleme zu identifizieren, die sich in zukünftigen Szenarien ergeben oder um Produktkonzepte partizipativ zu gestalten und zu evaluieren, bieten die hier beschriebenen Ansätze Vorteile gegenüber konventionellen Designmethoden. Dennoch muss beachtet werden, dass die Technologie von VR derzeit noch nicht ausgereift ist, um in sämtlichen Anwendungsgebieten zu validen Datenerhebungen zu führen. Ein essenzieller Aspekt für die erfolgreiche Durchführung beider Projekte war das Bilden der internen interdisziplinären Teams sowie die Übertragung der Projektverantwortung innerhalb der Teams. Ein stetiger und iterativer Austausch zwischen den Teammitgliedern sowie eine hohe Transparenz während der Entwicklung der Applikation und Methodik hat dies unterstützt.

Die beschriebenen Ansätze sollen als Grundlage für die wissenschaftliche Fachgemeinschaft dienen, um auf den hier beschriebenen Erfahrungen aufzubauen und die Verwendung von VR in Kombination mit Design Thinking im Kontext Intrapreneurship weiter zu evaluieren und in verschiedenen Applikationsdomänen anzuwenden.

Literatur

Abrell, T. (2016). Design thinking and corporate entrepreneurship: An integration and avenues for future research. In W. Brenner (Hrsg.), *Design thinking for innovation: Research and practice*. Springer. https://doi.org/10.1007/978-3-319-26100-3.

Antoncic, B., & Hisrich, R. D. (2003). Clarifying the intrapreneurship concept. *Journal of Small Business and Enterprise Development, 10*(1), 7–24. https://doi.org/10.1108/14626000310461187.

Bann, C. (2002). An overview of valuation techniques: Advantages and limitations. *ASEAN Biodiversity, 2*(2), 8–16. https://doi.org/10.1007/978-3-319-54744-2_6.

van der Bijl-Brouwer, M., & Dorst, K. (2017). Advancing the strategic impact of human-centred design. *Design Studies, 53*, 1–23. https://doi.org/10.1016/j.destud.2017.06.003.

Brenner, W., & Uebernickel, F. (2016). Design thinking for innovation: Research and practice. In *Design thinking for innovation: Research and practice*. Springer. https://doi.org/10.1007/978-3-319-26100-3.

Cross, N. (2006). *Designerly ways of knowing*. Springer. https://doi.org/10.1007/1-84628-301-9.

Deb, S., Carruth, D. W., Sween, R., Strawderman, L., & Garrison, T. M. (2017). Efficacy of virtual reality in pedestrian safety research. *Applied Ergonomics, 65*, 449–460. https://doi.org/10.1016/j.apergo.2017.03.007.

Farooq, B., Cherchi, E., & Sobhani, A. (2018). Virtual immersive reality for stated preference travel behavior experiments: A case study of autonomous vehicles on urban roads. *Transportation Research Record, 2672*(50), 35–45. https://doi.org/10.1177/0361198118776810.

Herrera, F., Bailenson, J., Weisz, E., Ogle, E., & Zak, J. (2018). Building long-term empathy: A large-scale comparison of traditional and virtual reality perspective-taking. *PLoS ONE, 13*(10), 1–37. https://doi.org/10.1371/journal.pone.0204494.

Heufler, G. (2004). *Design basics – From ideas to products*. Niggli Verlag AG.

Hilbrecht, H., & Kempkens, O. (2013). Design Thinking im Unternehmen – Herausforderung mit Mehrwert. In *Digitalisierung und Innovation – Planung – Entstehung – Entwicklungsperspektiven*. Springer. https://doi.org/10.1007/978-3-658-00371-5.

IDEO. (2003). IDEO method cards: 51 ways to inspire design.

IDEO. (2016). *Why VR will revolutionize how we do research*. https://www.ideo.com/blog/why-vr-will-revolutionize-how-we-do-research. Zugegriffen am 16.02.2021.

Jeffries, R., Miller, J. R., Wharton, C., & Uyeda, K. (1991). User interface evaluation in the real world. *Proceedings of the SIGCHI Conference on Human Factors in Computing Systems Reaching through Technology – CHI '91, 91*(c), 119–124. https://doi.org/10.1145/108844.108862.

Keeley, D. (2018). *The use of virtual reality sketching in the conceptual stages of product design*. Bournemouth University.

Kuliga, S. F., Thrash, T., Dalton, R. C., & Hölscher, C. (2015). Virtual reality as an empirical research tool – Exploring user experience in a real building and a corresponding virtual model. *Computers, Environment and Urban Systems, 54*, 363–375. https://doi.org/10.1016/j.compenvurbsys.2015.09.006.

Lewis, C. (1982). *Using the „think-aloud" method in cognitive interface design*. IBM research report RC 9265, 2/17/82. IBM T. J. Watson Research Center.

List, J. A., & Gallet, C. A. (2001). What experimental protocol influence disparities between actual and hypothetical stated values? *Environmental and Resource Economics, 20*(3), 241–254. https://doi.org/10.1023/A:1012791822804.

Mankoff, J., Dey, A. K., Hsieh, G., Kientz, J., Lederer, S., & Ames, M. (2003). Heuristic evaluation of ambient displays. *Conference on Human Factors in Computing Systems – Proceedings, 5*, 169–176.

Murphy, J., Allen, P., Stevens, T., & Weatherhead, D. (2003). *A meta-analysis of hypothetical bias in stated preference valuation* (No. 2003–8). http://scholarworks.umass.edu/cgi/viewcontent.cgi?article=1200&context=peri_workingpapers. Zugegriffen am 16.02.2021.

Nielsen, J. (1992). Finding usability problems through heuristic evaluation. In *Proceedings of CHI '92 conference* (S. 373–380). https://doi.org/10.1145/142750.142834.

Nielsen, J. (2000). *Why you only need to test with 5 users*. https://www.nngroup.com/articles/why-you-only-need-to-test-with-5-users/. Zugegriffen am 16.02.2021.

Nielsen, J., & Molich, R. (1990). Heuristic evaluation of user interfaces. In *CHI'90 proceedings* (S. 249–256). https://doi.org/10.1016/0921-4526(93)90674-U.

Pillai, A. (2017). *Virtual reality based study to analyse pedestrian attitude towards autonomous vehicles*. Aalto University.

Pinchot, G. (1988). *Intrapreneuring – Mitarbeiter als Unternehmer*. Gabler.

Pizzi, G., Scarpi, D., Pichierri, M., & Vannucci, V. (2019). Virtual reality, real reactions?: Comparing consumers' perceptions and shopping orientation across physical and virtual-reality retail stores. *Computers in Human Behavior, 96*(4), 1–12. https://doi.org/10.1016/j.chb.2019.02.008.

Rieuf, V., & Bouchard, C. (2017). Emotional activity in early immersive design: Sketches and moodboards in virtual reality. *Design Studies, 48*, 43–75. https://doi.org/10.1016/j.destud.2016.11.001.
Rittel, H. W. T., & Webber, M. M. (1973). Dilemmas in a general theory of planning. *Policy Sciences, 4*(2), 155–169.
SAE International. (2016). *Taxonomy and definitions for terms related to driving automation systems for on-road motor vehicles*. https://www.sae.org/standards/content/j3016_201609/. Zugegriffen am 16.02.2021.
Schön, A. D. (1983). *The reflective practitioner*. Basic Books Inc.
Stadler, S., Cornet, H., & Frenkler, F. (2020a). Collecting people's preferences in immersive virtual reality: A case study on public spaces in Singapore. In *Proceedings of the DRS2020*. https://doi.org/10.21606/drs.2020.308.
Stadler, S., Cornet, H., & Frenkler, F. (2020b). Criteria evaluation of a virtual reality platform to investigate people's behaviour towards autonomous vehicles. In *Driving simulation conference Europe 2020*. Antibes.
Sutcliffe, A., & Gault, B. (2004). Heuristic evaluation of virtual reality applications. *Interacting with Computers, 16*(4), 831–849. https://doi.org/10.1016/j.intcom.2004.05.001.
Tovey, M. (1989). Drawing and CAD in industrial design. *Design Studies, 10*(1), 24–39. https://doi.org/10.1016/0142-694X(89)90022-7.
Willmanns, R. (2009). *Paradoxa und Praxis im Innovationsmanagement*. Carl Hanser.

Teil IV

Corporate Intrapreneurship: Praktische Erkenntnisse

Praxis-Insights: Bewährte Intrapreneurship-Programme und deren Einfluss auf Mitarbeitende und die Organisationskultur

Felix Kästner und Sarah Lorenz

1 Einführung: Intrapreneurship und der Einfluss auf eine innovative Unternehmenskultur

Stellen wir uns ein Unternehmen vor, in dem jeder Mitarbeitende an einem Intrapreneurship-Projekt beteiligt ist. Einige nutzen bestehende Ressourcen aus Produktdesign und der Technologieabteilung, um neue Produkte für einen komplett anderen Markt zu entwickeln. Andere entwerfen KI-gestützte Werkzeuge, um ihre täglichen Arbeitsabläufe zu erleichtern, und wieder andere engagieren sich als die etwas wirksamere HR-Abteilung des Unternehmens, indem sie Personen abteilungsübergreifend verbinden und zum unternehmerischen Denken und Handeln ausbilden. Jeder Mitarbeitende fühlt sich als Mitgestaltender einer innovativen Organisationskultur verantwortlich sowie für die Tragfähigkeit der Organisation in Zukunft – und baut dadurch eine nachhaltige Loyalität zum Unternehmen auf. So könnte das Idealbild von wirkungsvollem Intrapreneurship aussehen. Wie dies in der Praxis verwirklicht wird und welche Effekte dies mit sich bringt, soll im Folgenden erläutert werden.

Intrapreneurship kann ein wertvolles Instrument in der Schaffung gesünderer und leistungsfähiger Organisationen sein (Dunlap-Hinkler et al., 2010). Zudem kann Intrapreneurship zu positiven Ergebnissen, sowohl auf individueller als auch organisatorischer Ebene, führen. Für den und die Einzelne führt die Beteiligung an Intrapreneurship-Projekten zu einer höheren Arbeitszufriedenheit und einem größeren Engagement am Arbeitsplatz (Holt et al., 2007). Auf organisationaler Ebene sind positive Ergebnisse an eine

F. Kästner · S. Lorenz (✉)
German Entrepreneurship GmbH, München, Deutschland
E-Mail: kaestner@german-entrepreneurship.de; lorenz@german-entrepreneurship.de

R. Kraus et al. (Hrsg.), *Intrapreneurship*,
https://doi.org/10.1007/978-3-662-64102-6_11

verbesserte Unternehmensleistung (Wachstum, Marktanteil, Rentabilität) geknüpft, die zum Teil durch ein höheres Maß an Mitarbeitermotivation bedingt sind (Dess & Lumpkin, 2005; Zahra & Garvis, 2000).

Intrapreneure stehen Entrepreneuren in ihrer Denk- und Arbeitsweise oftmals in nichts nach, haben aber den Vorteil zusätzlich auf die geballten Ressourcen ihres Unternehmens zugreifen zu können (Desouza, 2011). Welcher Gründer bzw. welche Gründerin träumt schließlich nicht davon, die eigenen Ideen an einem bereits existierenden Kundenstamm zu testen, mit Hilfe einer ganzen Marketingabteilung zu bewerben oder auf teure Tools, vorhandene Produktions- und Lieferketten oder bereits vorhandene finanzielle Mittel zurückgreifen zu können? Im Vergleich zu Entrepreneuren werden Intrapreneure hingegen des Öfteren ausgebremst – und dies oft bereits auf der organisationalen Ebene. Es stellt sich also die Frage, welche Voraussetzungen Unternehmen schaffen können, um eine für Intrapreneurship förderliche Kultur in der Organisation zu schaffen.

In der Literatur ist eine Vielzahl an Untersuchungen zu finden, welche sich mit den organisationalen Voraussetzungen befassen. Bayrle (2020) führt hier beispielsweise insgesamt sechs grundlegende Bedingungen an. Eine Voraussetzung ist hierbei die Unterstützung und Förderung von Intrapreneurship-Initiativen und -Formaten durch das Management des Unternehmens. Mitarbeitende sollten vor allem von direkten Führungskräften das Gefühl vermittelt bekommen, eigenverantwortlich Projekte übernehmen zu dürfen (Engelen et al., 2015). Auch die Anwendung von daran abgestimmten Kontrollsystemen kann dazu führen, Intrapreneurship zu fördern (Davila et al., 2009). Jedoch sollten diese mit Bedacht ausgewählt und nicht zu eng aufgesetzt werden, sondern Mitarbeitenden eine gewisse Autonomie und Entscheidungsfreiheit garantieren (Bayrle, 2020). Sie sollten selbst darüber entscheiden dürfen, wie sie ihre Arbeit effektiv und effizient umsetzen können, was jedoch voraussetzt, dass die Vision und Strategie des Unternehmens dies zulässt und logischerweise allen Mitarbeitenden bekannt ist (Goodale et al., 2011). Zusätzlich sollte ihnen genügend Zeit, bestenfalls ein bestimmtes Zeitkontingent (Kuratko et al., 2014) sowie passende Incentives (Schießl, 2015) zur Verfügung gestellt werden. Auch müssen die Organisationsgrenzen klar definiert werden, um interne und externe Sichtweisen für Intrapreneure deutlich trennbar ausweisen zu können (Kuratko et al., 2014).

Schaffen Organisationen die notwendigen Strukturen und entsprechenden Formate, um Mitarbeitenden genügend Platz für Kreativität und die Entwicklung eigener Ideen zu geben, werden sie langfristig davon profitieren. Sie werden ihre Innovations- und Entwicklungskraft zunehmend von innen stärken, um auch zukünftig wettbewerbsfähig zu bleiben, Mitarbeitende zu incentivieren und zu binden sowie vielversprechende Talente anzuziehen. Intrapreneure können bei der Transformation hin zu einem innovationsfähigen Unternehmen helfen, indem sie als Vorbild und Multiplikator das dafür notwendige Mindset in die Organisation tragen.

2 Bewährte Grundsätze aus der Praxis zur Förderung einer Unternehmenskultur, die Intrapreneurship fördert

Neben den erwähnten organisationalen Voraussetzungen, welche förderlich sein können, um Intrapreneure in einer Organisation zu ermutigen, ihre Fähigkeiten gewinnbringend für das Unternehmen einzusetzen, ist in der Praxis zusätzlich die Vermittlung und vor allem das Leben bestimmter Grundsätze unabdingbar. Der Prozess der Veränderung der Kultur eines etablierten Unternehmens ist in der Praxis oftmals ein schwieriges bzw. langwieriges Unterfangen und mit diversen Hürden und Stolperfallen verbunden (vgl. auch bspw. Kostka, 2017). Es gibt hierzu kein Patentrezept oder gar *die* richtige Kultur, vielmehr muss jedes Unternehmen selbst den für sich besten Weg finden. In der Praxis haben sich jedoch verschiedene Grundsätze und Ansätze bewährt, welche eine intrapreneurshipfreundliche Unternehmenskultur langfristig ermöglichen können.

Leben der *Build-Measure-Learn*-Denkweise

Ein Vorgehen, welches im Kontext von Konzernen vermehrt in den Fokus rückt, stellt der sogenannte *Lean Startup Ansatz* von Eric Ries dar (Ries, 2011). Dieser wissenschaftlich fundierte Ansatz, der eigentlich als Management-Ansatz für Start-ups entwickelt wurde, beschreibt wie Gründerinnen und Gründer vorgehen sollten, um mit einer möglichst maximalen Beschleunigung ihre Gründungsaktivitäten voranzubringen. Dieses Vorgehen kann nicht nur Start-ups dabei helfen, Ideen möglichst schnell zu entwickeln und zu skalieren, sondern auch große Unternehmen können zumindest Elemente davon übernehmen, um Produkte und Dienstleistungen schneller und vor allem wesentlich kundenorientierter und ressourcenschonender zu erarbeiten. Im Zentrum von Eric Ries' Buch *The Lean Startup* steht der sogenannte *Build-Measure-Learn*-Kreislauf als zentrales Element. *Build* steht dabei für die Kreation einer Idee oder die Identifikation einer konkreten Problemstellung, *Measure* für die Testung dieser und *Learn* für die Beobachtung und das Ableiten von Implikationen auf die initiale Idee. Dabei handelt es sich um einen zirkulären, systematischen Evaluationsprozess, welcher in der Reihenfolge *Build*, *Measure* und *Learn* so lange wiederholt wird, bis festgestellt werden kann, ob Dienstleistungs- oder Produktideen einen Markt finden oder nicht. Ideen können so, angepasst an die Rahmenbedingungen und Ressourcen des Unternehmens, innerhalb weniger Tage bis Wochen und durch direktes Kundenfeedback getestet werden. Dadurch wird das Selbstbewusstsein der Mitarbeitenden in Bezug auf ihre Idee gestärkt und sie erlangen zusätzlich ein verbessertes und umfassendes Marktverständnis für die Ideen sowie deren Rahmenbedingungen, da sie bereits in einer sehr frühen Phase der Ideenentwicklung echte Interviews mit potenziellen Kundengruppen – die vielen Mitarbeitenden in ihrem Arbeitsalltag fremd sind – durchführen. Zusätzlich erlangen Mitarbeitende durch den hohen Fokus auf die Validation von Hypothesen und das Ausprobieren von eigenen Ideen, ein besseres Verständnis und Bewusstsein für den limitierten, ergebnisorientierten und strukturierten Einsatz von Ressourcen.

Schnelles Preto- und Prototyping eigener Ideen

Ein wichtiges Element des *Build-Measure-Learn*-Ansatzes stellt die schnelle und stetige Anpassung der erstellten Prototypen dar (Ries, 2011). Konkret spielt hierbei die Erstellung eines sogenannten Minimal Viable Products (MVP), also eines ersten Prototyps mit den wichtigsten Grundfunktionen, eine zentrale Rolle, um möglichst schnell und in einer sehr frühen Phase der Entwicklung von Produkten Kundenfeedback einzuholen. Zu beachten ist hierbei, nicht bereits von Beginn an die fertige Lösung entwickeln zu wollen, sondern Ideen visuell, grafisch und/oder haptisch in einer vereinfachten Form darzustellen, so dass sich potenzielle Kunden das Endprodukt bereits in einem frühen Reifestadium sehr gut vorstellen können. Der Kreativität sind hierbei keine Grenzen gesetzt. So ist je nach Rahmenbedingungen und Vorkenntnissen der Mitarbeitenden von einfachen Videos, Mockups oder Zeichnungen bis hin zu fortgeschritteneren ersten App-Entwürfen oder Landing-Pages vieles möglich. Vor allem innerhalb von Unternehmen lohnt es sich den Begriff des „Pretotyps" einzuführen, um Mitarbeitende für diesen Ansatz zu sensibilisieren. Die Beobachtung zeigt nämlich, dass unter einem Prototyp in der Industrie oftmals ein fast finales Produkt verstanden wird. Der Pretotyp befindet sich jedoch noch eine Stufe vor dem Prototyp und ermöglicht es zu evaluieren, ob etwas überhaupt gebaut werden sollte, während der Prototyp den Mitarbeitenden zeigt, ob etwas überhaupt gebaut werden kann.

Etablieren einer Fehlerkultur

Schnell und oft scheitern: Eine Kultur, welche Intrapreneurship fördert, lebt davon, dass Mitarbeitende in einem sicheren Rahmen neuartige Ideen testen können, in welchem Fehler explizit erwünscht sind. Durch den *Build-Measure-Learn*-Zyklus werden Fehler oder „falsche" Annahmen automatisch Teil des Lernprozesses und erweitern die Erfahrungen von Mitarbeitenden. Durch eine aktiv gelebte Fehlerkultur werden Ideen in der Praxis meist schneller und somit in der Regel auch ressourcenschonender evaluiert bzw. verworfen. Zusätzlich ist es besonders unter Gründerinnen und Gründern beliebt geworden, das eigene Scheitern und vor allem das daraus resultierende „Aufstehen" als Teil der eigenen Erfolgsgeschichte hervorzuheben (Kunert, 2016). Diese Kultur der Fehler stellt oftmals eine Herausforderung in Unternehmen dar, da diese im Tagesgeschäft explizit nicht gewünscht bzw. nicht gerne gesehen ist. Sich auf eine solche Fehler- oder vielmehr Lernkultur einzulassen lohnt sich allerdings, da sie Freiräume zum Ausprobieren und Testen schafft und die Organisationskultur nachhaltig beeinflussen kann. Intrapreneuren hilft diese Einstellung einer Lernkultur, um an eigenen Erfahrungswerten zu wachsen und Ideen schnell zu erproben, zu überprüfen und sie, wenn nötig, auch schnell wieder zu verwerfen.

Innovative Mitarbeitende sind überall in der Organisation zu finden

Nur wenn Mitarbeitende eine sehr ausgeprägte intrinsische Motivation besitzen eine Idee zu verfolgen, tun sie dies auch ohne die passenden organisationalen Rahmenbedingungen. Intrapreneure sind allerdings viel häufiger vorhanden, als man denken mag und überall im Unternehmen zu finden – es bedarf jedoch der Unterstützung durch passende Strukturen, um das eigene unternehmerische und innovative Potenzial zu leben. Deshalb auch lässt sich in der Praxis nicht spezifizieren, in welchen Fachbereichen (potenzielle) Intrapreneure typischerweise ansässig sind. Vielmehr gibt es in allen Unternehmensbereichen Mitarbeitende, welche gewisse Grundvoraussetzungen und Denkweisen mitbringen. Durch motivierendes Coaching und passende Methoden kann eine offene und explorative Haltung aktiviert werden, um aufkommenden Problemen und Herausforderungen erfolgreich begegnen zu können. Zudem kann im Hinblick auf die Bildung von möglichst heterogenen Intrapreneurship- oder Projektteams, die Betrachtung von Ideen und Problemstellungen aus verschiedenen Blickwinkeln zu fruchtbaren Diskussionen und innovativen Lösungen führen.

Nicht alle der genannten Grundsätze sind wie beschrieben immer 1:1 in der eigenen Organisation integrierbar. Oftmals bietet es schon großen Mehrwert, diese situativ oder auch nur in einzelnen Elementen zu aktivieren, um große Effekte hinsichtlich der Mitarbeiterzufriedenheit und organisationalen Innovationskraft zu erzielen.

3 Best Practices: Verschiedene Intrapreneurship-Ansätze aus der Praxis und ihr Einfluss auf die Organisationskultur

Die Anzahl an unternehmensinternen Innovationsprogrammen ist in den letzten Jahren stetig gewachsen – und damit einhergehend auch die Möglichkeiten und Gestaltungsformen, welche sich von Unternehmen zu Unternehmen unterscheiden können. Bei klassischen Innovationsprogrammen, wie beispielsweise externen Start-up-Programmen, sind die Rahmenbedingungen und das Setup eines solchen Programms, zumindest in großen Konzernen, oftmals sehr ähnlich gestaltet. Bei der Konzeption und Verankerung von Intrapreneurship-Programmen bedarf es hier wesentlich mehr Feinschliff und Individualisierung des gesamten Settings, um sich einerseits von Mitarbeitenden und anderseits von allen Managementebenen des Unternehmens das Engagement und die Unterstützung für das Programm einzuholen. Nur wenn der Mehrwert für alle Stakeholder von Beginn an deutlich sichtbar und die richtige organisationale Einbettung des Programms mit zugleich hoher Autonomie gewährleistet ist, können Intrapreneurship-Aktivitäten auch langfristigen Einfluss auf die Wandlung der Unternehmenskultur bieten (Schwuchow & Gutmann, 2016, S. 251). Im Folgenden werden drei verschiedene, in der Praxis bewährte, Intrapreneurship-Formate sowie deren Einfluss auf die Organisationskultur näher beschrieben.

BEST PRACTICE 1: KURZPROGRAMM ALS BOOTCAMP

Einen Einstieg mit hoher Akzeptanz in Intrapreneurship-Aktivitäten stellen Formate dar, welche ressourcenschonend und leicht in den Arbeitsalltag zu integrieren sind. Eines, das sich in der Praxis bewährt hat, ist die Durchführung eines Kurzprogramms als sogenanntes Bootcamp. Dabei werden grundlegendes Know-how und Techniken in Form einer interaktiven Workshop-Woche im Schnelldurchgang vermittelt. Initiatorin ist gewöhnlich die

Innovationsabteilung des Unternehmens, welche vorab im Rahmen eines Ideenwettbewerbs alle Mitarbeitenden des Unternehmens dazu aufruft, eigene Ideen und Verbesserungsvorschläge einzureichen. Die erfolgversprechendsten Ideen werden im nächsten Schritt ausgewählt, um diese im Rahmen der Workshop-Woche weiter zu verfolgen. Was unter einer erfolgsversprechenden Idee/Projekt verstanden wird, sollte im Vorfeld auch an die Mitarbeitenden kommuniziert werden, um entsprechendes Erwartungsmanagement zu betreiben. Das heißt zum Beispiel: Skalierbarkeit, Innovationsgrad, Passung zur Konzernstrategie etc.

Zum einen haben Unternehmen bei diesem Format den Vorteil Mitarbeiterideen zu einem sehr frühen Zeitpunkt zu evaluieren, zu testen und erste einfache Prototypen zu entwickeln. Zum anderen lernen Mitarbeitende schnell und sehr früh Verantwortung für eigene Ideen zu übernehmen und diese selbst weiterzuentwickeln. Während des Bootcamps lernen sie in interaktiven Sessions des Weiteren die theoretischen Grundlagen zum unternehmerischen Mindset, das Testen von Hypothesen, die Verwendung des Business Model Canvas (Osterwalder & Pigneur, 2011), die Grundlagen im Prototyping sowie das Durchführen von zielorientierten Kundeninterviews. Über die Theorie hinaus sollen Mitarbeitende vor allem im Umgang mit agilen Methoden und Denkweisen geschult werden. Diese Art von Programm fördert zudem den interdisziplinären Austausch mit anderen Teilnehmenden und führt zu einer bereichsübergreifenden Vernetzung.

Während zum einen eine weiterentwickelte Idee erarbeitet ist, werden Mitarbeitende zudem inspiriert und dazu angeregt auch in ihrem Arbeitsalltag problemlösungsorientiert zu denken und agil zu arbeiten. Ein weiterer Vorteil ist die zu Beginn erwähnte einfache Integration in bereits bestehende Arbeitsabläufe und Programmformate, welche es Unternehmen ermöglicht eine breite Masse an Mitarbeitenden aus verschieden Fachbereichen zu erreichen und damit einen Einfluss auf eine innovative Unternehmenskultur haben.

BEST PRACTICE 2: SERVICE CENTER

Keinen klassischen, dennoch nicht weniger effektiven Ansatz für das Aufsetzen eines Intrapreneurship-Programms stellt folgendes Konstrukt dar: die Etablierung eines Service Centers, welches als Stabsstelle innerhalb der Organisation eingebettet ist und als Dienstleistungseinheit rund um eine spezifische Technologie (bspw.: Künstliche Intelligenz, Big Data, Machine Learning etc.) für andere Business Units dient. Mitarbeitende aus allen Geschäftsbereichen können sich mit konkreten Problemstellungen und Ideen, bei welcher die entsprechende Technologie zur Lösung bzw. für die Umsetzung dienen könnte, an das Service Center wenden. Anhand von bestimmten Zugangskriterien entscheidet dieses über das Potenzial und die Machbarkeit des Projekts. Wird ein Projekt bzw. Team in das Programm aufgenommen, durchläuft es nicht, wie in den meisten Fällen üblich, ein festes Curriculum mit beispielsweise Meilensteinen, Quality-Gates oder vorgegebenen inhaltlichen Bausteinen. Vielmehr wird der Rahmen des Projekts individuell auf die Bedürfnisse und Ausgangssituation des Teams angepasst. In der Regel besteht das Projektteam aus den Ideentreibern der Business Units, ausgebildeten Intrapreneurship-Coaches sowie aus Experten aus dem jeweiligen Technologie-Bereich. Die Umsetzung erfolgt auch hier mittels agiler und Start-up-Methoden, um ressourcenschonend potenzielle Geschäftsmodelle und Projekte zu evaluieren. Durch dieses Setup können Mitarbeitende eng mit erfahrenen Experten und Coaches an eigenen Ideen arbeiten und so aus erster Hand von diesen lernen. Die enge Zusammenarbeit fördert zusätzlich den Austausch sowie die Vernetzung in die Organisation hinein.

Im Vergleich zu anderen Formaten liegt der Fokus hier auf der Erarbeitung einer konkreten Lösung für die vorhandene Problemstellung, welche nach Ende der meist einwöchigen Projektzeit direkt wieder zurück in die Business Unit transferiert und umgesetzt wird. Neben der Bearbeitung von Projekten fungiert das Service Center auch als „Think-Tank" für Innovations- und Intrapreneurship-Aktivitäten und platziert sich als Technologie-Experte und Ansprechpartner im Unternehmen. In regelmäßigen Abständen werden verschiedene Veranstaltungen wie themenspezifische Meetups, Panel-Diskussionen oder Hackathons veranstaltet, welche sowohl Mitarbeitende aber auch externe Partner und Interessierte innerhalb der Organisation und darüber hinaus vernetzen, inspirieren und zum Austausch anregen sollen.

BEST PRACTICE 3: MEHRWÖCHIGES PROGRAMM

Der in der Praxis wohl beliebteste Ansatz ist ein Intrapreneurship-Programm mit festem Curriculum und Quality-Gates. Ausgewählte Mitarbeitende können an diesem nach erfolgreicher Bewerbung teilnehmen. Das Unternehmen schreibt dabei in der Regel im Vorfeld verschiedene „Innovations-Aufrufe" aus, welche sich an verschiedenen Trend-Themen und strategischen Zielen des Unternehmens orientieren können. Mitarbeitende können sich ganzjährig mit eigenen innovativen Lösungen auf diese „Aufrufe" bewerben. Im Unterschied zu den meisten Innovationsprogrammen erfolgt die Vorselektion der erfolgversprechendsten Ideen/Projekte zunächst nicht durch eine Jury aus Führungskräften oder dem Topmanagement, sondern durch die Mitarbeitenden der Organisation selbst. Eingereichte Ideen können, für jeden sichtbar, über eine Plattform bewertet werden. Hierbei sind alle Mitarbeitenden angehalten, ihre persönliche Bewertung abzugeben, wodurch bei allen ein Gefühl der Mitbestimmung für zukünftige Innovationen entsteht. Dies trägt dazu bei, dass diese Innovationen bereits von Beginn an eine hohe Akzeptanz innerhalb der Organisation genießen. Zusätzlich dient die Plattform als Inspiration für Mitarbeitende sich selbst für das Programm zu bewerben oder ihre eigene Expertise als Co-Initiator in bestehende Projekte einzubringen. Erst in einem zweiten Schritt werden die bestbewerteten Ideen von einer Jury anhand von vorgegebenen Kriterien beurteilt und die Teilnehmenden für das Intrapreneurship-Programm ausgewählt. Während des mehrwöchigen Programms werden die Mitarbeitenden von ihrer Führungskraft für eine bestimmte Zeit pro Woche freigestellt, um an diesen Tagen intensiv an der Weiterentwicklung ihrer Ideen zu arbeiten. Es zeigt sich in der Praxis, dass gerade im Zusammenhang mit der zeitlichen Freistellung, eine räumliche Trennung zwischen täglicher Arbeit und Programm eine wesentliche Rolle spielt, um sich voll entweder auf das eine oder das andere konzentrieren zu können. Deshalb entscheiden sich viele Unternehmen dazu, innovativ eingerichtete Co-Working Flächen zur Verfügung zu stellen. Durch ein offenes Konzept mit verschiedenen Materialen, wie beispielsweise Kanban Boards, Stellwänden, Materialien zum Prototyping und verschiedenen Testumgebungen, wird die Kreativität der Mitarbeitenden zusätzlich angeregt und der Austausch unter den verschiedenen Teams gefördert.

Im Laufe des Programms erlernen die Teilnehmenden wichtige Methoden und Techniken, welche zum einen für die Entwicklung, das Testen und die Präsentation eigener Ideen notwendig sind. Zum anderen können diese einen Mehrwert für die tägliche Arbeit mit sich bringen und werden im Idealfall über das Programm hinaus an das Kollegium weitergegeben. Entlang eines vorgegebenen Curriculums mit festen Demo-Days, an welchen der Projektfortschritt gezeigt und zusätzliches Feedback eingeholt wird, bereiten die Teams ihre Ideen für den Transfer zurück in die Organisation vor. Demo-Days dienen zusätzlich als Austauschformat, an welchem grundsätzlich alle Mitarbeitenden der Organisation teilnehmen dürfen und so in Kontakt und in den Austausch mit Intrapreneuren kommen. Diese dienen somit zum einen der Vernetzung der Intrapreneur-Teams und dem möglichen Rücktransfer in das Unternehmen hinein, aber auch als Visualisierung einer möglichen Innovationskultur, an der alle Mitarbeitenden teilhaben können, selbst wenn sie nicht im Programm teilnehmen.

Neben der Exploration neuer Geschäftsfelder, hat dieser Ansatz einen positiven Effekt auf Mitarbeiterbindung und Arbeitgeberattraktivität sowie auf die Organisationkultur, die Freiräume für unternehmerisches Denken und Handeln schafft.

Tab. 1 vergleicht abschließend die drei vorgestellten Best Practice Beispiele anhand verschiedener Charakteristika:

Tab. 1 Verschiedene Intrapreneurship-Formate aus der Praxis im Vergleich. (Quelle: eigene Darstellung)

	BEST PRACTICE 1 Kurzprogramm als Bootcamp	*BEST PRACTICE 2* Service Center	*BEST PRACTICE 3* Mehrwöchiges Programm
Ansatz	Kurzprogramm in Form eines Bootcamps	Service Center mit flexiblem Curriculum	Mehrwöchiges Programm mit festem Curriculum
Fokus	Digitale Geschäftsmodelle	Basierend auf Technologien	Kerngeschäftsnahe Themen
Dauer	2 Tage bis 1 Woche	1 bis 2 Wochen	3 bis 6 Monate
Innovations-fokus	Inkrementelle Innovationen	Inkrementelle/ Disruptive Innovationen	Inkrementelle Innovationen/selten disruptiv
Ziel(e) aus Unternehmens-sicht	Frühe Evaluation von Ideen und Prototypen, Mitarbeiterbindung und Arbeitgeberattraktivität	Lösen von konkreten Problemstellungen und schneller Rücktransfer in die Business Units, Exploration neuer Geschäftsfelder, Wettbewerbsfähigkeit	Ausbildung von Intrapreneuren, Mitarbeiterbindung und Arbeitgeberattraktivität, Exploration neuer Geschäftsfelder, Wettbewerbsfähigkeit
Ziel(e) aus Mitarbeitersicht	Inspiration & Austausch, verfolgen eigener Ideen	Lösen von konkreten Problemstellungen	Verfolgen eigener Ideen, Aufbau von Kompetenzen im Feld Intrapreneurship

(Fortsetzung)

Tab. 1 (Fortsetzung)

	BEST PRACTICE 1 Kurzprogramm als Bootcamp	*BEST PRACTICE 2* Service Center	*BEST PRACTICE 3* Mehrwöchiges Programm
Organisationale Verankerung	Verankerung innerhalb der Innovationsabteilung des Unternehmens	„Stabsstelle" des Unternehmens, keine Zuordnung zu einer Business Unit	Meist Verankerung in der Forschung und Entwicklung des Unternehmens oder in bei HR
Füllen der Ideenpipeline des Programms	Ausschreibung eines Ideenwettbewerbs	Direkte Bewerbung der Business Unit	Ausschreibung von themenspezifischen Innovationschallenges
Inhaltliche Programm-ausgestaltung	Starres Curriculum mit interaktiver Workshopstruktur	Maximal flexibel und bedarfsorientiert pro Projekt und Team	Starres Curriculum mit einem Mix aus Input- und individuellen Coaching-Anteilen
Zusammen-setzung der teilnehmenden Teams	Mitarbeitende als Ideentreiber, Unterstützung durch interne und externe Coaches	Gemischte Projektteams: Mitarbeitende aus der Business Unit und themenspezifische Experten, externe Netzwerkpartner	Projektteam aus Ideentreibern, Unterstützung durch externe Coaches, Alumni und Netzwerkpartner
Finanzierung des Programms	Budget der Innovationsabteilung	Finanzierung durch beauftragende Business Unit	Finanzierung durch jeweilige Initiatoren-Abteilung
Freistellung der Mitarbeitenden	100 % für die Dauer des Formats, Genehmigung eigenverantwortlich durch die Mitarbeitenden	100 % für die Dauer des Formats, Genehmigung durch direkte Führungskraft	Bestimmte Anzahl an Tagen pro Woche für die Dauer des Formats, Genehmigung durch direkte Führungskraft
Transfer der Ideen nach Programmende	Transfer in weiterführende Intrapreneurship-Programme	Transfer zurück in die beauftragende Business Unit	Transfer innerhalb der Organisation, „Transferhafen"-Suche durch das Team, ggf. ist ein Spin-off möglich
Incentives für die Mitarbeitenden	Eigenverantwortliches vorantreiben eigener Ideen, Sichtbarkeit innerhalb des Unternehmens	Lösen von eigenen Problemen, Freistellung für die Projektdauer, Zusammenarbeit mit Experten, „Ausbrechen" aus dem Alltag	Freistellung für die Projektdauer, vorantreiben eigener Ideen, Qualifikation und Weiterbildung zu verschiedenen Themenbereichen, Sichtbarkeit innerhalb des Unternehmens
Einfluss auf die Organisations-kultur	„Quick-Wins" durch Impulse & Inspiration, kurzfristiger „Push" von Veränderungen	Langfristiges Instrument zum Aufbau von unternehmerischem Denken und Handeln	Langfristiges Instrument zur Ausbildung von Intrapreneuren und der langfristigen Veränderung der Unternehmenskultur

4 Zehn Praxistipps für das Gelingen von Intrapreneurship-Vorhaben

Mehrere Jahre Praxiserfahrung in der Konzeption, Pilotierung, Ausführung und Skalierung verschiedenster Intrapreneurship-Vorhaben in unterschiedlichen Organisationen haben gezeigt, dass der langfristige Erfolg nicht immer garantiert werden kann. Dennoch haben sich im Lauf der Jahre vermehrt bestimmte Faktoren hervorgetan, welche aus unserer Sicht die größten Praxiseffekte über das nachhaltige Gelingen von Formaten haben. Unsere zehn Praxistipps wollen wir im Folgenden deshalb teilen und kurz erläutern:

1. Finden des richtigen Setups
Zentral für das Gelingen des Intrapreneurship-Programms ist die Vernetzung in die Organisation hinein: Hohe Autonomie bei zugleich enger Verzahnung ins Unternehmen ist hier der richtige Ansatz, weshalb es wichtig ist von Beginn an Fürsprecherinnen und Fürsprecher aus oberen Hierarchieebenen mit starker Netzwerkfunktion für das Programm zu gewinnen.

2. Denken und Arbeiten in Netzwerken
Das Denken und Arbeiten in Netzwerken ist für jedwede Art von Intrapreneurship-Bemühungen innerhalb der Organisation sinnvoll. Im Vordergrund sollte hier der interdisziplinäre und gemeinschaftliche Ansatz stehen, Dinge gemeinsam zu entwickeln und voneinander zu lernen.

3. Kundenzentrierte Entwicklung
Ein wichtiger Grundsatz: Sich mit dem Markt beschäftigen, nicht mit sich selbst. Das unmittelbare Ansetzen bei Kundenwünschen ist auch im Rahmen der internen Ideenentwicklung ein zentrales Element. Dabei spielt es keine Rolle, ob der eigentliche Kunde extern (Endkunde) oder intern (bspw. eine Business Unit) ist.

4. Schaffen von Bekanntheit und Akzeptanz
Bekanntheit und Akzeptanz innerhalb der Organisation sind Garanten für ein erfolgreiches Intrapreneurship-Programm. Entsprechendes Gewicht muss der internen Kommunikation sowie mittel- bis langfristig der Sicherstellung des Transfers von Know-how ins Unternehmen zukommen.

5. Peer-to-peer-Wissensweitergabe
Peer-to-peer-Wissensweitergabe sollte als zentrales Element im Rahmen eines Intrapreneurship-Formats etabliert werden. Auf diese Weise können Mitarbeitende auch außerhalb des Programms von den Erfahrungen der Programmteilnehmenden profitieren.

6. Erfolgs- und Impact-Messung

Zentral ist die Analyse von Erfolgen und Misserfolgen. Diese müssen für andere nutzbar gemacht werden. Nur auf diese Weise kann eine nachhaltige Innovationskultur entstehen. Darüber hinaus sollten Formate stets hinsichtlich des Nutzens für die Organisation hinterfragt und der entsprechende Mehrwert herausgearbeitet werden. Wichtig dabei: Innovation braucht Zeit und Mehrwert ist oftmals erst nach mehreren Jahren nach außen sichtbar.

7. Kommunikation von Erfolgen

Die Kommunikation einzelner Ideen, Projekte etc. in bestimmten Managementebenen oder Entscheidungskreisen sollte erst dann erfolgen, wenn erste Erkenntnisse und Fortschritte sichtbar werden. Dies setzt wiederum einen hohen Grad an Autonomie voraus, der entsprechende Freiheiten in Bezug auf Entscheidungen, Budgets etc. zulässt.

8. Intrapreneurship-Führungsansatz

Erfolgreiches Intrapreneurship benötigt eine bestimmte Art von Management: Mitarbeitende haben das Gefühl, dass ihre Ideen willkommen sind, Kontrollmechanismen sind zurückgefahren, Bürokratie ist auf ein Minimum reduziert und notwendige Ressourcen in Form von Freiräumen und finanziellen Budgets stehen eigenverantwortlich zur Verfügung. Führungskräfte sollten ihren Mitarbeitenden verdeutlichen, dass nicht die Rendite, also der Return on Investment (ROI), sondern das Verwirklichen der eigenen Ideen im Vordergrund steht.

9. Iterative Weiterentwicklung bestehender Formate

Oftmals werden Formate und Programme langer Hand im Voraus geplant, implementiert und dann so lange ausgeführt, bis sie entweder zum Erfolg oder Misserfolg werden. Das Intrapreneurship-Programm selbst sollte jedoch eher selbst als Startup betrachtet werden, welches erst durch mehrfache Iterationsschleifen zum Erfolgsmodell werden kann. Auch hier gilt der Ansatz: *Build-Measure-Learn*.

10. Bedarfsorientierte Unterstützung von Mitarbeitenden und Teams

Vorgegebene Curricula helfen vor allem in mehrwöchigen Intrapreneurship-Formaten dabei den Teams Struktur zu geben und einheitliche Ausbildungsinhalte zu vermitteln. Dabei ist die Mischung aus verschiedenen didaktischen Methoden am erfolgversprechendsten. Fehlen sollte hier jedoch nicht die Integration bedarfsorientierter Coachings, in welchen auf die individuellen Bedürfnisse und das Vorwissen der Teams eingegangen werden kann.

Selbstredend können auch unsere Praxistipps den Erfolg von Intrapreneurship-Vorhaben nicht garantieren oder alle relevanten Themen abschließend zusammenfassen. Vielmehr stellen sie jene Punkte dar, welche aus unserer Sicht den größten Einfluss auf das Gelingen in der gängigen Praxis haben.

5 Fazit und Ausblick

Fortschreitende Globalisierung, immer kürzere Produktlebenszyklen, sowie schnellere Innovationszyklen werden auch in Zukunft die Entwicklung von Unternehmen vorantreiben. Organisationen sind deshalb darauf angewiesen, flexibel auf diese veränderten Rahmenbedingen und Anforderungen reagieren zu können. Der Wandel von Unternehmen hin zu einer agilen Organisation stellt sie oftmals vor große Herausforderungen. Intrapreneurship kann hier ein wertvolles Instrument bei der nachhaltigen Transformation hin zu einer innovativen und zukunftsfähigen Organisation sein. Bei der Etablierung einer entsprechenden Innovationskultur handelt es sich – gerade in großen Unternehmen – um einen Change-Prozess, der nicht von heute auf morgen vollzogen werden kann. So gut dieser Wandel auch gelingt: Es werden nie alle Mitarbeitenden gleichermaßen das Thema Innovation leben. Intrapreneurship kann jedoch ein wichtiger Grundstein für die schrittweise Veränderung der Kultur innerhalb der Organisation sein. Im Unternehmenskontext gibt es nicht *das* Intrapreneurship-Programm. Vielmehr geht es darum, ein für das Unternehmen richtiges Setting zu finden, welches eine hohe Akzeptanz sowohl bei den Mitarbeitenden als auch bei den Führungskräften gewährleistet. Zusätzlich bietet sich ein Mix aus verschiedenen Intrapreneurship-Initiativen an, welche sowohl hinsichtlich zeitlicher als auch finanzieller Ressourcen verschiedene Zielgruppen und Stakeholder im Unternehmen ansprechen. Ein wichtiger Aspekt ist dabei die Innovationspotenziale einzelner Mitarbeitender zu identifizieren und diese bedarfsorientiert und gezielt zu fördern. Gelingt dies, dienen ausgebildete Intrapreneure automatisch auch als Multiplikatoren in die Organisation hinein, indem sie gelernte Soft- und Hardskills in ihre tägliche Arbeit einbringen und somit dabei helfen, die Organisation Schritt für Schritt innovationsfähiger zu machen. Jedoch nicht nur die Mitarbeitenden selbst, sondern auch Führungskräfte sind angehalten ihre Führung anzupassen und die dafür notwendigen Freiräume zu gewähren. Entsprechende Intrapreneurship-Programme, welche beiden Seiten einen Rahmen und eine Plattform für den bereichsübergreifenden Austausch innerhalb des Unternehmens bieten, helfen dabei, diesen Wandel zu beschleunigen. Gelingt dieser Kulturwandel nicht, wird es für Unternehmen auf lange Sicht immer schwieriger, intrinsisch motivierte Talente im Unternehmen zu halten und neue zu gewinnen.

Literatur

Bayrle, C. J. (2020). *Gestaltungsmerkmale von Kennzahlen und ihr Einfluss auf Intrapreneurship. Eine empirische Untersuchung im Bereich Performance Measurement und unternehmerischem Handeln von Mitarbeitern*. Nomos Verlagsgesellschaft.

Davila, A., Foster, G., & Oyon, D. (2009). Accounting and control, entrepreneurship and innovation: Venturing into new research opportunities. *European Accounting Review, 18*(2), 281–311. https://doi.org/10.1080/09638180902731455.

Desouza, K. C. (2011). *Intrapreneurship. Managing ideas within your organization* (Ontario legal directory series). University of Toronto Press.

Dess, G. G., & Lumpkin, G. T. (2005). The role of entrepreneurial orientation in stimulating effective corporate entrepreneurship. *Academy of Management Perspectives, 19*(1), 147–156. https://doi.org/10.5465/AME.2005.15841975.

Dunlap-Hinkler, D., Kotabe, M., & Mudambi, R. (2010). A story of breakthrough versus incremental innovation: Corporate entrepreneurship in the global pharmaceutical industry. *Strategic Entrepreneurship Journal, 4*(2), 106–127. https://doi.org/10.1002/sej.86.

Engelen, A., Gupta, V., Strenger, L., & Brettel, M. (2015). Entrepreneurial orientation, firm performance, and the moderating role of transformational leadership behaviors. *Journal of Management, 41*(4), 1069–1097. https://doi.org/10.1177/0149206312455244.

Goodale, J. C., Kuratko, D. F., Hornsby, J. S., & Covin, J. G. (2011). Operations management and corporate entrepreneurship: The moderating effect of operations control on the antecedents of corporate entrepreneurial activity in relation to innovation performance. *Journal of Operations Management, 29*(1–2), 116–127. https://doi.org/10.1016/j.jom.2010.07.005.

Holt, D. T., Rutherford, M. W., & Clohessy, G. R. (2007). Corporate entrepreneurship: An empirical look at individual characteristics, context, and process. *Journal of Leadership & Organizational Studies, 13*(4), 40–54. https://doi.org/10.1177/10717919070130040701.

Kostka, C. (2017). *Change Management. Wandel gestalten und durch Veränderungen führen* (Pocket power). Carl Hanser Verlag GmbH & Company KG. https://doi.org/10.3139/9783446452794.

Kunert, S. (2016). *Failure Management. Ursachen und Folgen des Scheiterns*. Springer Gabler. https://doi.org/10.1007/978-3-662-47357-3.

Kuratko, D. F., Hornsby, J. S., & Covin, J. G. (2014). Diagnosing a firm's internal environment for corporate entrepreneurship. *Business Horizons, 57*(1), 37–47. https://doi.org/10.1016/j.bushor.2013.08.009.

Osterwalder, A., & Pigneur, Y. (2011). *Business Model Generation. Ein Handbuch für Visionäre, Spielveränderer und Herausforderer*. Campus.

Ries, E. (2011). *The lean startup. How today's entrepreneurs use continuous innovation to create radically successful businesses*. Crown Business.

Schießl, N. (2015). *Intrapreneurship-Potenziale bei Mitarbeitern. Entwicklung, Optimierung und Validierung eines Diagnoseinstruments* (Innovation und Entrepreneurship). München, Ludwig-Maximilians-Univ., Diss., 2013. Springer Gabler. https://doi.org/10.1007/978-3-658-09428-7.

Schwuchow, K., & Gutmann, J. (Hrsg.). (2016). *Personalentwicklung. Themen, Trends, Best Practices 2017*. Haufe Gruppe.

Zahra, S. A., & Garvis, D. M. (2000). International corporate entrepreneurship and firm performance. *Journal of Business Venturing, 15*(5–6), 469–492. https://doi.org/10.1016/S0883-9026(99)00036-1.

Gestaltungsoptionen von Intrapreneurship-Programmen

Christian Stumpf, Rodrigo Isidor, Matthias Baum und Florian Meßner-Schmitt

1 Einführung

Großen und reiferen Unternehmen wird häufig nachgesagt, dass sie aufgrund ihrer bürokratischen Strukturen träge sind und nicht mehr so schnell auf technologische Veränderungen reagieren können, wie junge Startup Unternehmen. Unternehmen, wie Apple Inc. auf internationaler oder die SAP AG auf nationaler Ebene belegen jedoch eindrucksvoll, wie man sich mit Hilfe eines gelebten Intrapreneurships komplett oder in Teilen fortwährend neu erfinden kann. Da auch die bisherige Forschung Intrapreneurship-Aktivitäten einen positiven Zusammenhang auf die Wettbewerbs- und Zukunftsfähigkeit von Unternehmen sowie auf das Arbeitsengagement der Mitarbeitenden dieser bestätigen kann (Bierwerth et al., 2015; Gawke et al., 2017), versuchen immer mehr Unternehmen Intrapreneurship als Innovationstreiber und Vehikel der digitalen Transformation zu verwenden.

Intrapreneurship kann sowohl auf organisationaler als auch auf Mitarbeitendenebene stattfinden (Kuratko et al., 2015). **Intrapreneurship auf organisationaler Ebene** beinhaltet unter anderem das Eingehen von Partnerschaften mit Startups am Markt mittels Acceleratoren und das Investieren in solche durch sogenannter Corporate Venture Capital Funds. Im Hinblick auf ersteres gründete beispielsweise der Pharma- und Diagnostikkonzern

C. Stumpf (✉)
TenneT TSO, Bayreuth, Deutschland

R. Isidor · M. Baum
Universität Bayreuth, Bayreuth, Deutschland
E-Mail: isidor@uni-bayreuth.de; Matthias.Baum@uni-bayreuth.de

F. Meßner-Schmitt
DB Intrapreneurs, Berlin, Deutschland

R. Kraus et al. (Hrsg.), *Intrapreneurship*,
https://doi.org/10.1007/978-3-662-64102-6_12

Roche im Jahre 2020 eigens die RoX Health GmbH mit Sitz in Berlin, um Startups mit Branchen-Know-how sowie beim Aus- und Aufbau von Geschäftsmodellen zu unterstützen. Zu den bekanntesten Acceleratoren auf nationaler Ebene gehören der Axel Springer Plug and Play Accelerator sowie der hub:raum der Deutschen Telekom. Im Hinblick auf Investitionsvehikel bestehender Unternehmen seien beispielhaft M Ventures (Merck), Deutsche Bahn Digital Ventures (DB DV), Next47 (Siemens) und Munich Re Ventures zu nennen. **Intrapreneurship auf Mitarbeitendenebene (IaM)** bezieht sich dagegen auf eine strategische Neuausrichtung oder Realisierung von Innovation (bspw. in Form neuer Geschäftsmodelle oder Produkte) durch Mitarbeitende (Baum & Rabl, 2019). Aus diesem Grund wird IaM in der Praxis häufig auch als Bottom-up-(Innovations-)Ansatz bezeichnet (Kolev et al., 2015).

Deutsche Unternehmen setzen bisher mehrheitlich auf Intrapreneurship auf organisationaler Ebene (Brigl et al., 2019). Der Erfolg solcher Aktivitäten bleibt aber häufig hinter den eigenen Erwartungen zurück (Kyriasoglou, 2020). Weiterhin unterliegen Unternehmen einer Fehleinschätzung, wenn sie davon ausgehen, die Digitale Transformation ließe sich ausschließlich auf organisationaler Ebene bewerkstelligen. Vor diesem Hintergrund versuchen neuerdings immer mehr deutsche Unternehmen von den Vorteilen von IaM zu profitieren. Neben der Möglichkeit, domänenrelevantes Wissen, kreatives Denken und Motivation von Mitarbeitenden in Innovation zu kanalisieren, bietet IaM zusätzlich einen Weg, das eigene Personal mit Ressourcen (z. B. Fähigkeiten) auszustatten, die im Zuge der Digitalen Transformation benötigt werden. Um IaM gezielt zu induzieren und zu fördern, betreiben Unternehmen wie die Deutsche Bahn, EnBW, Audi, BASF oder DHL spezielle, sogenannte Intrapreneurship Programme (IPs).

Die Optionen, die Unternehmen im Zuge der Gestaltung solcher IPs haben, sind vielfältig und die Auswahl hängt von der individuellen Beantwortung strategischer und operativer Fragestellungen ab. Eine Blaupause für IPs gibt es also nicht. Des Weiteren handelt es sich bei der Auswahl der passenden Gestaltungsoptionen um einen iterativen Prozess, der stets an eine Vielzahl von unternehmensinternen und -externen Faktoren angepasst werden muss. Nebst dem hohen Individualisierungsbedarf dieser Optionen, sollten sich Unternehmen bzw. Intrapreneurship Manager auch stets bewusst sein, dass diese Programmgestaltungsoptionen von vielen dynamischen Faktoren beeinflusst werden, die wiederum selbst einem konstanten Wandel unterliegen. Die im Rahmen dieses Kapitels beleuchteten unterschiedlichen Gestaltungsoptionen von IPs sowie die damit verbundenen Fragestellungen und Interdependenzen sind daher sowohl für Manager relevant, die den Aufbau eines IP in Betracht ziehen oder konkret planen, als auch für solche, die ein bereits bestehendes Programm managen und somit das individuell gewählte Programmdesign fortwährend hinterfragen müssen. Ziel dieses Beitrages ist es, Praktikern bei der Gestaltung und Implementierung neuer oder bestehender IPs zu unterstützen, um so das Intrapreneurship-Potenzial ihrer Mitarbeitenden auszuschöpfen.

2 Der Einfluss strategischer Ziele

Bevor sich Unternehmen Gedanken bezüglich der operativen Umsetzung von IPs machen, sollten sie sich zuerst die wichtigste Frage stellen, **nämlich welche strategischen Ziele** mit dem IP verfolgt werden. Die Beantwortung dieser Frage hat einerseits Implikationen für die spätere Wahl der Gestaltungsoptionen auf operativer Ebene (z. B. im Hinblick auf die Art der Incentivierung der Mitarbeitenden oder der Ressourcenausstattung). Andererseits determinieren die strategischen Ziele auch maßgeblich die organisationale Beheimatung des Programms sowie damit mitunter verbunden die Quelle zur Deckung der operativen Programmkosten. Ein weiterer zentraler Punkt, den es gleich zu Beginn zu entscheiden gilt, ist die Rolle, die das IP im Kontext Personalentwicklung einnehmen soll.

2.1 Die relative Wichtigkeit von Befähigung

Prinzipiell wirken IPs direkt und positiv auf den Innovationsoutput sowie auf die Entwicklung der Mitarbeitenden ein. Ersteres geschieht, da Mitarbeitende im Rahmen der Programme selbst Innovationsoutput generieren. Der zweite Aspekt erfolgt, da Mitarbeitende zum einen im Rahmen von IPs häufig theoretisch im Bereich Unternehmertum befähigt werden. Zum anderen lernen Mitarbeitende unternehmerisches Denken und Handeln praktisch, indem sie selbst eigene Innovationsprojekte treiben (Gielnik et al., 2015). Da sich davon ausgehen lässt, dass das aktive Entwickeln eines eigenen Innovationsprojekts unweigerlich Lerneffekte für Mitarbeitende mit sich bringt (Morris et al., 2012), stellt ein IP also in jedem Falle ein Befähigungsvehikel dar. Zu entscheiden gilt es in diesem Kontext demnach lediglich, welche Wichtigkeit dem Befähigungsaspekt beigemessen wird. Mit welcher Intensität sollen Mitarbeitende aktiv befähigt werden? Wie viele Ressourcen werden hierfür bereitgestellt? Inwieweit werden Befähigungseffekte und -erfolge (bspw. Qualität der Befähigung, Mitarbeiterzufriedenheit mit dieser, Anzahl befähigter Mitarbeitender) als Beitrag zum Programmerfolg interpretiert? Diese Entscheidung ist also essenziell, da sie nicht nur den Ressourceneinsatz, sondern vor allem auch die Grundlage zur Erfolgsmessung des Programms bildet. In der Praxis bemessen verschiedene IPs dem Aspekt Befähigung eine unterschiedliche Wichtigkeit bei.

2.2 Gestaltungsoptionen im Kontext Innovationsoutput

Häufig wissen Mitarbeitende nicht, ob sie mit ihrer Idee überhaupt in das Programm passen. Unternehmen müssen sich mit ihrem IP daher klar positionieren und explizit kommunizieren, wonach eigentlich genau gesucht wird. Nur so können potenzielle Intrapreneure eruieren, ob das IP tatsächlich das geeignete Vehikel ist, um die eigene Idee zu platzieren und voranzutreiben. Die klare Positionierung ist ebenfalls für das Unternehmen von strategischer Bedeutung, da sie, ähnlich der Wahl der relativen Wichtigkeit von Befähigung, Entscheidungen bzgl. der benötigten Ressourcen determiniert. Darüber hinaus ist ein klares Bild über den gesuchten Innovationsoutput essenziell für die Quelle dieser Ressourcen, die Vorgehensweise in der Bewertung von Innovationsprojekten und deren Output sowie für die Positionierung des IP im Unternehmen. Letzteres vor allem, um Kannibalisierungseffekte zu anderen Innovationsvehikeln zu vermeiden und Synergien zu realisieren.

Zur Definition der strategischen Ziele gilt es für Intrapreneurship-Manager Entscheidungen entlang der Dimensionen *Innovationsoutput*, *Kundenfokus*, *Technologiefokus*, *Strategie-Fit* und *Funnel-Länge* zu treffen. Abb. 1 bietet Unternehmen in diesem Zusammenhang einen Überblick über die grundsätzlichen Entscheidungs- und somit Gestaltungsoptionen von IPs.

Zwar sind einmal getroffene Entscheidungen bzgl. der Gestaltungsoptionen reversibel, dennoch ist es sinnvoll, möglichst frühzeitig dafür sensibilisiert zu sein, welche möglichen Konsequenzen mit der jeweiligen Auswahl verbunden sind. Es ist zudem vorteilhaft, wenn frühzeitig für einige Optionen bestimmte Voraussetzungen mitgedacht werden, um auf veränderte Bedingungen oder Zielvorgaben reagieren zu können. Um eine permanente Zielkonformität des IPs zu gewährleisten, sollten Unternehmen regelmäßig reflektieren, ob etwaige Anpassungen vorzunehmen sind.

2.3 Innovationsoutput

IaM Aktivitäten können in verschiedene Output-Formen münden (Antoncic & Hisrich, 2001; Gawke et al., 2019). Hierzu zählen die Verbesserung bestehender Prozesse oder

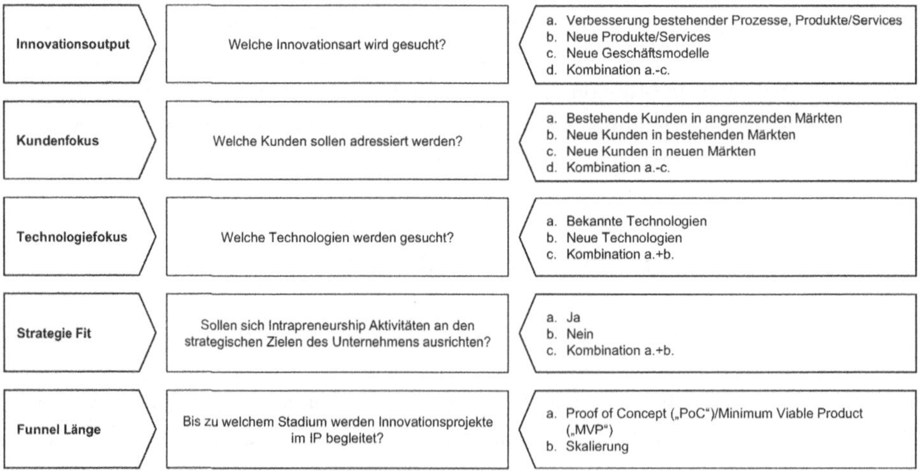

Abb. 1 Gestaltungsoptionen von IPs (eigene Darstellung)

Produkte/Services (Option a.), die Entwicklung neuer Produkte/Services (Option b.) und die Entwicklung neuer Geschäftsmodelle (Option c.). Für Intrapreneurship-Manager gilt es zu entscheiden, ob sich das Programm auf eine der Formen fokussieren soll oder ob etwa Kombinationen dieser möglich sind (Option d.). Die Wahl des anvisierten Innovationsoutput ist essenziell, da die unterschiedlichen Optionen mit unterschiedlichen Kapitalbedarfen und Projektdauern einhergehen. So benötigt beispielsweise das Entwickeln und Etablieren neuer Geschäftsmodelle eine tendenziell höhere Kapitalausstattung und ist mit höheren Finanzierungsbedarfen verbunden, als dies bei der Produktverbesserung der Fall ist. Im Hinblick auf die Auswahl gilt es demnach frühzeitig die finanzielle Machbarkeit der Zielvariante zu berücksichtigen und sicherzustellen.

Option a. bietet eine sehr gute Möglichkeit, unmittelbaren Wert für das Unternehmen zu schaffen. Sie trägt jedoch gleichzeitig in geringerem Maße zur eigenen Zukunftsfähigkeit bei. Option b., c. und d. hingegen implizieren ein tieferes benötigtes Marktverständnis und erfordern vor allem Kenntnisse darüber, welche potenziellen Hürden aus der Tatsache entstehen, dass der Innovationsoutput innerhalb eines bestehenden Unternehmens entwickelt wird. Eine Unkenntnis eben solcher kann zu erheblichen Projektverzögerungen und im schlimmsten Fall sogar zum Scheitern der Projekte führen. Beispielhaft zu nennen seien in diesem Zusammenhang zeitintensive unternehmensspezifische Einkaufsprozesse. Programme, die mittels IaM exklusiv neue Geschäftsmodelle anvisieren (Option c.; z. B. Audi Denkwerkstatt, EnBW InnovationsCampus) oder Kombinationen verschiedener Optionen (Option d.; z. B. DHL Start-Up Lab), müssen zusätzlich möglichst frühzeitig beantworten, ob diese als „Spin-offs" in einer neuen Rechtsform eine Heimat finden. Da dies mit dem Übergang von geistigem Eigentum vom Unternehmen zu den Intrapreneuren verbunden sein kann, gilt es sich folglich schon zu Beginn über mögliche Bewertungsvehikel und die Ausgestaltung von Gesellschaftsverträgen Gedanken zu machen sowie die hierfür benötigten Kosten einzuberechnen. Im Hinblick auf die zeitliche Ausgestaltung des Programms ist bei der Entwicklung von Spin-offs ferner mit längeren Projektdauern zu planen.

In Abhängigkeit der gewählten Option gestaltet sich zudem die Nähe zu den Geschäftsbereichen des Unternehmens, die es zu suchen gilt. Je mehr der Fokus auf bestehende Produkte/Services oder Prozesse liegt (Option a.: bestehende Kunden, Option b.: bestehende Märkte), desto empfehlenswerter ist es, die Geschäftsbereiche aktiv in die Intrapreneurship Aktivitäten einzubinden. Mit einer inhaltlichen Nähe der Projekte zu den Aktivitäten der Geschäftsbereiche, steigt weiterhin die Wahrscheinlichkeit, jene als Finanzierungsquelle für die Realisierung des Innovationsoutput zu gewinnen. Projekte, die neue Kunden auf neuen Märkten anvisieren, können demnach tendenziell ohne intensive Involvierung der Geschäftsbereiche auch auf Konzern- bzw. Gesamtunternehmensebene stattfinden. Zu ergänzen sei an dieser Stelle jedoch, dass Projekte, deren Entwicklung mit einer aktiven Involvierung der Geschäftsbereiche einhergehen, tendenziell eine höhere Akzeptanz erfahren als solche, die durch eine unabhängige Entwicklung eher auf Ablehnung stoßen (Vgl. „Not Invented Here" Syndrom; Katz & Allen, 1982). Folglich bieten digitale Intrapreneurship-Aktivitäten, die sich den Optionen a. und b. zuordnen lassen, ein besonders effektives Vehikel zur Digitalen Transformation der Geschäftsbereiche eines Unternehmens.

Unabhängig von der gewählten Option ist es zu empfehlen, nicht jedoch nur ein klares Bild bzgl. etwaiger Mindestanforderungen zu haben, sondern dieses auch an die Intrapreneure zu kommunizieren, um so ein gutes Erwartungsmanagement für die Zielgruppe zu betreiben. Beispielhaft kommuniziert das Start-Up Lab der DHL, dass etwaige Projekte in jedem Falle das Potenzial haben sollten über verschiedene Regionen oder Divisionen der Gruppe zu skalieren.

Beispiel

DB Intrapreneurs, das IP der Deutschen Bahn, startete 2017 mit dem Ziel, neue datenbasierte Geschäftsmodelle zu entwickeln und somit die digitale Zukunft der DB aktiv zu gestalten. Zur Finanzierung und Skalierung der durch die Mitarbeitenden entwickelten Geschäftsmodelle stand mit der DB DV der hauseigene Investment Arm zur Verfügung. Im Jahr 2018 veränderte sich der Fokus der Intrapreneurship Aktivitäten und neue Produkte und Services rückten in den Mittelpunkt, um so verstärkt auf die Bedürfnisse der Geschäftsbereiche zu reagieren. Dies hatte zur Folge, dass Geschäftsbereiche zu einem frühen Zeitpunkt bei der Validierung und Entwicklung der Innovationsprojekte eingebunden wurden. Manager standen für Experteninterviews bereit und wurden als Juroren bei wichtigen Meilensteinen involviert. Für die Skalierung der neuen Produkte und Services finden die Intrapreneure nach dem Programm eine Heimat in den Geschäftsfeldern. Die Intrapreneure können jedoch auch in der Skalierung auf das Intrapreneurship Programm als Sparringspartner und Impulsgeber zurückgreifen. ◄

Kundenfokus

Obgleich sich die Frage nach dem Kundenfokus des IP nicht immer vollkommen unabhängig vom gesuchten Innovationsoutput beantworten lässt (bspw. schließt ein alleiniges Gesuch nach Verbesserungen bestehender Prozesse oder Produkte/Services einen alleinigen Fokus auf neue Kunden in neuen Märkten aus), stellt die Frage nach den zu adressierenden Kunden einen eigenen Entscheidungspunkt dar. Die Wichtigkeit dieser Gestaltungsoption ergibt sich aus der inhärenten Bedeutung, die der Kunde im Kontext Innovation und schlussendlich für das Unternehmen hat (Blank, 2013; Ries, 2011; Shah et al., 2006). Erfolgreiche Innovations- und demnach auch Intrapreneurship Aktivitäten richten sich auf die Bedürfnisse der Kunden aus. Ein klares Bild, welche aktuellen oder zukünftigen Kunden es in den Fokus zu nehmen gilt, ist daher unerlässlich. Dies trifft sowohl für unternehmensexterne als auch für unternehmensinterne Kunden zu.

Der Kundenfokus steht zudem in starkem Zusammenhang mit dem vorhandenen Wissen der Mitarbeitenden in der Organisation. Schließlich bieten Unternehmen Intrapreneuren mit IPs auf der einen Seite einen geschützten und in finanzieller Hinsicht risikominimierten Raum sowie Zugang zu unternehmenseigenen Assets (Netzwerk, Infrastruktur, Daten, …), während sie auf der anderen Seite mit solchen Programmen gleichermaßen darauf abzielen, neben Aspekten wie Proaktivität oder Kreativität, das domänenrelevante Wissen und die Erfahrungswerte der Intrapreneure zu nutzen und in wertstiftenden Innovationsoutput zu kanalisieren.

Die Optionen a. (bestehende Kunden in angrenzenden Märkten) und b. (neue Kunden in bestehenden Märkten) bieten Unternehmen die Möglichkeit vor allem die Kombination aus domänenrelevantem Wissen, Erfahrung sowie unternehmerischen Eigenschaften und Fähigkeiten der Mitarbeitenden optimal zu nutzen. Im Rahmen dieser Gestaltung ist die Gefahr für Intrapreneure und Entscheider jedoch mitunter größer, sich in falscher Sicherheit bzgl. der Kenntnis Märkte und der Kundenbedürfnisse zu wiegen und Hypothesen bezüglich des Innovationsoutput nicht als solche zu interpretieren. Um dem entgegenzuwirken, folgen IPs in der Praxis zumeist systematischen Herangehensweisen – wie z. B. dem Design Thinking (Mansoori & Lackeus, 2020) – zur Formulierung und Validierung von Problem-Solution- und Product-Market-Fit. Im Hinblick auf sowohl Option a. als auch Option b. sei weiterhin darauf hingewiesen, dass der Zugang zu bereits im Unternehmen verfügbaren Kunden- bzw. Marktinformationen für Intrapreneure erfahrungsgemäß kein Automatismus ist. Es ist die Aufgabe des Programmmanagements diesen im Schulterschluss mit den Geschäftsbereichen sicherzustellen. Sollen hingegen neue Kunden in neuen Märkten adressiert werden (Option c.), ist es besonders wichtig sicherzustellen, dass Intrapreneure über das benötigte domänenrelevante Wissen verfügen oder die Möglichkeit haben, sich diese im Vorfeld oder während des Programmablaufs anzueignen. Hierbei ist es hilfreich, sich frühzeitig über Kanäle der Informationsgewinnung (Zugang zu Datenbanken, Zugang/Aufbau von Expertennetzwerken) Gedanken zu machen. Dies gilt es besonders zu beachten, wenn neu anvisierte Märkte von marktspezifischen Regularien oder Prozessen geprägt sind. Das Ziel neue Märkte und Kunden für das Unternehmen zu erschließen, ist jenes der Audi Denkwerkstatt.

Beispiel

Bei **DB Intrapreneurs** wurde bewusst die Entscheidung getroffen, keine spezielle Fokussierung auf Kunden und Märkte vorzugeben. Das Intrapreneurship Programm hat früh damit angefangen, ein Netzwerk aus Kunden und Experten innerhalb und außerhalb der Deutschen Bahn aufzubauen. Die Intrapreneure können bereits früh auf dieses Netzwerk zurückgreifen und bekommen Interviewpartner vermittelt. Daneben müssen Intrapreneure aber auch bewusst ihre Komfortzone verlassen, um eigenständig Feedback von Kunden zu ihrem identifizierten Problem einzuholen. Bereits im ersten Workshop verbringen Intrapreneure viel Zeit mit Kundeninterviews (z. B. direkt am Bahnhof). Intrapreneure lernen nutzerzentriertes Arbeiten und sind nach ersten Bedenken jedes Mal begeistert von den Erkenntnissen. Um sicherzustellen, dass Intrapreneure hochwertige Analysen durchführen können, haben sie im Rahmen des Programms darüber hinaus Zugang zu Marktdatenbanken. ◄

Technologiefokus

IPs können nicht nur strategische Ziele in bestimmten Märkten mit bestimmten Kunden adressieren, sie können auch gezielt eingesetzt werden, um Innovationsoutput auf Basis spezifischer Technologien zu realisieren und sich somit letztendlich auch strategisch am Markt zu positionieren. In diesem Kontext lässt sich ferner spezifizieren, ob es sich hierbei um für das Unternehmen bekannte oder unbekannte Technologien handeln soll. Zielt das IP darauf ab, dass Intrapreneure an Projekten mit unbekannten Technologien arbeiten (Option b. und c.), sollte die benötigte Expertise, die es zur Eruierung der technologischen Machbarkeit sowie zur Umsetzung braucht, zugänglich gemacht werden. Dies kann beispielsweise mittels Aufbaus eines externen Expertennetzwerks mit Vertretern aus Praxis und Forschung erfolgen. Beispielhaft sei hier das „Startup-Lab" der DHL zu nennen. Essenziell in diesem Kontext ist ebenfalls das Sicherstellen der benötigten Infrastruktur, vor allem, wenn es sich um Technologien handeln soll, die nicht exklusiv digital sind (z. B. 3D-Druck). Dies stellt insbesondere für Unternehmen, deren Intrapreneure geografisch über mehrere Standorte verteilt sind, eine besondere Herausforderung dar. Ähnlich wie im Bereich Befähigung wählen Unternehmen in der Praxis auch im Kontext Technologie jedoch zumeist einen relativen Fokus. Beispielhaft sei hier das schwedische ICT-Unternehmen Ericsson genannt. Im Rahmen ihres IP „Ericsson ONE" schließt das Unternehmen unbekannte Technologien zwar nicht aus, kommuniziert allerdings exklusiv die Vorteile davon, Innovationsprojekte auf Basis unternehmenseigener Technologien zu entwickeln.

Beispiel

Intrapreneure können bei **DB Intrapreneurs** sowohl bekannte als auch unbekannte Technologien zur Lösung der identifizierten Problemstellungen benutzen. Im Rahmen des Intrapreneurship-Prozesses liegt jedoch der Fokus zunächst auf der Problemvalidierung. Die Technologie spielt demnach erst bei der Entwicklung einer Lösung eine wichtige Rolle. Intrapreneure sollen bewusst die Problemstellung fokussieren und bei der Gestaltung der Lösung offen agieren. Um bei diesem offenen Technologieansatz flexibel auf die Anforderungen der Intrapreneure reagieren und die schlussendliche technologische Umsetzung sicherstellen zu können, ging das Programm eine Kooperation mit einer externen Technologieberatung ein. ◄

Strategie-Fit

Sollen sich Intrapreneurship-Aktivitäten inhaltlich an den strategischen Zielen des Unternehmens ausrichten? Die Beantwortung dieser Frage repräsentiert prinzipiell den Spagat zwischen inhaltlich maximal möglicher Gestaltungsfreiheit und Legitimationsfähigkeit der Aktivitäten im Hinblick auf den Wertbeitrag zur Erreichung der Unternehmensziele. Sie hat folglich entscheidende Implikationen für die Finanzierungsquelle und -sicherheit sowohl der operativen Programmkosten als auch für die benötigten Budgets zur Realisierung des Innovationsoutput.

Fällt die Wahl auf Option a. (strategischer Fit ist gegeben), gilt es ferner herauszustellen, auf welcher Strategieebene (bspw. Gesamtunternehmens-, Geschäftsbereichsebene) die Passung fußt und auf welche Strategieaspekte bzw. -bereiche das IP mit seinen Aktivitäten konkret einzahlt. Hierbei ist es wichtig, den Beitrag der Aktivitäten messbar zu machen, d. h. sich frühzeitig über eine Operationalisierung der Messbarkeit Gedanken zu machen und diese ebenfalls mit dem Top-Management abzustimmen. Die Mehrheit aller IPs in der Praxis verfolgen Projekte mit strategischem Fit und stellen dies, wie beispielsweise die DHL, zum Teil auch proaktiv als Evaluationskriterium und somit als Richtlinie für Intrapreneure heraus.

Möchten Unternehmen ihren Intrapreneuren die Möglichkeit geben, im Rahmen von IaM Aktivitäten Innovationsprojekte ohne strategischen Fit zu verfolgen (Option b. und c.; Deutsche Telekom), geht dies jedoch zumeist mit der Notwendigkeit einher, unternehmensexterne Finanzierungsquellen zur tatsächlichen Umsetzung dieser zu akquirieren. Eine alternative Finanzierungsmöglichkeit stellt hier auch ein Corporate Venture Capital Fund dar, der über primär finanzielle Zielgrößen verfügt.

Beispiel

Zu Beginn der Intrapreneurship Aktivitäten der Deutschen Bahn wurde kein gezielter strategischer Fokus gesetzt. Probleme und Ideen rund um neue datenbasierte Geschäftsmodelle mussten sich in die Themenfelder Mobilität, Logistik und Smart Cities einordnen lassen. Um eine Finanzierung und Heimat für solche Ideen in der Skalierungsphase sicherzustellen, wurde unter anderem die DB DV gegründet. Seit 2019 wird sich auf Problemstellungen fokussiert, die einen Wertbeitrag zur Erreichung der Ziele der Konzernstrategie („Starke Schiene") leisten. Mit der Anpassung dieser strategischen Stoßrichtung ist **DB Intrapreneurs** näher an die Geschäftsfelder gerückt, um diese frühzeitig für die Projekte zu gewinnen. ◄

Funnel-Länge

Im Rahmen von IPs können Innovationsprojekte bis hin zu verschiedenen Stadien begleitet werden, bevor sie zurück in die Organisation gegeben werden oder, für den Fall, dass es sich um ein neues Geschäftsmodell handelt, in die Gründung eigener Rechtsformen münden. Die Optionen reichen hier von einer Begleitung bis zum Proof of Concept („PoC") bzw. Minimum Viable Product („MVP", Option a.; Grenzen zur Unterscheidung der beiden Stadien verschwimmen in der Praxis häufig) bis hin zur Skalierung (Option b.).

Die Wahl der Funnel-Länge ist insofern essenziell, da sie neben dem mit zunehmendem anvisierten Reifegrad der Innovationsprojekte verbundenen zunehmenden Ressourcenbedarf, einen entscheidenden Einfluss auf den messbaren Wertbeitrag eines IPs und somit schlussendlich auf dessen Legitimation und Daseinsberechtigung hat. So gilt es für Option a., die allein aufgrund ihres Entwicklungsstadiums noch keinen finanziellen Wertbeitrag für das Unternehmen stiften kann, alternative Erfolgsmetriken zu etablieren und durchzusetzen. Je geringer der Reifegrad zu dem Innovationsprojekte aus IPs herausgenommen werden, desto geringer ist einerseits der Verantwortungsgrad, der im Hinblick auf die Realisierung im Programmmanagement liegt, desto weniger besteht andererseits allerdings auch die Möglichkeit in späteren Stadien Einfluss auf die Erfolgswahrscheinlichkeit der Projekte zu nehmen. Beispielhaft für Option a. sind hier das DHL Start-Up Lab oder der BASF Chemovator zu nennen. Ericsson ONE oder das IP der EnBW lassen sich Option b. zuordnen.

Beispiel

Seit Beginn der Aktivitäten konzentriert sich **DB Intrapreneurs** auf die Validierung und Entwicklung von Intrapreneurship-Projekten bis zu einem Status des Proof of Concept oder Minimum Viable Product. Der zu erzielende Reifegrad wird von den Bereichen definiert, die das Projekt für die Skalierung übernehmen. Mit diesen Aktivitäten übernimmt DB Intrapreneurs das Risiko frühphasiger Innovationsprojekte und leistet so einen großen Mehrwert für Geschäftsbereiche. Für den nachhaltigen Erfolg der Projekte ist es entscheidend, dass sich das Programmmanagement frühzeitig mit dem Übergabeprozess in die Geschäftsbereiche auseinandersetzt. So lassen sich größere Reibungsverluste verhindern. ◀

2.4 Befähigung im Zuge von IaM

Befähigung im Zuge von IaM zu unternehmerischem Denken und Handeln lässt sich prinzipiell in zwei Kategorien einteilen: Ziele der Befähigung sowie inhaltliche Dimensionen der Befähigung.

Ziele der Befähigung

Prinzipiell lassen sich zwei Befähigungsperioden unterscheiden. Zum einen bevor Mitarbeitende in ein IP aufgenommen werden und während des Programmdurchlaufs. In der Praxis wird die Aufnahme in ein IP meist entweder auf Basis einer schriftlich ausgearbeiteten Idee (Bsp.: DB Intrapreneurs, DHL Start-Up Lab, Ericsson ONE) oder eines Ideen-Pitches (Bsp.: BASF Chemovator) entschieden. Bieten IPs Befähigungsformate können diese drei Ziele verfolgen:

1. Mitarbeitende zur Entwicklung eigener Ideen inspirieren und methodisch zur explorativen Nutzer-/Kundenbedürfnisanalyse („Need finding“) befähigen (→ findet vor Programmstart statt).

2. Mitarbeitende zur Erhöhung der Ausarbeitungsqualität der eigenen Idee befähigen (→ findet vor Programmstart statt).
3. Mitarbeitende inhaltlich auf die im Zuge des Programms verwendeten Methoden und Tools zur Eruierung des Problem-Solution- und des Product-Market-Fit sowie zur Skalierung vorzubereiten (→ findet vor Programmstart und während des Programms statt).

Im Hinblick auf Formate der Befähigung findet sich in der Praxis ein breites Spektrum wieder. Hierzu zählen häufig Workshops zur reinen Methodenvermittlung, zur Entwicklung von Ideen oder zur Bearbeitung der eigenen Webinare, aber auch das Bereitstellen von Ressourcen in Form von „Toolboxes" (Arbeitsvorlagen inkl. Erklärungen) oder Unterlagen zum theoretischen Selbststudium.

Inhaltliche Dimensionen der Befähigung

Befähigung von Mitarbeitenden kann auf unterschiedlichen Wegen erfolgen, z. B. durch Aus- und Weiterbildung (z. B. Qualifizierung), durch den Austausch von Erfahrungen mit anderen, durch Ausprobieren („Learning by doing") und durch stellvertretendes Lernen (durch das Beobachten anderer bei Erfolgen und Fehlschlägen; Bledow et al., 2017) und dabei verschiedene Inhalte abdecken. Neben allgemeinen Kompetenzen (u. a. Soft Skills) und technologischen Fähigkeiten, ist es empfehlenswert, ebenfalls unternehmerische Fähigkeiten aufzubauen.

Bei den unternehmerischen Fähigkeiten lassen sich allgemeine und spezifische Fähigkeiten unterscheiden. Die allgemeinen unternehmerischen Fähigkeiten umfassen Aspekte des Unternehmertums, wie z. B. Eigeninitiative, Resilienz und Selbstwirksamkeit, aber auch die Fähigkeit Job-Crafting proaktiv zu betreiben und mit Fehlern positiv umzugehen (Fehler-Management-Trainings). Diese allgemeinen unternehmerischen Fähigkeiten (teilweise kann durchaus auch von Kompetenzen gesprochen werden) stellen eine wichtige Basis für Unternehmertum dar und erlauben Mitarbeitenden sich besser in unternehmerischen Projekten zurechtzufinden und führen potenziell zu einer verstärkten Selbstselektion der Mitarbeitenden in IPs.

Spezifische unternehmerische Fähigkeiten stellen das Rüstzeug dar, um unternehmerisches Denken und Handeln erst zu ermöglichen (Urbano et al., 2013). Sie können geschult, erlernt und ausgebaut werden und beeinflussen das Mindset sowie das individuelle Netzwerk der Mitarbeitenden. Die spezifischen unternehmerischen Fähigkeiten ermöglichen einen effektiveren Ablauf unternehmerischer Projekte und steigern die Erfolgsaussichten solcher Projekte.

Im Besonderen sind folgende Fähigkeiten von Bedeutung:

1. **Fähigkeiten zur Entwicklung neuer Ideen** (u. a. Kreativität, Innovativität, unkonventionelles Denken). Intrapreneurship benötigt Mitarbeitende, die besonders gut darin sind, Probleme und Chancen wahrzunehmen. Gleichzeitig sollen sie neue Ideen erschaffen sowie unternehmerische Projekte planen, überwachen, implementieren und reflektieren können.

2. **Fähigkeiten zum Erkennen von (unternehmerischen) Möglichkeiten**. Mitarbeitende mit einer gesteigerten „unternehmerischen Aufmerksamkeit" (Gaglio & Katz, 2001) können schneller innovative Produkte entwickeln und Marktchancen nutzen. Hierunter fallen spezifische Befähigungen darin, die Umwelt nach Informationen abzusuchen („environmental scanning"), zuvor isolierte Informationen zu verbinden („connecting the dots", oder „brokering") und unternehmerische Möglichkeiten zu evaluieren („assessing opportunities", oder „championing"). Der letzte Punkt ist ebenso Teil der nächsten Fähigkeitskategorie.
3. **Validieren und Bewerten von Möglichkeiten** (analytische, evidenzbasierte Fähigkeiten, Kommunikationsfähigkeiten). Validieren von Möglichkeiten beschreibt Maßnahmen zur „Vorabtestung" – zum schnellen und günstigen Test von zentralen Hypothesen. Hierzu sind analytische und evidenzbasierte Fähigkeiten notwendig, z. B.:
   - Hypothesen bilden und Vermutungen anstellen (aufgrund von Beobachtungen, Daten und Erfahrungen).
   - Die passende Zielgruppe identifizieren und dort Daten sammeln (durch Beobachtung, Interviews führen, mit Stakeholdern sprechen, Perspektive wechseln, etc.).
   - Hypothesen und Vermutungen validieren und weiterverfolgen oder verwerfen.
   - Analytische, evidenzbasierte Fähigkeiten helfen weiterhin, Dritte von einer Idee oder unternehmerischen Möglichkeit zu überzeugen, da sie belastbare Fundierungen schaffen.
4. Netzwerkfähigkeit sowie Überzeugungskraft, Kooperations- und Teamfähigkeit. Ausgeprägte Netzwerkfähigkeiten führen zu einem stärkeren Netzwerk und tragen zur effektiveren Ideation und Umsetzung von unternehmerischen Projekten bei.

3 Fazit

In Zeiten steigender Komplexität und eines stetigen Wandels ist die Anpassungsfähigkeit und Weiterentwicklung von Unternehmen zu einem entscheidenden Erfolgsfaktor avanciert. Unternehmen sind daher verstärkt auf der Suche nach Vehikeln und Methoden, die es ihnen ermöglichen, auf die derzeitigen und zukünftigen Herausforderungen adäquat reagieren zu können. IPs stellen hier ein geeignetes Instrument dar, welches die Mitarbeitenden dazu befähigt, die Zukunft des Unternehmens aktiv mitzugestalten. Bei der Ausgestaltung eines IPs gibt es jedoch zahlreiche Optionen. Ein „one-size-fits-all"-Ansatz existiert nicht, da die Ausgestaltung sich immer nach den Zielvorstellungen und Charakteristika des Unternehmens sowie der Mitarbeitenden orientiert. In diesem Beitrag wurden die fünf wichtigsten Gestaltungsoptionen (Innovationsoutput, Kundenfokus, Technologiefokus, Strategie-Fit und Funnel-Länge) sowie die damit verbundenen Fragestellungen und Interdependenzen kurz dargestellt. Sie sollen Unternehmen bei der Implementierung neuer aber insbesondere auch bei der kritischen Reflektion bestehender IPs unterstützen, um das maximale Intrapreneurship-Potenzial der Mitarbeitenden auszuschöpfen.

Literatur

Antoncic, B., & Hisrich, R. D. (2001). Intrapreneurship: Construct refinement and cross-cultural validation. *Journal of Business Venturing, 16*(5), 495–527.

Baum, M., & Rabl, T. (2019). Digital capital as an opportunity-enhancer for employee corporate entrepreneurship decisions. In *Proceedings of the 40th international conference on information systems*. München, 15–18 Dezember 2019.

Bierwerth, M., Schwens, C., Isidor, R., & Kabst, R. (2015). Corporate entrepreneurship and performance: A meta-analysis. *Small Business Economics, 45*(2), 255–278.

Blank, S. (2013). Why the lean start-up changes everything. *Harvard Business Review, 91*(5), 63–72.

Bledow, R., Carette, B., Kühnel, J., & Bister, D. (2017). Learning from others' failures: The effectiveness of failure stories for managerial learning. *Academy of Management Learning & Education, 16*(1), 39–53.

Brigl, M., Gross-Selbeck, S., Dehnert, N., Simon, S., & Schmieg, F. (2019). *After the honeymoon ends: Making corporate-startup relationships work*. Featured Insights. Boston Consulting Group. https://www.bcg.com/de-de/publications/2019/corporate-startuprelationships-work-after-honeymoon-ends. Zugegriffen am 26.09.2020.

Gaglio, C. M., & Katz, J. A. (2001). The psychological basis of opportunity identification: Entrepreneurial alertness. *Small Business Economics, 16*(2), 95–111.

Gawke, J. C., Gorgievski, M. J., & Bakker, A. B. (2017). Employee intrapreneurship and work engagement: A latent change score approach. *Journal of Vocational Behavior, 100*, 88–100.

Gawke, J. C., Gorgievski, M. J., & Bakker, A. B. (2019). Measuring intrapreneurship at the individual level: Development and validation of the Employee Intrapreneurship Scale (EIS). *European Management Journal, 37*(6), 806–817.

Gielnik, M., Frese, M., Kahara-Kawuki, A., Katono, I., Kyejjusa, S., Munene, J., Ngoma, M., Namatovu-Dawa, R., Nansubuga, F., Orobia, L., Oyugi, J., Sejjaaka, S., Sserwanga, A., Walter, T., Bischoff, K., & Dlugosch, T. (2015). Action and action-regulation in entrepreneurship: Evaluating a student training for promoting entrepreneurship. *Academy of Management Learning & Education, 14*(1), 69–94.

Katz, R., & Allen, T. J. (1982). Investigating the Not Invented Here (NIH) syndrome: A look at the performance, tenure, and communication patterns of 50 R & D Project Groups. *R&D Management, 12*(1), 7–20.

Kolev, N., Goldstein, A., & Grossmann, M. (2015). *Fünf Erkenntnisse zu Intrapreneurship: Anleitung zur Innovationsbeschleunigung für Konzerne*. Article. Deloitte. https://www2.deloitte.com/content/dam/Deloitte/de/Documents/technology/Intrapreneurship_Whitepaper_German.pdf. Zugegriffen am 22.09.2020.

Kuratko, D. F., Hornsby, J. S., & Hayton, J. (2015). Corporate entrepreneurship: The innovative challenge for a new global economic reality. *Small Business Economics, 45*(2), 245–253.

Kyriasoglou, C. (2020). ausgebremst. *manager magazin*. https://heft.manager-magazin.de/MM/2020/2/169070111/index.html. Zugegriffen am 22.09.2020.

Mansoori, Y., & Lackeus, M. (2020). Comparing effectuation to discovery-driven planning, prescriptive entrepreneurship, business planning, lean startup, and design thinking. *Small Business Economics, 54*(3), 791–818.

Morris, M. H., Kuratko, D. F., Schindehutte, M., & Spivack, A. J. (2012). Framing the entrepreneurial experience. *Entrepreneurship Theory & Practice, 36*(1), 11–40.

Ries, E. (2011). *The lean startup: How today's entrepreneurs use continuous innovation to create radically successful businesses*. Crown Books.

Shah, D., Rust, R. T., Parasuraman, A., Staelin, R., & Day, G. S. (2006). The path to customer centricity. *Journal of Service Research, 9*(2), 113–124.

Urbano, D., Alvarez, C., & Turró, A. (2013). Organizational resources and intrapreneurial activities: An international study. *Management Decision, 51*(4), 854–870.

Inhouse-Ideenwettbewerbe – Wie aus Mitarbeitenden Intrapreneure werden

Manuel Moritz, Tobias Redlich, Hans Lehmann, Meike Neukirch und Jens Wulfsberg

1 Einleitung: Open up!

Die weltweite Vernetzung von Menschen durch den Zugang zu modernen Informations- und Kommunikationstechnologien und die schnelle Verbreitung von Wissen und Informationen dadurch führen dazu, dass Wertschöpfung zunehmend offen und kollaborativ gestaltet wird und traditionelle Ansätze, die in der Regel auf der Aneignung von Wissen und Geheimhaltung bzw. einer exklusiven Nutzung desselben basierten, daher ihre Gültigkeit verlieren (Chesbrough, 2006; Hippel, 2006; Rifkin, 2015). Hingegen sind neue Wertschöpfungsmuster entstanden, die ein gewisses Maß an struktureller Offenheit aufweisen. Menschen aus der ganzen Welt sind nunmehr in der Lage, gemeinsam mit anderen Usern und mit oder ohne Unternehmensbeteiligung mittels entsprechender Webanwendungen (wie z. B. User Communities, Open Source-Communities, Crowdsourcing-Plattformen) kollaborativ Wertschöpfung zu betreiben.

Unter dem Begriff *Bottom-up-Ökonomie* können jene Konzepte zusammengefasst werden, die Offenheit bedingen, sodass Wissen bidirektional Unternehmensgrenzen überschreiten kann und eine Zusammenarbeit mit externen Akteuren ermöglicht wird, u. a. Open Innovation, Co-Creation, Crowdsourcing, User Innovation (Moritz et al., 2016). Über die gesamte Wertschöpfungskette hinweg können Unternehmen durch kollaborative Ansätze ihre Effizienz steigern, die Produkt- und Servicequalität verbessern und die Innovationskraft stärken (Winsor, 2006). Doch auch die externen Teilnehmenden an Kollaborationsprojekten profitieren von der Zusammenarbeit. Sie wollen bspw. an industrieller

M. Moritz (✉) · T. Redlich · H. Lehmann · M. Neukirch · J. Wulfsberg
Helmut-Schmidt-Universität, Hamburg, Deutschland
E-Mail: manuel.moritz@hsu-hh.de; tobias.redlich@hsu-hh.de; jens.wulfsberg@hsu-hh.de; hans-lehmann@hsu-hh.de; meike.neukirch@hsu-hh.de

R. Kraus et al. (Hrsg.), *Intrapreneurship*,
https://doi.org/10.1007/978-3-662-64102-6_13

Wertschöpfung partizipieren, um neue Fähigkeiten zu erlernen und Wissen zu erwerben, Spaß zu haben, sich mit anderen Menschen auszutauschen, Probleme zu lösen, aber auch um neue interessante Jobs zu finden und Geld zu verdienen (Füller, 2010; Lakhani & Wolf, 2003).

In diesem Zusammenhang sind webbasierte Ideen- und Innovationswettbewerbe ein wirkungsvolles Werkzeug, durch das Unternehmen eine Vielzahl externer Akteure in die Ideengenerierung und Problemlösungsfindung einbeziehen können (Adamczyk et al., 2012). Während dieses Innovationsformat grundsätzlich einer möglichst großen Heterogenität unter den Teilnehmenden bedarf, um seine volle Wirkung zu entfalten (Jeppesen & Lakhani, 2010), gibt es auch eine Variante, die den Fokus nach innen richtet auf das Unternehmen und seine Mitarbeitenden als Teilnehmende, sog. *Inhouse-Ideenwettbewerbe*. Diese Form ist dann besonders attraktiv, wenn eine Organisation aus verschiedenen Gründen keine öffentlichen Ideenwettbewerbe durchführen kann oder möchte, etwa wenn Sicherheitsaspekte eine Öffnung ausschließen, wichtiges Knowhow verloren gehen könnte, oder aber die Problemstellung sehr spezifisch ist.

Wie genau ein solches Format ausgestaltet werden muss, für welche Art von Fragestellungen sich ein nach innen gerichteter Ideenwettbewerb eignet und welche besonderen Rahmenbedingungen im Vergleich zu öffentlichen Wettbewerben zu berücksichtigen sind, ist bisher jedoch wissenschaftlich nicht umfassend untersucht worden. Darüber hinaus ist der Bezug zum *Intrapreneurship* eine Betrachtung wert, also die Untersuchung der Frage, inwieweit Ideenwettbewerbe die Entwicklung eines Intrapreneurship-Mindsets unter den Mitarbeitenden fördern können. Hier setzt der vorliegende Beitrag an. Nach einer Einführung zu Ideenwettbewerben im Allgemeinen und der Ableitung und Diskussion spezifischer Aspekte eines Inhouse-Formats aus der Literatur, werden Erkenntnisse einer Case Study eines Inhouse-Ideenwettbewerbs bei einem deutschen Industriekonzern vorgestellt, die zugleich als Leitlinien bei der Ausgestaltung dienen können.

2 Grundlagen: Innovation durch Crowdsourcing

2.1 Ideenwettbewerbe als Innovationsformat

Ideen- und Innovationswettbewerbe sind seit jeher ein bewährtes Mittel, um Probleme zu lösen und Innovationen voranzutreiben. Besonders erfolgreiche Initiativen führten in der Vergangenheit bspw. zu zwei Lösungsansätzen zur Bestimmung des Längengrads auf hoher See (18. Jhd.), zur Erfindung von Margarine als Ersatzprodukt für Butter (19. Jhd.) oder aber der Entwicklung der Konservendose für die Langezeitaufbewahrung von Nahrungsmitteln (19. Jhd.). Auch der erste erfolgreiche Nonstop-Flug über den Atlantischen Ozean erfolgte im Rahmen eines öffentlichen Wettbewerbs, ausgerufen durch die Londoner Zeitung *The Daily Mail* im Jahr 1913 (Adamczyk et al., 2012).

In der jüngeren Vergangenheit haben privat und öffentlich gesponsorte Ideenwettbewerbe als Innovationsformat zunehmend an Popularität gewonnen, da durch die weltweite

Vernetzung durch das Internet und entsprechender webbasierter Anwendungen schnell, einfach und kostengünstig potenzielle Teilnehmende in der ganzen Welt angesprochen werden können (Terwiesch & Xu, 2008). Eine der bekannteren Initiativen war 1996 der sog. *X-Prize*, ausgerufen und finanziert durch die *X-Prize Foundation*: Ein Preisgeld von 10 Millionen US-Dollar sollte an das Team übergeben werden, das bis spätestens 2005 innerhalb von 2 Wochen zwei bemannte Suborbital-Flüge demonstrieren konnte. 26 internationale Teams nahmen teil. Im Jahr 2004 wurde der Preis nach zwei erfolgreichen Flügen schließlich an das Team *Tier One* übergeben. Ein wesentlicher Teil der im Zuge des Wettbewerbs entwickelten Technologien wird heute durch Unternehmen genutzt bzw. weiterentwickelt, die zukünftig Suborbital-Flüge für Touristen anbieten wollen.

Auch Unternehmen haben das Potenzial von Ideenwettbewerben erkannt und nutzen diese, um externe Akteure in die Problemlösung und Ideenfindung einzubinden. Die Themenbereiche sind dabei genauso vielfältig wie die konkrete Ausgestaltung (Preise, Teilnahmebedingungen, Ablauf etc.). Ein prominentes Beispiel hierfür ist der *Netflix*-Preis, dotiert mit 1 Million US-Dollar, der 2006 durch das Unternehmen gestartet wurde mit dem Ziel, den selbst entwickelten Algorithmus für kollaboratives Filtern zu verbessern. Über 2000 Teams reichten einen Lösungsvorschlag ein. Der Beste unter ihnen verbesserte das Filterergebnis um 10 % gegenüber dem bestehenden Verfahren.

Was derartige Wettbewerbe (online/offline, privat/öffentlich) in der Regel gemeinsam haben, ist eine konkrete Frage- oder Problemstellung, die in Form einer öffentlichen und zeitlich befristeten Ausschreibung gemeinsam mit den Teilnahme- und Rahmenbedingungen (u. a. Fristen, Preise, Einreichungsprozess, Bewertungskriterien) verbreitet wird in der Hoffnung, dass möglichst viele Menschen mit unterschiedlichen Fähigkeiten und Erfahrungen teilnehmen und dadurch Lösungen und neuartige Ideen entstehen, die anderweitig nicht gefunden worden wären (Adamczyk et al., 2012).

Meist werden die Lösungsvorschläge direkt oder über einen Intermediär (sog. Crowdsourcing-Plattformen, die die Organisation eines Wettbewerbs als Dienstleistung anbieten) an die suchende Organisation übermittelt, die dann die besten Ideen in einer oder mehreren Bewertungsrunden auswählen (Abb. 1). Die Bewertung erfolgt in den meisten Fällen durch eine Fachjury. Zunehmend wird jedoch auch die Öffentlichkeit oder eine Community (bspw. die Teilnehmenden) in die Bewertung miteinbezogen, um etwa ressourceneffizient eine Vorauswahl zu treffen oder aber den Bewertungsprozess transparent und partizipativ zu gestalten (sog. Open Evaluation oder Crowd Voting) (Haller, 2013).

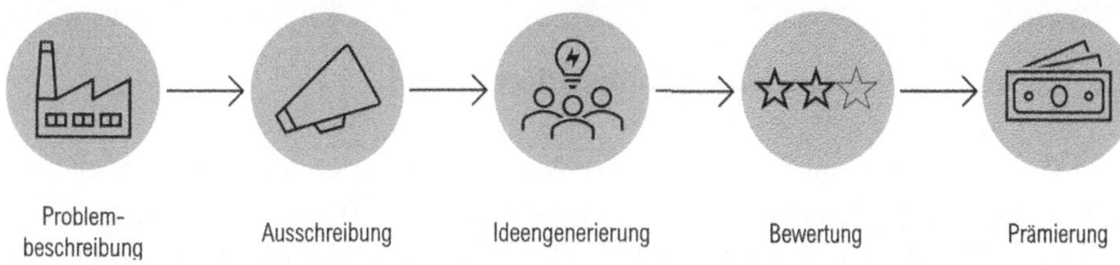

Abb. 1 Generischer Ablauf eines Ideenwettbewerbs (Eigene Darstellung)

Die Gewinner erhalten schließlich den Preis im Austausch für das exklusive Nutzungsrecht an den Ideen (Harhoff & Lakhani, 2016).

Aus organisationaler Perspektive steht ein nach außen gerichteter Ideenwettbewerb meist im Zusammenhang mit einer Open Innovation-Strategie bzw. dem Prozess der Neuproduktentwicklung. Alternativ kann das Format auch als *Crowdsourcing* interpretiert werden, indem eine Aufgabe, die klassischerweise durch eigene Arbeitskräfte bearbeitet wurde, nunmehr an eine große und undefinierte Gruppe unternehmensexterner Akteure in Form eines öffentlichen Aufrufs outgesourct wird (Howe, 2006). Dies erscheint auf den ersten Blick nicht intuitiv. Warum sollten fach- und branchenfremde Personen bessere Lösungen hervorbringen als die eigenen Experten aus den Marketing- und Forschungsabteilungen? Genau das haben Studien jedoch ergeben: Insbesondere der Neuheitsgrad und der Kundennutzen können höher sein, wenn bspw. Nutzerinnen und Nutzer eines Produkts in die Neuproduktentwicklung einbezogen werden (Poetz & Schreier, 2012). Piller und Walcher (2006) haben herausgefunden, dass die Suche nach neuen und besonders kreativen Ideen und Lösungen für ein Problem außerhalb der Unternehmensgrenzen effektiver sein kann. Als mögliche Ursache wird hierbei in erster Linie die hohe Diversität der Teilnehmenden genannt, die ein Problem aus ganz unterschiedlichen Perspektiven betrachten. Darüber hinaus weisen sehr gute Einreichungen, die bereits im Wettbewerb mit vielen anderen Ideen standen, eine höhere Wahrscheinlichkeit auf, auch später im Markt zu bestehen.

Die Einbindung externer Akteure in die Lösungsfindung, z. B. durch einen Ideenwettbewerb, kann aus Unternehmenssicht auch effizienter sein. Innerhalb kürzester Zeit erhält die suchende Organisation eine Vielzahl von Einreichungen, aus denen die beste Lösung gewählt werden kann. In der Regel wird nur für diese bezahlt und nicht für alle anderen (Yang, Chen & Pavlou, 2009). Eine regelmäßig hohe Anzahl an Teilnehmenden scheint dieser „Winner-takes-all"-Modus und damit einhergehend eine geringe Chance auf einen Preis jedoch nicht abzuschrecken. Folglich müssen weitere Gründe vorliegen, weswegen Menschen an derartigen Innovationsformaten partizipieren. Dazu zählen u. a. die Herausforderung selbst, der Spaß am Wettbewerb mit anderen, die Aussicht auf einen Job, Reputation und Anerkennung oder aber das Lernen und Sammeln neuer Erfahrungen (Lakhani et al., 2010). In eher kollaborativ ausgerichteten Formaten (bspw. in sog. Contest Communities), in denen Kommunikation und Interaktion zwischen den Teilnehmenden während eines Wettbewerbs möglich ist, spielen zudem soziale Aspekte (also Teil einer Community zu sein und Feedback von anderen zu erhalten) eine Rolle (Moritz et al., 2018).

2.2 Die Mitarbeitenden als Innovation Crowd

Nicht für jedes Unternehmen und jedes Problem ist der Weg nach außen das Mittel der Wahl. Während Organisationen bzw. Marken mit einer hohen Bekanntheit und Reputation im Bereich Technologie und Innovation (z. B. *NASA, Space X, Netflix*) tendenziell sehr viel Aufmerksamkeit erzeugen, ist das für andere Unternehmen deutlich schwieriger.

Auch die Fragestellung bzw. der Themenbereich beeinflusst die Anzahl der Teilnehmenden (Moritz et al., 2017). Technologiegetriebene, soziale oder Umweltthemen (z. B. Raumfahrt, Armut, Klimakrise) sind meist sehr interessant, aber eher selten zu finden. Vermeintlich weniger interessante Problemstellungen hingegen gibt es vermutlich unzählige. Hinzu kommt, dass es Organisationen gibt, für die eine Öffnung und Zusammenarbeit mit Externen bspw. auf Grund hoher Sicherheitsauflagen kaum möglich ist.

In diesen Fällen kann ein Inhouse-Ideenwettbewerb, der unter den Mitarbeitenden ausgeschrieben wird, als Ergänzung zum klassischen Innovationsmanagement bzw. dem kontinuierlichen Verbesserungsprozess eine erfolgsversprechende Alternative sein, um einige der Potenziale dieses Innovationsformats – kurzfristig von einer möglichst heterogenen Gruppe von Menschen Lösungsvorschläge zu einer bestimmten Fragestellung erhalten – auch innerhalb der eigenen Organisation zu nutzen.

Überdies ergeben sich bei einem internen Fokus weitere positive Effekte: Die *individuelle Innovationsfähigkeit* (Maier et al., 2007) und *Eigeninitiative* (Fay & Frese, 2001) der Mitarbeitenden werden gefördert, indem kreative Lösungsansätze selbstständig erarbeitet, in einem Konzept aufbereitet und gegenüber einer Fachjury verteidigt werden müssen. Durch das gemeinsame Engagement für die Weiterentwicklung des Unternehmens kann zudem das *Commitment* gegenüber dem Unternehmen (Meyer et al., 2014) und das Zusammengehörigkeitsgefühl innerhalb einer Organisation gestärkt werden. Schließlich tragen der abteilungsübergreifende Austausch und die Zusammenarbeit an gemeinsamen Innovationsprojekten zu einem innovationsfreudigen Klima innerhalb des Unternehmens bei.

Die zuvor genannten Aspekte weisen einen hohen Überschneidungsgrad zum Ansatz des *Intrapreneurships* auf, welches ein von Unternehmergeist geprägtes Verhalten innerhalb der Mitarbeiterschaft beschreibt (Antoncic & Hisrich, 2001). Genau wie bei einem Ideenwettbewerb arbeiten Intrapreneure selbstständig an einer Idee, die dazu beiträgt, die Unternehmensabläufe zu verbessern oder neue Innovationen voranzutreiben (Covin & Miles, 1999). Insofern kann durch einen unternehmensinternen Ideenwettbewerb auch ein Beitrag zur Ausbildung und Entwicklung eines Intrapreneurship-Mindsets geleistet werden (Morris et al., 2010).

3 Case Study: Inhouse-Ideenwettbewerb

3.1 Case Setting und Studiendesign

Die vorliegende Case Study wurde im Rahmen eines Inhouse-Ideenwettbewerbs eines deutschen Industriekonzerns (ca. 5000 Mitarbeitende) erarbeitet, der unter wissenschaftlicher Begleitung der Autorinnen und Autoren konzipiert und durchgeführt wurde. Ziel des Wettbewerbs, der von Oktober bis Dezember 2019 lief, war es, die eigenen Mitarbeitenden bei der Einführung einer neuen Produktionstechnologie einzubinden, indem Vorschläge eingereicht werden sollten, wie diese Technologie zukünftig genutzt werden kann, um bestehende Bauteile und Komponenten zu verbessern oder neue Teile herzustellen. Zugleich sollte der Wettbewerb dazu genutzt werden, die Mitarbeitenden aus den verschiedenen Unternehmensbereichen im Hinblick auf die Potenziale dieses neuen Verfahrens zu sensibilisieren, sodass auch nach dem Wettbewerb kontinuierlich Vorschläge im Rahmen des Ideenmanagements eingebracht werden.

Der Wettbewerb wurde in einer groß angelegten Informationskampagne konzernweit beworben. Vorschläge für Ideen konnten über ein Formular in das IT-Systems des Ideenmanagements eingereicht werden. Neben einer Skizze oder Zeichnung sollte in kurzen Textbausteinen das Problem beschrieben werden, das mit dem Bauteil in Bezug auf herkömmliche Produktionsverfahren besteht, sowie die Lösung mithilfe der neuen Technologie und sich daraus ergebende Mehrwerte für das Unternehmen dargestellt werden.

Knapp 60 gültige Ideen wurden eingereicht und anschließend im Rahmen eines demokratischen und verzerrungsarmen Crowd-Voting-Prozesses von den Teilnehmenden selbst bewertet. Dies führte einerseits dazu, dass sich die Teilnehmenden auch mit den anderen Ideen auseinandersetzen mussten, was wiederum für weitere Initiativen inspirierend sein kann. Anderseits wurde durch Stimmabgabe eine hohe Akzeptanz des Bewertungsergebnisses erzeugt. Die Rangliste mit den besten zehn Ideen wurden abschließend durch eine interne Expertenjury auf Validität hin überprüft. Die Einreichenden der Top 10 wurden gleichrangig prämiert in Form einer Reise inkl. Technologieworkshop, bei dem Prototypen der eigenen Ideen unter Anleitung selbst hergestellt werden. Darüber hinaus ist eine Hausmesse geplant, bei der alle Ideen ausgestellt und insbesondere auf Vorstandsebene wahrgenommen werden sollen.

Kern der Untersuchung bildet eine Interview-Studie, die mit Teilnehmenden nach dem Wettbewerb durchgeführt wurde. Es wurde ein qualitatives Vorgehen gewählt, um innerhalb dieses noch vergleichsweise neuen Themengebiets Hypothesen bzgl. der optimalen Ausgestaltung von Inhouse-Ideenwettbewerben zu generieren. Der semi-strukturierte Interviewleitfaden für die Studie wurde entlang der methodischen Vorgaben von Flick (2014) entwickelt. Im Fokus der Befragung standen die Themen *Motivation*, *Anreize zur Teilnahme*, *Rolle von Vorgesetzten*, *organisationale Rahmenbedingungen und Hürden* sowie spezifische Fragen zur *Ausgestaltung eines internen Ideenwettbewerbs*. Anschließend erfolgte eine teils deduktive teils induktive Inhaltsanalyse (Flick, 2015).

Aufgrund des Themenschwerpunkts des Wettbewerbs hatten die meisten Teilnehmenden eine abgeschlossene Ausbildung oder ein Studium im technischen Bereich. Es nahmen dreizehn Männer und eine Frau an der Befragung teil. Die Telefoninterviews dauerten durchschnittlich etwa 30 Minuten. Ein Großteil der Interviewteilnehmenden bekleidete die Position einer Führungskraft im Unternehmen. Die Altersstruktur der Stichprobe ist als heterogen zu bezeichnen, da Personen aus unterschiedlichsten Altersgruppen an der Befragung teilgenommen haben.

Nachfolgend werden auszugsweise die wesentlichen Erkenntnisse der Studie vorgestellt und diskutiert. Wo immer möglich, wurde der aktuelle Stand der Forschung in Bezug auf Ideenwettbewerbe im Allgemeinen miteinbezogen, um die Validität der Ergebnisse zu erhöhen.

3.2 Leitlinien für die Ausgestaltung eines Inhouse-Ideenwettbewerbs

3.2.1 Motivation zur Teilnahme und Anreizsystem

Im Bereich öffentlicher Ideenwettbewerbe, die von Unternehmen oder Crowdsourcing-Plattformen organisiert werden, wissen wir, dass sich Menschen aus ganz unterschiedlichen Gründen an solchen Formaten beteiligen. Eher extrinsische Motivationen sind bspw. ein Geld- oder Sachpreis, die Anerkennung innerhalb einer Community oder aber Selbstmarketing bzw. öffentliche Sichtbarkeit, um sich für einen Job zu qualifizieren. Andere Teilnehmende sind wiederum eher intrinsisch motiviert, d. h. sie haben Spaß an der Teilnahme am Wettbewerb, fordern sich gerne selbst heraus, wollen etwas Neues lernen oder möchten Teil einer Community sein (Jeppesen & Lakhani, 2010). Dieser großen Heterogenität muss bei der Ausgestaltung eines Wettbewerbs (z. B. Preise, Kommunikationsmöglichkeiten, Sichtbarkeit) entsprechend Rechnung getragen werden (Boudreau et al., 2011).

Interessanterweise sind letztgenannte (eher intrinsische) Aspekte von Motivation auch unter den Teilnehmenden des Mitarbeiterwettbewerbs stark ausgeprägt. Der Wunsch, *ein neues Produkt zu entwickeln oder zu verbessern* und dadurch Fortschritt und Innovation im Unternehmen voranzutreiben, wurde am häufigsten genannt. Die überwiegende Mehrheit berichtete außerdem, dass es ihnen *Spaß* macht, sich mit technischen Projekten und Aufgaben zu befassen. Knapp die Hälfte der Befragten gab an, einen *Beitrag für die Gemeinschaft* im Unternehmen leisten zu wollen (Ein Teilnehmer berichtete: „Es motiviert mich, wenn ich etwas für die Gemeinschaft erreichen kann und meine Kollegen beispielsweise durch gute Ideen unterstütze"). Ebenso häufig genannt wurde der *Wunsch nach Anerkennung* durch Vorgesetzte und Kolleginnen und Kollegen. Zuletzt spielt auch der Wunsch, etwas *Neues zu lernen* eine Rolle. Fünf Interviewpartner gaben an, sich im Bereich einer neuen Technologie weiterbilden zu wollen.

Im Bereich der Anreize spiegeln sich die unterschiedlichen Gründe für die Teilnahme wider: Immaterielle Anreize (organisatorische, soziale) wurden genauso häufig genannt wie materielle (Geld- und Sachpreise). Insbesondere die *Möglichkeit zur Aus- und Weiterbildung* (z. B. durch Seminare oder Workshops) stellt für die überwiegende Mehrheit der Befragten einen attraktiven Anreiz zur Teilnahme dar (Tab. 1). Interessant ist außerdem die *Beteiligung an der Umsetzung der Idee* und eine entsprechende *Würdigung* durch Beförderungen oder positive Beurteilungen. Im Bereich sozialer Anreize wurde von allen Teilnehmenden die *Anerkennung durch Kollegen und Vorgesetzte* genannt. Ein Befragter erläuterte:

> „Es reizt mich schon sehr, mich zu beteiligen, wenn mein Vorgesetzter und meine Kollegen die guten Ideen wahrnehmen und diese Leistungen anerkennen."

Tab. 1 Teilnahmeförderliche Aspekte im Bereich Motivation und Anreizsystem

 Motivation	• Neues entwickeln/Bestehendes verbessern • Spaß • Beitrag für die Gemeinschaft • Anerkennung • Lernen
 Anreize	• Möglichkeit zur Aus- und Weiterbildung • Beteilung am Umsetzungsprozess • Lob/Auszeichnung/positive Beurteilung • Geld- und Sachpreise

3.2.2 Organisationale Rahmenbedingungen

Organisationale Rahmenbedingungen innerhalb eines Unternehmens, die zum nachhaltigen Erfolg eines Inhouse-Ideenwettbewerbs beitragen, wurden bisher noch nicht untersucht. Jedoch gibt es Studien, die beschreiben, wie ein Unternehmensumfeld beschaffen sein muss, sodass Mitarbeitende innovativ tätig werden. Wichtige Aspekte sind hierbei u. a. ein wertschätzendes und von Akzeptanz geprägtes Unternehmensklima (Baer & Frese, 2003), Offenheit für Neues (Kontoghiorghes et al., 2005) sowie eine ausgeprägte Fehlerkultur (van Dyck et al., 2005).

Diese Faktoren konnten teilweise auch in den Interviews identifiziert werden. Besonders wichtig ist für die Befragten die *Unterstützung im Ideengenerierungsprozess* durch das Unternehmen. Eine entscheidende Rolle spielt dabei die unternehmensweite Akzeptanz des Innovationsmanagements im Allgemeinen, in Bezug zum Wettbewerb aber auch konkret die Wertschätzung der Teilnahme. Neun Befragte appellierten an eine ausgeprägte *Fehlerkultur, Risikobereitschaft und Offenheit gegenüber Neuem* innerhalb des gesamten Unternehmens. Ein Mitarbeiter berichtete:

> „Im Rahmen vom Innovationsmanagement müssen unausweichlich Risiken eingegangen werden, […] wenn Neuerungen etabliert werden. Das bringt mit sich, dass ebenso falsche Entscheidungen getroffen werden und sich einige Ideen nicht umsetzen lassen. Gerade da ist es wichtig, den Fehler umfänglich zu analysieren und gemeinschaftlich über eine Alternative nachzudenken. Kein Mitarbeiter sollte Angst davor haben, einen Fehler zu machen."

Als weiterer essenzieller Faktor wurde von den Befragten die *Bereitstellung von Zeit* genannt, um sich mit neuen Ideen, z. B. im Rahmen eines Ideenwettbewerbs, zu beschäftigen. Zu diesem Punkt erklärten die Befragten, dass es neben den Routineabläufen möglich sein sollte, sich explizit mit neuen Ideen zu beschäftigen und diese weiter ausarbeiten zu können. Derzeit ist dies im Arbeitsalltag nicht vorgesehen und verhindert daher, dass man sich unter Kolleginnen und Kollegen ausführlich über Ideen austauschen kann.

Die besondere Verantwortung des Managements bzw. der Unternehmensführung wurde ebenfalls adressiert. *Eigenverantwortliches Handeln* der Mitarbeitenden sollte aktiv gefördert werden sowie entsprechende *Freiräume* und ein gewisses Maß an *Autonomie* gewährt werden, um neue Ideen zu generieren und weiterzuentwickeln (Tab. 2). Ein Teilnehmer berichtete:

> „Wenn die Führung nicht hinter dem Innovationsmanagement steht, dann kann es ebenso nicht von den Mitarbeitern verlangt werden. Darüber hinaus dürfen persönliche Befindlichkeiten der Führungskräfte keinen großen Raum einnehmen."

3.2.3 Rolle und Aufgabe von Vorgesetzten

Die direkten Vorgesetzten sind für den Erfolg von bereichsübergreifenden Innovationsvorhaben wie Ideenwettbewerben ebenso von Bedeutung wie die Teilnehmenden selbst. Als wichtigste Aufgabe wurde in diesem Zusammenhang die *geistige Stimulation und Motivation der Mitarbeitenden* genannt, sich an Innovationsvorhaben zu beteiligen und eigene Ideen einzubringen. Zudem sollten Führungskräfte mit Offenheit und Risikobereitschaft *innovatives Verhalten vorleben*. Ein Teilnehmer dazu:

> „Es ist sehr wichtig, dass die Vorgesetzten innovatives Verhalten vorleben. Sie sollten dies nicht nur von den Mitarbeitern erwarten, sondern sich darüber hinaus selbst maßgeblich im Innovationsmanagement einbringen."

Bei konkreten Initiativen wünschten sich die Mitarbeitenden *Unterstützung bei der Entwicklung und Umsetzung eigener Ideen* sowie *Anerkennung des Engagements*. Überdies sollten Führungskräfte die Rolle des *Wissensmanagers* und *Moderators* einnehmen, um bspw. über aktuelle Vorhaben zu informieren und Kolleginnen und Kollegen zusammenzubringen, falls eine Person während der Bearbeitung einer Idee Hilfe benötigt. Über ein Innovationsprojekt wie einen Ideenwettbewerb hinaus wünschten sich die Befragten, dass sich die Managementebene auch für die weitere Umsetzung von guten Ideen bzw. die *Einsteuerung in den standardisierten Innovationsprozess* des Unternehmens interessiert und die Mitarbeitenden entsprechend unterstützt (Tab. 3).

3.2.4 Prozessuale Ausgestaltung

Bezüglich der Frage, wie ein (öffentlicher und webbasierter) Ideenwettbewerb generell ausgestaltet werden sollte, herrscht weitestgehend Konsens innerhalb der Wissenschaftscommunity (Adamczyk et al., 2012). Jeppesen und Lakhani (2010) bspw. betonen die Relevanz einer klar definierten und abgegrenzten Problembeschreibung, einer spannenden Aufgabenstellung sowie eindeutiger Bewertungskriterien. Ebner et al. (2009) arbeiteten die zentrale Rolle des Community Managements heraus, das für eine kontinuierliche und

Tab. 2 Wesentliche organisationale Rahmenbedingungen

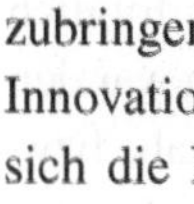 Organisationale Rahmenbedingungen	– Unterstützung bei der Ideengenerierung – Fehlerkultur – Risikobereitschaft – Offenheit für Neues – Zeit/Freiräume/Autonomie

Tab. 3 Unterstützung durch Führungskräfte

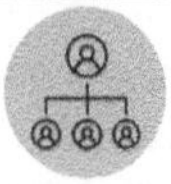 Rolle und Aufgabe von Vorgesetzten	– Geistige Stimulation und Motivation – Innovatives Verhalten vorleben – Unterstützung bei Ideenentwicklung und Umsetzung – Anerkennung des Engagements – Wissensmanagement – Moderation

zielgerichtete Kommunikation und Interaktion mit den Teilnehmenden verantwortlich ist. Konstruktives Feedback für die Ideengeber von Seiten des Community Managements bzw. des Aufgabenstellers (im Optimalfall während und nach dem Wettbewerb) ist ein weiterer wichtiger Faktor und hat einen starken Einfluss auf die Qualität der Beiträge (Wooten & Ulrich, 2017) sowie die Wahrnehmung des Wettbewerbs unter den Teilnehmenden. Es fördert die Motivation zur Teilnahme (Jeppesen & Frederiksen, 2006) und kann darüber entscheiden, ob ein Ideengeber sich auch zukünftig engagiert und auch andere zur Teilnahme animiert. Auch das Erlebnis der Teilnahme selbst, geprägt durch eine lebhafte und inspirierende Community, einen transparenten und nachvollziehbaren Bewertungsprozess sowie die Bereitstellung einer ansprechend gestalteten und intuitiv bedienbaren IT-Plattform kann zu einer positiven Rezeption des Wettbewerbs bzw. des Unternehmens führen (Füller, 2010; Gebauer et al., 2013).

Die zuvor aus dem aktuellen Stand der Forschung abgeleiteten Aspekte, die es bei der Ausgestaltung eines Ideenwettbewerbs zu berücksichtigen gilt, wurden auch durch die Aussagen der Interviewpartnerinnen und Interviewpartner bestätigt und behalten folglich auch bei einer unternehmensinternen Initiative ihre Gültigkeit. Besonders wichtig war den Befragten eine *klare Aufgabenstellung* mit konkreten Anforderungen an die Aufgabe bzw. den Lösungsansatz sowie *festgelegte Bewertungskriterien.* Eine Person erläuterte dazu:

> „Bevor ich eine Idee im Ideenwettbewerb einreiche, möchte ich wissen, welche Anforderungen an diese gestellt werden. Dies ist wichtig, da die Teilnehmer dann die Ausarbeitung ihrer Idee auf die Kriterien ausrichten können."

Weiter wurden eine *offene Kommunikation* und *umfassende Information* sowie ein *transparenter Bewertungsprozess* als kritische Einflussfaktoren genannt. Auch die Einbindung der Teilnehmenden in den Bewertungsprozess (Crowd Voting) wurde vorgeschlagen, wodurch das Vertrauen in den Prozess gestärkt und die wahrgenommene Fairness in Bezug auf das Ergebnis sichergestellt werden können.

Die Rolle von *direktem und konstruktivem Feedback* darf ebenfalls nicht unterschätzt werden. Alle Teilnehmenden – insbesondere die, die nicht unter den Besten waren – sollten angemessene Rückmeldung zu den Ideen erhalten. Dadurch wird einerseits die Leistung der Mitarbeitenden anerkannt und gewürdigt; andererseits erhalten die Ideengeberinnen und Ideengeber auf diese Weise Hinweise, wie die Idee weiterentwickelt und verbessert werden kann, sodass sie im Nachgang zum Wettbewerb ggf. in den Ideenmanagementprozess des Unternehmens eingesteuert werden kann. Der letztgenannte Aspekt erscheint bei einer unternehmensinternen Initiative besonders relevant, da Mitarbeitenden von einer erneuten Teilnahme an ähnlichen Formaten absehen werden, wenn ihr Engagement nicht wertgeschätzt wird.

Darüber hinaus sollte durch das Innovationsmanagement über den Fortschritt bei der Weiterentwicklung bzw. *Umsetzung von besonders aussichtsreichen Ideen*, die nach dem Wettbewerb in das Ideenmanagement des Unternehmens überführt wurden, informiert werden, sodass für die Mitarbeitenden deutlich wird, dass durch ihre Ideen auch tatsächlich eine Innovation für das Unternehmen entstehen kann. Ein Mitarbeiter erläuterte:

> „Es sollten durch die Umsetzungen von Ideen im besten Fall Erfolge geschaffen werden, an denen sich die Mitarbeiter orientieren können."

Im Optimalfall kann der ursprüngliche Ideengeber dabei sogar mitwirken. Sofern eine Idee einen Neuheitsgrad erreicht, der bspw. zu einer Patentanmeldung führt, sollte außerdem durch Nennung des Namens der erfindenden Person eine entsprechende Würdigung stattfinden. Eine Person sagte dazu:

> „Einige Personen befürchten, dass ihre eingereichten Ideen kopiert werden könnten, ohne dass vorher ein Patent für diese Inhalte beantragt wurde. Dies könnte dazu führen, dass vor allem Mitarbeiter mit sehr innovativen Ideen von der Einreichung im Ideenwettbewerb abgehalten werden."

Die konkrete Vorgehensweise in einem solchen Fall sollte bereits zu Beginn des Ideenwettbewerbs in den Teilnahmebedingungen dargestellt werden.

Zuletzt wurde die Einbettung des Ideenwettbewerbs in eine *Online-Plattform* vorgeschlagen (z. B. das Enterprise Social Media System), wodurch die Kommunikation zwischen Einreichenden und dem Ideenmanagement, aber auch Interaktion zwischen den Teilnehmerinnen und Teilnehmern, ggf. auch mit anderen interessierten Kolleginnen und Kollegen, einfach ermöglicht würde. Indem bestimmte Inhalte auch konzernweit geteilt werden könnten, würde dadurch auch die Sichtbarkeit und somit Wahrnehmung des Wettbewerbs insgesamt erhöht (Tab. 4).

Tab. 4 Kernanforderungen an den Prozess eines Ideenwettbewerbs

 Prozessuale Ausgestaltung	– Klare Aufgabenstellung – Eindeutige Bewertungskriterien – Offene Kommunikation – Umfassende Information – Transparenter Bewertungsprozess – Konstruktives Feedback – Umsetzung von guten Ideen – Online-Plattform für Kommunikation und Interaktion

4 Zusammenfassung: Let's innovate!

Ein Inhouse-Ideenwettbewerb kann verschiedenen Zielen dienen. Zunächst kann es darum gehen, ein konkretes Problem zu lösen oder neue Ideen im Rahmen des Innovationsmanagements zu sammeln. Daneben kann das Format aber auch genutzt werden, um bspw. ein strategisches Intrapreneurship-Programm zu starten oder die Mitarbeitenden für ein abteilungsübergreifend relevantes Thema zu sensibilisieren.

Es wurde deutlich, dass viele Erkenntnisse (Motivation, Anreize, Ausgestaltung), die im Rahmen von Studien im Bereich öffentlicher webbasierter Ideenwettbewerbe bzw. Crowdsourcing und Co-creation gewonnen wurden, sich auch auf den Kontext unternehmensinterner Wettbewerbe übertragen lassen. Hingegen gibt es auch spezifische Aspekte, die sich auf Grund der Einbettung in eine Organisationsstruktur ergeben und die bei einer internen Initiative berücksichtigt werden müssen, etwa die Bereitstellung von Zeit während des Arbeitsalltags, die Unterstützung durch Vorgesetzte und die Wahrnehmung und Würdigung des Engagements der Mitarbeitenden.

Darüber hinaus wurden inhaltliche Überschneidungen zum Intrapreneurship-Konzept identifiziert. Die Rahmenbedingungen und Voraussetzungen, die zu einem unternehmerischen Mindset der Mitarbeitenden beitragen, sind sehr ähnlich. Insofern stellt ein Ideenwettbewerb eine vielversprechende Möglichkeit dar, um (potenzielle) Intrapreneure innerhalb des eigenen Unternehmens abteilungsübergreifend zu identifizieren, zu fördern und langfristig in die Weiterentwicklung des Unternehmens einzubinden.

Literatur

Adamczyk, S., Bullinger, A. C., & Möslein, K. M. (2012). Innovation contests. A review, classification and outlook. *Creativity and innovation management, 21*(4), 335–360.

Antoncic, B., & Hisrich, R. D. (2001). Intrapreneurship: Construct refinement and cross-cultural validation. *Journal of business venturing, 16*(5), 495–527.

Baer, M., & Frese, M. (2003). Innovation is not enough: Climates for initiative and psychological safety, process innovations, and firm performance. *Journal of Organizational Behavior, 24*(1), 45–68. https://doi.org/10.1002/job.179.

Boudreau, K. J., Lacetera, N., & Lakhani, K. R. (2011). Incentives and problem uncertainty in innovation contests. *An empirical analysis. Management science, 57*(5), 843–863.

Chesbrough, H. W. (2006). *Open innovation. The new imperative for creating and profiting from technology*. Harvard Business Press.

Covin, J. G., & Miles, M. P. (1999). Corporate entrepreneurship and the pursuit of competitive advantage. *Entrepreneurship Theory and Practice, 23*(3), 47–63. https://doi.org/10.1177/104225879902300304.

Ebner, W., Leimeister, J. M., & Krcmar, H. (2009). Community engineering for innovations. The ideas competition as a method to nurture a virtual community for innovations. *R&D Management, 39*(4), 342–356. https://doi.org/10.1111/j.1467-9310.2009.00564.x.

Fay, D., & Frese, M. (2001). The concept of personal initiative: An overview of validity studies. *Human Performance, 14*(1), 97–124. https://doi.org/10.1207/S15327043HUP1401_06.

Flick, U. (2014). *An introduction to qualitative research* (5. Aufl.). Sage.

Flick, U. (2015). *Introducing research methodology. A beginner's guide to doing a research project* (2. Aufl.). Sage.

Füller, J. (2010). Refining virtual co-creation from a consumer perspective. *California management review, 52*(2), 98–122.

Gebauer, J., Füller, J., & Pezzei, R. (2013). The dark and the bright side of co-creation. Triggers of member behavior in online innovation communities. *Journal of Business Research, 66*(9), 1516–1527. https://doi.org/10.1016/j.jbusres.2012.09.013.

Haller, J. (2013). *Open evaluation*. Springer Fachmedien. https://doi.org/10.1007/978-3-8349-4487-0.

Harhoff, D., & Lakhani, K. R. (2016). *Revolutionizing innovation. Users, communities, and open innovation*. MIT Press.

von Hippel, E. (2006). *Democratizing innovation*. MIT Press.

Howe, J. (2006). The rise of crowdsourcing. *Wired magazine, 14*(6), 1–4.

Jeppesen, L. B., & Frederiksen, L. (2006). Why do users contribute to firm-hosted user communities? The case of computer-controlled music instruments. *Organization Science, 17*(1), 45–63.

Jeppesen, L. B., & Lakhani, K. R. (2010). Marginality and problem-solving effectiveness in broadcast search. *Organization Science, 21*(5), 1016–1033.

Kontoghiorghes, C., Awbre, S. M., & Feurig, P. L. (2005). Examining the relationship between learning organization characteristics and change adaptation, innovation, and organizational performance. *1044-8004, 16(2), 185–212*. https://doi.org/10.1002/hrdq.1133.

Lakhani, K., & Wolf, R. G. (2003). Why hackers do what they do: Understanding motivation and effort in free/open source software projects. *SSRN Electronic Journal*. https://doi.org/10.2139/ssrn.443040.

Lakhani, K., Garvin, D., & Lonstein, E. (2010). TopCoder (A): Developing software through crowdsourcing. *Harvard Business School General Management Unit Case*, 610–032.

Maier, G. W., Streicher, B., Jonas, E., & Frey, D. (2007). Innovation und Kreativität. *Wirtschaftspsychologie, 6*, 810–845.

Meyer, J. P., Stanley, D. J., McInnis, K., Jackson, T. A., Chris, A., & Anderson, B. (2014). *Employee commitment & behavior across cultures: A meta-analysis*. ICAP.

Moritz, M., Redlich, T., Grames, P. P., & Wulfsberg, J. P. (2016). Value creation in open-source hardware communities: Case study of Open Source Ecology. In *2016 Portland international conference* (S. 2368–2375). https://doi.org/10.1109/PICMET.2016.7806517.

Moritz, M., Redlich, T., & Wulfsberg, J. (2017). Kollaboration und Wettbewerb bei Ideenwettbewerben – eine Userperspektive. In T. Redlich, M. Moritz & J. P. Wulfsberg (Hrsg.), *Interdisziplinäre Perspektiven Zur Zukunft der Wertschöpfung* (S. 315–330). Gabler. https://doi.org/10.1007/978-3-658-20265-1_24.

Moritz, M., Redlich, T., & Wulfsberg, J. (2018). Who are your design heroes? Exploring user roles in a co-creation community. In Á. Rocha, H. Adeli, L. P. Reis & S. Costanzo (Hrsg.), *Trends and advances in information systems and technologies. Volume 1* (Advances in intelligent systems and computing, Bd. 745, S. 399–410). Springer International Publishing.

Morris, M. H., Kuratko, D. F., & Covin, J. G. (2010). *Corporate entrepreneurship & innovation*. Cengage Learning.

Piller, F. T., & Walcher, D. (2006). Toolkits for idea competitions. A novel method to integrate users in new product development. *R&D Management, 36*(3), 307–318.

Poetz, M. K., & Schreier, M. (2012). The value of crowdsourcing. Can users really compete with professionals in generating new product ideas? *Journal of Product Innovation Management, 29*(2), 245–256.

Rifkin, J. (2015). *The zero marginal cost society. The internet of things, the collaborative commons, and the eclipse of capitialism*. Palgrave Macmillan.

Terwiesch, C., & Xu, Y. (2008). Innovation contests, open innovation, and multiagent problem solving. *Management science, 54*(9), 1529–1543.

Van Dyck, C., Frese, M., Baer, M., & Sonnentag, S. (2005). Organizational error management culture and its impact on performance: A two-study replication. *The Journal of Applied Psychology, 90*(6), 1228–1240. https://doi.org/10.1037/0021-9010.90.6.1228.

Winsor, J. (2006). *Spark. Be more innovative through co-creation.* Dearborn Trade Pub.

Wooten, J. O., & Ulrich, K. T. (2017). Idea generation and the role of feedback. Evidence from field experiments with innovation tournaments. *Production and Operations Management, 26*(1), 80–99.

Yang, Y., Chen, P.-Y., & Pavlou, P. (2009). Open innovation: An empirical study of online contests. In *ICIS 2009 proceedings* (Bd. 13). Phoenix, Arizona.

Die Konstruktion von Geschäftsmodellen für nachhaltiges Wirtschaften: (k)eine exklusive Aufgabe des Managements?!

Tobias Schlömer, Karina Kiepe und Tim Thrun

1 Einführung

Gesellschaft, Ökonomie, Arbeitsmärkte und Bildung sind bereits heute geprägt durch tiefgreifende und komplexe Transformationsprozesse, die initiiert werden durch Klimawandel und Naturphänomene, durch massive technische Innovationen sowie einen vielschichtigen sozial-demografischen Wandel. Unternehmen reagieren darauf mit der Re-Modellierung ihrer bestehenden Geschäftsmodelle, und zwar mit unterschiedlicher Systematik und variierender Geschwindigkeit. In Krisenzeiten – dies zeigen aktuelle Beobachtungen während der COVID19-Pandemie – fällt die Reaktionszeit (gezwungenermaßen) vor allem für besonders stark getroffene Unternehmen sehr kurz aus.

Handhabbare Entwicklungsinstrumente (u. a. Osterwalder & Pigneur, 2011) können die Re-Konstruktion von Geschäftsmodellen mit ihren emergenten Eigenschaften sichtbar machen. In der konventionell begründeten Logik der Geschäftsmodellentwicklung geht es darum, Entscheidungen so zu treffen, dass eine betriebswirtschaftlich optimale Konfiguration entsteht (Müller et al., 2016; Schallmo, 2014): Das Produktportfolio mit spezifischen Leistungs- und Nutzenversprechen und die Fokussierung von Kundengruppen mit Lebens- und Konsumstilen sollten vereinbar sein mit den materiellen und immateriellen Ressourcenvoraussetzungen und den Möglichkeiten der Wertschöpfungsprozessgestaltung.

Orientieren sich Unternehmen an alternativen Entscheidungskriterien, wie der Leitidee des nachhaltigen Wirtschaftens, werden die systemischen Zusammenhänge noch sehr viel komplexer (Müller-Christ, 2014). Geschäftsmodelle sollten nicht nur nach innerbetrieblichen Effektivitäts- und Effizienzgesichtspunkten ausgelotet werden. Vielmehr sind sie so

T. Schlömer · K. Kiepe (✉) · T. Thrun
Helmut-Schmidt-Universität/Universität der Bundeswehr Hamburg, Hamburg, Deutschland
E-Mail: schloemer@hsu-hh.de; kiepek@hsu-hh.de; thrunt@hsu-hh.de

R. Kraus et al. (Hrsg.), *Intrapreneurship*,
https://doi.org/10.1007/978-3-662-64102-6_14

zu konstruieren, dass die mit betrieblicher Wertschöpfung einhergehende Nutzung und Bereitstellung gesellschaftlicher, ökologischer und ökonomischer Ressourcen substanzerhaltend ist.

Diese Aufgaben der Geschäftsmodellkonstruktion werden i. d. R. als exklusiver Verantwortungsbereich der Managementebene in der Unternehmensorganisation verstanden. Gleichwohl wird deutlich, dass die Einbindung der ausführenden Organisationsebenen für eine erfolgreiche Umsetzung von Geschäftsmodellen unerlässlich ist. Über die Modellierung von Geschäftsmodellen können Mitarbeitende die Zusammenhänge im Unternehmen, ihre Anteile am Unternehmenserfolg und vor allem ihre Selbstwirksamkeit erfahren. Im Modellieren von Geschäftsmodellen lassen sich Unternehmensannahmen in Form von Handlungsalternativen, -zusammenhängen und -wirkungen visualisieren. Die Auseinandersetzung mit Geschäftsmodellen fördert unternehmerisches, systemisches und prozessuales Denken und Handeln, das nicht nur für die Bewältigung von Arbeitsaufgaben relevant ist, sondern eine wichtige betriebsunabhängige Schlüsselkompetenz darstellt.

Im Spiegel der strategischen Managementkonzepte stellt sich allerdings die Frage, in welcher Reichweite die Beteiligung von Mitarbeitenden an der Entwicklung nachhaltiger Geschäftsmodelle tatsächlich umgesetzt wird und inwiefern Intrapreneurship-Konzepte diese Einbindung fördern könnten. Im Beitrag werden zunächst paradigmatische und konzeptuelle Zugänge zum nachhaltigen Wirtschaften und dessen Umsetzung mittels Intrapreneurship-Strategien eröffnet. Danach wird ein partizipativer Ansatz zur Entwicklung von Geschäftsmodellen für nachhaltiges Wirtschaften erörtert und anhand eines Umsetzungsinstruments illustriert.

2 Nachhaltiges Wirtschaften und Intrapreneurship

Der Diskurs um nachhaltiges Wirtschaften ist in der Betriebs- und Managementlehre inzwischen etabliert und hat – sowohl in der Theorieentwicklung als auch in der praxisinstrumentellen Umsetzung – deutliche Spuren hinterlassen. So wurden in den letzten Jahren alternative Paradigmen einer „transformativen Wirtschaftswissenschaft [begründet], die insbesondere auch die Bedingungen und Möglichkeiten einer nachhaltigen Entwicklung von Wirtschaft und Gesellschaft analysiert und verbessern hilft“ (Schneidewind et al., 2016, S. 30). In Abgrenzung – so Pfriem (2017, S. 16) – zu einer „nach Erich Gutenberg als dem Hauptvertreter [.] einseitig auf einzelwirtschaftliche Effizienz gerichteten Betriebswirtschaftslehre des 20. Jahrhunderts“ plädieren Vertreterinnen und Vertreter der transformativen Wirtschaftswissenschaft konsequent dafür, Unternehmen als gesellschaftliche Akteure zu verstehen, die mit ihren Prozessen und Produkten nicht nur Konsumentenbedürfnisse wecken, sondern eine gesellschaftliche Befähigung zum energie- und ressourceneffizienten Handeln fördern können. Eine wichtige Grundannahme ist dabei, dass das Wirtschaften von Unternehmen in fundamentaler Abhängigkeit „von (Natur-)Leistungen [steht], die nicht selbst erbracht werden und deren Bereitstellung zunehmend infrage steht“ (Petschow et al., 2017, S. 14). Sie grenzen sich damit sehr deutlich von Ansätzen ab, die lediglich eine Anreicherung von ökonomischen Zielsystemen und Kalkülen durch ökologische und soziale Aspekte vollziehen und die auf eine konsequente Neukonfiguration bestehender Grundannahmen der Volks- und Betriebswirtschaftslehre verzichten. Die transformative Wirtschaftswissenschaft dagegen verfolgt explizit eine Ausweitung des ökonomischen Denkens und Handelns über Disziplingrenzen hinweg, explizit fordert sie ein, sozialwissenschaftliche Disziplinen (Unternehmen als soziale Systeme der Gesellschaft), naturwissenschaftliche Erkenntnisse (Unternehmen als Ressourcenverbraucher innerhalb planetarer Grenzen) und bildungswissenschaftliche Erklärungsansätze (Empowerment, Partizipation der Individuen) stringent einzubinden (Schneidewind et al., 2016; Rommel & Schneidewind, 2017).

Neben den paradigmatischen Überlegungen wurden inzwischen vielfältige Konzeptansätze in der Betriebswirtschafts- und Managementlehre, die sowohl ein integriertes Nachhaltigkeitsmanagement für die Unternehmensführung (z. B. Müller-Christ, 2014; Müller-Christ & Giesenbauer, 2019) als auch spezifische Managementdisziplinen und Handlungsfelder nachhaltigkeitsorientiert adressieren (zum Überblick u. a. Englert & Ternès, 2019). Zu nennen sind z. B. Konzepte mit elaborierten Verfahren und Methoden zum Sustainable Supply Chain Management, zum nachhaltigen Beschaffungsmanagement, zum nachhaltigkeitsorientierten Marketing oder zum Nachhaltigkeitscontrolling.

Auffällig sind im Hinblick auf die strategische Entwicklung nachhaltigen Wirtschaftens in Unternehmen die folgenden Phänomene. Erstens wurde in der Fachliteratur sehr deutlich herausgestellt, dass nachhaltiges Wirtschaften enorme Chancen bietet, um die Existenz- und Wettbewerbsfähigkeit von Unternehmen langfristig zu sichern und diese krisenresilient zu machen (Glauner, 2018; Kolb, 2018; Reuter, 2020). Diese existenzsichernde Bedeutung spiegelt sich zweitens in den Konzepten zur Implementierung nachhaltigen Wirtschaftens in Unternehmenspolitik, Unternehmensstrategie und Organisation wieder. Die daraus ableitbaren Managementaufgaben werden in der Regel nach einer klassischen Top-down-Logik umgesetzt (dazu u. a. Gandenberger et al., 2017). Demnach werden Grundsatzentscheidungen zur Bedeutung und Reichweite von Nachhaltigkeit in Unternehmen auf Leitungsebene ausgehandelt und dann auf die operative Ebene mit gezielten Beteiligungsverfahren heruntergebrochen. Drittens ist auffällig, dass diese Form des strategischen Nachhaltigkeitsmanagements eng verbunden ist mit Ansätzen und Konzepten des Innovationsmanagements (Schäfer et al., 2020; Schaltegger et al., 2011). Demnach erfordert nachhaltiges Wirtschaften sehr häufig, die Geschäftsmodelle radikal neu zu justieren und mit disruptiven Prozessen und Produkten bestehende Märkte zu verändern und neue zu erschließen. Derartige Innovationsprozesse verlangen noch deutlicher als die o. g. Strategieumsetzung die Beteiligung der gesamten Unternehmensorganisation.

Zweifelsohne sind das Bekenntnis der Unternehmensführung und die Verankerung in den strategischen Zielkorridor grundlegende Voraussetzungen für nachhaltiges Wirtschaften. Gleichwohl zeigt sich auch in den Nachhaltigkeitskonzepten die übliche Management-Frage der organisationalen Strategieimplementierung und Innovationsentwicklung: Wie kann es gelingen, dass unternehmerische Grundsatzentscheidungen und Innovationsentwicklungen in den ausführenden Stellen – d. h. von denjenigen Unternehmensmitgliedern, die an den Grundsatzentscheidungen zum nachhaltigen Wirtschaften (zunächst) nicht beteiligt sind – nicht nur akzeptiert und mitgetragen, sondern (und das bedingen vor allem explorative, offene Nachhaltigkeitsstrategien) ausdifferenziert, weiterentwickelt, mitgestaltet und effektiv umgesetzt werden?

Die strategische Managementlehre rekurriert zur Lösung dieser Herausforderung seit den 1980er-Jahren verstärkt auf Ansätze des Intrapreneurship (Pinchot, 1985). Es „stellt [.] den Gegensatz zur geplanten, von ‚oben' gesteuerten Innovation dar: Nämlich die Innovation von ‚unten' als personenzentriertes Konzept (Vesper, 1984, S. 325)" (Eckardt, 2015, S. 9). Es geht darum, dass Unternehmen Angebote der Mitgestaltung und Entwicklung unternehmerischer Gelegenheiten in ihre Unternehmensorganisation einflechten, die Mitarbeitende selbstbestimmt, mit größtmöglicher Eigenverantwortung und aufgrund ihrer intrinsischen Motivation zum Mit-Innovieren nutzen können (Hornsby et al., 1993; Kuratko et al., 2005). Mit-Innovieren meint (im Folgenden: Hornsby et al., 1993; Klingenberg, 2019), dass auch den Mitarbeitenden ohne strategische Verantwortung

- ein hohes Maß an Autonomie, Ermessenfreiheit und zeitlichen Freiräumen zugestanden wird,
- ein Mitwirken an Aufgaben über formell (mit der Stelle) bezeichnete Arbeitsbereichsgrenzen hinweg ermöglicht wird,
- Ideenanreize geboten werden sowie
- die aktive Unterstützung der Managementebene zuteilwird.

Die auf Hornsby et al. (1993) zurückgehenden organisationalen Gestaltungskriterien bieten gleichwohl nur die Voraussetzungen für eine innovationsfreundliche Unternehmensorganisation. Die tatsächliche Intrapreneurship-Ausgestaltung zeigt sich erst mit den konkreten Projekt- und Mitgestaltungsaufgaben sowie den entsprechenden Arbeitsgegenständen. Klarerweise sind mit dem Intrapreneurship nicht nur organisationale, sondern aufgrund der Personenzentrierung vor allem individuelle Lernprozesse verbunden. Es geht also darum, Arbeits- und Lerngegenstände zu entwickeln, die Intrapreneurship im Kontext nachhaltigen Wirtschaftens fördern. Über die Mitgestaltung von Geschäftsmodellen für nachhaltiges Wirtschaften könnte die Beteiligung von Mitarbeitenden im Sinne eines Intrapreneurship ‚bottom-up' ermöglicht werden, zugleich ist sie anschlussfähig an die Konzepte des strategischen Nachhaltigkeitsmanagements.

3 Die Entwicklung von Geschäftsmodellen für nachhaltiges Wirtschaften mit einem partizipativen Ansatz

3.1 Nachhaltige Geschäftsmodelle

Mit einem Geschäftsmodell lässt sich pointiert aus der Sicht eines Unternehmens beschreiben, „für wen wie mit wem agiert und Wert geschaffen wird" (Stähler, 2014, S. 112), um langfristig dessen Existenz und Wettbewerbsfähigkeit zu sichern. Die Beschreibung von Geschäftsmodellen bilden die Interaktionen und Prozesse in einem Unternehmen allerdings nicht im Detail ab. Stattdessen sollen verschiedene Entscheidungsdimensionen im Zusammenhang verdeutlicht werden (Kiepe et al., 2019). Und zwar, welches finanzwirtschaftliche Kalkül ein Unternehmen eingeht (Finanzdimension), welche Leistungen und Nutzen es für Kunden und Partner generiert (Nutzendimension), wie Kundensegmente und Kundenkanäle erschlossen und Kundenbeziehungen gestaltet werden (Kundendimension), mit welchen Ressourcen, Fähigkeiten und Prozessen Wert geschöpft wird (Wertschöpfungsdimension) sowie welche Leistungspartner relevant sind und wie es die Partnerbeziehungen ausgestaltet (Partnerdimension). Die ideale Konfiguration und Abstimmung dieser Elemente bildet die Kernherausforderung der Geschäftsmodellentwicklung (Schallmo, 2014).

Für die weitere Auseinandersetzung mit Geschäftsmodellen ist eine Abgrenzung zu den in der Managementlehre gebräuchlichen Begriffen der Strategie und Taktik sinnvoll: „Die Strategie beschäftigt sich damit, ‚was' ein Unternehmen in der Zukunft sein möchte. Das Geschäftsmodell beschreibt die Elemente und Logik, welche zur internen Umsetzung notwendig sind. Die Taktik beschäftigt sich mit dem ‚Wie'" (Eckert, 2014, S. 53). Diese Vermittlerfunktion zwischen Strategiefestlegung und Strategieumsetzung kann mit unterschiedlichen Schwerpunkten, Intentionen und Abstraktionsgraden von Geschäftsmodellansätzen erfolgen, die Eckert (2014) wie folgt abgrenzt:

> In den ökonomischen Ansätzen ist ein Geschäftsmodell identisch mit der Leistungs- oder Wertschöpfungsarchitektur eines Unternehmens, d. h., es geht um die zahlenorientierte Betrachtung der Leistungserstellung im Sinne des ökonomischen Modells im Unternehmen. In den operativen Ansätzen können die technologie- und die organisationsorientierten Ansätze zusammengefasst werden. Beide genannten Ansätze fokussieren sehr stark auf die verschiedenen Teilmodelle eines Geschäftsmodells, wie z. B. Preismodell, Erlösmodell, Channel-Modell, Prozessmodell, Strukturmodell und Value Proposition. Die strategieorientierten Ansätze wiederum stellen Kundensegmente und Kundennutzen, Kernkompetenzen und deren Zusammenhänge mit dem zugrundeliegenden Wertschöpfungs- bzw. Gewinnmodell eines Unternehmens auf einem höheren Abstraktionsgrad (von manchen Autoren auch als Metaebene bezeichnet) in den Mittelpunkt. (S. 50, Hervorhebung i. O.)

Die Anwendungsszenarien dieser Geschäftsmodellansätze sind vielfältig. Sie werden in der Praxis vorrangig für die proaktive Innovationsentwicklung genutzt, um Unternehmen resilienter gegen Krisen und Veränderungen zu machen. Die unternehmerische Relevanz dürfte sich künftig durch Transformationsprozesse noch deutlich erhöhen, die sich mit dem Klimawandel, der Digitalisierung, dem sozio-demografischen Wandel und aktuell der COVID-19-Krise ergeben. Sie äußern sich darin, dass u. a. die Bedeutung und Entstehung von Wertschöpfung in Frage gestellt wird, Produktionsprozesse aufgrund von Ressourcenknappheiten und gesetzlichen Rahmenbedingungen neubewertet werden, Markt- und Konsumkonstellationen im Kontext von Online-Handel und Wertewandel neukonfiguriert werden und sich neue Formen von sinnstiftender Arbeit (New Work) herauskristallisieren.

Im Kontext dieser Transformationsprozesse haben sich in den letzten Jahren vermehrt Ansätze zur Entwicklung nachhaltigkeitsorientierter Geschäftsmodelle entwickelt (Ahrend, 2016; Fichter &Tiemann, 2015; Sommer, 2012; Schneidewind, 2012). Nachhaltige Geschäftsmodelle bilden nicht nur die bekannten Kernelemente der internen Wertschöpfung ab, sondern zielen auch ab „auf das Erreichen [...] von ökologischem und sozialem Mehrwert" (Ahrend, 2016, S. 12). Nachhaltige Geschäftsmodelle bilden in diesem Sinne den Versuch ab, die Logik einer weitestgehenden Entkopplung der unternehmerischen Wertschöpfung von der damit einhergehenden Schadschöpfung für Umwelt und Gesellschaft zu erklären. Auf Nachhaltigkeit ausgerichtete Geschäftsmodelle verlangen im besonderen Maße den Einbezug und die Internalisierung unternehmensexterner Einfluss- und Wirkungskreise sowie eine deutliche Erweiterung des Stakeholder-Kreises, als es in konventionellen Geschäftsmodellen der Fall wäre. Am Kriterium der Internalisierung von sozialen und ökologischen Ansprüchen lässt sich deutlich erkennen, wie nachhaltiges Wirtschaften als Strategie verwirklicht wird.

Es kann einerseits im Sinne eines einzelwirtschaftlichen „Managing the Business Case for Sustainability" (Schaltegger & Wagner, 2006) eine strikte Kalkulation bedeuten: Es wird nur so viel soziales und ökologisches Engagement verfolgt, wie es zur ökonomischen Wertschöpfung beiträgt. Dieses Verständnis der Integration von Nachhaltigkeitsansprüchen in einzelbetriebliche Geschäftsmodellen dürfte auf eine Optimierung und Anpassung bestehender Managementpraktiken hinauslaufen. Andererseits können nachhaltige Geschäftsmodelle auch eine komplette Neujustierung im Sinne der transformativen Wirtschaftswissenschaft bedeuten: Die Überlegungen von Schneidewind (2012) zum Business Case der Suffizienz bilden diesen Weg ab: Es bedingt, dass Unternehmen nicht nur optimieren, sondern konventionelle Managementlogiken und Strategien ersetzen, indem sie ihre Wertschöpfungsprozesse an Reduktions- und Entschleunigungsstrategien ausrichten, ihre Supply Chains „entflechten" (vornehmlich Umstellung auf regionalisierte Supply Chains) und sich auf Entkommerzialisierung und Post-Wachstumsmodelle einlassen.

3.2 Geschäftsmodellentwicklung und die Bedeutung der Beteiligung von Mitarbeitenden

Die mit nachhaltigen Geschäftsmodellen besonders betrachteten externen Entwicklungsprozesse führen zu je unternehmensspezifischen, komplexen Entscheidungsfragen, deren Beantwortung nicht nur Aufgabe von Unternehmensverantwortlichen sein sollte. Wird Geschäftsmodellentwicklung als ein Gestaltungsfeld des Intrapreneurship verstanden, sollte eine breite Beteiligung der Organisationsmitglieder angestrebt werden, die auch Mitarbeitende auf ausführenden Ebenen und Auszubildenden einschließen kann.

Eine derartige Beteiligung an der Geschäftsmodellentwicklung dient nicht nur dem Vorbeugen interner Widerstände gegen strukturelle Veränderungen, nach der Annahme, dass eine frühzeitige Mitarbeiterbeteiligung Konflikte vermeidet (Gassmann et al., 2013). Vielmehr spricht für eine konsequente Einbindung, dass Mitarbeitende auf operativer

Ebene für die Geschäftsmodellentwicklung wertvolle (und im strategischen Management häufig unterschätzte) Kompetenzen einbringen können (Kiepe et al., 2019). Konkret können sie detailliertes Wissen, Erfahrungen und Knowhow aus ihren Arbeitsdomänen zur Verfügung stellen, mit dem die praktische Umsetzbarkeit von Geschäftsmodellen evaluiert werden kann. Durch ihre Nähe zu den Geschäfts- und Arbeitsprozessen, zu Märkten und Kunden und zur Unternehmenskultur können sie dem Management Impulse für Geschäftsmodellentwicklungen liefern. Neben diesen unmittelbar-funktionalen Effekten, die sich mit systemtheoretischen Annahmen (vgl. u. a. St. Gallener-Management-Ansatz) erklären lassen, ergeben sich individuumsbezogene und bildungspädagogisch relevante Effekte (Kiepe et al., 2019). So kann die Beteiligung an Geschäftsmodellentwicklungen bei Mitarbeitenden überaus kompetenz- und motivationsförderlich sein. Durch das Mitgestalten und Mit-Innovieren

- erwerben Mitarbeitende neues Wissen und spezifische Intrapreneurship-Kompetenzen (Weber et al., 2016),
- erleben eine Aufwertung ihrer Arbeit durch Variabilität, Komplexität, Sinnhaftigkeit und Ganzheitlichkeit, womit persönlichkeitsfördernde Gestaltungskriterien von Arbeitsplätzen entsprochen wird (Schaper, 2014) und
- sie erfahren eine soziale Eingebundenheit und Selbstwirksamkeit, da ihre Anteile am Unternehmenserfolg sichtbar werden.

Die aus der Praxis des Entrepreneurship entwickelte Methode „Business Model Canvas“ (Osterwalder & Pigneur, 2011) bietet eine vergleichsweise barrierefreie Möglichkeit der Mitarbeiterbeteiligung. Im Spiegel der oben genannten Ansätze stellt der Business Model Canvas „ein Beispiel für einen operativen Geschäftsmodellansatz dar, der in der klassischen Sicht dazu dient, aus der Unternehmensstrategie das operative Geschäftsmodell als Zwischenschritt zum Organisationsmodell abzuleiten“ (Eckert, 2014, S. 73). Der Ansatz von Osterwalder und Pigneur wurde zügig für das Corporate Entrepreneurship – also zum Re-Modellieren oder Ersetzen der Geschäftsmodelle bereits etablierter Unternehmen – adaptiert (Gassmann et al., 2013). Aus betriebswirtschaftlicher Sicht liegt die Nutzbarkeit der Methode auf der Hand: Die Canvas-Methode eröffnet Intrapreneurship für ein weites Adressatenspektrum innerhalb der Unternehmensorganisation, denn sie „ermöglicht es, Mitarbeitern unterschiedlicher Ausbildung und Qualifikation, relativ einfach und mit geringem Aufwand neue Geschäftsmodellideen strukturiert visualisieren und vorstellen zu können. Die Barriere zur Kommunikation der eigenen Idee wird so gesenkt und die Zahl der potenziellen Innovatoren erhöht“ (Piller et al., 2016, S. 147).

Über das Versprechen der Innovationsentwicklung hinaus kann die Nutzung der Canvas-Methodik den Initialpunkt für eine „Sustainable Corporate Entrepreneurship Education“ eröffnen. Oder in anderen Worten: Die Entwicklung von nachhaltigen Geschäftsmodellen bedingt und ermöglicht zugleich eine weitreichende Kompetenz- und Persönlichkeitsentwicklung (Kiepe et al., 2019; Wicke et al., 2019a). Dieser Ansatz wurde im Rahmen des vom Bundesinstitut für Berufsbildung (BIBB) und aus Mitteln des

Bundesministerium für Bildung und Forschung (BMBF) geförderten Modellforschungsversuchs „Geschäftsmodell- und Kompetenzentwicklung für nachhaltiges Wirtschaften im Handel“ (GEKONAWI)[1] entwickelt, erprobt und evaluiert. Im Folgenden wird als Auszug der Projektergebnisse die Entwicklung von nachhaltigen Geschäftsmodellen mittels der Canvas-Methode vorgestellt.

3.3 GEMO.NAWI: Sustainable Business Model Canvas:

Der Begriff „Canvas“ lässt sich übersetzen mit „Leinwand“ und beschreibt die Art der Darstellung eines Geschäftsmodells: Auf einem großen Plakat („Brown-Paper“) werden die zusammenhängenden Elemente und Dimensionen eines Geschäftsmodells in einer übersichtlichen Mehr-Felder-Grafik abgebildet (Bertagnolli et al., 2018). Osterwalder und Pigneur (2011) bilden insgesamt neun Felder eines Geschäftsmodells mit jeweils spezifischen Fragen ab: Schlüsselpartnerschaften, Schlüsselaktivitäten, Schlüsselressourcen, Wertangebote, Kundenbeziehungen, Kanäle, Kundensegmente, Kostenstrukturen und Einnahmequellen. Die feldspezifischen Fragen werden dann mit Notizzetteln versehen, auf denen kurze und prägnante Antworten festgehalten werden, dabei gibt es keine festgelegte Reihenfolge. Stattdessen bauen sich die Antworten schrittweise auf, im Prozess der Konstruktion des Geschäftsmodells werden Antworten auch revidiert, da Abhängigkeiten von den Antworten in anderen Feldern festgestellt werden. Am Ende eines iterativen Entwicklungsprozesses entsteht eine sehr umfassende und ganzheitliche Perspektive, mit der die wesentlichen Entscheidungsfelder und Erfolgskriterien abgebildet werden.

Die Business Model Canvas bietet keine detaillierten Umsetzungspläne und verbleibt auf einem gewollt abstrakten Level. Gleichwohl ist eine Detailanalyse einzelner Felder durchaus gangbar, wie die in den letzten Jahren vorgelegten Varianten zeigen. Zu nennen sind etwa die „Customer Jobs Canvas“, mit der „nahtlos an den wichtigsten Feldern ‚Customer Segments‘ und ‚Value Propositions‘ des Business Model Canvas“ (Ematinger & Schulze, 2018, S. 10) angeschlossen wird oder die „Change Canvas“, die organisationale Veränderungsprozesse anleiten soll (Bertagnolli et al., 2018). Neben der Schwerpunkbetrachtung gilt es zudem, operative Teil-Geschäftsmodelle abzuleiten und darüber die Integration in die Geschäfts- und Arbeitsprozesse systematisch anzuleiten, es bedarf also letztendlich eines integrierten, ganzheitlichen Entwicklungs- und Umsetzungskonzepts (Wirtz, 2020).

Diese Anforderung liegt auch dem Modellversuch GEKONAWI zugrunde. Es sollte nicht nur ein weiteres Instrument zur Entwicklung von „Geschäftsmodellen für nachhaltiges Wirtschaften“ (kurz: GEMO.NAWI) entwickelt werden. Vielmehr ist die in Abb. 1

[1] Der Modellversuch ist Teil des Modellversuchsförderschwerpunkts „Bildung für nachhaltige Entwicklung 2015–2019“ und wurde durch die Helmut-Schmidt-Universität/Universität der Bundeswehr Hamburg (Professur Berufs- und Arbeitspädagogik) im Verbund mit der Carl von Ossietzky Universität Oldenburg (Fachgebiet Berufs- und Wirtschaftspädagogik) durchgeführt.

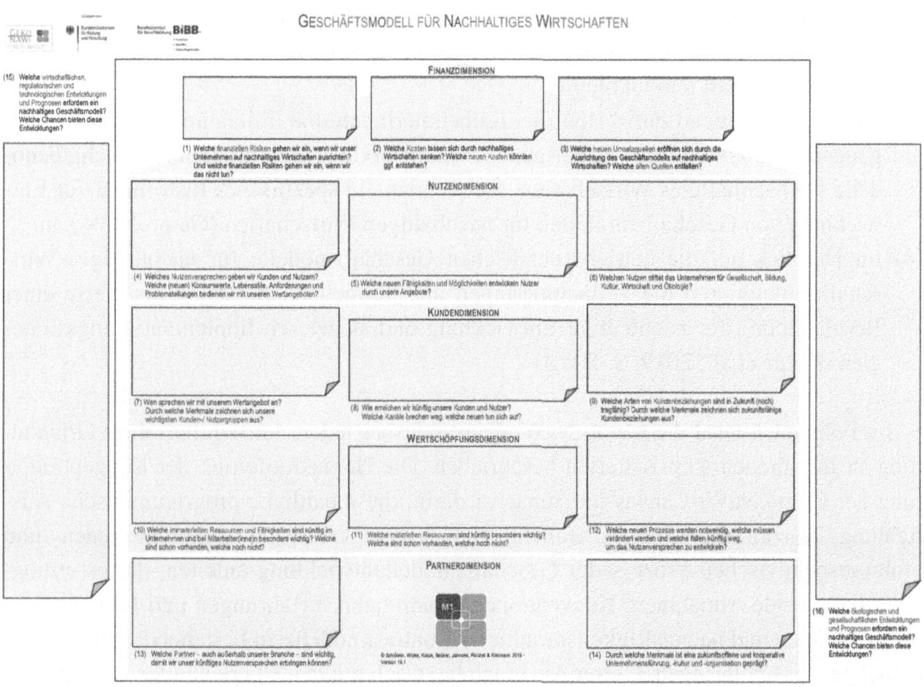

Abb. 1 Geschäftsmodell für nachhaltiges Wirtschaften aus Kiepe et al., 2019, S. 34

abgebildete GEMO.NAWI das erste von insgesamt fünf aufeinander aufbauenden Instrumenten, mit denen ein ganzheitlicher Ansatz der Geschäfts- und Kompetenzentwicklung ermöglicht werden soll (ausführlicher: Kiepe et al., 2019; Wicke et al., 2019a). Die Anwenderinnen und Anwender dieser Instrumente werden mittels einer vierteiligen Modulfortbildung (jeweils ½-1-tägige Umfänge pro Modul) mit den Instrumenten vertraut gemacht. Dabei werden sie nicht nur in die reine Technik und Methodik der Instrumente eingeführt. Es geht vielmehr darum, Hintergrundwissen zu entwickeln, nachhaltiges und unternehmerisches Denken und Handeln im Zusammenhang zu fördern und die Bezüge der Geschäftsmodellentwicklung zur individuellen Kompetenzentwicklung (insbesondere im Kontext der betrieblichen Ausbildung) sichtbar zu machen. Die Module haben eine wichtige Qualifizierungsfunktion, da die Gemo.NaWi und die weiteren Instrumente (Kiepe et al., 2019) nicht voraussetzungslos sind. Stattdessen bedingt die Beteiligung von Mitarbeitenden eine gezielte fachpraktische und fachtheoretische Sensibilisierung, Motivierung und Befähigung zur Geschäftsmodellentwicklung für nachhaltiges Wirtschaften, die im Modul 1 der GEKONAWI-Fortbildung mit folgenden Lernzielen verfolgt wurde:

(1) Im Hinblick auf eine fachliche Fundierung ermitteln und erläutern die Teilnehmerinnen und Teilnehmer konzeptgeleitet für ihre Betriebe Geschäftsmodelle und Strategien (Suffizienz, Konsistenz, Effizienz) des nachhaltigen Wirtschaftens.

(2) Weiterhin bewerten die Teilnehmerinnen und Teilnehmer konkrete Beiträge und Leistungen ihrer Betriebe und Branchen zu einer nachhaltigen Entwicklung in Gesellschaft, Wirtschaft und Ökologie.
(3) Daran anschließend entwerfen die Teilnehmerinnen und Teilnehmer nach vorangegangener Reflexion ihrer bisherigen Geschäftsmodelle zukunftsfähige Geschäftsmodelle für nachhaltiges Wirtschaften. Sie wenden ein spezifisches Instrument zur Entwicklung von Geschäftsmodellen für nachhaltigen Wirtschaften (Gemo.NaWi) an.
(4) Im Hinblick auf die betriebsspezifischen Geschäftsmodelle für nachhaltiges Wirtschaften definieren die Teilnehmerinnen und Teilnehmer die Funktionsweise einer Berufsbildung für nachhaltige Entwicklung und skizzieren Implementierungsstrategien (Kiepe et al., 2019, S. 50 f.).

Im Folgenden wird die Gemo.NaWi-Canvas insbesondere hinsichtlich ihrer Orientierung an Intrapreneurship-Kriterien beschrieben. Die Herausforderung der Konzeptionierung der Gemo.NaWi-Canvas lag zunächst darin, die inhaltliche-programmatische Ausrichtung festzulegen. Das Instrument soll einen kreativen, zukunftsoffenen und multiperspektivischen Prozess der Geschäftsmodellentwicklung anleiten, der es ermöglicht, bestehende Annahmen, Konventionen, Traditionen, Erfahrungen und Festlegungen zu überwinden und nachhaltigkeitsorientierte Kontrastmodelle zu bestehenden Geschäftsmodellen hervorzubringen. Dieser Anspruch lässt sich mit den Überlegungen der transformativen Wirtschaftswissenschaft und dem Business Case der Suffizienz (Schneidewind, 2012; Schneidewind et al., 2016) erfüllen, sie provozieren regelrecht eine völlig neue Sichtweise auf Unternehmertum. Zugleich soll das Instrument auch anschlussfähig an die Praktiken der Unternehmensführung und an bestehende Denkmuster sein. Klarerweise ist damit ein Spagat gekennzeichnet, der in der Theoriediskussion zwar (weitestgehend) vernachlässigt wird, in der praktischen Anwendung aber unbedingt zu bewältigen ist, um Akzeptanz bei den Teilnehmenden zu schaffen.

In der Gemo.NaWi-Canvas sind vor diesem Hintergrund sechszehn Leitfragen zu den Feldern Finanzen, Nutzen, Kunden, Wertschöpfung, Partner und Unternehmensumwelt formuliert, die zwar vertraute Kategorien des unternehmerischen Denkens und Handelns abbilden, die jedoch in ihrer Auslegung an wichtigen Schlüsselstellen neue Denkmuster hervorrufen. Zu nennen sind insbesondere Fragen nach den gesellschaftlichen Wertangeboten von Unternehmen, der kulturbezogenen Einbettung von Unternehmen, den Abhängigkeiten von exogenen (häufig nicht-beeinflussbaren) Entwicklungen oder der Vulnerabilität von Unternehmen aufgrund von Ressourcenknappheiten. Gleichzeitig erlauben es die Fragen, ein Geschäftsmodell nach einem einzelbetrieblichen Kalkül zu konstruieren und zu einer finanzwirtschaftlichen Bewertung des nachhaltigen Wirtschaftens, insbesondere unter Rendite- und Investitionsgesichtspunkten, zu gelangen.

Neben der fachwissenschaftlichen und -praktischen Ausrichtung ergab sich die Herausforderung, die Gemo.NaWi-Canvas und das dazugehörige Fortbildungsmodul methodisch-instrumentell so auszugestalten, dass es ein effektives Intrapreneurship-Angebot darstellt, auch für Mitarbeitende ohne Managementkenntnisse und ohne Führungserfahrung. In der jüngeren, internationalen Managementforschung finden sich diverse Arbeiten, die die Bezüge zwischen der Geschäftsmodellentwicklung als Arbeits- und Lerngegenstände des nachhaltigen Wirtschaftens und der Ausgestaltung von Intrapreneurship-Konzepten untersuchen (z. B. Aparicio et al., 2020; Criado-Gomis et al., 2018). Vor diesem Hintergrund kann die didaktische Konzeption der Module zur Einführung in die Instrumente an Prinzipien der Entrepreneurship Education orientiert werden (Kiepe et al., 2019). Die Erprobungen im Modellversuch haben dabei aufgezeigt, dass die Beteiligung von Mitarbeitenden an der Geschäftsmodellentwicklung ein effektives Intrapreneurship-Angebot darstellen kann, dazu sollten jedoch die in Kap. 2 genannten Gestaltungskriterien nach Hornsby et al. (1993) explizit berücksichtigt werden:

- Eine notwendige Bedingung ist, dass die Unternehmensführung den Mitarbeitenden Vertrauen schenkt und damit Einsicht in strategische Überlegungen der Unternehmensführung zugesteht. Am Modellversuch GEKONAWI waren insgesamt 87 Teilnehmenden aus 22 Unternehmen beteiligt. Dabei musste häufig Überzeugungsarbeit bei den Mitgliedern der Geschäftsführung im dem Sinne geleistet werden, dass sie erstens den Wert der Beteiligung ihrer Mitarbeitenden erkennen (Unternehmensressource) und ihnen die zeitlichen Freiräume eröffnen. Zweitens geht es darum, keine vorgefertigten Geschäftsmodelle zu erwarten oder gar vorzugeben, den Mitarbeitenden sollte stattdessen ein hohes Maß an Autonomie und Ermessenfreiheit bei der Konstruktion von Geschäftsmodellen eingestanden werden.
- Damit zusammenhängend ist es vorteilhaft, gleich zu Beginn der Beteiligung von Mitarbeitenden auf operativer Organisationsebene zu analysieren, welche Kausalbezüge es zwischen den jeweiligen Stellenaufgaben und Tätigkeitsfeldern der beteiligten Mitarbeitenden und den übergeordneten Geschäftsmodellen gibt. Voraussetzung ist also die Einsicht, dass es letztendlich von den ausführenden Stellen einer Organisation abhängt, ob die Ziele eines Geschäftsmodells erfüllt werden, genauer gesagt, ob z. B. Nutzenversprechen erfüllt, Kundenbeziehungen wie beabsichtigt ausgestaltet oder effiziente Logistikprozesse tatsächlich gewährleistet werden. Soll die Mitarbeit der ausführenden Ebenen an der Geschäftsmodellentwicklung im Sinne eines Intrapreneurship-Angebots wirken, sollte dies als Aufgabe über die formell (mit der Stelle) bezeichneten Arbeitsbereichsgrenzen hinweg definiert werden.
- Entscheidend für ein effektives Intrapreneurship-Angebot ist (im Sinne einer hinreichenden Bedingung), dass das Unternehmensmanagement die Partizipation der ausführenden Stellen an der Innovations- und Geschäftsmodellentwicklung aktiv fördert und unterstützt. Das Management sollte zum einen gewährleisten, dass die Entwürfe der Mitarbeitenden tatsächlich konstruktiv genutzt werden und nicht „in der Schublade verschwinden". Im Modellversuch GEKONAWI hat es sich bewährt, wenn Betriebe im Nachgang der Moduldurchführung nachgelagerte Workshops in Eigenregie veranstalten, in denen sie die Entwürfe der ausführenden Ebene mit denen des Managements abgleichen und korrelieren. Zum anderen zeigt sich proaktive Managementunterstützung darin, dass es nicht bei der Konstruktion von Geschäftsmodellen bleibt, sondern

dass konkrete Umsetzungsprozesse erschlossen werden, in denen die Mitarbeitenden eine Schlüsselposition einnehmen. Im Modellversuch wurde daher mit einem zweiten Instrument zur Modellierung und Re-Modellierung von Geschäftsprozessen des nachhaltigen Wirtschaftens (die sog. Gepro.NaWi) die operative Umsetzung der zuvor konstruierten Geschäftsmodelle verfolgt (Kiepe et al., 2019; Wicke et al., 2019b).

Die Anwendung der Instrumente und die Durchführung der Modulfortbildung wurden umfassend in Form eines Handbuchs und eines Lernmaterials für das betriebliche Ausbildungspersonal und Auszubildende dokumentiert (ausführlich: Kiepe et al., 2019; Wicke et al., 2019a). Bisher wurde die Instrumente schwerpunktmäßig in analoger Form und für die ausgewählten Domänen des Einzel-, Groß- und Außenhandels erprobt.

4 Next Steps: Digitalisierung, branchenspezifische Differenzierung und breiter Anwendungstransfer

Mit dem Verbundprojekt GEKONAWI^{transfer} ist im November 2020 ein zweijähriges Nachfolgeprojekt gestartet, in dem die Digitalisierung, branchenspezifische Differenzierung und der Anwendungstransfer des GEKONAWI-Ansatzes verfolgt wird. Das Projekt wird vom Bundesinstitut für Berufsbildung (BIBB) und aus Mitteln des Bundesministeriums für Bildung und Forschung (BMBF) gefördert. Unter der Leitung der Neuen Effizienz GmbH und mit Beteiligung der WBS Training AG (Transferpartner) und der Helmut-Schmidt-Universität/Universität der Bundeswehr Hamburg (wissenschaftliche Begleitung) werden drei Zielsetzungen verfolgt.

Erstens geht es darum, die fünf Instrumente der Modulfortbildung zu digitalisieren und bundesweit als Fortbildungsangebot zu diffundieren. Der Fokus liegt dabei auf kaufmännische Berufen in der metallverarbeitenden Industrie, der Energiewirtschaft, der Bank- und Versicherungswirtschaft sowie der Verwaltung. Neben der Digitalisierung der Instrumente wird es auch darum gehen, die digitale Transformation als gesamtgesellschaftliche Entwicklung mit der nachhaltigen Entwicklung zu verbinden, indem einerseits die Potenziale dieser Verbindung für die Entwicklung und Umsetzung nachhaltiger Geschäftsmodelle in den Fortbildungen und andererseits die damit einhergehenden Problemlagen (z. B. Reboundeffekte) thematisiert werden.

Zweitens wird die Verbreitung der Fortbildung unterstützt, indem u. a. zu Projektbeginn eine Bedarfs- und Angebotsstudie durchgeführt wird. Die Studie soll branchenspezifische und regionale Qualifizierungsbedarfe und Fortbildungspräferenzen von Betrieben und ihren Mitarbeitenden (insbesondere im Kontext Nachhaltigkeit und Digitalisierung; COVID-19-Pandemie und nachhaltiges Wirtschaften/Ausbilden; Nachhaltige Ausbildung und Akademisierung; Lernortentwicklung nachhaltiger Betriebe) aufdecken. Ferner werden Evaluationsstudien durchgeführt. Dabei handelt es sich zum einen um prozessuale und summative Evaluationen der Modulpilotierung und -durchführung bei Teilnehmenden und Dozierenden mittels Kurzfragebogen sowie Blitzlichtern. Zum anderen werden

Erhebungen zu Wissen über nachhaltiges Wirtschaften mittels Multiple-Choice-Test, Erhebung zu subjektiven Theorien mittels Leitfadeninterviews nach den Regeln der Dialog-Konsens-Technik sowie Erhebungen zu Mitgestaltungs- und Performanzfeldern des nachhaltigen Wirtschaftens und Ausbildens mittels Arbeitsprozessanalysen durchgeführt. Die aus den Evaluationsstudien gewonnenen Ergebnisse werden sowohl zur Modifizierung bzw. Anpassung der Module genutzt, als auch entlang übergeordneter Fragestellungen zur Theoriebildung ausgewertet und analysiert.

Drittens soll zusammen mit den anderen geförderten Projekten ein übergeordnetes sowie empirisch begründetes Transfermodell für eine effektive Umsetzung von Modellversuchen entwickelt werden, das weiteren Nachhaltigkeits-Transferprojekten Orientierung gibt und weiterentwickelt werden kann. Ein solches Modell liegt bislang nicht vor.

Literatur

Ahrend, K. M. (2016). *Geschäftsmodell Nachhaltigkeit. Ökologische und soziale Innovationen als unternehmerische Chance*. Springer Gabler.

Aparicio, S., Turro, A., & Noguera, M. (2020). Entrepreneurship and intrapreneurship in social, sustainable, and economic development: Opportunities and challenges for future research. *Sustainability, 12*(21), 8958. https://doi.org/10.3390/su12218958.

Bertagnolli, F., Bohn, S., & Waible, F. (2018). *Change Canvas: Strukturierter visueller Ansatz für Change Management in einem agilen Umfeld*. Springer Gabler.

Criado-Gomis, A., Iniesta-Bonillo, M. Á., & Cervera-Taulet, A. (2018). Sustainable entrepreneurial orientation within an intrapreneurial context: Effects on business performance. *International Entrepreneurship and Management Journal, 14*(2), 295–308. https://doi.org/10.1007/s11365-018-0503-x.

Eckert, R. (2014). *Business Model Prototyping: Geschäftsmodellentwicklung im Hyperwettbewerb. Strategische Überlegenheit als Ziel*. Springer Gabler.

Eckardt, S. (2015). *Messung des Innovations- und Intrapreneurship-Klimas: Eine quantitativ-empirische Analyse*. Springer Gabler.

Ematinger, R., & Schulze, S. (2018). *Produkte und Services vom Kunden ausdenken: Einführung in den Customer Jobs Canvas*. Springer Gabler.

Englert, M., & Ternès, A. (2019). *Nachhaltiges Management: Nachhaltigkeit als exzellenten Managementansatz entwickeln*. Springer Gabler.

Fichter, K., & Tiemann, I. (2015). *Das Konzept „Sustainable Business Canvas" zur Unterstützung nachhaltigkeitsorientierter Geschäftsmodellentwicklung*. https://start-green.net/media/cms_page_media/2015/12/8/Fichter_Tiemann_2015_Sustainable_Business_Canvas_0812.2015.pdf. Zugegriffen am 30.11.2020.

Gandenberger, C., Gotsch, M., & Miemiec, M. (2017). Strategische Elemente nachhaltigen Wirtschaftens. *Uwf. UmweltWirtschaftsForum, 25*, 247–254.

Gassmann, O., Frankenberger, K., & Csik, M. (2013). Geschäftsmodelle aktiv innovieren. Systematischer Weg zur radikalen Geschäftsmodellinnovation. In D. Grichnik & O. Gassmann (Hrsg.), *Das unternehmerische Unternehmen: Revitalisieren und gestalten der Zukunft mit Effectuation – Navigieren und Kurshalten in stürmischen Zeiten* (S. 23–41). Springer Gabler.

Glauner, F. (2018). Ressourcenschöpfende Mehrwertkreisläufe. Die Logik zukunftsfähiger Geschäftsmodelle. In P. Bungard (Hrsg.), *Management-Reihe Corporate Social Responsibility. CSR und Geschäftsmodelle: Auf dem Weg zum zeitgemäßen Wirtschaften* (S. 57–100). Springer Gabler.

Hornsby, J. S., Naffziger, D. W., Kuratko, D. F., & Montagno, R. V. (1993). An interactive model of the corporate entrepreneurship process. *Entrepreneurship: Theory and Practice, 17*(2), 29–36.

Kiepe, K., Wicke, C., Reichel, J., Schlömer, T., Becker, C., & Jahncke, H. (2019). *Geschäftsmodell- und Kompetenzentwicklung für nachhaltiges Wirtschaften. Handbuch und Fortbildungskonzept für die betriebliche Personalentwicklung*. Logos.

Klingenberg, H. (2019). *Intrapreneurship im mittleren Management. Unternehmerische Handlungsmuster und der Einfluss organisationaler Rahmenbedingungen auf die Motivation*. Logos.

Kolb, S. (2018). Nachhaltige Managementausbildung in Business Schools: Beispiel der Implementierung einer zukunftsfähigen Managementlehre an der Cologne Business School. In P. Bungard (Hrsg.), *Management-Reihe Corporate Social Responsibility. CSR und Geschäftsmodelle: Auf dem Weg zum zeitgemäßen Wirtschaften* (S. 471–484). Springer Gabler.

Kuratko, D. F., Hornsby, J. S., & Bishop, J. W. (2005). Managers' corporate entrepreneurial actions and job satisfaction. *The International Entrepreneurship and Management Journal, 1*(3), 275–291.

Müller, C. A., Fueglistaller, U., Müller, S., & Volery, T. (2016). Strategie und Geschäftsmodell. In U. Fueglistaller, C. A. Müller, S. Müller & T. Volery (Hrsg.), *Entrepreneurship. Modelle – Umsetzung – Perspektiven: mit Fallbeispielen aus Deutschland, Österreich und der Schweiz* (S. 137–178). Springer Gabler.

Müller-Christ, G. (2014). *Nachhaltiges Management*. UTB.

Müller-Christ, G., & Giesenbauer, B. (2019). Konturen eines integralen Nachhaltigkeitsmanagements. In M. Englert & A. Ternès (Hrsg.), *Nachhaltiges Management: Nachhaltigkeit als exzellenten Managementansatz entwickeln* (S. 231–248). Springer Gabler.

Osterwalder, A., & Pigneur, Y. (2011). *Business Model Generation. Ein Handbuch für Visionäre, Spieleveränderer und Herausforderer*. Campus.

Petschow, U., Korbun, T., & Hofmann, D. (2017). Transformative Wirtschaftswissenschaften? *Ökologisches Wirtschaften – Fachzeitschrift, 32*(2), 14–15.

Pfriem, R. (2017). Ökonomik als Möglichkeitswissenschaft. *Ökologisches Wirtschaften – Fachzeitschrift, 32*(2), 16–18.

Piller, F., Gülpen, C., & Lüttgens, D. (2016). Systematische Geschäftsmodellinnovation. In P. Granig, E. Hartlieb & D. Lingenhel (Hrsg.), *Geschäftsmodellinnovationen: Vom Trend zum Geschäftsmodell* (S. 145–153). Springer Gabler.

Pinchot, G. (1985). *Intrapreneuring. Why you don't have to leave the corporation to become an entrepreneur*. Berrett-Koehler Publishers.

Reuter, K. (2020). Die Corona-Pandemie stärkt nachhaltiges Wirtschaften. *Ökologisches Wirtschaften – Fachzeitschrift, 33*(3), 9–9.

Rommel, F., & Schneidewind, U. (2017). Auseinandersetzung mit der Kritik an transformativer und pluraler Ökonomik. *Ökologisches Wirtschaften – Fachzeitschrift, 32*(2), 22–24.

Schäfer, M., König, B., Kuntosch, A., Richter, B., & Schaal, T. (2020). Management von Innovationsprozessen für nachhaltige Entwicklung. *Ökologisches Wirtschaften – Fachzeitschrift, 33*(3), 40–46.

Schallmo, D. R. (2014). Theoretische Grundlagen der Geschäftsmodell-Innovation – Definitionen, Ansätze, Beschreibungsraster und Leitfragen. In D. R. Schallmo (Hrsg.), *Kompendium Geschäftsmodell-Innovation: Grundlagen, aktuelle Ansätze und Fallbeispiele zur erfolgreichen Geschäftsmodell-Innovation* (S. 1–30). Springer Gabler.

Schaltegger, S., & Wagner, M. (2006). Managing and measuring the business case for sustainability. Capturing the relationship between sustainability performance, business competitiveness and economic performance. In S. Schaltegger & M. Wagner (Hrsg.), *Managing the business case for sustainability. The integration of social, environmental and economic performance* (S. 1–30). Greenleaf.

Schaltegger, S., Lüdeke-Freund, F., & Hansen, E. G. (2011). *Business cases for sustainability and the role of business model innovation: Developing a conceptual framework*. Centre for Sustainability Management.

Schaper, N. (2014). Arbeitsgestaltung in Produktion und Verwaltung. In F. W. Nerdinger, G. Blickle & N. Schaper (Hrsg.), *Arbeits- und Organisationspsychologie* (S. 371–390). Springer Gabler.

Schneidewind, U. (2012). Nachhaltiges Ressourcenmanagement als Gegenstand einer transdisziplinaren Betriebswirtschaftslehre. In H. Corsten & S. Roth (Hrsg.), *Nachhaltigkeit. Unternehmerisches Handeln in globaler Verantwortung* (S. 67–92). Springer Gabler.

Schneidewind, U., et al. (2016). Transformative Wirtschaftswissenschaft im Kontext nachhaltiger Entwicklung. *Ökologisches Wirtschaften – Fachzeitschrift, 31*(2), 30–34.

Sommer, A. (2012). *Managing green business model transformations*. Springer Gabler.

Stähler, P. (2014). Geschäftsmodellinnovation oder sein Geschäft radikal neudenken. In D. R. Schallmo (Hrsg.), *Kompendium Geschäftsmodell-Innovation: Grundlagen, aktuelle Ansätze und Fallbeispiele zur erfolgreichen Geschäftsmodell-Innovation* (S. 109–136). Springer Gabler.

Vesper, K. H. (1984). Three Faces of Corporate Entrepreneurship: A Pilot Study, Entrepreneurship Research Conference. In J. A. Hornaday, J. A. Timmons, K. H. Vesper & F. A. Tarpley (Hrsg.), *Frontiers of Entrepreneurship Research, 1984: Proceedings of the 4th Annual Entrepreneurship Research Conference*. Babson College.

Weber, S., Wiethke-Körprich, M., Bley, S., Weiß, C., Draxler, C., & Gürer, C. (2016). Modellierung und Validierung eines Intrapreneurship-Kompetenz-Modells bei Industriekaufleuten. *Unterrichtswissenschaft: Zeitschrift Für Lernforschung, 44*(2), 149–168.

Wicke, C., Kiepe, K., Reichel, J., Becker, C., Jahnke, H., & Rebmann, K. (2019a). *Geschäftsmodell- und Kompetenzentwicklung für nachhaltiges Wirtschaften. Selbstlernmaterial für Ausbildungspersonal und Auszubildende*. Barbara Budrich.

Wicke, C., Kiepe, K., & Schlömer, T. (2019b). Geschäftsmodelle und Wertschöpfungsprozesse für nachhaltiges Wirtschaften – Lerngegenstände einer wirtschaftsberuflichen Bildung im Spannungsfeld von Betriebswirtschaftslehre und Wirtschaftsdidaktik. *bwp@ Berufs- und Wirtschaftspädagogik – online, 35*, 1–26. http://www.bwpat.de/ausgabe35/wicke_etal_bwpat35.pdf. Zugegriffen am 02.12.2020.

Wirtz, B. W. (2020). *Business Model Management: Design – Process – Instruments*. Springer.

Teil V

Public Intrapreneurship Initiativen

IPS@Bw – Chancen und Herausforderungen für Intrapreneurship in der Bundeswehr

Stephan Abel

Abkürzungsverzeichnis

BMVg	Bundesministerium der Verteidigung
Bw	Bundeswehr
CIHBw	Cyber Innovation Hub der Bundeswehr
CIR	Cyber- und Informationsraum
CIT	Cyber- und Informationstechnik
CPM	Customer Product Management
IPS	Intrapreneurship
KVP	Kontinuierliches Verbesserungsprogramm der Bundeswehr
MVP	Minimum Viable Product
OKR	Objectives Key Results
RDL	Reservistendienstleistende(r) oder Reservistendienstleistung
SASPF	Standard-Anwendungs-Software-Produkt-Familien
ZAW	Zivilberufliche Aus- und Weiterbildung

S. Abel (✉)
Bundeswehr, Cyberinnovationhub, Meckenheim, Deutschland
E-Mail: intrapreneurship@cyberinnovationhub.de

R. Kraus et al. (Hrsg.), *Intrapreneurship*,
https://doi.org/10.1007/978-3-662-64102-6_15

1 Zielsetzung dieses Beitrages

Wie fast jede Großorganisation verfügt auch die Bundeswehr[1] über ein innerorganisationales Vorschlagswesen, das dort als ‚Kontinuierliches Verbesserungsprogramm (KVP)' bezeichnet wird. Abgesehen von der Absicht, das innovative Potenzial der Mitarbeiterschaft zu nutzen, hat das KVP indes kaum etwas mit dem gemein, was sich unter dem Begriff ‚Intrapreneurship' seit nicht allzu langer Zeit in innovativen Unternehmen der Privatwirtschaft etabliert.

Die Zielsetzung dieses Beitrages besteht darin, die ersten Ansätze von Intrapreneurship (IPS) in der Bundeswehr zu skizzieren und erste Erfolge und Lessons Identified darzustellen. Hierzu sollen zunächst die wesentlichen Unterschiede der Konzepte ‚KVP' und ‚Intrapreneurship' herausgearbeitet werden. Die Einführung von privatwirtschaftlich etablierten Management-Instrumenten in die Bundeswehr ohne eine Anpassung auf Basis der Ergebnisse einer sorgfältigen Analyse der relevanten organisationalen Unterschiede birgt ein hohes Risiko des Scheiterns, wie am Beispiel der Einführung des Controllings in die Bundeswehr kurz dargestellt werden soll. Im Rahmen einer Kurzanalyse der ‚Organisation Bundeswehr' im Intrapreneurship-Kontext werden relevante Spezifika und Folgerungen für eine erfolgreiche Umsetzung des Intrapreneurship-Konzeptes in der Bundeswehr herausgearbeitet. Im Anschluss erfolgt eine Kurzdarstellung des Cyber Innovation Hubs der Bundeswehr (CIHBw) als Keimzelle und Host des Intrapreneurships in der Bundeswehr, gefolgt von einer Beschreibung der Vision, des Zielsystems und des Produktportfolios der ‚operativen Säule IPS' im CIHBw sowie einer Darstellung des aktuellen Sachstandes an Aktivitäten. Hierbei soll im Besonderen auf das bisher umfangreichste IPS-Programm des CIHBw, die Innovation Challenge Einsatzflottille 1, eingegangen werden. Den Schlusspunkt dieses Beitrages bilden Folgerungen für die Einführung des Intrapreneurships in weiteren Bereichen der öffentlichen Verwaltung in Deutschland.

Insoweit soll hier keine wissenschaftliche Annäherung an das Thema Intrapreneurship stattfinden. Dies erfolgt an anderer Stelle in diesem Sammelband. Diese Abhandlung versteht sich vielmehr als ein Beitrag ‚aus der Praxis für die Praxis'.[2]

---

[1] Aus Gründen der Lesbarkeit wird hier der Begriff ‚Bundeswehr' verwendet. Darunter verstanden werden sollen indes das Bundesministerium der Verteidigung (BMVg) sowie die Bundeswehr (Bw) selbst mit ihren militärischen und zivilen Organisationsbereichen sowie den dem BMVg unmittelbar unterstellten Dienststellen.

[2] Dieser Maxime folgend wird hier auf Schilderung der Historie, kontextuelle Einordnung und definitorische Ausleuchtung des Konzeptes ‚Intrapreneurship' verzichtet.

2 Intrapreneurship und das KVP in der Bundeswehr

2.1 Kurzdarstellung der Konzepte

Wegen des zunehmenden Druckes der Öffentlichkeit, Steuergelder nachweisbar effektiv und effizient einzusetzen, führte der damalige Verteidigungsminister, Rudolf Scharping, im Jahre 2002 betriebswirtschaftliche Steuerungsinstrumente in die Bundeswehr ein (Kantner & Richter, 2004, S. 7 ff.; Richter, 2007).

Dazu gehört auch das ‚Kontinuierliche Verbesserungsprogramm in der Bundeswehr (KVP)'.

Dieses Programm ist der Weg der Bundeswehr, die durch das Bundesministerium des Innern erlassene ‚Rahmenrichtlinie für das Ideenmanagement in der Bundesverwaltung' umzusetzen (Bundesministerium der Verteidigung, 2016, S. 3).

„Ziel des KVP ist die Verbesserung

- von Leistungsfähigkeit, Wirksamkeit und Wirtschaftlichkeit aller Arbeitsabläufe und Verfahren,
- der Qualität von Regelungen sowie von dienstlichen Leistungen und Arbeitsergebnissen,
- von Material, Geräten und Einrichtungen,
- der Betriebssicherheit, des Arbeits-, Unfall-, Gesundheits- und Umweltschutzes sowie
- der Arbeitszufriedenheit." (Bundesministerium der Verteidigung, 2016, S. 3)

Mehr oder weniger komplexe Verfahren, die es den Mitarbeitenden ermöglichen, Verbesserungsvorschläge einzureichen, finden sich in fast jeder größeren Organisation, egal ob staatlich, non governmental oder privatwirtschaftlich.

> „Intrapreneurship ist [hingegen] im deutschsprachigen Raum nur wenigen Unternehmen und Menschen bekannt." (Hutter et al., 2020, S. 3).

> „I define intrapreneurship as an individual's ability to be inventive and entrepreneurial within the parameters of an organization." (Desouza, 2018, o. S.).

Die oben genannte Definition von Desouza beinhaltet zwei ganz wesentliche Aspekte des Intrapreneurships.

Zum einen ist dies die Fähigkeit eines Individuums in einer Organisation, ‚inventive' zu sein. Das zielt nicht nur auf gewisse Charaktereigenschaften ab, die eine Person mit dem ‚Intrapreneur-Gen' auszeichnen. Vielmehr gehört zu dieser Fähigkeit auch das Beherrschen eines gewissen ‚Tool Sets' an Methoden, die man heutzutage benötigt, um eine innovative Idee effektiv und effizient ins Rollen zu bringen, wie beispielsweise Scrum oder Design Thinking.

Zum anderen führt Desouza die Fähigkeit an, ‚entrepreneurial' zu sein, und zwar ‚within the parameters of an organization'. Darin kommt zum Ausdruck, dass der Anspruch an einen Intrapreneur nicht nur darin besteht, eine innovative Idee zu haben und auszuarbeiten bzw. zu ‚pitchen'. Vielmehr sollen sie oder er auch die Umsetzung dieser Idee selbst vorantreiben, und zwar unter Berücksichtigung der Spezifika der Organisation, in der sie oder er beschäftigt sind.

2.2 Gemeinsamkeiten, Unterschiede und Folgerungen

Aus den soeben dargestellten Erklärungsansätzen der beiden Konzepte lassen sich die Gemeinsamkeiten und die Unterschiede sehr gut ableiten.

Die größte und zugleich auch einzige bedeutende Gemeinsamkeit liegt darin, dass beide Ansätze das Innovationspotenzial der in ihrer Organisation beschäftigten Mitarbeitenden erschließen wollen.

Abgesehen davon dominieren die Unterschiede zwischen dem KVP in der Bundeswehr und Intrapreneurship.

Während das KVP das Ziel verfolgt, Bestehendes zu verbessern und innovative – vielleicht sogar disruptive – Lösungsansätze nicht in dessen Genen zu liegen scheinen, zielt Intrapreneurship auf jede Art von Innovation ab, selbst wenn diese absolutes Neuland für die Organisation darstellt. KVP will die bestehende Organisation verbessern, Intrapreneurship will sie weiterentwickeln, auch auf Kosten von Bestehendem.

Ein Indiz dafür und zugleich ein weiterer wesentlicher Unterschied ist die Rolle der Ideengeberin bzw. des Ideengebers im Prozess. Während diese bzw. dieser im KVP lediglich seinen Lösungsansatz zu Papier bringt, der dann durch die in der Organisation fachlich zuständige Stelle geprüft, bewertet und zur Umsetzung vorgeschlagen oder umgesetzt wird, sind die Intrapreneure im gesamten Prozess der Antrieb, der die Fäden in der Hand hält. Es ist ihre bzw. seine Verantwortung, das Vorhaben weiter zu treiben, auch gegen Widerstände.

Im Falle einer positiven Bewertung oder gar Umsetzung ihres bzw. seines Vorschlages erhält die Ideengeberin bzw. der Ideengeber im KVP eine Prämie, die durchaus erheblich sein kann. Im Intrapreneurship sind keine Prämien vorgesehen. Die Erfüllung, die mit der Möglichkeit einhergeht, eine Idee eigenverantwortlich der Realisierung näher zu bringen, ist für Personen mit dem ‚Intrapreneur-Gen' bereits Motivation genug.

Das KVP sieht keine Ausbildung oder sonstige Befähigungsvermittlung für die Ideengeberin bzw. den Ideengeber vor. Im Gegensatz dazu ist die Vermittlung von Fähigkeiten, die zur Weiterverfolgung der Idee erforderlich und noch nicht ausreichend vorhanden sind, ein absolut zentraler Aspekt von Intrapreneurship (Abschn. 5). Ohne diese können die Intrapreneure ihrer Rolle nicht gerecht werden. Zudem ist davon auszugehen, dass die durch die Betätigung im Intrapreneurship erworbenen Fähigkeiten auch im dienstlichen Alltag einen großen Nutzen erzeugen.

Schließlich will das KVP die Arbeitszufriedenheit der sich im KVP betätigenden Mitarbeitenden verbessern. Wenngleich diese Zielsetzung auch im Intrapreneurship besteht, so ist diese hier lediglich Teil einer großen Vision: Einen Kulturwandel in der Organisation hin zu mehr Innovationsbereitschaft und Eigenverantwortlichkeit zu befördern.

Folgerungen

Das KVP in der Bundeswehr und Intrapreneurship sind unterschiedliche Konzepte, das Innovationspotenzial der in der Organisation Beschäftigten zu erschließen. Dabei ist Intrapreneurship nicht die Disruption, die das KVP überflüssig werden lässt. Vielmehr können und sollen beide Verfahren nebeneinander existieren.

Dabei kann folgender Grundsatz gelten: Je wichtiger die Rolle der Ideengeberin bzw. des Ideengebers bei der Weiterverfolgung der Lösungsidee ist, desto eher ist es Intrapreneurship.

3 Für Intrapreneurship relevante Organisationsspezifika der Bundeswehr

3.1 Prolog – Die Einführung des Controllings in die Bundeswehr

Es ist in der Bundeswehr nicht unüblich, auf der Suche nach Instrumenten und Verfahren zur Optimierung von Prozessen, die auch in privatwirtschaftlichen Unternehmen stattfinden, nach draußen zu blicken. So wurde beispielsweise mit SASPF, Controlling und Outsourcing bereits mehrfach in der Privatwirtschaft Etabliertes in die Bundeswehr eingeführt. Bedauerlicherweise stellte sich dabei nicht immer der gewünschte Erfolg ein, wie die Einführung des Controllings besonders exemplarisch zeigt.

> „Nachdem das öffentliche Interesse an der Wirksamkeit der getroffenen Maßnahmen groß war, wurde die Controlling-Organisation der Bundeswehr nach dem Zugestehen einer gewissen ‚Einlaufzeit' intensiv überprüft. Die Ergebnisse dieser Überprüfungen zeigten, dass viele der ambitionierten Ziele nicht erreicht werden konnten. So war zu konstatieren, dass die militärischen Führer Schwierigkeiten hatten, die betriebswirtschaftliche Komponente in ihr Führungshandeln zu integrieren (Kantner & Richter, 2004, S. 59). Stattdessen herrschte immer noch eine ausgabenorientierte Denk- und Verfahrensweise vor, die betriebswirtschaftliche Daten und Ansätze nicht ausreichend berücksichtigte (Bundesrechnungshof, 2006, S. 3)." (Abel, 2015, S. 16)

> „Im Ergebnis erfüllt das bestehende Controlling seine Aufgaben nicht, ist wenig aufschlussreich und weitgehend wirkungslos." (Strukturkommission der Bundeswehr, 2010, S. 33)

Dabei fällt es mit Blick auf das System ‚Bundeswehr' nicht schwer, die Ursachen zu identifizieren.

> „So findet in der Bundeswehr das System des kameralistischen Rechnungswesens Anwendung (König, 2008, S. 3). Wesensmerkmale dieses Systems sind unter anderem eine stark zentralisierte sowie eine ausgabenbezogene – im Gegensatz zu einer kostenbezogenen –

> Ressourcensteuerung (Brede, 2005, S. 189 ff.). Für die absolute Mehrheit der Führungskräfte in der Bundeswehr bedeutete dies, dass eine nach betriebswirtschaftlichen Kriterien ausgerichtete Entscheidungsfindung weder notwendig noch möglich war. Stattdessen standen Aspekte der politischen Akzeptanz und der militärischen Wirksamkeit im Vordergrund. Diese Rahmenbedingungen hatten über Jahrzehnte hinweg das Handeln der Verantwortlichen und die dazugehörigen Führungsunterstützungsinstrumente geprägt. Die Einführung des Controllings kam für die Führungskräfte in der Bundeswehr einem Paradigmenwechsel gleich und stellte diese vor neue Herausforderungen. Gleichzeitig war jedoch eine nach betriebswirtschaftlichen Kriterien ausgerichtete Entscheidungsfindung weiterhin durch die zentrale Ressourcensteuerung limitiert.“ (Abel, 2015, S. 16 f.)

Weitere Gründe ließen sich nennen, dies ist jedoch nicht Zielsetzung dieser Abhandlung. Festzustellen ist jedoch, dass vor einer Einführung privatwirtschaftlich etablierter Instrumente und Verfahren in die Bundeswehr eine sorgfältige Analyse der relevanten Organisationsspezifika stehen muss. Dies trifft auch auf die Einführung von Intrapreneurship zu.

> „Nur dann sind eine professionelle Aufwand-Nutzen-Abwägung im speziellen Organisationskontext, eine zielgerichtete Auswahl sowie eine gegebenenfalls erforderliche planvolle Adaption möglich.“ (Abel, 2015, S. 17)

3.2 Spezifika und Folgerungen

Die nachstehend aufgeführten Organisationsspezifika der Bundeswehr sind für die Einführung von Intrapreneurship relevant. Diese wirken sich auf Chancen, Nutzen, Risiken sowie aufbau- und ablauforganisatorische Ausgestaltung von Intrapreneurship in der Bundeswehr aus und dürfen insoweit nicht außer Acht gelassen werden.

Kameralistik

Die Bundeswehr ist in ein kameralistisches Haushaltssystem integriert (König, 2008, S. 3).

Das bedeutet, dass die Ressourcensteuerung stark zentralisiert und ausgabenbezogen erfolgt. In dieser Hinsicht unterscheidet sich die Bundeswehr ganz erheblich von einem privatwirtschaftlichen Unternehmen, wo in der Regel eine stark dezentralisierte und kostenbezogene Ressourcensteuerung Anwendung findet (Horváth, 2003; Wöhe, 1996; Brede, 2005, S. 189 ff.).

Im Hinblick auf Intrapreneurship spielt vor allem der Aspekt der Zentralisierung eine Rolle. Eine dezentrale Budgetverantwortung findet sich in der Bundeswehr nur an wenigen Stellen und mit vergleichsweise geringen Beträgen. Zudem ist diese organisational fest verankert und kann nicht fallweise flexibel auf Einzelpersonen oder kleinere Gruppen ausgedehnt werden.

Folgerungen

Intrapreneuren in der Bundeswehr können nicht – wie in der Privatwirtschaft üblich – finanzielle Ressourcen zur weitgehend eigenverantwortlichen Nutzung zur Verfügung gestellt werden. Wenngleich diese Tatsache der Realisierung des Konzeptes ‚Unternehmerin bzw. Unternehmer im Unternehmen' deutlich zuwiderläuft, stellt diese keinen ‚Showstopper' für Intrapreneurship in der Bundeswehr dar. Vielmehr müssen und können auch Wege gefunden werden, um den Intrapreneuren – im durch das System zulässigen Rahmen – die monetäre Unterstützung zukommen zu lassen, die sie benötigen.

Beschaffungsprozess

Für die Ermittlung und Deckung des Bedarfes der Bundeswehr und die Nutzung von Produkten und Dienstleistungen gibt es ein festgelegtes Verfahren, das in der zentralen Dienstvorschrift A-1500/3 ‚Customer Product Management (CPM)' festgelegt ist (Bundesministerium der Verteidigung, 2018).

Dieses Verfahren schreibt die Rollen der verschiedenen Akteure im Beschaffungsprozess klar fest und unterscheidet im Wesentlichen zwischen Nutzern, Bedarfsträgern und Bedarfsdeckern, wobei dem CIHBw und damit auch dem Intrapreneurship im CIHBw sowie den durch dieses unterstützten Intrapreneuren keine der genannten Rollen zugestanden wird.

Diese Tatsache betrifft indes nicht nur das Intrapreneurship im CIHBw, sondern alle dort verankerten operativen Säulen (vgl. Abschn. 4.4). Der Handlungsrahmen des CIHBw beschränkt sich mithin auf das Finden und Testen innovativer Ideen mit einem oder mehreren Nutzern in Use Cases und die gegebenenfalls im Rahmen eines Abschlussberichtes ausgesprochene Einführungsempfehlung an die Bedarfsträgerseite. Durch diese erfolgt dann gegebenenfalls eine Einsteuerung in den CPM. Eine Einführung eines Produktes, einer Software oder einer Dienstleistung in die Bundeswehr ist dem CIHBw damit nicht möglich.

Folgerungen

Der genannte Zusammenhang ist zunächst einmal ein äußerst wichtiger Teil des Erwartungsmanagements im Rahmen des Intrapreneurships, da dieser auch in der Bundeswehr selbst nur einem sehr geringen Teil der dort Beschäftigten bekannt ist. Dies gilt umso mehr für die kommunikativen Prozesse in die ‚Außenwelt', insbesondere in das Startup-Ökosystem. Falsche Annahmen, enttäuschte Erwartungen und negative Multiplikator-Effekte sind die Folge, wenn die Rolle des CIHBw im Beschaffungsprozess nicht von Anfang an klar kommuniziert wird.

Dies betrifft indes ebenso die Kommunikation im Intrapreneurship, da auch dadurch die Realisierung des Konzeptes ‚Unternehmerin bzw. Unternehmer im Unternehmen' stark eingeschränkt wird. Es muss den Intrapreneuren in jeder Phase des gemeinsamen Weges klar sein, dass der maximal erzielbare Erfolg nicht die flächendeckende Beschaffung oder Einführung ihrer Problemlösung, sondern lediglich die Weiterverfolgung derselben durch die Bedarfsträgerseite im Rahmen des CPM ist.

Im Hinblick auf die Beschaffung bzw. Nutzung von IT-Lösungen kann man die aktuelle Verfahrenswelt durchaus als problembehaftet ansehen, da insbesondere in diesem Bereich eine hohe Dynamik zu beobachten ist, der der CPM nur begrenzt Rechnung tragen kann. Von den daraus resultierenden Schwierigkeiten ist indes nicht nur der CIHBw betroffen, sondern im Grundsatz alle in die Beschaffung bzw. Einführung von IT-Lösungen eingebundenen Elemente in der Bundeswehr. Aus diesem Grunde muss es ein strategisches Ziel des CIHBw sein, zusammen mit diesen auf eine Optimierung dieser Prozesse hinzuwirken. Ein Teilerfolg kann hier schon die Möglichkeit sein, im Rahmen der Validierung beschaffte Prototypen über die Validierungsphase hinaus bei der Nutzerin und dem Nutzer zu belassen und auch bei Bedarf instand setzen bzw. updaten zu können.

Die Kompetenz ‚Innovationsfähigkeit' im Personalmanagement der Bundeswehr
Innovationsfähigkeit ist eine der bedeutendsten Schlüsselkompetenzen von Führungskräften in privatwirtschaftlichen Unternehmen (Struck, 2017).

Wenngleich wohl kaum jemand, der in der Bundeswehr Verantwortung für die Personalgewinnung und -entwicklung trägt, bestreiten würde, dass dies auch dort auf Führungskräfte zutrifft, findet diese Kompetenz bislang im Personalmanagement der Bundeswehr kaum Beachtung. So wird Innovationsfähigkeit derzeit weder als speziell ausgewiesenes Kriterium im Rahmen des Beurteilungssystems der Bundeswehr ‚gemessen', noch stellt diese ein unverzichtbares Asset für die Personalentwicklung dar. Wie sollte es auch? Das Beurteilungssystem der Bundeswehr liefert aktuell keinerlei standardisierte Erkenntnisse über die Ausprägung dieser Kompetenz. Insoweit kann es auch kein relevantes Kriterium für die Personalentwicklung sein. Folgerichtig gibt es auch keine aus dem Aufgabenspektrum von Dienstposten abgeleiteten Fähigkeitsprofile, die eine wie auch immer objektiv nachgewiesene Innovationsfähigkeit verlangen. Auch im Ausbildungssystem der Bundeswehr sind Elemente, welche die Innovationsfähigkeit des Personalkörpers messbar verbessern, deutlich unterrepräsentiert.

Folgerungen
Intrapreneurship erfordert und steigert die Innovationsfähigkeit der geförderten Personen gleichermaßen. Doch das ist nicht zum Nulltarif zu bekommen. Gerade die Betätigung eines Intrapreneurs als ‚Unternehmerin bzw. Unternehmer im Unternehmen' erfordert das Zugestehen von Freiräumen, auch und vor allem in zeitlicher Hinsicht. Damit kollidiert die Betätigung als Intrapreneurin oder Intrapreneur – nicht nur in der Bundeswehr, sondern generell – mit der Verfügbarkeit der Intrapreneure für die Bewältigung ihrer originären Aufgaben in der Organisation. Hier kommt den Vorgesetzten der Intrapreneure eine Schlüsselrolle zu. Nur durch aktives Eintreten für das Konzept, die positive Auswirkung im Gesamtkontext und letztendlich für die einzelne Intrapreneurin oder den einzelnen Intrapreneur erhält diese oder dieser den erforderlichen Freiraum. Durch den oben beschriebenen geringen Stellenwert der Kompetenz ‚Innovationsfähigkeit' im Personalmanagement der Bundeswehr besteht hier eine deutlich schlechtere Ausgangsposition für Intrapreneurship als in innovativen privatwirtschaftlichen Unternehmen.

Um Intrapreneurship in der Bundeswehr zum Erfolg zu verhelfen, ist somit nicht nur ein aktives Top-Stakeholder-Management erforderlich. Zudem muss das Team Intrapreneurship im CIHBw aktiv darauf hinwirken, dass die Kompetenz ‚Innovationsfähigkeit' im Personalmanagement einen höheren Stellenwert erhält. Ein professionell kommunizierter ‚proof of concept' ist dafür eine notwendige, aber keine hinreichende Bedingung. Vielmehr muss die Verankerung von Innovationsfähigkeit in den Konzepten der Bundeswehr für Personalausbildung, Personalbewertung und Personalentwicklung durch den CIHBw aktiv vorangetrieben werden. Aus diesem Grunde stellt dies eine ganz wesentliche Facette im Zielsystem des Teams IPS des CIHBw dar (vgl. Abschn. 5).

Personalbindung vs. Ausgründung

Bereits aus dem Wortteil ‚Intra…' des Begriffes Intrapreneurship wird deutlich, dass die Zielgruppe aus Personen besteht, die in der betreffenden Organisation beschäftigt sind. Das schließt jedoch nicht per se aus, dass diese bei entsprechendem Erfolg der Umsetzung ihrer Idee die Organisation verlassen, ausgründen und so zu Entrepreneuren werden. Wenngleich dies nicht die Zielsetzung von Intrapreneurship ist, so ebnen doch einige Unternehmen in der Privatwirtschaft ihren Intrapreneuren den Weg zur Ausgründung durch verschiedene Maßnahmen, die bis zu einer Wiedereinstellungsgarantie im Falle des Scheiterns reichen.

Das Beschriebene gilt grundsätzlich auch für Intrapreneurship in der Bundeswehr; und doch ist hier eine differenzierte Betrachtung erforderlich. Dies liegt an zwei Gründen, die mit Blick auf die Kern-Zielgruppe von Intrapreneurship in der Bundeswehr deutlich werden.

Exkurs – die Zielgruppen von Intrapreneurship in der Bundeswehr

Intrapreneure in der Bundeswehr sollen nicht nur innovative Ideen in die Organisation bringen und auf diese Weise zu einer Weiterentwicklung beitragen. Darüber hinaus sollen diese das Handwerkszeug, das sie bei ihrem Wirken als Intrapreneure erlernen, angewendet und professionalisiert haben, auch im Dienstbetrieb anwenden und auf diese Weise auch dort innovativer, effektiver und effizienter werden. Weiterhin sollen Intrapreneure in der Bundeswehr das Konzept als Multiplikator in die Fläche tragen und auf diese Weise mehr und mehr dort Beschäftigte dafür begeistern, agile Methoden anzuwenden oder sich selbst als Intrapreneure zu betätigen. Schließlich soll auf diese Weise auch der Wandel in der Bundeswehr hin zu einer Innovationskultur befördert werden. Kurz gesagt, will Intrapreneurship in der Bundeswehr zum Innovieren animieren, zum Innovieren befähigen, beim Innovieren unterstützen und die Herausbildung einer Innovationskultur unterstützen.

Grundsätzlich kommen alle in der Bundeswehr Beschäftigten als Intrapreneure in Frage, egal ob zivil oder in Uniform, in einem Zeit- oder unbefristeten Arbeitsverhältnis, am Anfang oder am Ende ihrer Karriere, Führungskraft oder in einer Spezialverwendung. Gleichwohl eignen sich Personengruppen dann ganz besonders, wenn diese die Bundeswehr bereits gut kennen, ihre Leistungsfähigkeit bereits unter Beweis gestellt haben, eine Karriere in der Bundeswehr noch vor sich haben und zeitlich verfügbar für eine Betätigung als Intrapreneure sind. Nur wenn alle diese Attribute zutreffen, können die Intrapreneure ihrer Rolle als Multiplikator und Katalysator für Kulturwandel auch wirklich gerecht werden.

Unter Betrachtung der genannten Aspekte erscheinen die Lehrgangsteilnehmenden der nationalen Generalstabs- und Admiralstabsdienstlehrgänge an der Führungsakademie der Bundeswehr ganz besonders geeignet. Eine weitere sehr interessante Zielgruppe stellen zudem die Studierenden, die wissenschaftlichen Mitarbeitenden sowie Professorinnen und Professoren an den Universitäten der Bundeswehr dar. Ein ganz entscheidender Aspekt ist hier deren zeitliche Verfügbarkeit, da für die Befähigung zum und Betätigung als Intrapreneure zeitliche Ressourcen zur Verfügung gestellt werden müssen, was im operativen Dienstbetrieb nicht selten unmöglich ist.

Gerade mit Blick auf die eben beschriebenen Zielgruppen besteht nun ein ‚Ausgründungs-Dilemma' in zweifacher Hinsicht. Zum einen bedeutet für auf Lebenszeit beamtete Zivilbeschäftigte bzw. Berufssoldatinnen und Berufssoldaten in der Bundeswehr der ‚Ausstieg' in weitaus höherem Maße als in der Privatwirtschaft einen Verzicht auf Sicherheit und vergleichsweise großzügig bemessene Pensionsansprüche. Zum anderen besteht in der Bundeswehr ein hohes Interesse, gerade das Personal, das sich durch Leistungs- und Innovationsfähigkeit auszeichnet und in dessen Ausbildung bereits in hohem Maße investiert wurde, dauerhaft zu binden. Dies liegt auch daran – und darin besteht der große Unterschied zu Unternehmen der Privatwirtschaft – dass die Bundeswehr wegen ihres geschlossenen Personalkörpers den Weggang von hoch qualifiziertem Personal nicht einfach durch die Einstellung Externer kompensieren kann.

Folgerungen
Geht die Ausgründung mit gleichzeitigem Verlassen der Organisation einher, ist das sowohl für die Intreprenuerin oder den Intrapreneur als auch für die Bundeswehr schmerzhaft und sollte deshalb einen Ausnahmefall darstellen. Dies stellt einen Unterschied zum Intrapreneurship in der Privatwirtschaft dar und muss offen kommuniziert werden. Zudem müssen durch das Personalmanagement der Bundeswehr Möglichkeiten geschaffen werden, eine Beschäftigung in der Bundeswehr mit einer Tätigkeit als Entrepreneur zu vereinen. Wenn besonders erfolgreiche Intrapreneure nur die Möglichkeit haben, die Bundeswehr zu verlassen oder auf ihre Ausgründung zu verzichten, wird die Bundeswehr die wertvollsten Mitarbeitenden verlieren.

Qualifikationsdichte und -spektrum in der Bundeswehr
In der Bundeswehr absolvieren Truppenoffizierinnen und Truppenoffiziere mit einer Verpflichtungszeit von 13 Jahren grundsätzlich ein Hochschulstudium an einer der beiden Universitäten der Bundeswehr. Der Großteil der Offizierinnen und Offiziere des militärfachlichen Dienstes erhält eine hochwertige Ausbildung, beispielsweise zur staatlich geprüften Betriebswirtin bzw. zum staatlich geprüften Betriebswirt, an einer der Bundeswehrfachschulen. Länger dienende Soldatinnen und Soldaten in der Feldwebellaufbahn

qualifizieren sich in der Regel im Rahmen zivilberuflichen Aus- und Weiterbildung der Bundeswehr (ZAW) auf Meisterebene.

Damit herrscht im Personalkörper der Bundeswehr eine sehr hohe Dichte an vergleichsweise hoch qualifizierten Menschen. Hinzu kommt, dass die Vielfältigkeit der Aufgaben in der Bundeswehr und das damit korrespondierende Ausbildungsangebot zu einem nahezu unvergleichlich breiten Spektrum an verschiedenen Qualifikationen im Personalkörper führt.

Es ist aber auch zu konstatieren, dass die Aufgabenwahrnehmung in der Bundeswehr, insbesondere bei den Offizierinnen und Offizieren des Truppendienstes, nicht selten die im Rahmen der akademischen oder sonstigen nicht dienstpostenbezogenen Ausbildung erlangten Skills nur in geringem Maße fordert. Je nachdem, mit welcher Motivation das Studium bzw. die Ausbildung angetreten und durchgeführt wurde, kann dies zu Demotivation bei der Aufgabenwahrnehmung und sogar zum Verlassen der Bundeswehr nach Ablauf der Verpflichtungszeit führen.

Folgerungen

Intrapreneurship trifft im Hinblick auf Qualifikationsdichte und -spektrum des Personalkörpers in der Bundeswehr auf ganz besonders gute Rahmenbedingungen. Nahezu jede Truppenoffizierin und jeder Truppenoffizier verfügen bereits in sehr jungen Jahren über einen Hochschulabschluss. Alle für jedes nur denkbare Innovationsvorhaben erforderlichen akademischen Qualifikationen sind in der Bundeswehr zahlreich vorhanden.

Zudem kann Intrapreneurship auch als hervorragende Chance verstanden werden, im Rahmen der akademischen Ausbildung erlangte und im dienstlichen Alltag wenig nachgefragte Fähigkeiten praktisch anzuwenden und weiterzuentwickeln. Auf diese Weise kann Intrapreneurship in der Bundeswehr auch als ein geeignetes Mittel der Bindung von Hochwertpersonal verstanden werden.

Kompetenznetzwerk ‚Cyber-Reserve'

Im Hinblick auf die Nutzung externer Kompetenzen verfügt die Bundeswehr im Vergleich zu privatwirtschaftlichen Unternehmen über ein Alleinstellungsmerkmal: Die Möglichkeit, zivile Spitzenkräfte temporär als Reservistendienstleistende (RDL) einzusetzen.

Nach Aufstellung der Abteilung Cyber- und Informationstechnik im Bundesministerium der Verteidigung, des militärischen Organisationsbereiches Cyber- und Informationsraum sowie des Cyber Innovation Hubs der Bundeswehr nahmen eine große Anzahl von ehemaligen Soldaten und Ungedienten, die Karriere auf dem zivilen IT-Sektor gemacht hatten, Verbindung zur Bundeswehr auf und wollten ihre Kompetenzen im Rahmen einer Reservistendienstleistung oder auf andere Weise einbringen. Dieser Trend ist nach wie vor ungebrochen.

Die Bundeswehr reagierte mit einem durch den Generalinspekteur im Jahre 2017 erlassenen Konzept, das die Möglichkeiten, die Kompetenzen ziviler Cyber- und IT-Spezialistinnen und -Spezialisten zu nutzen, deutlich erweitern sollte. Bedauerlicherweise blieb die operationelle Umsetzung dieses Konzeptes bislang weitestgehend aus. Aus diesem Grunde kann die Expertise ziviler Cyber-und IT-Spezialistinnen und -Spezialisten, welche die Bundeswehr gerne mit ihrem Wissen unterstützen würden, aktuell nur in bescheidenem Maße genutzt werden. Dies gilt vor allem für nonformal[3] qualifizierte Expertinnen und Experten, die nicht in das sehr formalistische und unflexible RDL-Personalgewinnungskonzept der Bundeswehr passen.

Folgerungen
Die Bundeswehr verfügt mit ihren Reservistendienstleistenden über eine hervorragende Möglichkeit, Intrapreneure bei der Realisierung ihrer Innovationen zu unterstützen. Durch eine gezielte Suche und Heranziehung von RDL können ‚gemischte' Intrapreneur-Teams gebildet und so Fähigkeitslücken, die nicht durch Ausbildung zu schließen sind, kompensiert werden.

Um diese Chance wirklich effektiv zu nutzen, muss aber das bereits existierende Konzept operationalisiert und weiterentwickelt werden. Dies gilt vor allem für die Nutzung der Kompetenzen nonformal qualifizierter Cyber- und IT-Spezialistinnen und -Spezialisten.

3.3 Fazit

Es existieren Organisationsspezifika, die bei der Einführung und Etablierung von Intrapreneurship in der Bundeswehr beachtet werden müssen. Diese haben indes nicht nur eine die Erfolgschancen von Intrapreneurship einschränkende Wirkung; vielmehr gibt es auch Aspekte, die den Erfolg von Intrapreneurship in der Bundeswehr im Vergleich zur Privatwirtschaft begünstigen.

4 Der Cyber Innovation Hub der Bundeswehr

4.1 Entstehungsgeschichte und aktuelle organisatorische Einordnung

Im Oktober 2016 wurde im Bundesministerium der Verteidigung unter Leitung der damaligen Verteidigungsministerin, Dr. Ursula von der Leyen, die Abteilung Cyber- und

[3] Die Bundeswehr hat für die Besetzung von Dienstposten sowie die Personalentwicklung strenge Kriterien festgelegt. So ist für den Aufstieg in den höheren Dienst, der in der Bundeswehr beim Dienstgrad Major bzw. Korvettenkapitän beginnt, grundsätzlich ein abgeschlossenes Hochschulstudium erforderlich. Dabei gibt es aber nur eine bestimmte Anzahl von Studienabschlüssen, die ‚ins Raster' passen. Gerade im IT-Bereich trifft man jedoch auf eine große Anzahl von Spezialistinnen und Spezialisten ohne akademischen Abschluss bzw. mit nichteinschlägigen Hochschulabschlüssen. Aktuell besteht keine schnelle und flexible Möglichkeit, diese als Reservistendienst Leistende mit einem ihrer zivilen Qualifikation auch nur annähernd adäquaten Dienstgrad zu verwenden.

Informationstechnik (CIT) aufgestellt. Dies war der Startschuss für eine groß angelegte Bündelung der bislang über das BMVg und die Bundeswehr verteilten Cyber- und IT-Fähigkeiten, die mit Aufstellung des militärischen Organisationsbereiches Cyber- und Informationsraum (CIR) im April 2017 vollendet wurde.

Bereits im Jahre 2014 hatte Ursula von der Leyen mit Dr. Katrin Suder eine Top-Beraterin aus dem zivilen Bereich als Rüstungsstaatssekretärin in das Ministerium geholt. Der Ansatz, vom Wissen Bundeswehr-externer Top-Führungskräfte zu profitieren, indem man sie für einen begrenzten Zeitraum im Rahmen eines Angestelltenverhältnisses im Hause beschäftigt, fand mit dem ersten Abteilungsleiter CIT eine konsequente Fortsetzung: Klaus-Hardy Mühleck, ein in der deutschen Automobilindustrie groß gewordener und dort sehr prominenter IT-und Organisationsexperte. Mit Dr. Gundbert Scherf stieß eine weitere Top-Führungskraft als Beauftragter für Strategische Steuerung Rüstung hinzu.

Aus diesem Dunstkreis kam 2016 die Idee, eine sogenannte ‚military digital innovation unit' in der Bundeswehr einzuführen. Im Rahmen einer Vorlage an die Bundesministerin der Verteidigung wurde ihr vorgeschlagen, den Cyber Innovation Hub der Bundeswehr – zunächst für drei Jahre bis zum 31. Dezember 2019 – als befristetes Pilotprojekt ins Leben zu rufen.

Im Laufe der Pilotierung erfolge eine Evaluation des Cyber Innovation Hubs der Bundeswehr, die den Bedarf an einem derartigen Innovationselement bestätigte. In der sich anschließenden Wirtschaftlichkeitsuntersuchung gemäß Bundeshaushaltsordnung wurde ein entsprechender funktionaler Bedarf ebenfalls festgestellt. Im Rahmen dieser Untersuchung wurden zahlreiche Optionen im Hinblick auf Bedarfsdeckung und Wirtschaftlichkeit bewertet. Als die insgesamt wirtschaftlichste voll bedarfsdeckende Option stellte sich schließlich die Integration des Bundeswehr Cyber Innovation Hubs als Abteilung in die BWI GmbH – eine 100-prozentige Bundesgesellschaft und als solche das IT-Systemhaus der Bundeswehr und ein IT-Dienstleister des Bundes – heraus. Dementsprechend ist der Cyber Innovation Hub der Bundeswehr seit dem 1. Januar 2020 eine Abteilung der BWI GmbH.

4.2 Rahmenbedingungen

Strategische Steuerung

Als Abteilung der BWI GmbH ist der Cyber Innovation Hub der Bundeswehr integraler Bestandteil dieser Organisation und greift in vielen Belangen auf BWI-Ressourcen zurück. Trotz der weitgehenden aufbau- und ablauforganisatorischen Integration hat der CIHBw dennoch eine Sonderrolle in der BWI GmbH, was sich nicht nur in der Bezeichnung ‚Cyber Innovation Hub der Bundeswehr' ausdrückt; vielmehr erfolgt die strategische Steuerung des Hubs durch das Steuerungspanel CIHBw, dem der Rüstungsstaatssekretär bzw. die Rüstungsstaatssekretärin des Bundesministeriums der Verteidigung vorsitzt.

Organisationskultur

Der Cyber Innovation Hub der Bundeswehr soll die Brücke zwischen dem Startup-Ökosystem und der Bundeswehr schlagen. Diese beiden Systeme haben auf den ersten Blick und auch bei genauerem Hinsehen nicht viele Gemeinsamkeiten. Daher ist es nicht verwunderlich, dass auf beiden Seiten Stereotypen existieren, die durchaus zu Berührungsängsten führen können. Diese abzubauen ist keine hinreichende, aber eine notwendige Bedingung für das erfolgreiche Wirken des Cyber Innovation Hubs der Bundeswehr. Demzufolge orientiert sich dieser im Hinblick auf seine Organisationskultur auch deutlich erkennbar am Startup-Ökosystem.

Die Führung des Hubs erfolgt durch ein Management Board, dem die Leiterin bzw. der Leiter vorsitzt. Darüber hinaus gibt es zwar verschiedene Teams mit Teamleitenden, diese stellen aber keine starren aufbauorganisatorischen Konstrukte dar. Vielmehr wird – je nach zu bewältigender Aufgabe – aus dem Personalpool des Hubs ein ‚cross functional' Team mit dem erforderlichen Skillset zusammengestellt.

Im Umgang miteinander gibt es weder ein ‚Sie' noch – für die in zivil Arbeitenden – einen Dresscode. Offene und direkte Kommunikation wird groß geschrieben und durch die Führungskräfte vorgelebt. In zweiwöchigen Townhalls kann durch jeden jedes Thema offen angesprochen werden.

Die Teams arbeiten in einem ehemaligen Industriegebäude mit Großraumbüros und einem ‚event space', für Besprechungen im kleinen oder größeren Rahmen stehen ‚info cubes' zur Verfügung. Nicht erst seit der Corona-Krise besitzen die Mitarbeitenden des Cyber Innovation Hubs eine hohe Flexibilität, ‚work from home'- und ‚work from anywhere'-Konzepte finden – im Rahmen des Möglichen und weitestgehend dezentralisiert – Anwendung.

Roll ups mit Aussprüchen wie ‚better done than perfect' oder ‚the riskiest thing is to take no risk' zieren nicht zufällig die Wände; sie sind vielmehr Ausdruck einer Arbeitsphilosophie, die nicht nur Berührungsängste seitens der Startups abbauen will, sondern sich vielmehr die Methoden erfolgreicher ehemaliger Startups wie Facebook oder Pay Pal versucht zu eigen zu machen. Aus diesem Grunde stellen agile Methode wie Scrum oder Design Thinking auch Eckpfeiler der Zusammenarbeit im Cyber Innovation Hub der Bundeswehr dar.

All das bedeutet jedoch nicht, dass unkoordiniert und mit unvertretbar hoher Risikobereitschaft agiert wird. Risikomanagement ist ein wichtiger Bestandteil des Projektmanagements, Fehler machen ist erlaubt, aber stets unter Beachtung des Startup-Grundsatzes ‚fail quick – fail cheap'. Alle Innovationsvorhaben unterliegen einem engen Monitoring, für die Zielfindung und Messung der Zielerreichung wird ein OKR-Framework[4] genutzt.

[4] OKR bedeutet Objectives – Key Results und ist eine Managementmethode, die darauf abzielt, Organisationsziele konsistent top down aus der Vision abzuleiten und den Fortschritt bei der Zielerreichung durch Key Results transparent und messbar nachzuvollziehen.

Budget

Der Cyber Innovation Hub der Bundeswehr finanziert sich aus Haushaltsmitteln der Bundeswehr. Für die dreijährige Pilotphase wurde ein jährliches Budget von zwei mal fünf Millionen Euro veranschlagt. Davon stehen fünf Millionen Euro für die Finanzierung von Innovationsvorhaben und fünf Millionen Euro für den Betrieb zur Verfügung. Diese Budgets sind untereinander nicht deckungsfähig.

Dieser Budgetansatz wurde im Rahmen der Wirtschaftlichkeitsuntersuchung zur Verstetigung bestätigt, beibehalten und besteht auch aktuell für den Cyber Innovation Hub der Bundeswehr als Abteilung der BWI GmbH.

Personelle Zusammensetzung

Der Cyber Innovation Hub der Bundeswehr kann seiner Funktion als Bindeglied zwischen dem Startup-Ökosystem und der Bundeswehr nur dann gerecht werden, wenn er sich selbst aus ‚Systemverstehern' beider ‚Welten' zusammensetzt. Dieser Notwendigkeit wird durch ein ‚Drei-Säulen-Konzept' Rechnung getragen.

So können aus dem Arbeitsmarkt geeignete Personen gewonnen und als zivile Angestellte der BWI GmbH beschäftigt werden. Daneben existiert im Kommando Cyber- und Informationsraum ein sogenanntes ‚Verstärkungsreserveelement', auf dessen Dienstposten – unter den in Abschn. 3.2 genannten Einschränkungen – Reservistendienst Leistende herangezogen und im Cyber Innovation Hub der Bundeswehr eingesetzt werden können. Dieses Element deckt strukturell alle potenziell erforderlichen Dienstgrade weitgehend ab. Darüber hinaus leisten – obwohl es keine entsprechenden Dienstposten gibt – auch aktive Soldaten im Cyber Innovation Hub der Bundeswehr Dienst. Dies geht auf die Initiative visionärer und innovativer militärischer Führungskräfte zurück, die bereit sind, Soldatinnen und Soldaten ihres Truppenteils ‚auf eigene Kosten', also unter Verzicht auf Dienstleistung vor Ort, im Hub einzusetzen, weil sie die große Bedeutung dieses Elements für die Weiterentwicklung der Bundeswehr erkannt haben.

Insgesamt besteht das Personal des Cyber Innovation Hubs der Bundeswehr aus einem Mix von Zivilisten, Reservistendienst Leistenden und aktiven Soldaten. Dieser ist für das effektive und effiziente Wirken des Hubs unverzichtbar.

4.3 Vision und Ziele

„Empowering Innovation in Defence" (Cyber Innovation Hub der Bundeswehr, 2020)

Aus dieser bewusst sehr breit und ambitioniert angelegten Vision des Cyber Innovation Hubs der Bundeswehr spricht der Wunsch und das Selbstverständnis, als innovatives Element in der Bundeswehr Innovationen im weitesten Sinne voranzutreiben.

Das bedeutet, dass sich das Wirken des Hubs nicht allein darauf konzentriert, technische Neuerungen im Cyber-/IT-Kontext ‚in die Truppe zu bringen'. Dies ist ohnehin wegen der bereits geschilderten Zusammenhänge (vgl. Abschn. 3.2) nur eingeschränkt möglich. Darüber hinaus verfolgt der Cyber Innovation Hub der Bundeswehr weitere ganz wesentliche Ziele. So sollen Angehörige der Bundeswehr mit innovativen Ideen gefunden, befähigt und bei Umsetzung ihrer Ideen unterstützt werden. Auf diese Weise soll ein Beitrag zur Herausbildung einer Innovationskultur in der Bundeswehr geleistet werden. Des Weiteren will der Cyber Innovation Hub der Bundeswehr strategische Partnerschaften mit den Military Digital Innovation Units anderer Länder schließen und auf diese Weise ein Netzwerk aufbauen und pflegen, das der Bundeswehr den Zugang zu innovativen Lösungen anderer Nationen eröffnet. Zudem soll eine Vernetzung und Kontaktpflege zu Digital Innovation Units der Privatwirtschaft und natürlich in das Startup-Ökosystem allen Beteiligten Vorteile eröffnen.

4.4 Operative Säulen und Support-Funktionen

Der Cyber Innovation Hub der Bundeswehr arbeitet grundsätzlich cross functional in einer sehr flachen Hierarchie. Gleichwohl gibt es Teamstrukturen, in denen sich die eben genannten Ziele wiederfinden. Insgesamt sind vier operative und eine unterstützende Säule als Teams organisiert, deren Leitung zusammen mit der Leitung des Cyber Innovation Hubs der Bundeswehr das Management Board bilden.

Intrapreneurship
Auf das Team ‚Intrapreneurship‘ wird im nächsten Kapitel detailliert eingegangen.

Startup Engagement
Das Team ‚Startup Engagement‘ sucht im Startup-Ökosystem nach für die Bundeswehr interessanten Produkten. Der Fokus liegt dabei auf Startups, die bereits Venture Capital-finanziert sind und über ein marktfähiges Produkt mit mindestens einer Kundin oder einem Kunden verfügen. Das Produkt wird in geringem Umfang zu Validierungszwecken über den Einkauf der BWI GmbH beschafft und zusammen mit einem oder einer Gruppe von Nutzerinnen und Nutzern aus der Bundeswehr getestet und gegebenenfalls in geringem Maße adaptiert. Am Ende der Validierung wird ein Abschlussbericht erstellt, der im Idealfall eine Beschaffungsempfehlung für die Bundeswehr enthält. Dann greifen grundsätzlich die in Abschn. 3.2 dargestellten Prozesse. Initiator kann ein Startup sein, das aktiv auf den Cyber Innovation Hub der Bundeswehr zugeht und ein Produkt anbietet; alternativ kann auch eine Person oder Dienststelle der Bundeswehr den Hub um Unterstützung bitten, in der Startup-Szene nach einer Lösung für ein Problem zu suchen.

Y.Lab
Das Y.Lab ist die jüngste operative Säule des Cyber Innovation Hubs der Bundeswehr und befindet sich gerade im Aufbau. Im Gegensatz zum Startup Engagement Team, das nach nahezu unverändert für die Bundeswehr nutzbaren und bereits marktfähigen Produkten sucht, sollen im Y.Lab mit eigenen sowie Ressourcen von Bundeswehr und BWI GmbH

selbst innovative Lösungen für die Bundeswehr – primär im Software-Bereich – prototypisch entwickelt, mit Nutzerinnen und Nutzern aus der Bundeswehr getestet und gegebenenfalls zur Einführung vorgeschlagen werden. Dabei pilotiert das Y.Lab auch einen state-of-the-art Software-Entwicklungsprozess und testet die dafür notwendige IT-Infrastruktur sowie die dazu gehörigen Softwaretools.

Communications & Strategic Partnerships
Das Team ‚Communications and Strategic Partnerships' ist für die operative und strategische Kommunikation des Cyber Innovation Hubs der Bundeswehr verantwortlich. Dazu gehören ein professionelles Stakeholder Management ebenso wie Pressearbeit, Marketing und das Erzeugen von eigenen redaktionellen Beiträgen. Des Weiteren liegt das gesamte Veranstaltungsmanagement in der Verantwortung dieses Teams.

Organisation & People
Im Team ‚Organisation and People' sind alle organisationskulturellen und unterstützenden Prozesse zusammengefasst, soweit hier neben der Abstützung auf die Prozesse des Mutterhauses BWI GmbH eigene Kapazitäten erforderlich sind. Dazu gehören insbesondere die Bereiche Personal, Finanzen, Recht sowie Infrastruktur.

5 Die operative Säule ‚Intrapreneurship' im Cyber Innovation Hub der Bundeswehr

5.1 Vision und Mission

Angelehnt an die Vision des Cyber Innovation Hubs der Bundeswehr lautet die Vision des Teams Intrapreneurship ‚Empowering Defence Innovation Heroes'.

Als in der Zukunft liegendes Ziel, das durch das Wirken von Intrapreneurship in der Bundeswehr erreicht werden soll, lässt sich diese Vision beschreiben als Zustand, in dem Menschen mit innovativen Ideen in einer Innovationskultur der Bundeswehr die Befähigung besitzen, ihre Ideen selbstständig umzusetzen und dabei die notwendige Unterstützung erhalten.

Dementsprechend lautet die Mission von Intrapreneurship in der Bundeswehr, als Weg, der zur Erreichung dieses Zielzustandes beschritten wird:

- Soldatinnen und Soldaten sowie zivile Mitarbeitende zu Defense Intrapreneuren befähigen, sie bei der Weiterentwicklung ihrer Ideen unterstützen und auf diese Weise zur Herausbildung einer Innovationskultur in der Bundeswehr beitragen.

In dieser Mission spiegeln sich die drei strategischen Ziele von Intrapreneurship in der Bundeswehr wider.

5.2 Ziele von Intrapreneurship in der Bundeswehr

Intrapreneurship ist ein in der Bundeswehr neues Konzept, das den Beweis seiner Daseinsberechtigung noch zu erbringen hat. Aus diesem Grund wurde von Beginn an großer Wert auf ein konsistentes System von Vision, Mission, Zielen sowie Key Performance Indicators gelegt. So ist ein aus mehreren Ebenen bestehendes und weitgehend selbsterklärendes Zielsystem entstanden, das im Folgenden darstellt werden soll.

Der Vision folgend und der Mission entsprechend besteht das Intrapreneurship-Zielsystem aus drei übergeordneten Zielen (Abb. 1, 2, 3, 4, 5, 6 und 7).

Im Folgenden werden die Unterziele der Ziele ‚Intrapreneur*innen befähigen' und ‚Intrapreneur*innen unterstützen' dargestellt.

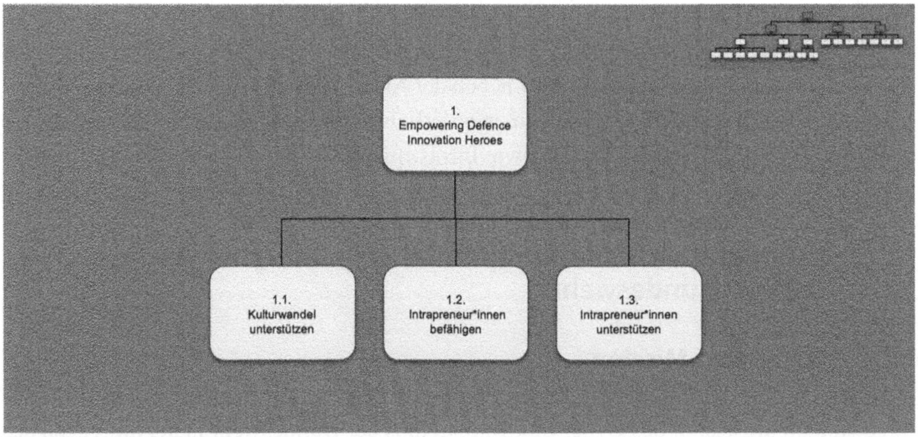

Abb. 1 Ziele Bundeswehr Intrapreneurship

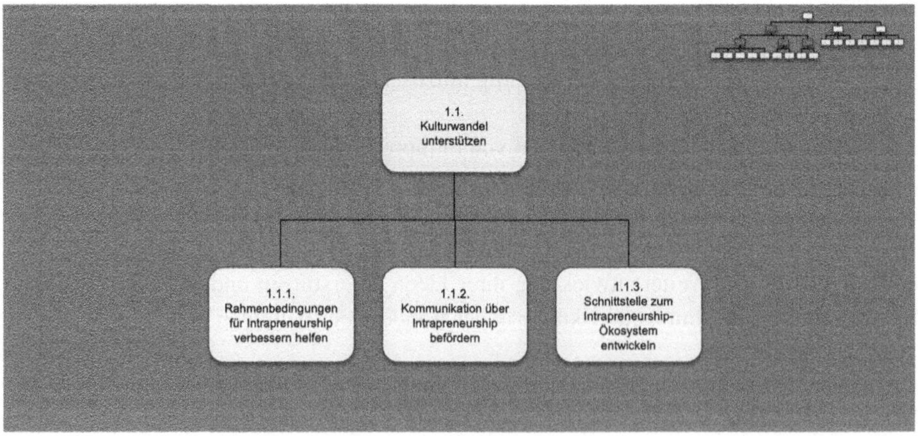

Abb. 2 Unterziele des Zieles ‚Intrapreneur*innen befähigen'

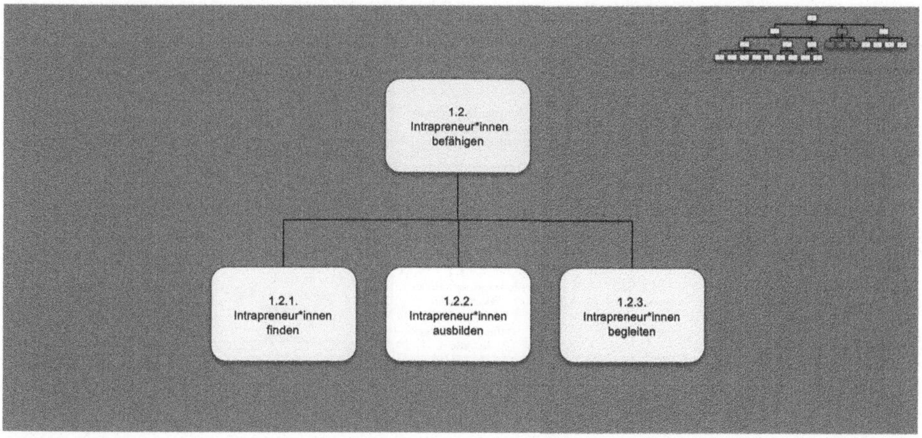

Abb. 3 Unterziele des Zieles ‚Intrapreneur*innen unterstützen'

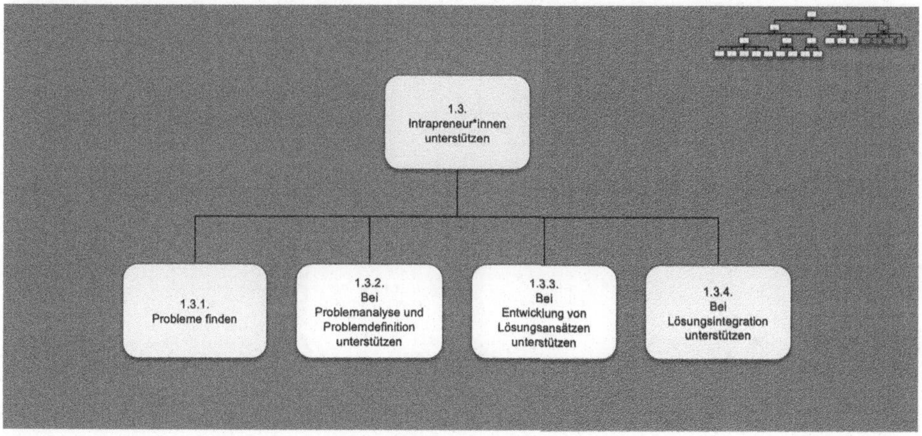

Abb. 4 Unterziele des Zieles ‚Kulturwandel unterstützen'

Wenngleich die beiden genannten Ziele sich mit Blick auf die daraus abgeleiteten Unterziele selbst erklären, ist das Ziel ‚Kulturwandel unterstützen' weit weniger einfach zu operationalisieren.

Gerade deshalb ist es von besonderer Bedeutung, über konkrete Ziele und eindeutige Messbarkeiten zu verfügen. Aus diesem Grunde umfasst dieser Bereich des Intrapreneurship-Zielsystems eine Ebene mehr. Es wird davon ausgegangen, dass alle hier aufgeführten Unter- und Subziele für die Erreichung des übergeordneten Zieles ‚Kulturwandel unterstützen' notwendig sind. Dass die Gesamtheit dieser Unter- und Subziele indes auch hinreichend ist, kann hier nur vermutet werden und könnte Gegenstand einer Untersuchung mit wissenschaftlichem Anspruch sein.

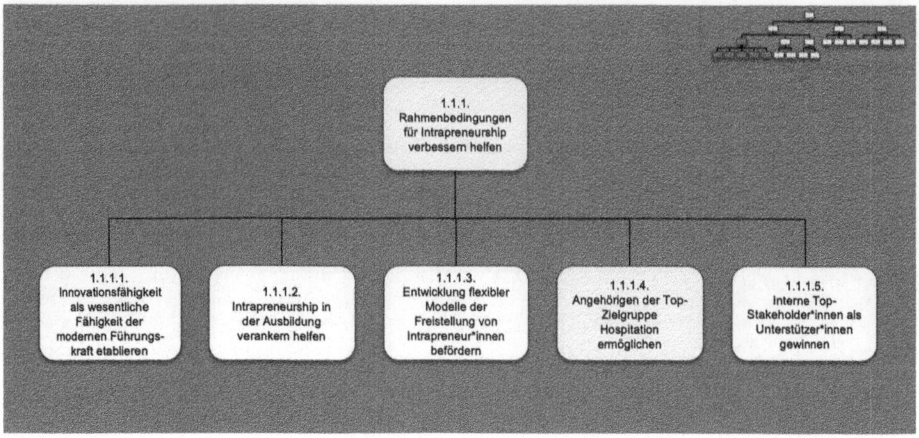

Abb. 5 Subziele des Unterzieles ‚Rahmenbedingungen für Intrapreneurship verbessern helfen'

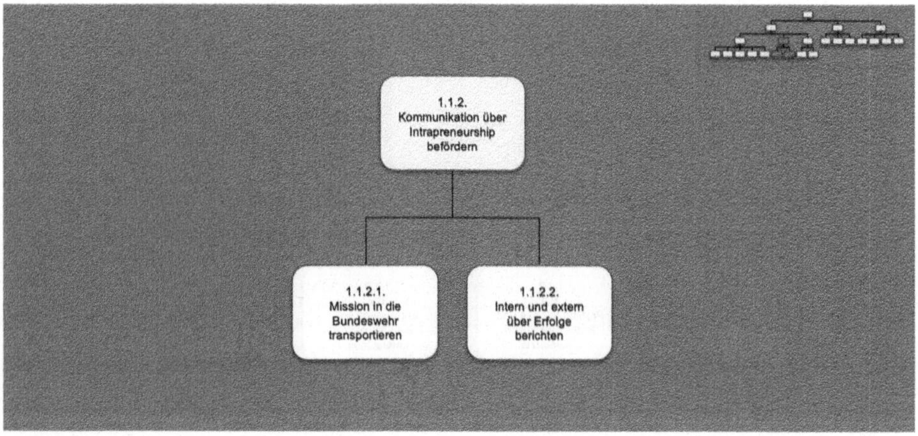

Abb. 6 Subziele das Unterzieles ‚Kommunikation über Intrapreneurship befördern'

Bei der Konstruktion und Formulierung des Zielsystems wurde besonderer Wert auf die Wortwahl gelegt, um einerseits die aktive Rolle der Intrapreneure klar herauszustellen und andererseits die lediglich anregende und unterstützende Rolle des Cyber Innovation Hubs der Bundeswehr bei der Weiterentwicklung von Konzepten und Verfahren des Personalmanagements und der Ausbildung in der Bundeswehr zu betonen. Ein aktives Verbum wurde nur in den Fällen benutzt, in denen der Cyber Innovation Hub der Bundeswehr auch tatsächlich eigenverantwortlich Impact erzeugen kann.

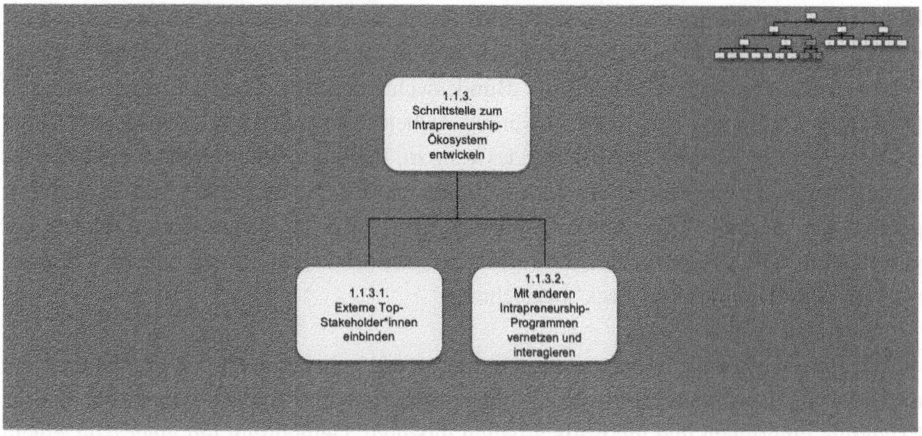

Abb. 7 Subziele des Unterzieles ‚Schnittstelle zum Intrapreneurship Ökosystem entwickeln'

5.3 ‚Intrapreneurship-Produkte'

Aus den dargestellten Zielen des Intrapreneurships in der Bundeswehr leiten sich die Maßnahmen ab, die zur Zielerreichung erforderlich sind. Die auf die Ziele ‚Intrapreneur*innen befähigen' und ‚Intrapreneur*innen unterstützen' einzahlenden Maßnahmen sollen hier als ‚Intrapreneurship-Produkte' bezeichnet und kurz dargestellt werden. Dabei handelt es sich um Maßnahmen, die durch den Cyber Innovation Hub der Bundeswehr selbst oder mit Unterstützung anderer durchgeführt oder auch als Dienstleistung extern eingekauft werden.

Insgesamt gilt, dass grundsätzlich keine Maßnahme ergriffen wird, die nicht auf mindestens eines der im Zielsystem ausgewiesenen Ziele einzahlt. Dies kann gegebenenfalls auch zu einer bottom up getriggerten Anpassung des top down abgeleiteten Zielsystems führen.

Ziel: Intrapreneur*innen befähigen → Unterziel: Intrapreneur*innen finden Ziel: Intrapreneur*innen unterstützen → Unterziel: Probleme finden
Innovation Challenge:

Die klassische Maßnahme, um Probleme und potenzielle Intrapreneure, die bereits innovative Lösungen entwickelt haben, zu finden, ist die Durchführung einer Innovation Challenge. Hier werden in einem begrenzten Raum, beispielsweise einem Geschwader der Luftwaffe, alle Mitarbeitenden durch eine bzw. einen dort, idealerweise an der Hierarchiespitze, ansässige(n) Top-Stakeholderin bzw. Top-Stakeholder aufgerufen, sich an der Challenge zu beteiligen. Die eingehenden Ideen werden gesichtet, gefiltert und so auf eine verfolgenswerte Anzahl von Ideen eingegrenzt.

Intrapreneur Single Pitches/Intrapreneur Fast Track

In der Bundeswehr gibt es – wie die Erfahrung mittlerweile gezeigt hat – eine nicht unbedeutende Anzahl von Personen, die man bereits als Intrapreneure bezeichnen kann.

Diese haben für ein durch sie identifiziertes Problem bereits einen Lösungsansatz – teilweise schon im MVP-Status – entwickelt und diesen nicht selten schon auf anderen Wegen, beispielswiese dem KVP der Bundeswehr, ohne Erfolg umzusetzen versucht. Diese Menschen muss man nicht aufwändig suchen – sie gehen erfahrungsgemäß direkt auf den Cyber Innovation Hub der Bundeswehr zu. In diesen Fällen erhalten die Intrapreneure – nachdem ihre Idee telefonisch und/oder schriftlich vorab durch das Team Intrapreneurship ‚gechallenged' wurde, die Möglichkeit eines Pitches im Hub. Das sich gegebenenfalls anschließende Verfahren ist sozusagen der Direkteinstieg und wird deshalb auch als ‚Intrapreneur Fast Track' bezeichnet.

Innovation Workshops:

Der Ausgangspunkt für Intrapreneurship muss nicht ein bereits identifiziertes Problem und/oder eine Idee zur Lösung sein. Dieses Format zielt auf Personengruppen ab, die ihre Erfahrung einbringen und innovativ arbeiten möchten. Gemeinsam mit einer bzw. einem in agilen Methoden geschulten Moderatorin oder Moderator wird das dienstliche Umfeld analysiert und dort nach Herausforderungen und Lösungsansätzen gesucht.

Fragebogen ‚Bist du eine Intrapreneurin oder ein Intrapreneur?':

In der Literatur gibt es zahlreiche Veröffentlichungen, die beschreiben, welches Set an Charaktereigenschaften und Fähigkeiten eine Person besitzen muss, um sich für ein Wirken als Intrapreneurin oder Intrapreneur zu eignen. Dieses Tool soll – in der Endversion öffentlich verfügbar – Mitarbeitende in der Bundeswehr dazu motivieren, sich für Intrapreneurship zu interessieren und sich im Idealfall persönlich als Intrapreneure einzubringen.

Ziel: Intrapreneur*innen befähigen → Unterziel: Intrapreneur*innen ausbilden

Agile Methoden Workshops:

Intrapreneure müssen über ein spezielles Mindset und gewisse Charaktereigenschaften verfügen. Aber sie benötigen auch ein Toolset an agilen Methoden, das man erlernen und aus dem man sich wie aus einem Werkzeugkasten bedienen kann. Die Vermittlung eines solchen Basis-Rüstzeuges ist die Zielsetzung des Workshops ‚Agile Methoden', der aktuell mit im Hub verfügbaren Ausbilderinnen und Ausbildern durchgeführt wird. Dazu gehört auch ein sogenanntes ‚Pitch-Training', bei dem die Fähigkeit geschult wird, Problem und Lösungsansatz ‚auf den Punkt gebracht' und in kurzer Zeit zu präsentieren.

Einkauf externer Ausbildungsmaßnahmen:

Für die Vermittlung benötigter spezieller und tiefer gehender Fähigkeiten wird auf externe Dienstleister zurückgegriffen. Ist es beispielsweise erforderlich, dass die Intrapreneure im Rahmen ihrer Innovationsvorhaben mit einem externen Team kooperieren, das nach Scrum arbeitet, so erfolgt im Vorfeld eine Ausbildung zur Certified Scrum Product Ownerin bzw. zum Certified Scrum Product Owner.

Diese Maßnahmen werden im Verständnis durch den Cyber Innovation Hub der Bundeswehr finanziert, dass sich das dadurch erlangte Skillset nicht nur für das konkrete Innovationsvorhaben, sondern darüber hinaus auch im dienstlichen Alltag auszahlt. Auf diese Weise wird dadurch auch ein Beitrag zur Erreichung des Zieles ‚Kulturwandel unterstützen' geleistet.

Ziel: Intrapreneur*innen befähigen → Unterziel: Intrapreneur*innen begleiten
Mentorship Intrapreneur-Begleitung:

Die Betätigung als Intrapreneurin oder Intrapreneur bedeutet für Angehörige der Bundeswehr Betreten von Neuland und Gehen auf unbekanntem Terrain. Aus diesem Grunde ist es erforderlich, diese eng zu begleiten und jederzeit unterstützend zur Seite zu stehen. So ist vorgesehen, jeder Intrapreneurin und jedem Intrapreneur eine interne Mentorin oder einen internen Mentor aus dem Cyber Innovation Hub der Bundeswehr und eine externe Mentorin oder einen externen Mentor aus der Bundeswehr oder dem zivilen Umfeld zur Verfügung zu stellen.

Ziel: Intrapreneur*innen unterstützen → Unterziel: Bei Problemanalyse und Problemdefinition unterstützen
Problem Analysis Workshop:

Intrapreneure besitzen aus ihrer Erfahrung heraus bereits ein sehr konkretes Verständnis von dem Problem, das sie lösen wollen. Dieses schränkt den Blick auf die zur Verfügung stehenden Lösungswege erfahrungsgemäß ein. Die Zielsetzung dieses Workshop-Formates besteht darin, den Blick unter Nutzung agiler Methoden wieder zu weiten, das Problem von allen Seiten zu beleuchten und dieses schließlich trennscharf und verständlich zu formulieren.

Ziel: Intrapreneur*innen unterstützen → Bei Entwicklung von Lösungsansätzen unterstützen
Use Case Workshop/MVP Workshop:

Nach genauer Analyse und Definition des Problems werden erneut agile Methoden angewandt, um den Blick für die in Frage kommenden Lösungsansätze zunächst wieder zu weiten und dann systematisch auf die am besten geeignete Lösung zu fokussieren. Dabei kann es vorkommen, dass die Lösung, die dann weiterverfolgt wird, nicht mehr viel mit der ursprünglich erdachten Lösung gemein hat. In diesem Falle ist es wichtig, dass die Interapreneure bereits ausreichend ‚agiles Mindset' besitzen, damit sie auch dann ‚am Ball bleiben', wenn ihr eigener Lösungsansatz nicht umgesetzt wird. Wichtig ist in jedem Fall, dass hinter dem Problem und dem Lösungsansatz ein konkreter militärischer ‚Use Case' steht, der dann mit betroffenen Nutzerinnen und Nutzern aus der Bundeswehr weiterverfolgt werden kann. Dadurch wird ausgeschlossen, dass ein ‚Produkt' entwickelt wird, für das es ‚keinen Markt' gibt.

Je nach Typ des Innovationsvorhabens kann sich an den Use Case Workshop nahtlos ein sogenannter ‚MVP Workshop' anschließen. Angestrebtes Ergebnis ist hier ein Produkt, das bereits einen minimalen Nutzen für die Zielgruppe erzeugt, und das dann gemeinsam mit dieser erprobt und weiterentwickelt werden kann. In der Regel benötigt die Entwicklung eines MVP jedoch mehr Zeit, so dass diese nicht in einem zeitlich limitierten

Workshop-Format erledigt werden kann, sondern durch die Intrapreneure auf längerer Zeitachse geplant und durchgeführt werden muss.

Ziel: Intrapreneur*innen unterstützen →Unterziel: Bei Lösungsintegration unterstützen

Mentorship Integrationsunterstützung:

Im Falle einer positiven Validierung des Innovationsvorhabens sind durch die Intrapreneure ein Abschlussbericht sowie weitere Formate zu erstellen, um das Produkt auf den Weg zur Einführung in die Bundeswehr zu bringen. Je nach Produkt kann dies mehr oder weniger aufwändig sein. In jedem Fall benötigen die Intrapreneure an dieser Stelle Unterstützung durch Mentorinnen oder Mentoren, die Erfahrung in der Anwendung der erforderlichen Instrumente und Verfahren besitzen. Diese können entweder aus dem Cyber Innovation Hub der Bundeswehr selbst oder aus der Beschaffungsorganisation der Bundeswehr stammen.

Der aktuelle Sachstand

Die hier dargestellten Produkte wurden teilweise bereits mehrfach erprobt, teilweise befinden sie sich noch im konzeptionellen Stadium. Insgesamt handelt es sich bei dem ‚Intrapreneurship-Produktportfolio' um ein lebendes Konstrukt, in das permanent Erfahrungen einfließen, ganz im Verständnis des gesamten Intrapreneurships der Bundeswehr als ‚Minimum Viable Product', das bis zu seiner ‚Marktreife' möglicherweise noch mehrere Entwicklungsschleifen durchlaufen muss.

Mit Stand Ende September 2020 blickt das Team Intrapreneurship auf folgende Erfahrungen zurück:

Beispiel

Innovation Challenges:	1
Intrapreneur Single Pitches:	6
Intrapreneur Fast Tracks:	4
Innovation Workshops:	1
Fragebogen ‚Bist du eine Intrapreneurin	
oder ein Intrapreneur?':	Version 0.3 in CIHBw-interner Erprobung
Agile Methoden Workshops:	2
Einkauf externer Ausbildungsmaßnahmen:	2
Problem Analysis Workshops:	4
Use Case Workshops:	1

◄

Auf die Ergebnisse der Innovation Challenge Einsatzflottille 1 wird im Folgenden genauer eingegangen. Auch darüber hinaus konnten schon Erfolge erzielt werden. So wurde beispielsweise mit Intrapreneuren aus dem Einsatzführungskommando der Bundeswehr ein Flugausfallmeldeprozess entwickelt, der verhindert, dass für den Einsatz vorgesehene

Soldatinnen und Soldaten bei Verzögerungen ihrer Verlegung in das Einsatzland unnötig lange Wartezeiten am Abflugort erdulden müssen und so länger als nötig von ihren Familien getrennt sind.

Mit Stand Ende September 2020 laufen insgesamt vier Intrapreneur Fast Tracks, für das Jahr 2021 ist die Durchführung von mindestens zwei weiteren Innovation Challenges und fünf weiteren Intrapreneur Fast Tracks geplant.

6 Die Innovation Challenge Einsatzflottille 1

Als erstes groß angelegtes Intrapreneurship-Vorhaben wurde von September 2019 bis Januar 2020 die Innovation Challenge Einsatzflottille 1 durchgeführt.[5]

6.1 Konzeption und Vorbereitung

Im Rahmen der vorbereitenden Maßnahmen zur Einführung von Intrapreneurship in die Bundeswehr wurde davon ausgegangen, dass die effektivste Methode zur Generierung geeigneter Ideen die Ansprache eines möglichst großen Personenkreises sei. Klar war bereits von Anfang an, dass insbesondere die zeitliche Verfügbarkeit der Intrapreneure – wie auch im privatwirtschaftlichen Bereich – eine Herausforderung darstellen würde. Folglich wurde entschieden, das eindeutige Commitment einer oder eines Verantwortlichen im Generals- bzw. Admiralsrang oder einer vergleichbaren zivilen Besoldungsstufe als Grundvoraussetzung für die Durchführung einer Innovation Challenge festzulegen. Mit dem Kommandeur der Einsatzflottille 1, der bereits enge Kontakte zum Cyber Innovation Hub der Bundeswehr unterhielt, war diese Voraussetzung erfüllt. Aus diesem Grunde wurde die Einsatzflottille 1 als erste Dienststelle für eine Innovation Challenge ausgewählt.

Die erste Maßnahme war die Festlegung eines Projektteams in der Einsatzflottille 1 zur Unterstützung der Vorbereitung, Durchführung und Nachbereitung. Mit diesem Team wurde vom 23. bis zum 24. Juni 2019 in Kiel ein Meeting zum Kick Off, zur Aufgabenverteilung und zur Besprechungsroutine durchgeführt.

Es herrschte Konsens darüber, dass alle Angehörigen der Einsatzflottille 1 durch den Kommandeur aufgerufen werden sollten, sich an der Innovation Challenge zu beteiligen. Als Kommunikationsmittel wurden durch das Team erstellte und auf verschiedenen

[5] In diesem Sammelband wird die Innovation Challenge Einsatzflottille 1 aus verschiedenen Blickwinkeln betrachtet. An dieser Stelle erfolgen Darstellung, Bewertung und Folgerungen aus Sicht einer im Cyber Innovation Hub der Bundeswehr für Intrapreneurship verantwortlichen Person. Die Perspektive der Einsatzflottille 1 ist naturgemäß eine andere. Mithin liegen möglicherweise abweichende Wahrnehmungen und Bewertungen in der Natur der Sache. Der Zielsetzung dieses Sammelbandes entsprechend, die Diskussion über und Weiterentwicklung von Intrapreneurship zu befördern, wurde auf eine Abstimmung der Beiträge bewusst verzichtet, um eine möglichst breite Sicht auf die Innovation Challenge Einsatzflottille 1 zu gewährleisten.

Kanälen veröffentlichte Videobotschaften des Kommandeurs, eine spezielle für die Innovation Challenge eingerichtete Internetseite, Briefe des Kommandeurs an die Führungskräfte seiner Einsatzflottille, Bauzäune in den drei Standorten Kiel, Warnemünde und Eckernförde sowie Plakate an gut frequentierten Gebäudeeingängen vorgesehen.

Für Diskussionen sorgte die Aufteilung der Innovation Challenge in einzelne Phasen. Eine Alternative war der Aufruf, sich mit einem Problem und gleichzeitig einer Lösungsidee zu bewerben. Die ‚Gegenseite' vertrat die Auffassung, dass es besser sei, Problemsuche und Suche nach der Problemlösung voneinander zu trennen. Als Begründung dafür wurde angeführt, dass es bei Verfolgung der ersten Alternative schwierig werden könne, die ‚Problemeinreicherinnen und Problemeinreicher' für die Mitarbeit an einer Problemlösung zu motivieren, die nicht die durch sie selbst vorgeschlagene war.

So wurde schließlich entschieden, in einer ersten Phase nach Problemen zu suchen und durch eine Jury die vielversprechendsten auszuwählen. In der sich anschließenden Phase sollte dann – wieder mit einer Videobotschaft des Kommandeurs – dazu aufgerufen werden, sich für ein Design Team zu bewerben, das dann durch den Cyber Innovation Hub der Bundeswehr zur Problemlösung befähigt und bei der Umsetzung unterstützt wird.

6.2 Durchführung

Die Durchführung der Innovation Challenge Einsatzflottille 1 wurde planerisch auf die drei Phasen Problemwettbewerb, Lösungsdesign und Realisierung ausgelegt.

Im Zeitraum zwischen Problemwettbewerb und Lösungsdesign erfolgte die Auswahl der zur Lösung auszuschreibenden Probleme. Die Phase ‚Lösungsdesign' bestand aus den Teilphasen ‚Teamwettbewerb' und ‚Workshop'. Am Ende des Workshops erfolgte eine Ergebnispräsentation vor dem Kommandeur und den Führungskräften der Einsatzflottille 1 (Abb. 8 und 9).

Problemwettbewerb

Der Problemwettbewerb startete am 2. September 2019 mit dem Aufbau bzw. Aushang der grafischen Werbemittel sowie der Veröffentlichung des ersten Videos, in dem der Kommandeur alle Angehörigen der Einsatzflottille aufforderte, sich an der Innovation Challenge zu beteiligen. Zusätzlich waren ‚Regieanweisungen zum Mitmachen' über die für die Challenge eingerichtete Internetseite abrufbar. Flankiert wurden diese Maßnahmen durch schriftliche und mündliche Hinweise des Kommandeurs an seine Führungsmannschaft.

Um mit den Angehörigen der Einsatzflottille auch persönlich ins Gespräch zu kommen, wurde an jedem der drei Standorte Kiel, Warnemünde und Eckernförde, eine sogenannte ‚Roadshow' durchgeführt. Hierzu wurden alle Interessierten am Standort auf ein Frühstück eingeladen. Während des Frühstücks wurden in lockerer Atmosphäre der Cyber Innovation Hub der Bundeswehr sowie die Innovation Challenge vorgestellt. Im Nachgang bestand die Möglichkeit, Einzelgespräche zu führen und dabei Fragen zu stellen oder

Abb. 8 Phasen Innovation Challenge Einsatzflottille 1

Abb. 9 Werbedesign Innovation Challenge Einsatzflottille 1

Hinweise zu geben. Diese Möglichkeit wurde an den einzelnen Standorten unterschiedlich stark in Anspruch genommen.

Die Frist zur Einreichung von Problemen endete am 11. Oktober 2019. Bis dahin wurden insgesamt 16 Probleme in unterschiedlich detaillierter Darstellung eingereicht. Die Form der Problemeinreichung war grundsätzlich freigestellt. Es erfolgten ausschließlich Einreichungen per E-Mail an den Organisationsbriefkasten des Projektteams.

Problemauswahl

Die eingereichten Probleme wurden durch das Projektteam gesichtet, vorbewertet und bei Bedarf erfolgten Rückfragen bei den Problemeinreichenden. Am 17. Oktober 2019 trat in Kiel eine Jury zur Problemauswahl zusammen. Diese bestand aus dem Kommandeur der Einsatzflottille 1, einem Mitglied der dortigen Personalvertretung sowie Angehörigen des Cyber Innovation Hubs der Bundeswehr. Durch zwei Mitglieder des Projektteams wurden die aufbereiteten Probleme vorgestellt und anschließend durch die Jury nach festgelegten Kriterien bewertet.

Im Ergebnis setzte sich nicht ein einzelnes Problem, sondern ein übergeordneter Kontext durch, der als Ursache für mehrere Probleme identifiziert wurde: Die bürokratischen Prozesse in der Einsatzflottille 1.

Insoweit wurde als die zu lösende Herausforderung die ‚Rückführung der bürokratischen Prozesse in der Einsatzflottille 1 auf das unabdingbar notwendige Minimum' festgelegt. So erklärt sich auch die Bezeichnung des schließlich ausgewählten Problemfeldes: Adminimum!

Lösungsdesign – Teamwettbewerb

Am 18. Oktober 2019 startete die Lösungsdesign-Phase mit dem Teamwettbewerb. Gesucht wurden innovative Köpfe aus der Einsatzflottille 1, die bereit waren, Adminimum! gemeinsam als Design Team und mit Unterstützung des Cyber Innovation Hubs der Bundeswehr anzugehen.

Hierzu wurde wiederum ein Video veröffentlicht, in dem der Kommandeur das zu lösende Problem beschrieb und zum Mitmachen aufforderte. Die Internet-Seite wurde entsprechend aktualisiert, auf den Bauzäunen und Plakaten wurde mit Aufklebern auf die nun laufende zweite Phase der Innovation Challenge Einsatzflottille 1 hingewiesen.

Zum Meldeschluss am 8. Dezember 2019 lagen insgesamt 18 Bewerbungen für das Design Team vor. Davon wurden durch das Projektteam zwölf Angehörige der Einsatzflottille 1 ausgewählt.

Lösungsdesign – Workshop und Präsentation

Vom 6. Januar 2020 bis zum 16. Januar 2020 fand in den Räumlichkeiten des Cyber Innovation Hubs der Bundeswehr in Berlin der Lösungsdesign-Workshop statt. Es nahmen neben dem Design Team das Projektteam, vier Angehörige des Stabes Einsatzflottille 1 als Subject Matter Experts sowie zeitweise der Kommandeur der Einsatzflottille 1 teil. Moderiert wurde der Workshop durch Reservistendienst Leistende des Cyber Innovation Hubs der Bundeswehr, ergänzende Beiträge wurden durch externe Experten aus dem Startup-Ökosystem und der Wissenschaft beigesteuert.

Vermittelt wurden zunächst Grundkenntnisse in agilen Methoden. Unter Anwendung der Methode ‚Lego Serious Play' wurden anschließend das Problem analysiert und Lösungsansätze erarbeitet. Den Abschluss des Workshops bildete ein Pitch-Training zur Vorbereitung auf die Ergebnispräsentation.

Am 17. Januar 2020 präsentierte das Design Team seine Problemanalyse und seinen Lösungsansatz in Kiel vor dem Kommandeur der Einsatzflottille 1 und seinem Führungspersonal.

Realisierung
Unmittelbar nach der Ergebnispräsentation startete die Realisierungsphase. Auf diese und die dort bislang erzielten Ergebnisse wird im folgenden Kapitel eingegangen.

6.3 Ergebnisse

Die ursprüngliche Idee der Innovation Challenge Einsatzflottille 1 war es, ein konkretes Problem auszuwählen, das dann durch das Design Team mit Unterstützung des Cyber Innovation Hubs der Bundeswehr einer Lösung nähergebracht wird. Wie weit diese Lösung hätte gehen können, steht in enger Abhängigkeit vom Charakter des ausgewählten Problems. So hätten Ergebnisse beispielsweise ein Click Dummy für eine zu programmierende Software-Lösung oder auch eine App sein können.

Grundsätzlich gilt dabei, dass das Abstraktionsniveau eines schnell erzielbaren Ergebnisses vom Abstraktionsgrad der ausgewählten Problemstellung abhängt. Vom Typ des ausgewählten Problems hängt zudem ab, inwieweit das Design Team dieses einer Lösung überhaupt näherbringen und auf welche Weise der Cyber Innovation Hub der Bundeswehr zur Problemlösung beitragen kann.

Mit Adminimum! wurde eine Problemstellung ausgewählt, die sich hochkomplex, sehr abstrakt und vielschichtig darstellt. Damit lag auf der Hand, dass das Design Team weder in dem zweiwöchigen Workshop noch danach innerhalb kurzer Zeit eine konkrete Lösung würde herbeiführen können. Mithin lag der Fokus im Workshop auf der sorgfältigen Analyse der Vielschichtigkeit und Komplexität, der Darstellung in einem Modell und der Ableitung allgemeiner Handlungsgrundsätze, wie dem Problem begegnet werden kann. Diese Ziele wurden durch das Design Team innerhalb des Workshops in mustergültiger Weise erreicht.

Klar und nicht überraschend war indes auch, dass dem Führungspersonal der Einsatzflottille 1 Modell und allgemeine Handlungsgrundsätze für die konkrete Anwendung im dienstlichen Alltag noch nicht konkret genug waren. Dies ist keinesfalls als Misserfolg der Arbeit des Design Teams zu werten, sondern lag im Charakter der ausgewählten Problemstellung begründet, die man dem Design Team zur Lösung vorgegeben hatte.

Die durch das Design Team erarbeiteten Ergebnisse sind vielmehr als klarer Erfolg zu bewerten, da diese unmodifiziert als Ausgangsbasis für eine Weiterverfolgung und Konkretisierung von Adminimum! durch das i3-Innovationsteam der Einsatzflottille 1 genutzt werden konnten. Mittlerweile wurde Adminimum! durch das i3-Team erfolgreich in verschiedenen Referaten des Bundesministeriums der Verteidigung sowie in der Koordinierungsgruppe ‚Innere Führung – heute' vorgestellt. Die Einführung der ‚Initiative zum nachhaltigen Bürokratieabbau Adminimum!' in der Einsatzflottille 1 wird aktuell vorbereitet, das Potenzial für eine bundeswehrweite Nutzung wird aktuell geprüft.

Insgesamt lässt sich konstatieren, dass die Innovation Challenge Einsatzflottille 1 zwar kein unmittelbar auf innovative Weise gelöstes Problem hervorgebracht hat, dass durch die Challenge aber ein ‚großer Stein ins Rollen gebracht wurde', der im Idealfall weit über die Einsatzflottille 1 hinaus in hohem Maße Nutzen für die Bundeswehr erbringen wird.

6.4 Lessons Learned

Die Innovation Challenge Einsatzflottille 1 war das erste Vorhaben dieser Art für den Cyber Innovation Hub der Bundeswehr. Die Orientierung an privatwirtschaftlich etablierten Intrapreneurship-Modellen war infolge der dargestellten Spezifika der Bundeswehr nur in eingeschränktem Maße möglich. In diesem Verständnis war die Innovation Challenge Einsatzflottille 1 das ‚Minimum Viable Product' des ‚Startups Intrapreneurship in der Bundeswehr'. Diesem Verständnis folgend konnte das Vorhaben nur ein Erfolg werden, weil in jedem Falle – durch positive wie negative Erkenntnisse – wertvolle Hinweise für die Weiterentwicklung oder gegebenenfalls Pivotierung des Produktes gesammelt werden konnten.

Insgesamt betrachtet wird die Innovation Challenge Einsatzflottille 1 durch den Cyber Innovation Hub der Bundeswehr – auch mit Blick auf den Outcome – als Erfolg bewertet. Es wurden zahlreiche Aspekte identifiziert, die bei der Planung weiterer Innovation Challenges bzw. sonstiger Vorhaben des Intrapreneurship-Teams beachtet, kritisch hinterfragt und auch geändert werden müssen. Diese sollen im Folgenden – sich anlehnend an die verschiedenen Phasen der Innovation Challenge – dargestellt werden.

Allgemein/Konzeption und Vorbereitung

- Die Einbindung einer Top-Stakeholderin bzw. eines Top-Stakeholders im Generals- bzw. Admiralsrang von Anfang an ist eine Grundvoraussetzung für den Erfolg einer Innovation Challenge.
- Diese Top-Stakeholderin bzw. dieser Top-Stakeholder muss auch bereit sein, sich als Machtpromotorin bzw. Machtpromotor für das Vorhaben zu engagieren.
- Das Team Intrapreneurship im Cyber Innovation Hub der Bundeswehr sowie das Projektteam ‚in der Truppe' benötigen unmittelbare Nähe zur Top-Stakeholderin bzw. zum Top-Stakeholder.
- Die Leiterin bzw. der Leiter des Projektteams benötigt einen durchsetzungsfähigen Dienstgrad und hohe Akzeptanz im jeweiligen Truppenteil.
- Professionell geplante zielgruppenorientierte Kommunikation mit Kommunikationserfolgsmessung ist in allen Phasen der Schlüssel zum Erfolg.

- Als agile Projektmanagement-Methode für die Planung und Durchführung einer Innovation Challenge eignet sich Scrum in hohem Maße. Alle Teammitglieder müssen bei Projektbeginn in Scrum ausgebildet sein.
- Unabhängig von der gewählten Projektmanagement-Methode muss in jeden Fall eine klare Arbeitsteilung zwischen dem Team Intrapreneurship im Cyber Innovation Hub der Bundeswehr und dem Projektteam abgestimmt werden. Diese orientiert sich an den jeweils verfügbaren Ressourcen.
- Die für das Projekt bereitgestellten Ressourcen müssen über den gesamten Planungs-, Durchführungs- und Nachbereitungszeitraum verfügbar sein.
- Bei der Zeitplanung muss ausreichend Puffer für Verzögerungen bei der Beschaffung von Material und Dienstleistungen vorgesehen werden.

Problemwettbewerb

- Die künstliche Trennung zwischen Problemsuche und Suche nach der Lösung durch ein Design Team hat sich nicht bewährt. Diese Trennung ist künstlich, widerspricht der militärischen Sozialisierung ‚darstellen – bewerten – folgern' und führt eher zu weniger als zu mehr Problemeinreichungen. Deshalb sollte zukünftig nach Problemen und Lösungsansätzen zugleich gesucht werden, auch auf die Gefahr hin, dass der vorgeschlagene Lösungsansatz später verworfen wird.
- Ein aktives Erwartungsmanagement bei der Zielgruppe ist das wichtigste Instrument, um Enttäuschungen hinsichtlich des Ergebnisses vorzubeugen. Hierzu gehören vor allem eine Abgrenzung vom Intrapreneurship zum KVP der Bundeswehr sowie eine unmissverständliche Darstellung der aktuellen Möglichkeiten des Cyber Innovation Hubs der Bundeswehr, innovative Lösungen in die Hand der Nutzerin bzw. des Nutzers zu bringen (vgl. hierzu auch Abschn. 3.2).
- Nicht alle Angehörigen der angesprochenen Zielgruppe eignen sich zur Intrapreneurin oder zum Intrapreneur. Deshalb sollte es zukünftig bereits bei der Einreichung der innovativen Idee (Problem und Lösungsansatz) gewisse Hürden geben, die eine Vorfilterfunktion ausüben. Eine solche Hürde könnte beispielsweise die Auflage sein, die innovative Idee im Rahmen eines selbst gedrehten Handy-Videos zu präsentieren. Dieses Maß an Kreativität und Talent muss eine Person mitbringen, wenn sie als Intrapreneurin oder Intrapreneur gefördert werden will.
- Für die Information der Zielgruppe muss ein Medienmix genutzt werden. Den wichtigsten Kanal stellt hierbei das Internet bzw. Intranet dar.
- Während der Einreichungsphase müssen Möglichkeiten eines persönlichen Kontaktes zwischen Zielgruppe und Intrapreneurship Team des Cyber Innovation Hubs der Bundeswehr geschaffen werden.
- Eine kurze Einreichungsphase mit hoher kommunikativer Intensität ist einer langen Phase mit geringer Intensität vorzuziehen. Hierbei sind die Spezifika der Zielgruppe vorab zu analysieren und zu berücksichtigen.

Problemauswahl

- Vor Auswahl der Probleme und Lösungsansätze sind diese sorgfältig auf Begründetheit und Realisierbarkeit zu überprüfen. Hierbei ist insbesondere nach nicht durch die handelnden Akteurinnen bzw. Akteure beeinflussbaren Parametern zu suchen, beispielsweise im Bereich des Datenschutzes. Zudem ist zu überprüfen, ob es an anderer Stelle bereits Lösungsansätze für die Probleme gibt.
- Die Auswahl der Probleme und Lösungsansätze muss mehrstufig erfolgen. Für die Einreicherin bzw. den Einreicher sollte bereits in einer frühen Phase ein Benefit entstehen. Es erscheint hier sinnvoll, sich auf eine handhabbare Anzahl von Ideen zu fokussieren und eine möglichst große Anzahl von Ideengebenden mit einer Grundeinweisung in Intrapreneurship und agile Methoden sowie einem Pitch-Training zu versehen.
- Der Pitch der Idee vor der Jury muss durch die Ideengebenden erfolgen und nicht durch das Projekt- oder Intrapreneurship-Team.
- Die Jury muss sich aus Persönlichkeiten zusammensetzen, die nicht nur eine sachgerechte Auswahlentscheidung treffen können, sondern die auch aus Sicht der Zielgruppe ein hohes Ansehen genießen.
- Jede Ideengeberin und jeder Ideengeber muss zeitnah ein qualifiziertes und persönliches Feedback erhalten, auch wenn ihre bzw. seine Idee nicht weiterverfolgt wird.
- Nicht ausgewählte Ideen sind kein Abfall. Diese können möglicherweise in andere Kanäle eingespeist oder in einen Arbeitsspeicher verschoben werden.

Lösungsdesign – Teamwettbewerb

Es sollte zukünftig keine Trennung zwischen Problemsuche und der Suche nach ‚Problemlösern' mehr geben. Die Ideengeberin bzw. der Ideengeber ist die Intrapreneurin bzw. der Intrapreneur, die oder der im Anschluss – befähigt und unterstützt durch den Cyber Innovation Hub der Bundeswehr – die Problemlösung in Angriff nimmt. Diese oder dieser können bei Bedarf auch durch bundeswehrinternes Personal unterstützt werden.

Lösungsdesign – Workshop und Präsentation

- Ein zweiwöchiger Workshop erscheint zeitlich angemessen, um die Intrapreneure an ihre Rolle heranzuführen, das nötige Mindset zu vertiefen und ihnen ein Toolset an agilen Methoden zu vermitteln. Je nach Charakter der ausgewählten Probleme kann auch das Lösungsdesign bereits in diesem Workshop-Format vorangetrieben werden. Es darf jedoch nicht der Eindruck erweckt werden, dass das Ende dieses Workshops in jedem Falle mit der Lösung des Problems zusammenfällt.

- Die Präsentation vor dem Schlüsselpersonal um die Top-Stakeholderin bzw. den Top-Stakeholder muss nicht zwingend zum Ende des Workshops erfolgen. Ist der bis dahin erreichte Sachstand noch nicht ‚satisfaktionsfähig' für die Zielgruppe, sollte die Präsentation erst zu einem späteren Zeitpunkt erfolgen.
- Die Verfügbarkeit der Intrapreneure nicht nur für den Workshop, sondern auch für den sich danach anschließenden Zeitraum muss ebenfalls ein Auswahlkriterium sein.

Realisierung

- Was als Erfolg der Innovation Challenge gelten kann, darf eingangs nicht zu eng definiert werden. Ein durch die Intrapreneure hergestelltes Minimum Viable Product kann ebenso als Erfolg angesehen werden wie ein eher konzeptionelles, noch abstraktes Ergebnis, das im Anschluss an anderer Stelle weiterentwickelt wird.
- Mit Blick auf die drei übergeordneten Ziele von Intrapreneurship in der Bundeswehr (vgl. Abschn. 5.2) können überdies bereits die Befähigung von Angehörigen der Bundeswehr in agilen Methoden und die Förderung eines agilen Mindsets als Erfolge gewertet werden.
- Sollte sich der Schwerpunkt der Problemlösung im Laufe der Zeit von den Intrapreneuren weg hin zur Kernorganisation verlagern, so sind diese laufend über den Fortschritt ihrer Lösungsidee zu informieren.

7 Folgerungen für die Einführung von Intrapreneurship in der öffentlichen Verwaltung

Intrapreneurship ist nicht nur für die Bundeswehr, sondern für die gesamte öffentliche Verwaltung in Deutschland ein neuartiges Konzept. Dieses Konzept definiert die Rolle der Ideengeberin bzw. des Ideengebers völlig anders als die bislang in der öffentlichen Verwaltung eingeführten Programme des Ideenmanagements (vgl. Abschn. 2).

Daraus folgt, dass Intrapreneurship deutlich tiefer in die organisationalen Prozesse eingreift. Wird dieser Eingriff nicht zugelassen, so bleibt Intrapreneurship ein ‚Papiertiger' und kann der Organisation weder Innovationen noch einen Wandel hin zu einer Innovationskultur bescheren. Die gewünschten positiven Effekte kehren sich möglicherweise sogar in einen negativen um: Wird Intrapreneurship als neues innovatives Konzept etabliert und beworben, ohne dass die Intrapreneure, die es ohne Zweifel in jedem Bereich der öffentlichen Verwaltung gibt, die Möglichkeit erhalten, sich tatsächlich als ‚Unternehmerin bzw. Unternehmer im Unternehmen' zu betätigen, befördert man weder Innovationen noch Kulturwandel, sondern erzeugt nur negative Multiplikatoren. Das bedeutet zunächst einmal:

► Intrapreneurship muss als Konzept verstanden und wirklich gewollt sein.

Wenn diese Voraussetzungen gegeben sind, muss vor der Einführung eine sorgfältige Analyse der relevanten organisationalen Spezifika erfolgen. Die Spezifika, die einem Erfolg von Intrapreneurship entgegenstehen, müssen in veränderbare und nicht veränderbare aufgeteilt werden. An den nicht veränderbaren muss sich das spezifische Intrapreneurship-Konzept ausrichten, die veränderbaren müssen entweder vor Beginn der Einführung oder im Rahmen des ‚Change the Business' verändert werden, während dem Intrapreneurship bereits im ‚Run the Business' der ‚Proof of Concept' gelingen muss.

► Im Vorfeld muss eine Analyse der relevanten organisationalen Spezifika erfolgen.

Die Einführung von Intrapreneurship ist nicht weniger als ein komplexes Change-Management-Projekt. Professionelle Kommunikation ist auch hier der Schlüssel zum Erfolg. Dazu gehört, dass der Erfolg kommunikativer Aktivitäten bewertet und bei Bedarf nachgesteuert wird. Noch wichtiger ist indes ein professionelles, auf einer sorgfältigen Analyse basierendes Stakeholder-Management. Teil des Stakeholder-Managements ist ein zielgerichtetes Promotoren-Management. Jede Organisation, die Intrapreneurship erfolgreich einführen will, benötigt eine ‚Ms. Intrapreneurship' oder einen ‚Mr. Intrapreneurship' an der Hierarchiespitze, die oder der sich aktiv und öffentlichkeitswirksam für das Konzept einbringt.

► Die Einführung von Intrapreneurship ist ein Change-Management-Projekt und muss mit professionellen Maßnahmen des Veränderungsmanagements unterstützt werden.

Stehen mehrere nicht vor der Einführung veränderbare Organisationsspezifika dem Erfolg von Intrapreneurship entgegen, so besteht die Gefahr eines Teufelskreises:

Die für Intrapreneurship Verantwortlichen postulieren die Veränderung dieser Spezifika, weil sie ansonsten den ‚Proof of Concept' nicht erbringen können. Die für die Veränderung der Organisationsspezifika Verantwortlichen fordern den ‚Proof of Concept' als Beweis dafür, dass eine Veränderung notwendig und sinnvoll ist. Erfahrungsgemäß sitzen – insbesondere in der öffentlichen Verwaltung – die ‚Bewahrer des Systems' am längeren Hebel. Für den Erfolg von Intrapreneurship bedeutet das, dass bereits in der Einführungsphase – auch und gerade unter widrigen Rahmenbedingungen – ‚Quick Wins' ganz besonders wichtig sind.

► Intrapreneurship braucht ‚Quick Wins', um widrige organisationale Rahmenbedingungen verbessern zu können.

Spiegelt man nun den aktuellen Stand der Einführung von Intrapreneurship in die Bundeswehr an den vorgenannten Folgerungen, so muss konstatiert werden, dass auch hier noch ein gutes Stück des Weges zurückzulegen ist.

Festzustellen ist aber auch, dass dort nicht nur ein großer Bedarf an ‚Innovationen für die Truppe – durch die Truppe' vorhanden ist; vielmehr ist bereits jetzt der Beweis erbracht, dass es in der Bundeswehr eine bemerkenswert große Anzahl von Menschen gibt, die über herausragende Fähigkeiten verfügen, die sie im dienstlichen Alltag nicht zur Anwendung bringen können. Zur aktiven und systematischen Nutzung dieses Potenzials und zur Beförderung einer Innovationskultur in der Bundeswehr gibt es kein besseres Konzept als Intrapreneurship.

Literatur

Abel, S. (2015). *Kommunikations-Controlling zur zielgerichteten Steuerung der internen Kommunikation in der Bundeswehr.* Dissertation, Universität Hohenheim.

Brede, H. (2005). *Grundzüge der öffentlichen Betriebswirtschaftslehre.* Oldenbourg.

Bundesrechnungshof. (2006). Bericht nach § 99 Bundeshaushaltsordnung über die Modernisierung des staatlichen Haushalts- und Rechnungswesens. Bundesrechnungshof.

Bundesministerium der Verteidigung. (2016). *Zentrale Dienstvorschrift A-2330/1. Das Kontinuierliche Verbesserungsprogramm in der Bundeswehr.* https://www.bundeswehr.de/resource/blob/257066/f7648069e7df7203c8fedfc7598c386a/zentrale-dienstvorschrift-a-2330-1-data.pdf. Zugegriffen am 28.09.2020.

Bundesministerium der Verteidigung. (2018). *Zentrale Dienstvorschrift A-1500/3. Customer Product Management.* https://www.bundeswehr.de/resource/blob/133334/df52f03fd8cd083d4fafec97d02df129/cpm-data.pdf. Zugegriffen am 28.09.2020.

Cyber Innovation Hub der Bundeswehr. (2020). https://www.cyberinnovationhub.de/de/. Zugegriffen am 28.09.2020.

Desouza, K. C. (2018). *Intrapreneurship: Managing ideas within your organization.* Rotman-Utp Publishing.

Horváth, P. (2003). *Controlling* (9. Aufl.). Vahlen.

Hutter, G., Kwas, M., & Stojanovic, D. (2020). *Das Intrapreneurship Manifest.* Institut für Intrapreneurship.

Kantner, C., & Richter, G. (2004). *Die Ökonomisierung der Bundeswehr im Meinungsbild der Soldaten: Ergebnisse der Streitkräftebefragung 2003.* Sozialwissenschaftliches Institut der Bundeswehr.

König, A. (2008). *Das Ende der Kameralistik für die kommunale Kernverwaltung? Zur Praxistauglichkeit des neuen kommunalen Rechnungswesens. Perspektiven für einen Systemwechsel. Drei Vorträge.* Books on Demand.

Richter, G. (2007). *Die ökonomische Modernisierung der Bundeswehr. Sachstand, Konzeptionen und Perspektiven.* Verlag für Sozialwissenschaften.

Struck, P. (2017). *Innovationskraft als Schlüsselkompetenz unserer Zeit.* https://www.humanresourcesmanager.de/news/innovationskraft-als-schluesselkompetenz-unserer-zeit.html. Zugegriffen am 28.09.2020.

Strukturkommission der Bundeswehr. (2010). *Bericht der Strukturkommission der Bundeswehr Oktober 2010. Vom Einsatz her denken. Konzentration, Flexibilität, Effizienz.* Köllen.

Wöhe, G. (1996). *Einführung in die Allgemeine Betriebswirtschaftslehre* (19. Aufl.). Vahlen.

Institutionelle Ambidextrie in der Bundeswehr: Die Navigation zwischen formaler Hierarchie und agiler Start-up Logik am Beispiel der Einsatzflottille 1

Florian Andresen und Benjamin Schulte

The greatest danger in times of turbulence is not the turbulence; it is to act with yesterday's logic (Peter Drucker).

1 Einleitung

Um nicht nur *„Dinge richtig"* zu machen, sondern auch die *„richtigen Dinge"* anzupacken, ist es notwendig, konfligierende Aktivitäten zu verfolgen. Zunächst müssen Organisationen in der Lage sein, stabile Prozessarchitekturen aufzubauen, um nicht in Beliebigkeit, Ineffizienz und letztlich Chaos zu versinken. Andererseits müssen diese Organisationen auch in der Lage sein, sich an immer schneller verändernde Umweltbedingungen anzupassen, um nicht überholt zu werden. Die Navigation des Spannungsfeldes zwischen diesen widersprüchlichen Erfordernissen wird im Feld der Ambidextrieforschung untersucht (Gibson & Birkinshaw, 2004; Tushman & O'Reilly, 1996). Welche konkreten Praktiken bei der Navigation eine Rolle spielen, bzw. sich in spezifischen (organisationalen) Räumen und Kontexten entfalten oder beeinflusst werden, ist derzeit noch nicht ausreichend erforscht.

Zwar werden innerhalb der Ambidextrieforschung unterschiedliche Mechanismen, von spatialer oder temporaler bis hin zu kontextueller Trennung, zum Umgang mit der

Die Autoren haben zu gleichen Teilen zum Artikel beigetragen.

F. Andresen · B. Schulte (✉)
Helmut-Schmidt-Universität, Hamburg, Deutschland
E-Mail: andresen@hsu-hh.de; schulte@hsu-hh.de

R. Kraus et al. (Hrsg.), *Intrapreneurship*,
https://doi.org/10.1007/978-3-662-64102-6_16

Spannung zwischen Exploration und Exploitation aufgeführt (Raisch & Birkinshaw, 2008; Simsek, 2009), doch sind diese entweder hochgradig aggregiert oder traditionell stark auf das Top-Management konzentriert (Zimmermann et al., 2017). Neuere Forschung weist jedoch darauf hin, dass die Notwendigkeit besteht, sich weniger auf abstrakte, strukturelle oder temporale Arrangements als potenzielle Erklärungsversuche von Ambidextrie zu konzentrieren und vielmehr auf die Räume zu fokussieren, in denen diese Spannungen auftreten (Uhl-Bien & Arena, 2018). In diesem Sinne sind dann auch weniger bestimmte Top-Manager, sondern vielmehr aus praxeologischer Sichtweise das komplexe soziokulturelle Geflecht unterschiedlicher Praktiken zur Navigation von Exploration und Exploitation von Belang (Knight & Cuganesan, 2020; Papachroni & Heracleous, 2020). Um diese Praktiken der Navigation besser vor ihrem jeweiligen sozio-kulturellen Kontext (d. h. ihrer institutioneller Logik) zu verstehen, kann das Konzept der institutionellen Ambidextrie (Greenwood et al., 2011; Jarzabkowski et al., 2013) mit einem Fokus auf die zu Grunde liegenden Praktiken (Jarzabkowski et al., 2009; Smets et al., 2017) aufgegriffen werden.

Dieser Argumentation folgend, untersucht der vorliegende Beitrag, wie die verschiedenen, widerstreitenden institutionellen Logiken von Exploration und Exploitation von Akteuren aus unterschiedlichen institutionellen Kontexten verhandelt werden. Hierbei wird das 2019 gegründete i3-Projekt der Einsatzflottille 1 (EinsFltl 1) als Fallbeispiel genutzt. Das i3 Projekt („Information, Interaktion und Innovation") wurde vom Kommandeur der EinsFltl 1 als Versuch zur Stärkung von Intrapreneurship und Innovationsfähigkeit in der ansonsten starr in die Prozesslandschaft Bundeswehr eingebundenen und hierarchisch sozialisierten EinsFltl 1 vorgesehen und kann damit als ein Raum interpretiert werden, in dem die institutionellen Logiken der Bundeswehr (eher Exploitation) und des Start-up-Ökosystems (eher Exploration) aufeinandertreffen. Durch eine ethnografische Beobachtung und Begleitung des i3 Teams entlang unterschiedlicher Aktivitäten und Initiativen zeigt der vorliegende Beitrag, an welchen Orten die institutionellen Logiken der Exploration (Intrapreneurship und Lean Start-Up) und der Exploitation (formal-hierarchischen Militärs) aufeinanderprallen und wie Praktiker mit dieser Spannung auf unterschiedliche Art und Weise umgehen.

2 Institutionelle Logiken und Ambidextrie

Ambidextrie ist die organisationale Fähigkeit, die konfligierenden Lernmechanismen der Exploration und Exploitation zu balancieren (Gibson & Birkinshaw, 2004; March, 1991). Exploration umfasst dabei experimentelles Lernen, die Entwicklung neuer Technologien oder die Suche nach völlig neuen Geschäftsfeldern. Im Gegenzug beschreibt Exploitation die kontinuierliche Verbesserung und Weiterentwicklung bestehender Kompetenzen und Technologien und somit die Nutzung existierenden Wissens (March, 1991). Insofern beschreibt Ambidextrie den Umgang mit dem Spannungsfeld zwischen (radikaler) Innovation einerseits und effizienter Aufgabenerfüllung andererseits. Organisationen, die fähig sind diese Balance zu erhalten bzw. zu managen, können insbesondere in einer zunehmend komplexen und dynamischen Geschäftswelt langfristige Wettbewerbsvorteile erzielen (He & Wong, 2004; O'Reilly & Tushman, 2013).

Da Exploration und Exploitation fundamental verschiedene Zielfunktionen aufweisen und auf unterschiedlichen organisationalen Praktiken, Strukturen und Kulturen beruhen (Benner & Tushman, 2003; March, 1991), bewegt sich die Ambidextrie immer in einem paradoxen Spannungsverhältnis (Andriopoulos & Lewis, 2009). Um dieses paradoxe Spannungsverhältnis zu lösen, wurden bisher verschiedene Ansätze wie die strukturelle, sequenzielle, und kontextuelle Ambidextrie diskutiert (Gibson & Birkinshaw, 2004; Tushman & O'Reilly, 1996).

Neuere Forschung führt zudem das Framework des „*adaptive Space*" in diese Diskussion ein (Uhl-Bien & Arena, 2017, 2018). Dieser Konzeption nach bedarf es eines adaptiven Raumes, welcher die Sphäre der formal-hierarchischen Organisation, die typischerweise auf Exploitation ausgerichtet ist, mit der Sphäre der informellen Selbstorganisation (z. B. Communities of Practice, informelle Netzwerke), die bottom-up Exploration generiert, verbindet (Andresen, 2021; Schulte et al., 2020; Schulte, 2021; Uhl-Bien & Arena, 2018).

Grundsätzlich betrachtet die Forschung Ambidextrie als ein hochaggregiertes Konstrukt auf Organisationsebene. Im Zuge des „*micro-foundations movements*" (Felin et al., 2015) interessieren sich Forscher jedoch zunehmend auch für die Untersuchung der Mikro-aktivitäten und Eigenschaften von einzelnen Top-Managern als Antezedenzien zur Erreichung organisationaler Ambidextrie (Eisenhardt et al., 2010; Laureiro-Martínez et al., 2015). Dabei betrachten allerdings nur wenige Artikel wie Organisationsmitglieder auf unteren Hierarchieebenen Ambidextrie tatsächlich umsetzen und mit dem inhärenten Spannungsverhältnis in ihrer alltäglichen Arbeit umgehen (Zimmermann et al., 2015; Zimmermann et al., 2017). Darüber hinaus betonen zwar Ansätze, wie die kontextuelle Ambidextrie, kulturelle Aspekte (Gibson & Birkinshaw, 2004), dennoch wird in der bisherigen Forschung wenig auf die Einbettung von explorativen und exploitativen Tätigkeiten in verschiedene sozio-kulturelle Systeme abgestellt. Dies erscheint jedoch gerade im Zusammenhang mit dem Konzept des „*adaptive Space*" relevant zu sein, da hier ein Raum über zwei fundamental unterschiedliche kulturelle Sphären (formale Hierarchie vs. informelle Selbstorganisation) aufgespannt werden soll. Es ergibt sich folglich die Fragestellung, wie Organisationsmitglieder im Rahmen ihrer alltäglichen Handlungen diese unterschiedlichen Kulturen in einem „*adaptive Space*" verhandeln und integrieren?

Eine vielversprechende theoretische Linse zur Beleuchtung dieser sozio-kulturellen Dynamiken in „*adaptive Spaces*", bietet das Konzept der institutionellen Ambidextrie aus der „*institutional logics perspective*" (Greenwood et al., 2011; Jarzabkowski et al., 2013). Diese rückt die Rolle von kulturellen Institutionen, in welche Organisationen als soziokulturelle Systeme eingebettet sind, in den Vordergrund und untersucht deren Einfluss auf organisationale und individuelle Handlung (Thornton & Ocasio, 1999; Thornton et al., 2012). Institutionelle Logiken beschreiben sozial konstruierte Sets an grundlegenden Annahmen, Werten, und Überzeugungen, die die Wahrnehmung und das Verhalten von

Organisationen und Menschen beeinflussen (Thornton et al., 2012). Sie können somit als die übergeordneten *„rules of the game"* verstanden werden, die vorschreiben, wie organisationale Realität wahrgenommen und interpretiert wird, welches Verhalten in sozialen Situationen angemessen ist und welche Ziele mit welchen Mitteln verfolgt werden sollen (Friedland & Alford, 1991; Thornton & Ocasio, 2008).

Die Realität in vielen Organisationen ist jedoch nicht nur durch eine dominante Logik geprägt, sondern oftmals durch das simultane Vorhandensein von mehreren Logiken, welche widersprüchliche und zueinander inkompatible Handlungsanweisungen und Interpretationsrahmen vorgeben (Friedland & Alford, 1991; Kraatz & Block, 2008). Solche Situationen institutioneller Komplexität (Greenwood et al., 2011), in denen mehrere konfligierende und sich gegenseitig ausschließende Logiken wahrgenommen werden, verursachen zwangsläufig Herausforderungen und Spannungen, da hier mehrere „games" gespielt werden, deren „*rules*" miteinander konfligieren (Smets et al., 2015; Thornton et al., 2012).

In diesem Zusammenhang haben Forscher damit begonnen das Konzept der Ambidextrie aus dem strategischen Management in die institutionelle Betrachtung zu übernehmen. Sie argumentieren, dass Exploration und Exploitation konfligierende (Lern)-Logiken darstellen und beschreiben institutionelle Ambidextrie als den konstruktiven Umgang mit institutioneller Komplexität (Greenwood et al., 2011; Jarzabkowski et al., 2013). Im Speziellen schlagen Autoren in diesem Feld zwei Mechanismen zum Umgang mit den konfligierenden Logiken von Exploration und Exploitation vor. Einerseits *„structural hybrids"* im Sinne von organisationalen Arrangements in denen die Logiken voneinander strukturell getrennt werden und *„blended hybrids"* in denen die Logiken integriert und miteinander vermischt werden (Jarzabkowski et al., 2009; Jarzabkowski et al., 2013).

Wenngleich diese theoretische Linse vielversprechend ist, kämpft auch die institutionelle Perspektive auf Ambidextrie mit Herausforderungen. So beantworten die Befürworter struktureller Hybride nicht, ob, wo und wie es zu einer Integration unterschiedlicher Logiken kommt, während die Vertreter gemischter Hybride dem Problem der Integration ausweichen bzw. nicht überzeugend darlegen, wie diese Hybride sich auf der Ebene unterhalb hochaggregierter organisationaler Fähigkeiten manifestieren (Jarzabkowski et al., 2013).

3 Fallstudie i3 in der Einsatzflottille 1

Der aufgeworfenen Fragestellung soll im Rahmen einer ethnografischen Fallstudie über das i3-Projekt der EinsFltl 1 der Deutschen Marine nachgegangen werden.

Das i3 ist ein junges und außergewöhnliches Projekt in der Bundeswehr, welches zum Ziel hat *„Interaktion in Form der Vernetzung [zu fördern], um Wissen und Informationen zu teilen und Innovation zu ermöglichen"*. Es wurde im Jahr 2019 vom Kommandeur der

EinsFltl 1, Admiral Christian Bock und seinem damaligen Chef des Stabes[1] Kapitän zur See Johannes Schmidt-Thomée ins Leben gerufen, um die Kommunikation und Vernetzung im Bereich der Einsatzflotille zu fördern und bestehende Probleme eigeninitiativ zu lösen. Dabei setzt i3 einerseits auf die etablierten Strukturen und Prozesse der Bundeswehr und andererseits bewusst auf Methoden und Denkweisen, die landläufig dem Start-up-Ökosystem zugeschrieben werden. So kommen u. a. agile Managementmethoden wie Ad-hoc-Meetings, Design Thinking Workshops, Lego Serious Play, Scrum und Fast-Prototyping regelmäßig zum Einsatz. Derart sind bislang unterschiedliche Ergebnisse, wie etwa ein Pilotprojekt zur IT-Unterstützung der Materialerhaltung, ein Konzept zum Bürokratieabbau mit dem Titel *„Adminimum"* und ein erster Entwurf einer IT Plattform mit multiplen Anwendungen unter dem Namen *„LYnx"* zur Förderung von Interaktion und Kommunikation, generiert worden. Das i3-Projekt ist dabei allerdings kein formales Stabselement, sondern setzt sich als Sonderorganisation aus aktiven Soldatinnen und Soldaten sowie mehreren Reservedienstleistenden zusammen. Insbesondere Reservedienstleistende aus dem Start-up-Ökosystem helfen dabei, agile Methoden im i3 zu verankern.

Das i3-Projekt stellt einen Extremfall dar, welcher aus mehrerlei Gründen für die Erforschung institutioneller Ambidextrie aufschlussreich sein kann (Eisenhardt & Graebner, 2007). Erstens kann das i3-Projekt als *„adaptive Space"* verstanden werden, da es einen neuen und einzigartigen sozialen Kontext aufspannt, in dem die inkompatiblen Logiken von Exploitation (d. h. die Logik der formal-hierarchischen Organisation der Bundeswehr) und Exploration (d. h. die Logik des Start-Up Ökosystem und der radikalen Innovation) aufeinandertreffen.

Zweitens, werden die Inkompatibilitäten zwischen den Logiken im Rahmen des i3-Projektes in besonderer Weise sichtbar. Die Bundeswehr ist als militärische Organisation eine „totale Institution" (Goffman, 1957), welche darauf aus ist, mit formalen und informellen Regeln möglichst allumfassend das Verhalten ihrer Mitglieder in allen Bereichen zu beeinflussen. In einem solchen Kontext, welcher geprägt ist durch eine auf Exploitation ausgerichtete dominante Logik, scheint die Etablierung von selbstorganisierten Praktiken und einer Start-Up-Herangehensweise im Sinne einer Explorationslogik besonders umstritten zu sein.

Drittens, erlaubt der exklusive Zugang zum i3-Projekt den Autoren einen Bereich zu untersuchen, in dem Akteure an der organisationalen „frontline", d. h. auf unteren Hierarchieebenen und im operativen Bereich der Organisation, institutionelle Ambidextrie konstruieren, indem sie die konfligierenden Logiken miteinander verweben und die entstehende Spannung navigieren.

[1] Der Chef des Stabes ist in militärischen Einheiten, Verbänden oder Kommandos, die über einen (oftmals funktional gegliederten) Stab verfügen (ab Bataillon aufwärts) für die Koordination eben jenes Stabes verantwortlich und berät gleichzeitig den jeweiligen militärischen Führer.

Um die Fallstudie des i3-Projektes zu erheben ist ein ethnografischer Forschungsansatz besonders vielversprechend, weil er die fokussierte Beobachtung von einzelnen, mikroskopischen Aktivitäten und Interaktionen von Praktikern im Umgang mit institutioneller Komplexität in ihrem natürlichen Setting ermöglicht (Zilber, 2020). In Verbindung mit einer praxistheoretischen Linse auf institutionelle Logiken (Smets et al., 2017), erlaubt das ethnografische Vorgehen Vorort zu erforschen wie Praktiker im Rahmen ihrer täglichen Arbeit die Inkompatibilität und Spannung zwischen den Logiken interpretieren und miteinander verhandeln (Smets et al., 2015).

Insgesamt erstreckt sich die Fallstudie über den Zeitraum eines gesamten Jahres von September 2019 bis Oktober 2020 und ist zum Zeitpunkt der Erstellung dieses Beitrags noch nicht vollständig abgeschlossen. In dieser Zeitspanne konnten die Autoren im Zuge von (nicht)-teilnehmender Beobachtung tief in die Welt der Praktiker rund um das i3-Projekt eintauchen. In diesem Zusammenhang konnten vielfältige qualitative Daten auf unterschiedlichen Wegen erhoben werden. So wurde an insgesamt 60 der wöchentlichen Videokonferenzen des i3-Teams teilgenommen und eine Vielzahl an Workshops und Meetings des Teams besucht. Gleichzeitig wurden Gespräche mit einzelnen Mitgliedern im Büro oder auf sozialen Events wie gemeinsamen Grillabenden und Restaurantbesuchen geführt. Zudem wurde die Interaktion von i3 Mitgliedern mit anderen Akteuren innerhalb der formal-bürokratischen Strukturen der Bundeswehr beobachtet. Dabei nahmen die Autoren grundsätzlich die Rolle des „*participants-as-observer*" (Gold, 1958) ein, so dass sie mehr als wissenschaftliche Beobachter und Begleiter und nicht als primäre Teammitglieder im Feld wahrgenommen wurden. Entsprechend wurde eine aktive Einmischung in Diskussionen bspw. im Rahmen von Videokonferenzen so gering wie möglich gehalten. Dennoch sei erwähnt, dass die Autoren u. a. bei der Erstellung von Konzeptpapieren unterstützend tätig wurden und ebenso zu einem relativ späten Zeitpunkt der Ethnografie auch erste vorläufige Eindrücke der Fallstudie im Rahmen einer Präsentation den Informanten vorstellten. Grundsätzlich wurden während jeder Beobachtungssession Feldnotizen (Emerson et al., 2001) angefertigt und schließlich in Protokolle transformiert und synthetisiert.

Neben der Beobachtung konnten auch 20 teilstandardisierte Interviews mit einzelnen i3 Mitgliedern und weiteren um das i3-Projekt herum tätigen Informanten geführt werden. Diese Interviews dienten insbesondere dazu, einzelne, aus den Beobachtungen erwachsende Themen und Zusammenhänge zu vertiefen. Zudem konnte auf umfangreiches Archivdatenmaterial zugegriffen werden. Den Forschern wurde Zugang zu Email Postfächern und gemeinsamen Datenablagen gewährt, so dass zahlreiche PowerPoint Präsentationen, Emails und sonstige geschriebene Dokumente aufgenommen werden konnten.

Die nachstehend skizzierten Eindrücke sind das Ergebnis einer ersten, vorläufigen Sichtung dieses umfangreichen Datenmaterials. Dabei folgte die induktive Analyse grundsätzlich den gängigen Empfehlungen für den Umgang mit qualitativen Daten (Gioia et al., 2013). Demnach wurde in einem ersten Schritt das gesamte Datenmaterial chronologisch sortiert und durchgelesen. Während dieser Sichtung wurden besonders interessante Stellen markiert und erste Gedanken in Form von kurzen Memos als erster Schritt der Datenanalyse festgehalten. Insbesondere wurden einzelne Datenstellen als Instanzen der „Bundeswehr-Logik“ oder der „Start-Up-Logik“ gekennzeichnet.

4 Ergebnisse

Um zu verstehen, wie sich beim Aufeinanderprallen von unterschiedlichen institutionellen Logiken Konflikte entwickeln und verhandelt werden, ist es notwendig, die beteiligten Logiken zu kennen. Insofern wird zunächst eine Abgrenzung zwischen den beiden, in diesem Fallbeispiel beteiligten, institutionellen Logiken – der Bundeswehr und der Start-up-Welt – vorgenommen. Hierbei sei jedoch darauf verwiesen, dass eine solche Abgrenzung aufgrund der Komplexität und der Heterogenität der zu beschreibenden Logiken auf einem höheren Abstraktionsniveau verbleiben muss. Nachfolgend wird im zweiten Teil der Ergebnisse auf die Praktiken eingegangen, welche im Rahmen der Navigation dieser scheinbaren Inkommensurabilität beobachtet werden konnten. Abb. 1 veranschaulicht dabei bildlich das Aufeinandertreffen der konfligierenden Logiken im i3.

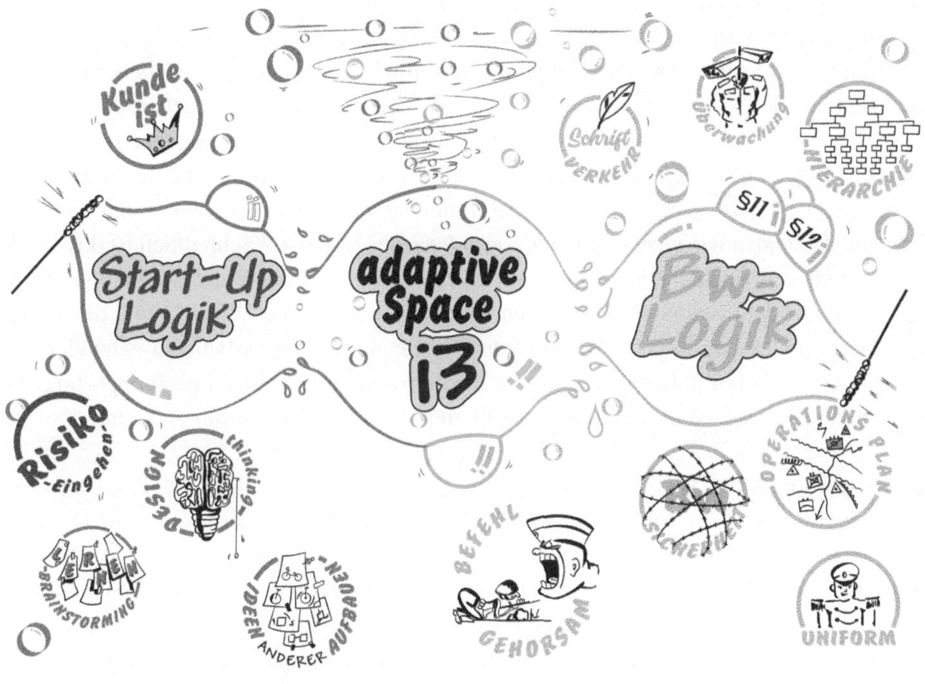

Abb. 1 Der Adaptive Space als Schnittstelle zwischen den institutionellen Logiken der Bundeswehr und des Start-up-Ökosystems

4.1 Die institutionelle Logik der Bundeswehr und des Start-up-Ökosystems

„Bundeswehr Logik“

Die Bundeswehr ist im besten Sinne eine Organisation, die auf Exploitation ausgerichtet ist. Hierzu wurden komplexe bürokratisch-hierarchische Strukturen aufgebaut, um bekannte Aufgaben in einer ex-ante determinierten Art und Weise berechenbar, wiederholt und fehlerfrei auszuführen. Vorschriftentreue, Befehl und Gehorsam, top-down Strukturen, Betonung von Tradition und Historie, klare Zuständig- und Verantwortlichkeiten sowie permanente Wiederholung und zentralisierte Verbreitung von Best Practices zeichnen den Alltag in der Bundeswehr aus und prägen damit die mentalen Modelle ihrer Angehörigen.

Der Umgang mit Waffen und der Einsatz von Waffengewalt, als zentrales Abgrenzungsmerkmal zu vielen anderen Berufsgruppen, führt gleichzeitig eine Vielzahl von strikten Sicherheitsbestimmungen, das Abstellen auf das korrekte Ausführen von Befehlen und das permanente Üben des militärischen Handwerks mit sich. Sicherheitsbestimmungen, Beispiele von Schießunfällen oder Erzählungen über misslungene Operationen mit Gefallenen oder Verwundeten führen zu stetiger Wiederholung der Formel, dass *„es hier um Menschenleben geht“*. Dementsprechend ist die Bundeswehr nicht nur für die Sicherheit des Landes und der Bündnissysteme verantwortlich, vielmehr ist das Thema *„Sicherheit“* ein zentrales, handlungsleitendes Element.

Gleichzeitig ist die Bundeswehr als Teil der Exekutive und damit als öffentliche Organisation in den institutionellen Kontext der öffentlichen Verwaltung eingebettet und von ihm geprägt. Der *„Vorgang in Schriftform“* zur Schaffung von *„Rechtssicherheit“* und die *„Mitzeichnung“* kennzeichnen Kommunikationswege, Koordinationsmechanismen und Beschaffungsvorgänge. Zudem unterliegt der Einsatz von Steuermitteln einer besonderen Sorgfaltspflicht, was wiederum in Aussagen mündet wie, *„Wir gehen hier mit Steuermitteln um, da können wir nicht einfach dieses oder jenes machen.“* Schließlich ist das *„ordnungsgemäße Verwaltungshandeln“* ein zentrales Merkmal der Bundeswehr und ergibt sich auch aus dem besonderen Vorbildcharakter einer staatlichen Einrichtung, die an die bestehenden Gesetze, Regeln, Vorschriften, Weisungen und Verordnungen gebunden ist. Ein Experimentieren in Graubereichen ist insofern weder vorgesehen noch opportun, zumal, wenn es über mediale Aufmerksamkeit zu politischem Unmut führen könnte.

„Start-up Logik“

Im Gegensatz dazu können wir beobachten, dass ein Wesensmerkmal des Start-up Ökosystems die Fokussierung auf explorative Tätigkeiten ist. Zugegeben ist das Ziel eines Start-ups die spätere Skalierung und Etablierung der neuen Produkt- oder Serviceidee (Exploitation), doch fokussiert sich die grundlegende Perzeption dieses Ökosystems überwiegend auf das Erschaffen, Testen und kontinuierliche Entwickeln von (radikal) neuen Geschäftsideen (Blank, 2013; Osterwalder & Pigneur, 2010; Ries, 2011). Insofern spielt die Neuartigkeit und die damit verbundene Unsicherheit eine wesentliche Rolle innerhalb dieser institutionellen Logik. Unsicherheit ist hier jedoch nicht in dem Sinne zu verstehen, dass sie zur Handlungslähmung führt. Vielmehr wird Unsicherheit als handlungsleitend verstanden. Es ist die Aufgabe des Gründers mit Unsicherheit umzugehen, sie zu hinterfragen und zu testen.

Ein weiteres Merkmal ist der Fokus auf kontinuierliche Iteration, da ex ante nicht bekannt sein kann, in welche Richtung sich eine anfängliche Idee entwickelt. Hierunter sind insbesondere die wiederkehrende Aufstellung und Testung von handhabbaren Hypothesen zu fassen. In Verbindung mit dieser kontinuierlichen Iteration stehen einerseits der Umgang mit Fehlschlägen und andererseits die Auseinandersetzung mit direkten Marktsignalen. Fehlschläge werden in der Start-up Welt nicht als Problem wahrgenommen, wie etwa in Organisationen wie der Bundeswehr. *„Fail fast, fail often."* ist eines der zentralen Mantras der Start-up Szene. Fehlschläge sind nicht nur unvermeidlich in unsicheren Umwelten, sondern werden auch als einzigartige Chancen zum Lernen wahrgenommen.

Hieran schließen sich direkt die Kategorien „Agil" und „Lean" an. Agilität lädt auf die Iteration in direktem Kontakt zum Kunden. Regelmäßige Gates erlauben eine kontinuierliche und schnelle Anpassung in direkter Zusammenarbeit mit den (potenziellen) Kunden. Lean auf der anderen Seite nimmt diese Geschwindigkeit als Kriterium auf und verknüpft sie mit dem Gedanken, nicht zu früh Pfadabhängigkeiten durch Ressourcenfestlegung aufzubauen. Entlehnt aus dem Lean Management wird die Fokussierung auf das Gesamtsystem unter Einbezug direkter Kundenerfahrungen zur Aufspürung und Abstellung von Problemen betont. Eine Ausprägung beider Prinzipien im Kontext des Start-up-Ökosystems ist etwa die Betonung vom *„Minimum Viable Product"*, welches eine rudimentäre Version des Produktes ist, um ohne großen Ressourceneinsatz spezifische Hypothesen direkt mit dem Kunden testen zu können (Ries, 2011).

Folglich werden im Rahmen der institutionellen Logik des Start-up Ökosystems die direkte Kundennähe, eine schnelle Iteration, das Zulassen von Fehlern und deren Verständnis als Chance zum Lernen, sowie Flexibilität, die Fokussierung auf das Wesentliche und die konsequente Betonung selbstorganisierter Arbeit als zentrale und handlungsleitende Regeln angesehen. Viele dieser Ideen prägen mittlerweile eine eigene Kultur innerhalb der Geschäftswelt, deren institutionelle Logik vor allem den explorativen und gleichzeitig methodischen Umgang mit Unsicherheit betont.

Insofern kann an dieser Stelle festgehalten werden, dass wir zwei auf den ersten Blick inkommensurable institutionelle Logiken vorfinden. Die Tatsache, dass i3 mittlerweile nicht nur erste Prozesse und Produkte anschiebt und teilweise in die Bundeswehr integriert, lässt die Frage aufkommen, ob und wie es gelungen ist, die scheinbare Inkommensurabilität der beiden Logiken zu überwinden (Abb. 1).

4.2 Die Navigation institutioneller Ambidextrie im i3 Projekt

In den nachstehenden Ausführungen soll nunmehr aufgezeigt werden, wie die beobachteten Akteure bzw. Praktiker, die im und um das i3 Projekt ihren Dienst verrichten, in diesem neu entstehenden Raum mit diesen zwei widersprüchlichen Logiken umgehen. Insbesondere fokussieren diese ersten Eindrücke auf drei verschiedene, miteinander verknüpfte Verhandlungspraktiken. Der Begriff Verhandlungspraktiken folgt dabei einem praxeologischen Verständnis von Verhandlung (Reckwitz, 2003; Schatzki, 2002), welches die kontinuierliche Aushandlung zwischen Menschen über die Interpretation und das Verständnis von dem was als Realität angenommen wird und welche Regeln und Normen, d. h. welche Logik, in dieser jetzt Anwendung finden müssen, in den Vordergrund rückt (Smets et al., 2017). Im Folgenden werden v. a. die Praktiken des *„Transportierens"*, der *„Übersetzung"* und der *„Moderation"* von institutionellen Logiken dargestellt.

4.2.1 Transport institutioneller Logiken

Unter Praktiken des Transportierens sind die Handlungen und Aussprüche, mittels derer Akteure Elemente einer bestimmten institutionellen Logik von einem Ort in den neu geschaffenen Kontext des i3-Projektes übertragen, zu fassen. Diese Übertragung geschieht entlang alltäglicher Aktivitäten wie gemeinsamer Besprechungen, Videokonferenzen oder Workshops und vollzieht sich meist unreflektiert, d. h. ohne, dass die Akteure hierbei bewusste Anstrengungen vollbringen müssen.

Im vorliegenden Fall wird die Start-Up Logik vor allem von den Teammitgliedern mit eigener Start-Up- und Gründungserfahrung in das i3 transportiert. Es sind diese Praktiker, die immer wieder Begrifflichkeiten wie den des *„Minimum Viable Products"* oder Redewendungen wie *„Fake it until you make it"* bzw. *„in das doing kommen"* aus der Start-Up Szene in die Videokonferenzen einbringen. Ferner sind es auch diese Praktiker, die in den gemeinsamen Workshops agile Methoden, wie u. a. die Erarbeitung einer Kanban-Tafel für die verschiedenen Teilprojekte, einführen, wodurch sie insbesondere den Lean Gedanken transportieren. Zusammengenommen werden durch diese Praktiken zentrale Elemente der Start-Up Logik, wie Schnelligkeit, die Fokussierung auf das Wesentliche und das Erlauben von Fehlern übertragen und reproduziert.

Gleichzeitig kann an vielen verschiedenen Ereignissen beobachtet werden, wie Akteure Elemente der formal hierarchischen Logik der Bundeswehr in den i3 Kontext hineintragen. Beispielsweise wurde in der internen Organisation im i3 Projekt ein virtuelles Geschäftszimmer eingerichtet, welches feste Öffnungszeiten besitzt, in denen ein virtueller Besprechungsraum geöffnet wird. Dies zeigt, dass Praktiker im neu geschaffenen i3-Raum oftmals auf Erlerntes in der Bundeswehr zurückgreifen und somit einzelne Elemente der institutionellen Logik der Bundeswehr wie u. a. Strukturelemente aber auch informelle Normen wie die der Kameradschaft reproduzieren.

Interessanterweise lässt sich beobachten, dass viele Akteure entweder nur die Start-Up oder nur die Bundeswehr Logik transportieren. Nur einige, wenige Akteure tragen beide Logiken in den neuen Ort, bzw. sind in der Lage, zwischen diesen spontan zu wechseln. Blomgren und Waks (2015) sprechen in diesem Zusammenhang auch von *„hybrid professionals"*, welche die Fähigkeit besitzen mehrere Logiken zu tragen und deren Unterschiede zu überbrücken.

4.2.2 Übersetzung institutioneller Logiken

In der täglichen Arbeit des i3 Teams werden viele Elemente der zwei Logiken trotz ihrer Gegensätzlichkeit oftmals gleichzeitig und friktionslos praktiziert, bis sie an bestimmten Ereignissen ihre Spannung entladen. Dies sind oftmals kontrovers geführte Diskussionen innerhalb des Teams bspw. über weitere Vorgehensweisen. In diesen Situationen institutioneller Komplexität lassen sich Praktiken der Übersetzung und Präzisierung beobachten.

Zum Beispiel wird die Planungs- und Prozesslogik der Bundeswehr immer wieder in Situationen, in denen Termine und Besprechungen mit bestimmten „Hierarchen" und Abteilungen des Systems diskutiert werden, durch einzelne Akteure für die anderen Mitglieder übersetzt. Ausführungen, die mit den Worten *„die ticken so"*, *„das ist so zu verstehen"* oder *„die dürfen wir nicht verschrecken"* eingeleitet werden, erklären für das gesamte Team, wie bestimmte formale Prozesse und Abläufe der Organisation funktionieren, und bestimmte Personen und Abteilungen der Organisation die Welt verstehen. Aus diesen Übersetzungen wird in der Folge der weitere praktische Umgang mit Teilen des Systems abgeleitet und ausgehandelt.

Andererseits zeigt sich in den Workshops und Besprechungen wiederholt, dass bestimmte Praktiker einzelne Bestandteile der Start-Up Logik immer wieder betonen und präzisieren; insbesondere dann, wenn sie den Eindruck haben, dass das Team in exploitative Verhaltensweisen der Bundeswehr verfällt. Entsprechend fordern diese Mitglieder zum Beispiel wiederholt die Einnahme der Kundenperspektive ein und mahnen an, auf die Bedürfnisse der potenziellen *„Kunden"* oder Nutzer zu fokussieren, anstatt umfassende Konzepte am grünen Tisch zu entwerfen.

4.2.3 Moderation zwischen institutionellen Logiken

Die Unterschiede zwischen den zwei widersprüchlichen Logiken treten ganz besonders zu tage, wenn Mitglieder des i3 Teams mit Vertretern der formal-hierarchischen Organisation in Präsentationen oder formellen Besprechungen zusammenkommen. In diese Situationen lassen sich neben den zuvor genannten Praktiken vor allem solche der Moderation beobachten, die darauf abzielen den Konflikt und die Spannung zwischen den widersprüchlichen Logiken zu lösen und ein weiteres gemeinsames Vorgehen zu finden.

Während der Ergebnispräsentation der Innovation Challenge, zeigte sich bspw. bei vielen Kommandeuren der EinsFltl 1 sichtliches Unbehagen bzw. Abwehrhaltung gegenüber den agilen Methoden (Lego Serious Play) und den präsentierten Ergebnissen (Lego Prototyp). Ebenso zeigte sich bei der Vorstellung der LYnx App bei Vertretern einer Bundesoberbehörde und des Ministeriums die Abwehr gegenüber agilen Vorgehensweisen, die diametral dem Verständnis der Prozess- und Konzeptionslogik gegenüberstehen. Im ersten Fall versuchte der Kommandeur der EinsFltl 1 die Diskussion auf eine abstraktere Ebene, weg von der agilen Methode, zu lenken, um für die anwesenden Offiziere das zentrale Problem herauszustellen und um deren Skepsis zu begegnen. Im zweiten Beispiel formulierten i3 Vertreter Verständnis für die Sicherheitsbedürfnisse und die formalen Bedenken, um gleichzeitig die eigene App mit einer neuen Bedeutung zu versehen, die für die Gegenseite leichter annehmbar schien.

Diese Moderationspraktiken verdeutlichen, dass Akteure mit der Spannung institutioneller Komplexität versuchen produktiv umzugehen, indem sie zwischen den Logiken vermitteln und über ein *„reframing"* der agilen Elemente in die Erfahrungswelt des Gegenübers Anschlussfähigkeit für die eigenen Ideen und Projekte herstellen.

5 Schlussbetrachtung

Neuere Beiträge zur Ambidextrie- und Führungsforschung empfehlen die Kultivierung von *„adaptive Spaces"*, um eine Brücke zwischen dem formal-hierarchischen, auf Exploitation ausgerichteten Teil der Organisation und den selbstorganisierten Netzwerken, Communities und Intrapreneuren als Quelle von bottom-up Innovation und Anpassungsfähigkeit (d. h. Exploration) zu schlagen (Uhl-Bien & Arena, 2017, 2018). Bisher wurden hierbei die sozio-kulturellen Dynamiken und Praktiken zur Navigation der Spannung zwischen Exploration und Exploitation in solchen Räumen weniger beleuchtet. In diesem Beitrag wird daher das Konzept institutioneller Ambidextrie (Greenwood et al., 2011; Jarzabkowski et al., 2013) genutzt, um anhand eines Fallbeispiels aus der EinsFltl 1 zu beleuchten, wie das Zusammenspiel exploitativer Logiken der Bundeswehr mit den explorativen Logiken der Start-up-Welt aussehen kann.

Vor diesem Hintergrund kann das i3-Projekt als ein solcher adaptiver Raum angesehen werden, in dem beide Logiken integriert werden. Es fungiert demnach als ein *„blended hybrid"* (Jarzabkowski et al., 2013). Weiter lässt sich beobachten, dass ein solcher adaptiver Raum wie i3 abhängig von der externen und internen Führung und den inhärenten Verhandlungspraktiken ist. Da eine strukturelle Verankerung nicht besteht und gleichzeitig die Nutzung organisationaler Ressourcen einerseits und die Verbindung mit dem formalhierarchischen System andererseits notwendig sind, bedarf es der kontinuierlichen Legitimation und Alimentation von i3 durch die Führung der EinsFltl 1. Gleichzeitig konnten mehrere Verhandlungspraktiken des Transportierens, Übersetzens und Moderierens beobachtet werden, die den adaptiven Raum offenhalten und eine institutionelle Integration zwischen Exploration und Exploitation ermöglichen.

Der Transport unterschiedlicher Logiken über Handlungen, Sprache oder Symbole ist eine Voraussetzung dafür, dass dieser adaptive Raum entsteht. Insofern scheint die Teamzusammensetzung aus aktiven Soldaten und Reservisten und insbesondere solchen aus dem Start-up-Ökosystem ein entscheidender Faktor zu sein. Daneben zeigt sich, dass die unterschiedlichen Logiken im i3-Raum erst dann integriert werden können, wenn sie ineinander übersetzt werden. So werden situationsbezogen die Praktiken der jeweiligen institutionellen Logik nicht nur betont und eingefordert, sondern auch erklärt und damit interpretativ zugänglich. Durch diese situationsbezogene Übersetzung ist die Koexistenz beider Logiken in einem *„blended hybrid"* möglich, welcher die Start-up-Logik mit der Bundeswehr-Logik verbindet. Schließlich spielt die Moderation der Spannungen zwischen den institutionellen Logiken eine zentrale Rolle, wenn die neue, hybride Logik des i3-Raums innerhalb formal-hierarchischer Räume auf die exploitative Logik der

Bundeswehr trifft. Dabei zeigt sich, dass die Praktik der Moderation insbesondere durch in der exploitativen Logik der Bundeswehr erfahrene Führungskräfte, wie etwa den Kommandeur oder den Leiter des i3-Teams übernommen wird.

Zusammengenommen leisten diese ersten Forschungsergebnisse einen Beitrag zur Erforschung von institutioneller Ambidextrie. Es werden nicht nur neue Praktiken zur Integration scheinbar inkommensurabler, institutioneller Logiken beschrieben, sondern auch eine konzeptionelle Verbindung von adaptiven Räumen mit institutioneller Ambidextrie geschaffen. Gleichzeitig scheinen die Ergebnisse darauf hinzudeuten, dass ein durch aktive Führung geöffneter und durch Verhandlungspraktiken offengehaltener adaptiver Raum wie i3, als Nukleus einer Intrapreneurship-Fähigkeit der Bundeswehr verstanden werden kann.

Literatur

Andresen, F. (2021). *Exploring meso-level dynamic capabilities to address the capability rigidity paradox*. Springer Fachmedien Wiesbaden.

Andriopoulos, C., & Lewis, M. W. (2009). Exploitation-exploration tensions and organizational ambidexterity. *Managing Paradoxes of Innovation. Organization Science, 20*(4), 696–717.

Benner, M. J., & Tushman, M. L. (2003). Exploitation, exploration, and process management: The productivity dilemma revisited. *The Academy of Management Review, 28*(2), 238–256.

Blank, S. (2013). Why the lean start-up changes everything. *Harvard Business Review, 91*(5), 63–72.

Blomgren, M., & Waks, C. (2015). Coping with contradictions: Hybrid professionals managing institutional complexity. *Journal of Professions and Organization, 2*(1), 78–102.

Eisenhardt, K. M., & Graebner, M. E. (2007). Theory building from cases: Opportunities and challenges. *The Academy of Management Journal, 50*(1), 25–32.

Eisenhardt, K. M., Furr, N. R., & Bingham, C. B. (2010). Microfoundations of performance: Balancing efficiency and flexibility in dynamic environments. *Organization Science, 21*(6), 1263–1273.

Emerson, R. M., Fretz, R. I., & Shaw, L. L. (2001). *Writing ethnographic fieldnotes*. University of Chicago Press.

Felin, T., Foss, N. J., & Ployhart, R. E. (2015). The microfoundations movement in strategy and organization theory. *The Academy of Management Annals, 9*(1), 575–632.

Friedland, R., & Alford, R. R. (1991). Bringing society back in. Symbols, practices, and institutional contradictions. In W. W. Powell & P. J. DiMaggio (Hrsg.), *The new institutionalism in organizational analysis* (S. 232–263). University of Chicago Press.

Gibson, C. B., & Birkinshaw, J. (2004). The antecedents, consequences, and mediating role of organizational ambidexterity. *The Academy of Management Journal, 47*(2), 209–226.

Gioia, D. A., Corley, K. G., & Hamilton, A. L. (2013). Seeking qualitative rigor in inductive research. Notes on the gioia methodology. *Organizational Research Methods, 16*(1), 15–31.

Goffman, E. (1957). The characteristics of total institutions. In *Symposium on Preventive and Social Psychiatry* (S. 312–338). The National Academic Press.

Gold, R. L. (1958). Roles in sociological field observations. *Social Forces, 36*(3), 217–223.

Greenwood, R., Raynard, M., Kodeih, F., Micelotta, E. R., & Lounsbury, M. (2011). Institutional complexity and organizational responses. *The Academy of Management Annals, 5*(1), 317–371.

He, Z.-L., & Wong, P.-K. (2004). Exploration vs. exploitation: An empirical test of the ambidexterity hypothesis. *Organization Science, 15*(4), 481–494.

Jarzabkowski, P. A., Matthiesen, J. K., & van de Ven, A. H. (2009). Doing which work? A practice approach to institutional pluralism. In T. B. Lawrence, B. Leca & R. Suddaby (Hrsg.), *Institutional work: Actors and agency in institutional studies of organizations* (S. 284–316). Cambridge University Press.

Jarzabkowski, P. A., Smets, M., Bednarek, R., Burke, G. T., & Spee, A. P. (2013). Institutional ambidexterity leveraging institutional complexity in practice. In M. Lounsbury & E. Boxenbaum (Hrsg.), *Institutional logics in action, Part B* (S. 37–61). Emerald Group Publishing Limited.

Knight, E., & Cuganesan, S. (2020). Enabling organizational ambidexterity: Valuation practices and the senior-leadership team. *Human Relations, 73*(2), 190–214.

Kraatz, M. S., & Block, E. (2008). Organizational implications of institutional pluralism. In R. Greenwood, C. Oliver, K. Sahling-Andersson & R. Suddaby (Hrsg.), *The Sage handbook of organizational institutionalism* (Bd. 840, S. 243–275). Sage.

Laureiro-Martínez, D., Brusoni, S., Canessa, N., & Zollo, M. (2015). Understanding the exploration – exploitation dilemma: An fMRI study of attention control and decision-making performance. *Strategic Management Journal, 36*(3), 319–338.

March, J. G. (1991). Exploration and exploitation in organizational learning. *Organization Science, 2*(1 Special Issue: Organizational Learning: Papers in Honor of and by James G. March), 71–87.

O'Reilly, C. A., & Tushman, M. L. (2013). Organizational ambidexterity. Past, present, and future. *Academy of Management Perspectives, 27*(4), 324–338.

Osterwalder, A., & Pigneur, Y. (2010). *Business model generation: A handbook for visionaries, game changers, and challengers*. Wiley.

Papachroni, A., & Heracleous, L. (2020). Ambidexertity as practice: Individual ambidexterity through paradoxical practices. *Journal of Applied Behavorial Science, 56*(2), 143–165.

Raisch, S., & Birkinshaw, J. (2008). Organizational ambidexterity. Antecedents, outcomes, and moderators. *Journal of Management, 34*(3), 375–409.

Reckwitz, A. (2003). Grundelemente einer Theorie sozialer Praktiken. *Zeitschrift für Soziologie, 32*(4), 282–301.

Ries, E. (2011). *The lean startup. How constant innovation creates radically succesful business*. Crown Business.

Schatzki, T. R. (2002). *Site of the social. A philosophical account of the constitution of social life and change*. Pennsylvania State University Press.

Schulte, B. (2021). *The Organizational embeddedness of communities of practice. Exploring the cultural and leadership dynamics of self-organized practice*. Springer Gabler.

Schulte, B., Andresen, F., & Koller, H. (2020). Exploring the embeddedness of an informal community of practice within a formal organizational context. A case study in the German military. *Journal of Leadership & Organizational Studies, 27*(2), 153–179.

Simsek, Z. (2009). Organizational ambidexterity. Towards a multilevel understanding. *Journal of Management Studies, 46*(4), 597–624.

Smets, M., Jarzabkowski, P., Burke, G. T., & Spee, P. (2015). Reinsurance trading in Lloyd's of London: Balancing conflicting-yet-complementary logics in practice. *Academy of Management Journal, 58*(3), 932–970.

Smets, M., Aristidou, & Whittington, R. (2017). Towards a practice-driven institutionalism. In R. Greenwood, C. Oliver, T. B. Lawrence & R. Meyer (Hrsg.), *The Sage handbook of organizational institutionalism* (S. 384–411). Sage.

Thornton, P. H., & Ocasio, W. (1999). Executive succession in the higher education publishing industry, 1958– 1990. *American Journal of Sociology, 105*(3), 801–843.

Thornton, P. H., & Ocasio, W. (2008). Institutional logics. In R. Greenwood, C. Oliver, K. Sahling-Andersson & R. Suddaby (Hrsg.), *The Sage handbook of organizational institutionalism* (S. 99–128). Sage.

Thornton, P. H., Ocasio, W., & Lounsbury, M. (2012). *The institutional logics perspective. A new approach to culture, structure, and process*. Oxford University Press.

Tushman, M. L., & O'Reilly, C. A. (1996). Ambidextrous organizations: Managing evolutionary and revolutionary change. *California Management Review, 38*(4), 8–30.

Uhl-Bien, M., & Arena, M. (2017). Complexity leadership. *Organizational Dynamics, 46*(1), 9–20.

Uhl-Bien, M., & Arena, M. (2018). Leadership for organizational adaptability. A theoretical synthesis and integrative framework. *The Leadership Quarterly, 29*(1), 89–104.

Zilber, T. B. (2020). The methodology/theory interface: Ethnography and the microfoundations of institutions. *Organization Theory, 1*(2), 1–27.

Zimmermann, A., Raisch, S., & Birkinshaw, J. (2015). How is ambidexterity initiated? The emergent charter definition process. *Organization Science, 26*(4), 1119–1139.

Zimmermann, A., Raisch, S., & Cardinal, L. B. (2017). Managing persistent tensions on the frontline. A configurational perspective on ambidexterity. *Journal of Management Studies, 55*(5), 739–769.

Intrapreneurship im öffentlichen Sektor – Ein Bildungsprogramm an einer Hochschule

Rafaela Kraus, Fatma Falfoul und Nicol Matzner-Vogel

Der große Veränderungsdruck auf den öffentlichen Sektor – z. B. in Bezug auf nachhaltige Energiegewinnung und Mobilität oder die Digitalisierung von Bildung, Verwaltung und Verteidigung – wird je nach Standpunkt als Risiko oder als Chance interpretiert. Nur wenn es Behörden und öffentlichen Institutionen gelingt, mit der hohen Veränderungsdynamik Schritt zu halten, innovativ zu agieren und den eigenen Wandel voranzutreiben, können öffentliche Institutionen und Behörden die großen Herausforderungen bewältigen und die Zukunftsfähigkeit der staatlichen Leistungen sicherstellen. Neben der Förderung unternehmerischen Denkens und Handelns im Arbeitsalltag der Mitarbeitenden – also eines Intrapreneurial Mindsets – gehört die Nutzung von Intrapreneurship-Methoden für konkrete Innovationsprojekte ebenso dazu, wie das Schaffen geeigneter Rahmenbedingungen, damit sich Mitarbeitende entfalten und innovative Projekte umgesetzt werden können. Eine Voraussetzung dafür sind die Sensibilisierung und Befähigung der Mitarbeitenden und Führungskräfte aller Ebenen. Im vorliegenden Beitrag werden anhand einer Interviewstudie mit Mitarbeitenden verschiedener Behörden sowie einer Auswertung aktueller Forschungsarbeiten die Rahmenbedingungen und Möglichkeiten für die Integration von Intrapreneurship in Behörden ausgelotet. Hiernach werden erforderliche Intrapreneurship-Kompetenzen abgeleitet und in ein Konzept für ein Bildungsprogramm an der Universität der Bundeswehr München überführt.

R. Kraus (✉) · F. Falfoul · N. Matzner-Vogel
Universität der Bundeswehr München, Neubiberg, Deutschland
E-Mail: Rafaela.Kraus@unibw.de; fatma.falfoul@unibw.de; nicol.matzner-vogel@unibw.de

R. Kraus et al. (Hrsg.), *Intrapreneurship*,
https://doi.org/10.1007/978-3-662-64102-6_17

1 Intrapreneurship und öffentlicher Dienst – ein Widerspruch?

Das Konzept des Intrapreneurship wurde bereits in den späten 1970er-Jahren von Gifford und Elizabeth Pinchot geprägt. Es weist eine enge Verbindung zum Unternehmertum auf und wird auf individueller und organisationaler Ebene mit unterschiedlichen definitorischen Ausprägungen[1] untersucht, darunter Intrapreneurship, Corporate Venturing, unternehmerische Orientierung, Corporate Entrepreneurship (Pinchot & Soltanifar, 2021, Hizarci-Payne, 2020). Im Kontext des öffentlichen Dienstes soll Intrapreneurship als unternehmerisches Denken und Handeln innerhalb einer Organisation der öffentlichen Verwaltung definiert werden, das zu neuen Ideen und innovativen Aktivitäten wie z. B. der Entwicklung neuartiger oder verbesserter Dienstleistungen, Produkte, Prozesse, Technologien und Strategien führt.

Nun steht Unternehmertum in einem Spannungsverhältnis zu den typischen Merkmalen von Behörden. Denn Behörden sind bürokratische Organisationen im Weber'schen Sinne. Sie besitzen in der Regel starre Hierarchien und Verantwortung, Entscheidungskompetenzen, Rechte und Pflichten werden eindeutig zugewiesen. Das Verwaltungshandeln wird durch umfangreiche Regelwerke und klare Arbeitsteilung nachvollziehbar gemacht, ist rechtskonform und berechenbar. Behörden haben dadurch eine innovationsfeindliche „Kehrseite", da es ihnen an Flexibilität fehlt und ein Übermaß an Regeln und Vorschriften den Handlungsspielraum der Mitarbeitenden stark einschränkt und demotivierend wirkt. Presthus (1962) unterschied drei Arten von „Sozialcharakteren", die durch diese Phänomene erzeugt werden können:

- von Karrierezielen getriebene, opportunistische und von Statusangst befallene „Aufsteigende",
- von der Arbeit entfremdete „Indifferente", die sich in der Freizeit verwirklichen
- und „Ambivalente", die zwischen dem Versuch, sich mit ihrer Arbeit zu identifizieren und wiederkehrender Enttäuschung schwanken.

Wenn Umweltbedingungen sich dann in rascher und in unvorhergesehener Weise wandeln, wie dies z. B. bei der Covid-19-Pandemie, aber auch durch die Einführung neuer Technologien, geschieht, sind Behörden laut Meier und Schimank (2020) mit Situationen und Fällen konfrontiert, die von den Regelsetzenden nicht vorhergesehen werden konnten. Wenn das vorhandene Regelwerk nun auf diese neuartigen, nicht dazu passenden Probleme angewandt wird, kommt es zu Ergebnissen, die den Zielen der Organisation nicht entsprechen. So führt beispielsweise eine strikte Auslegung der Datenschutzgesetzgebung dazu, dass Online-Unterricht in Schulen und Universitäten unmöglich oder zumindest stark in seiner didaktischen Qualität beeinträchtigt wird. Sichtbar werdende Steuerungsdefizite werden nach Lamers (2018b) durch eine noch stärkere Regelung beantwortet.

---

[1] Zu diesen Ausprägungen finden sich weitere Beiträge in Kap. „Einleitung: Ideen Raum geben. Innovationen schaffen" des Sammelbands.

Ein weiterer, für die Innovationsfähigkeit hinderlicher Aspekt sind vertikale, noch weitgehend dem Einlinien-Prinzip der Aufbauorganisation folgende, nebeneinanderstehende „siloartige" Organisationsstrukturen (Lamers, 2018a). Die Folge ist, dass die Digitalisierung der öffentlichen Verwaltung zunehmend der allgemeinen Digitalisierungsentwicklung hinterherhinkt. Dies wird zunehmend als Gefahr für eine zeitgemäße Aufgabenerfüllung und die wirtschaftliche Entwicklung gesehen (Kazmierski, 2019; DESI, 2019). Laut Meier und Schimank (2020) greifen Teilprozesse wie bei einer schlecht funktionierenden Maschine immer weniger ineinander und die linke Hand weiß nicht – und will oft gar nicht wissen –, was die rechte tut. Ein in „Silos" gefangenes Denken wird den komplexen und vernetzten Fragestellungen im Rahmen der Digitalisierung immer weniger gerecht. Die Forderung nach agileren Organisationsformen wird laut, um diese vernetzten Probleme zu lösen. Befugnisse und Entscheidungsfindung sollen dabei auf sich weitgehend selbstorganisierende, unternehmerisch denkende und handelnde Teams verteilt werden. Doch dies widerspricht einerseits sowohl den gegebenen Strukturen als auch den organisationskulturellen Merkmalen von Behörden. Andererseits werden seitens der Politik und der Verwaltungsführung angesichts der vorhandenen rechtlichen und organisatorischen Rahmenbedingungen oft unrealistische Erwartungen an die „Digitalisierung" (z. B. Beschleunigung, Einsparung, Optimierung, Vereinfachung, Verbesserung) formuliert. Im operativen Bereich und der Linienorganisation überwiegen daher Vorbehalte und Angst. Die konkreten Erfahrungen aus der bisherigen Transformationsarbeit sind oft enttäuschend (Streicher, 2020). In den folgenden Abschnitten wird diskutiert, welche Möglichkeiten es gibt, die strukturelle und kulturelle Innovationsfähigkeit von Organisationen der öffentlichen Verwaltung durch Intrapreneurship positiv zu beeinflussen.

2 Voraussetzungen für unternehmerisches Denken und Handeln im öffentlichen Sektor

Welche Voraussetzungen müssten grundsätzlich geschaffen werden, damit Innovationen in staatlichen Institutionen auf unternehmerische Weise erzeugt, akzeptiert und realisiert werden können? Hier kann man auf das AMO-Modell (Ability-Motivation-Opportunity) aus der Psychologie zurückgreifen (Sterling & Boxall, 2013; Appelbaum et al., 2000). Damit Individuen oder Teams innovativ handeln, muss es einen Anreiz dafür geben (Motivation) Abb. 1.

Im öffentlichen Sektor ist es im Gegensatz zur Privatwirtschaft unwahrscheinlich, dass Organisationen sich selbst abschaffen, wenn sie keine neuen Ideen und Lösungen entwickeln. Da keine Notwendigkeit besteht, Gewinne zu erwirtschaften, ist es wichtig, andere Anreize für Individuen und Organisationen zu schaffen, wie z. B. eine Anerkennung von innovativem Handeln oder eine Verteilung von Haushaltsmitteln entsprechend der erzielten Leistungs- und Ergebnisverbesserungen (Albury & Mulgan, 2003). Selbstwirksamkeitsüberzeugungen spielen für das Entstehen von Motivation ebenfalls eine wichtige Rolle: Damit sie innovative Verhaltensweisen erproben und aufrechterhalten, müssen sich

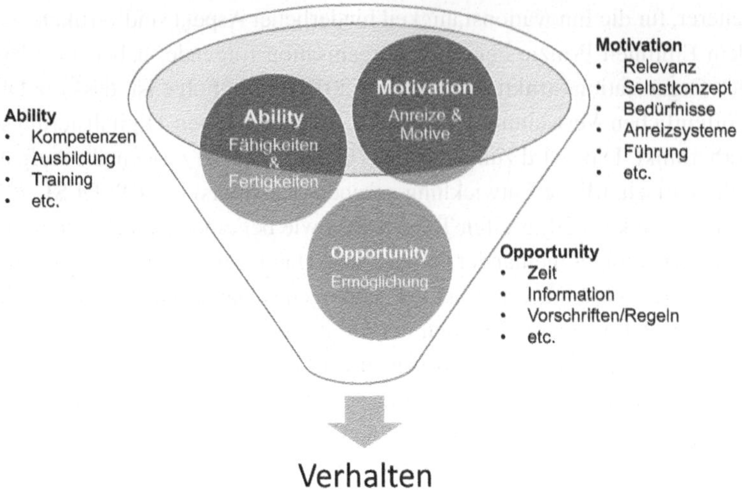

Abb. 1 Das Ability-Motivation-Opportunity-Modell (Sterling & Boxall, 2013; Appelbaum et al., 2000)

Individuen selbst als kompetent einschätzen und erleben (Bandura, 1989; Chen et al., 2013; Trost et al., 2016). Sie müssen dafür auch die Fertigkeiten und Fähigkeiten besitzen oder entwickeln können, die notwendig sind, um innovative Ideen praktisch umzusetzen (Ability). Und sie müssen von ihrer Organisation die Möglichkeit erhalten, innerhalb ihres Arbeitsumfelds innovativ zu handeln (Opportunity). Hierzu stellten Albury & Mulgan bereits 2003 fest, dass eine Kultur der Risikoaversion und eine Fokussierung auf das Tagesgeschäft im öffentlichen Sektor als Innovationsbarrieren wirken: Disruptive Ideen, die an der Basis entstehen, werden nach „oben“ getragen und dort nicht selten bis zur Unkenntlichkeit zurechtgestutzt, aktiv ignoriert oder unterbunden. Dies ist auch nachvollziehbar, da oft nur inkrementelle Verbesserungen erfolgreich durchgeführt werden können, ohne dass Vorschriften geändert werden müssen. Tiefgreifendere Innovationen hingegen erfordern zum Teil umfangreiche systemische Anpassungen. Zudem fehlen vielen Mitarbeitenden schlichtweg die Zeit und die Ressourcen für das „Inkubieren“ von Ideen. Um Freiraum für kreatives Denken und das Experimentieren zu schaffen, müssten Zielvorgaben, Planungs- und Überwachungsanforderungen oft radikal reduziert werden.

In einem Whitepaper von Deloitte Digital schlagen Kolev, Goldstein & Grossmann (2015) sieben Maßnahmen zum Aufbau einer Intrapreneurship-Kultur in Unternehmen vor. Diese lassen sich auch auf den öffentlichen Sektor übertragen (Abb. 2):

1. **Unterstützung** von Mitarbeitenden durch Ermutigung zu Intrapreneurship durch die Führungskräfte, durch die Bereitstellung von Ressourcen („Seed Funding“) und Kompetenzentwicklungsangebote

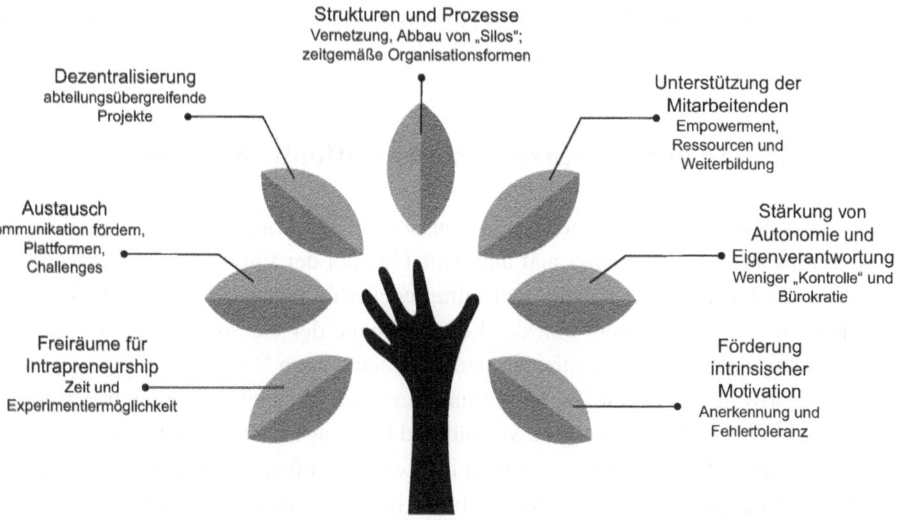

Abb. 2 Maßnahmen zum Aufbau einer Intrapreneurshipkultur im öffentlichen Dienst

2. **Stärkung von Autonomie und Eigenverantwortung** der Mitarbeitenden durch Vermeidung von „Micro Management", übermäßiger Kontrolle und Bürokratismus und Förderung von Selbstorganisation
3. **Förderung intrinsischer Motivation** von Mitarbeitenden durch Anerkennung erfolgreichen innovativen Handelns bei Mitarbeitenden und deren Vorgesetzten, Belohnung auch „kleiner" Initiativen sowie durch „Fehlertoleranz" im Fall von gescheiterten Experimenten
4. **Förderung extrinsischer Motivation** durch materielle Anreize, z. B. leistungsorientierte Vergütung, für alle – nicht nur erfolgreich umgesetzte – Intrapreneurship-Aktivitäten
5. **Freiräume für Intrapreneurship** im Rahmen der Arbeitszeit zur Verfügung stellen (z. B. Intrapreneurship-Woche, Accelerator-Programme)
6. **Verbesserung des organisationsinternen und -übergreifenden Austauschs** durch Kommunikationsplattformen und -formate (z. B. Ideenwettbewerbe, wie z. B. Challenges oder Idea Expositions), abteilungsübergreifende Teams sowie Einbeziehen externer Inputgeberinnen und -geber.
7. **Ermöglichung dezentraler Strukturen**, z. B. abteilungsübergreifender Projekte, und Verlagerung der Entscheidungsbefugnis an diejenigen Stellen, die die notwendige Erfahrung und Fachkompetenz besitzen.

Dabei gilt es zu prüfen, inwieweit für Intrapreneurship-Initiativen etwa geeignete Testumgebungen („Sand boxes") erforderlich sind, um eine Prototypentwicklung schnellstmöglich und frustrationsfrei umsetzen zu können. Dies verlangt zwar einen engen Kontakt zu erfolgskritischen Stakeholdern wie dem Betriebsrat, der IT, der Rechtsabteilung und den involvierten Führungskräften, darf aber nicht dazu führen, dass die bürokratische Kultur, die man verändern möchte, reproduziert wird.

3 Führung und Intrapreneurship im öffentlichen Dienst

Das Intrapreneurship-Konzept stellt im Gegensatz zur Bürokratie die Mitarbeitenden einer Organisation in den Mittelpunkt und unterstützt sie bei der Entwicklung und Skalierung ihrer eigenen Ideen. Das Auftreten von Intrapreneurship hängt daher ganz stark von der Führung ab, und zwar sowohl von der Leitungsebene der Gesamtorganisation als auch vom Führungsdual der Mitarbeitenden und ihrer jeweiligen Vorgesetzten. Die Leitungsebene verantwortet nicht nur die Gestaltung der oben genannten Rahmenbedingungen, sondern wirkt auch durch das eigene Vorbild und Führungsmodell kulturstiftend – und oft glaubwürdiger und nachhaltiger als formal ins Leben gerufene Programme zur Förderung von Intrapreneurship, wie etwa Ideenwettbewerbe. Auch laut Pinchot (1988) ist die Gestaltung der Führungsbeziehungen wichtiger als Prozesse, denn Intrapreneurinnen und Intrapreneure fordern ihre Organisation auf vielfältige Weise heraus: Sie stellen oftmals Gewohntes in Frage, sind unbequem, umgehen Anweisungen und halten sich nicht an Regeln und Zuständigkeiten. Führungskräfte, die Intrapreneure auswählen, sie coachen, sich schützend vor sie stellen und ihnen Ressourcen für die Umsetzung ihrer Ideen und Projekte zur Verfügung stellen, sind daher zentral für das Empowerment der Mitarbeitenden und die Entwicklung einer Intrapreneurship-Kultur.[2] Intrapreneurial Training sollte daher nicht nur bei den Mitarbeitenden ansetzen, sondern auch bei der Führung: Sie muss verstehen, was Intrapreneurship bedeutet und unter welchen Bedingungen sie sich entfalten kann. Es ist daher nur folgerichtig, Intrapreneurship bereits in die Ausbildung der Mitarbeitenden und Führungskräfte öffentlicher Institutionen zu integrieren.

4 Methodik und Vorgehen der qualitativen Studie

Im Folgenden werden mittels einer Interviewstudie Voraussetzungen und hemmende Faktoren für die Umsetzung von Intrapreneurship im Öffentlichen Dienst sowie konkrete Bildungsbedarfe des öffentlichen Diensts diskutiert. Danach wird ein daraus abgeleitetes, an der Universität der Bundeswehr München entwickeltes Bildungsprogramm zur Förderung von Intrapreneurship vorgestellt. Im Rahmen des Bildungsprogramms sollen zielgruppenorientierte, modulare Curricula und Bildungsangebote (weiter-)entwickelt werden sowie eine von Unternehmergeist geprägte Haltung und ein entsprechendes Handeln fördern.

Neben einer systematischen Literaturrecherche zu Innovation und Intrapreneurship im öffentlichen Sektor wurden qualitative Leitfadeninterviews mit zwölf Personen durchgeführt, die zum Zeitpunkt des Interviews in verschiedenen Behörden der öffentlichen

[2] Der Gedanke eines Manager-Mäzens wird von Reda Söder in diesem Sammelband aufgegriffen.

Verwaltung, z. B. der Bundeswehr, der Finanzverwaltung oder der Kommunalverwaltung, als Beamtinnen und Beamte oder Tarifbeschäftigte des Bundes oder des Landes Bayern tätig waren. Zehn der befragten Personen studierten am Institut für wissenschaftliche Weiterbildung der Universität der Bundeswehr München berufsbegleitend Public Management (MBA). Bei der Auswahl wurde das Ziel verfolgt, die Aufgabenvielfalt im öffentlichen Dienst möglichst gut abzubilden (z. B. Bundes-, Landes-, und Kommunalverwaltung in verschiedenen Bereichen sowie Hierarchiestufen. Das problemzentrierte, semistrukturierte Interview wurde als Methode gewählt, um die individuellen Erfahrungsräume der Befragten und übergreifende Muster zu rekonstruieren (Witzel & Reiter, 2012).

Ziel der Befragung war es

- ein besseres Verständnis zu den aktuellen Rahmenbedingungen für Intrapreneurinnen und Intrapreneure im öffentlichen Dienst zu gewinnen,
- Möglichkeiten für die Integration von Intrapreneurship in den öffentlichen Dienst auszuloten sowie
- erforderliche Intrapreneurship-Kompetenzen abzuleiten.

Der Interviewleitfaden umfasst folgende Themen:

- Herausforderungen und Strategien der öffentlichen Verwaltung in Bezug auf Innovationen (z. B. Digitalisierung)
- Innovationskompetenz und Haltung von Mitarbeitenden und Führungskräften gegenüber Innovationen
- Rolle der Mitarbeitenden in Innovations- und Veränderungsprozessen
- Innovationshemmende Faktoren und Voraussetzungen für innovatives Handeln
- Ideen zur Förderung der Innovationsfähigkeit

Die Interviews wurden im Zeitraum vom 24. Juni 2020 bis 11. Januar 2021 durchgeführt und dauerten zwischen 25 und 55 Minuten. Die Fragen des Leitfadens dienten zur Orientierung im Gespräch und wurden situationsabhängig ergänzt. Die Interviews wurden im Einverständnis mit den Interviewten über ein Videokonferenz-Tool oder telefonisch durchgeführt und aufgezeichnet, ein Interview wurde während des Gesprächs protokolliert. Dies ermöglichte eine authentische und präzise Erfassung des Gesprächs und erleichterte die vollständige Transkription. Die Auswertung der Transkriptionen erfolgte in Form einer strukturierenden qualitativen Inhaltsanalyse nach Mayring. Dabei wurden aus dem Textmaterial Strukturen mithilfe eines aus der Theorie und dem Datenmaterial erstellten Kategoriensystems extrahiert. Hauptkategorien wurden im Vorfeld deduktiv festgelegt und im Laufe des Kodierens induktiv durch Unterkategorien ergänzt. Die Auswertung der Interviews erfolgte mit Microsoft Excel. Dazu wurden die relevanten Textstellen identifiziert, markiert und samt Hinweis auf die Quelle in eine Tabelle übernommen. Danach erfolgt eine Zuordnung der Kurztexte zu den Kategorien.

5 Ergebnisse der explorativen Studie

Im Folgenden werden einige zentrale Erkenntnisse der Interviewstudie thesenartig vorgestellt.

Kultur ist stärker als Unternehmergeist
In der Wahrnehmung der Befragten sind im öffentlichen Sektor die kulturbedingten Hemmungsfaktoren gegenüber Veränderungen sehr groß. Dadurch verlören viele ursprünglich innovationsfreudige und -fähige Personen ihre Innovationsfähigkeit und -bereitschaft oft schon kurz nach ihrem Arbeitsbeginn im öffentlichen Dienst.

> „Du bist neu, hast tolle Ideen, du kommst rein und sagst dann: ‚Hey, wäre das eine tolle Idee, das machen wir so …!‘ Und dann kommt zu 99,9 Prozent immer der Spruch: ‚Nein lassen Sie mal, das haben wir immer schon so gemacht.‘“

Als ursächlich dafür wird die für Bürokratien typische Risikoaversion gesehen, die in starkem Widerspruch zu einem von Unternehmergeist geprägten Handeln steht.

> „Wie gesagt, einerseits das Problem der Angst vor Veränderung, weil Veränderung bringt auch immer einen gewissen Grad an Ungewissheit mit sich. Und gerade Beamte oder Leute im öffentlichen Dienst scheuen Ungewissheit. Die möchten am besten schon heute wissen, da beginne ich, da höre ich auf, da gehe ich in Pension und das ist gut.“

Einige der Befragten betonen auch, dass Fehler grundsätzlich dem rechtsstaatlichen Handeln widersprechen. Führungskräfte der Verwaltung scheuten davor zurück, das Risiko, die Kosten und Konsequenzen von Fehlern tragen zu müssen. Ihre Fehlertoleranz sei daher im Allgemeinen geringer als die von Führungskräften in der Wirtschaft. Eine tolerante Haltung gegenüber Fehlern gilt den Befragten jedoch als genereller Ausdruck von nonkonformistischem Denken und Handeln: Innovationen sind für sie ohne Fehler gar nicht vorstellbar. Wenn eine Organisationskultur, wie sie ihnen zufolge im öffentlichen Sektor vorherrsche, Misserfolge und Fehlschläge nicht toleriere, sänke die Wahrscheinlichkeit, dass unternehmerisch gedacht und gehandelt würde.

Den Interviewten zufolge wäre offene, kooperative Kultur mit mehr disziplinärer Vielfalt und interdisziplinärem Austausch wichtig, damit Ideen für Innovationen überhaupt entstehen und auch geteilt werden.

> „Jeder Mitarbeiter sollte ermutigt werden, Vorschläge für inkrementelle Verbesserungen und radikale Konzepte einzubringen.“

Die Befragten wünschen sich daher für neue Mitarbeitende, dass insbesondere beim Einstieg in die Organisation deutlich gemacht wird, dass Verbesserungsvorschläge nicht nur zugelassen, sondern sogar eingefordert werden:

„Dass man sagt: Wir sind darauf angewiesen, dass wir uns ständig an unsere Umwelt anpassen können und Verbesserungsvorschläge aktiv einbringen."

Innovation ist „Chefsache"

Einige Befragte haben erlebt, dass Führungskräfte eine entscheidende Rolle für das Gelingen – oder Nicht-Gelingen – von Intrapreneurship in Behörden spielen. Sie sehen die Vorgesetzten in der Verantwortung unternehmerisches Handeln bei Mitarbeitenden zu fördern, Teams den notwendigen Freiraum zu geben und diese zu unterstützen – nicht nur durch die Bereitstellung von Ressourcen, sondern auch durch den notwendigen moralischen Rückhalt auch gegenüber anderen Stakeholdern innerhalb der Organisation. Generell wird der Umgang mit den Mitarbeitenden als der kritische Erfolgsfaktor für die Innovationsfähigkeit der Organisation gesehen.

„Die Mitnahme [der Mitarbeitenden, Ergänzung d. Verf.] ist eine der größten Herausforderungen und im Rahmen der Digitalisierung auch die Entscheidendste".

Ob es tatsächlich möglich ist, alle „mitzunehmen" wird jedoch kontrovers beurteilt:

„Mitnehmen geht nicht, es geht nur top-down."

Gleichzeitig sehen die Befragten die Organisation und die Führung in der Pflicht, Überforderung bei den Mitarbeitenden zu vermeiden. Dies geschieht insbesondere durch eine gute Vorbereitung auf Innovationsaufgaben, sowohl der Impulsgebenden und aktiv Gestaltenden als auch der davon Betroffenen.

Aufgrund ihres nicht auf Gewinnerzielung ausgerichteten Zielsystems bieten Organisationen des öffentlichen Sektors per se weniger direkte und materielle Anreize zu innovativem Handeln als privatwirtschaftliche Unternehmungen. Aber auch die gelebte Führung und die systematischen Führungssubstitute, z. B. Anerkennung und immaterielle Anreize, tragen zu wenig zur Motivation der Mitarbeitenden bei, sich als Intrapreneure zu betätigen.

„Wir arbeiten für das Gemeinwohl. Und von daher denke ich, ist die Motivation der einzelnen Leute im öffentlichen Dienst auch so gedämpft. Weil sie sagen: ‚Hey, ob ich es jetzt so mache oder ob ich das jetzt noch effizienter mache, bringt mir vielleicht persönlich was, dass ich weniger zu arbeiten habe, aber dem Rest drum rum ist es eigentlich egal. Von daher lasse ich es.'"

Bürokratie und Silos hemmen Intrapreneure

Nach Auffassung der Interviewten müssten geeignete Strukturen und Prozesse etabliert werden, um Unternehmergeist in Behörden zu fördern. Denn innovationsfeindliche aufbau- und ablauforganisatorische Faktoren seien in der Organisation verankert und folglich auch durch innovative und unternehmerische Führungspersönlichkeiten kaum zu überwinden. Innovationen könnten, wie ein Befragter ausführt, nur umgesetzt werden, *„wenn es* *nicht überreguliert ist und nicht zu statisch gehalten wird"*. Es gäbe jedoch zu viele *„verästelte Zuständigkeiten"*. Das heißt,

> „die Innovation des Einzelnen ist stark eingeschränkt, weil er am System oftmals scheitert. Oder weil die Umsetzung derart schwierig und kompliziert ist, dass man zu viel Kraft benötigt, die man nicht bereit ist, aufzubringen. Weil der Innovationssprung vielleicht nicht groß genug ist, dass er so viel Kraft wert ist. Und dann lässt man es."

Auch wenn der Wille da ist, unternehmerisch zu handeln, wird dieser gebremst durch das Umfeld, denn *„es ist halt schwierig, weil man letztendlich auf eine bürokratische Organisation trifft, die das nicht immer sofort zulässt, weil dann bestimmte Vorschriften dagegensprechen."*

Die Organisation wird geradezu als lähmend erlebt: *„Ich lebe auch mit diesen Fesseln. Manchmal würde ich auch gerne, aber geht eben nicht."* Einer der Befragten hält es daher für eine Voraussetzung *„Entscheidungsbefugnisse nach unten [zu] geben"*.

Zu lange Entscheidungswege und -zeiten werden als demotivierend und sehr hinderlich für Innovation erlebt. Diese Verzögerungen sind organisationsbedingt, können aber auch ein Ausdruck mangelnden strategischen Alignments sein, das ja insbesondere bei neuartigen Aufgaben und Herausforderungen Orientierung geben und auch einen inhaltlichen Rahmen für unternehmerisches Agieren der Mitarbeitenden sein soll. Strategien, z. B. für die digitale Transformation, seien für die Mitarbeitenden nur schwer rezipierbar, bleiben abstrakt und würden damit nicht handlungsleitend.

> „Keine Strategie darf mehr als fünf Seiten umfassen. Alles andere kriegen sie nicht umgesetzt. Für viele Dinge haben wir Strategien, aber das sind alles meterdicke Papiere, die sind nicht handelbar. Als Betroffener, sehe ich so eine Strategie, blättere sie durch und sage: ‚Ja, mal gucken, was dann dabei irgendwann auf mich zukommt.' Die nimmt mich nicht mit.'"

Dagegen erweisen sich nach Einschätzung der Interviewten der kollegiale Zusammenhalt und ein konstruktives Miteinander als innovationsförderlich. Als zentrale Voraussetzungen dafür werden eine transparente Kommunikation und ein offener Informationsaustausch gesehen. Hier beklagen sich einige der Befragten jedoch über dysfunktionale Kommunikationsprozesse.

> „Und wenn wir dann nochmal fragen, dann so: ‚Nein, das habe ich jetzt eine Abteilung höher geschickt, gehen Sie mal zu dem!' Dann fragst du den: ‚Nein, das habe ich noch eine Abteilung höher geschickt.' Da will man den dann fragen, und dann sagt er: ‚Warum fragen Sie mich, fragen Sie doch Ihren Vorgesetzten, halten Sie doch den Dienstweg ein!' So läuft das dann … wie stille Post, dass da auf einmal irgendwo etwas verschüttet geht, man weiß es nicht mehr. Das ist dann auf einmal weg, diese Information."

Personalauswahl und -entwicklung fördern Intrapreneurship zu wenig

Die Befragten machen aber nicht nur berufliche Sozialisationsprozesse, sondern auch Selbstselektionseffekte bei der beruflichen Entscheidung für den öffentlichen Dienst (*„Diese Typen, die sich in der Verwaltung finden, für mich sind das Realitätsflüchtlinge.“*) und die Personalauswahlverfahren dafür verantwortlich, dass viele Mitarbeitende in Behörden insbesondere gegenüber „technischen“ Veränderungen nicht aufgeschlossen sind.

> „Sie haben sehr viele Menschen in der Verwaltung, die sitzen dort, weil sie diesem Technikleben ausgewichen sind. Also haben Sie Widerstand. Und deswegen gibt es nur zwei Möglichkeiten, den zu brechen. Einmal durch Ausbildung, Ausbildung, Ausbildung. [...] Die jenseits 45 sind schwer zu kriegen. Die kriegt man nur durch, sagen wir mal, Top-down-Geschichten.“

Nach Aussagen der Interviewten sind insbesondere das Sicherheitsdenken, eine persönliche Inflexibilität („Gartenzaun-Denken“), wichtige innovationshemmenden Faktoren. Den Interviewpartnern zufolge würden sich viele gezielt für den öffentlichen Dienst entscheiden, *„weil sie eben gerade diese Sicherheit suchen. In beruflicher Hinsicht und vielleicht auch die Sicherheit in der Tätigkeit, die sie dort machen.“*

Die Möglichkeit zum Lernen und zur Entwicklung wird dennoch von den meisten Befragten als wichtigster Hebel für den Erfolg von Innovationsvorhaben angesehen. Die Entwicklung von innovationsförderlichen Kompetenzen sollte daher bereits in der Ausbildung berücksichtigt werden.

> „Hier muss die Kompetenzentwicklung frühzeitig ansetzen, nämlich schon bei der Ausbildung. Man geht in diesen geschützten Bereich rein [...], wo ich aus diesen wirtschaftlichen Notwendigkeiten und dem Druck usw. raus bin. Und deswegen ist unser Denken nach 20, 25 Jahren verschraubt, leben wir nur noch in unseren Schächten, in Kaminen. So, und da muss man dran, wenn man Innovation haben will. Das heißt, die Ausbildung muss anders werden.“

Um entsprechende Kompetenzen zu entwickeln, bräuchte es aber auch zeitliche Freiräume, die die Mitarbeitenden eigenverantwortlich nutzen können und die sie auch in die Pflicht nehmen, die eigene Entwicklung voranzutreiben.

> „Darauf bezogen ist letztendlich auch Arbeitszeit zu reservieren, damit die Mitarbeiter und Mitarbeiterinnen auch diese Möglichkeit haben, sich selbst fortbilden zu können. Also das ist auch eine höhere Verantwortung an die Mitarbeiter selbst.“

Ein Befragter plädiert bei der Einstellung neuer Mitarbeitender auch für mehr Diversität in Bezug auf deren *Mindset.*

> „Man kann keine Quote machen, aber ich sage mal, zwei, drei Prozent Querköpfe. Kluge Querköpfe natürlich, nicht Querulanten, sondern Out-of-the-box-Denker. Die muss ich mir leisten. Und von diesen drei Prozent, bin ich sicher, bringen zehn Prozent uns weiter. Das reicht aber schon.“

Persönlichkeitseigenschaften und technisches Verständnis
In Bezug auf erforderliche personale Intrapreneurship-Kompetenzen sprachen die Befragten Persönlichkeitseigenschaften wie Offenheit, emotionale Stabilität und soziale Kompetenz an, die ihren Ausdruck in Experimentierfreude, Lernbereitschaft, Flexibilität, Kooperationsbereitschaft und Interesse an anderen Disziplinen finden. Diese Eigenschaften würden bislang zu wenig berücksichtigt.

> „Es geht schon los bei der Einstellung, wo man die Bravsten einstellt."

Sie betonen außerdem die Fähigkeit und Bereitschaft zur Selbstorganisation und zum eigenverantwortlichen lebenslangen Lernen, um sich neue Arbeitsaufgaben und Arbeitsmittel eigenständig erschließen zu können.

Um die Herausforderungen der Digitalisierung bewältigen zu können, wäre es nach Ansicht der Befragten notwendig, die entsprechenden technischen und methodischen Kompetenzen, z. B. zu agilem Projektmanagement, bereits in der Ausbildung zu erwerben und durch berufsbegleitende sowie anlassbezogene Maßnahmen der Personalentwicklung aufzufrischen.

> „Wir kriegen das Gerät auf den Tisch gestellt und müssen das dann irgendwie bedienen. Und da gibt es Kolleginnen und Kollegen, die man fragt: Wie geht das, wo muss ich denn jetzt hier drücken? Dann ist das so eine Learning by Doing-Geschichte."

Ein Befragter regt an, *„dafür Bewusstsein zu schaffen, dass es unterschiedliche Professionen gibt und vielleicht auch, dass man lernen muss, wie ein Programmierer Dinge löst. Das ist nämlich eine andere Herangehensweise, als wenn ein Jurist ein Problem zu lösen versucht. Und dafür sensibilisiert zu werden, das ist sehr entscheidend."*

Letztlich geht es darum, auch generelle Innovationskompetenzen zu erwerben: *„Wie macht man das denn eigentlich, out-of-the-box denken?"*

Zusammenfassung
Auch wenn weitere Forschung nötig wäre, um die Erkenntnisse dieser Exploration auf eine breitere empirische Basis zu stellen, vermitteln sie dennoch erste Hinweise zu den Rahmenbedingungen und Möglichkeiten für Intrapreneurship in Behörden sowie zu erforderlichen Intrapreneurship-Kompetenzen. So scheinen die organisationskulturellen Bedingungen, die berufliche Selektion und Sozialisation sowie die Personalentwicklung starke Auswirkungen auf die Innovationsbereitschaft und -leistung der Mitarbeitenden zu haben und prägen deren *Mindset*, ihren Umgang mit Problemen und Fehlern und ihre Führungsauffassung.

Hierarchische Strukturen, Sicherheitsdenken, geringe Fehlertoleranz und mangelnde Anreize üben großen Einfluss auf Motivation von Mitarbeitenden aus, sich als Intrapreneure zu betätigen. Die aktuellen Rahmenbedingungen werden insgesamt als wenig innovationsförderlich erlebt. Chancen für die Integration von Intrapreneurship in den öffentlichen Dienst werden insbesondere durch eine darauf ausgerichtete Personalauswahl und -entwicklung gesehen. Als notwendige, innovationsförderliche Kompetenzen wurden methodisch-technische Kompetenzen, z. B. Verständnis für agiles Projektmanagement, aber auch Soft Skills wie selbstorganisiertes Lernen, innovationsfreundliches Führungsverhalten und eine kollaborative Arbeitsweise angesprochen.

6 Intrapreneurship-Bildung als Aufgabe von Hochschulen – das Bildungsprogramm Fit for 4.0

Die explorative Befragung zeigt, dass neben strukturellen Veränderungen die Entwicklung von Intrapreneurship-Kompetenzen notwendig ist, um die Mitarbeitenden zu innovativem, unternehmerischem Denken und Handeln zu befähigen. Langfristig ist daraus auch ein positiver Einfluss auf die Organisationskultur im öffentlichen Dienst zu erwarten.

Welchen Beitrag können Hochschulen aber leisten, um Intrapreneurship in Organisationen des öffentlichen Sektors, in Ministerien und Behörden auf Bund- und Länderebene zu etablieren? Als staatliche Einrichtungen des tertiären und quartären Bildungsbereichs wirken Hochschulen auf die Gesellschaft innovationsfördernd und kulturstiftend. Neuere Studien betonen auch die wachsende Bedeutung von Hochschulen und hochschulischer Weiterbildung bei der Bewältigung der gesamtgesellschaftlichen Aufgabe der digitalen Transformation. Arbeitet bereits heute jedes vierte Unternehmen mit Hochschulen zusammen, um seine Kompetenzbedarfe zu decken, wird es in fünf Jahren mehr als jedes dritte sein (Stifterverband, 2019; Glauner, 2021). Diese Aufgabe sollte daher perspektivisch einen hohen Stellenwert in der strategischen Positionierung von Bildungseinrichtungen einnehmen und ist für den öffentlichen Sektor und diejenigen Hochschulen, die Nachwuchskräfte für den öffentlichen Dienst ausbilden, zukunftsweisend. Diese Hochschulen, wie z. B. die Universitäten der Bundeswehr, bilden ihre Studierendenklientel nicht für den offenen allgemeinen Arbeitsmarkt oder eine selbstständige Tätigkeit aus, sondern decken primär den (wachsenden) Personalbedarf an Hochschulabsolventinnen und -absolventen in Institutionen der öffentlichen Verwaltung. Dadurch prägen sie den Staat und seine Behörden auch in der Zukunft entscheidend mit.

Aktuell werden vermehrt Kompetenzen in den Bereichen der digitalen Transformation und Intrapreneurship nachgefragt, wie der Aufbau von entsprechenden Studiengängen bzw. die curriculare Weiterentwicklung bestehender Angebote in diesen Wissenschaftsfeldern[3] verdeutlichen. Auch die Einrichtung eines bundeslandweiten Kompetenzzentrums für Digitale Verwaltung mit dem Ziel, „in den nächsten fünf Jahren den digitalen Zwilling einer deutschen Behörde zu erschaffen“, unterstreicht den großen Bedarf nach entsprechender Kompetenzentwicklung.[4]

[3] Als Beispiele hierfür seien die Bachelorstudiengänge „Applied Entrepreneurship“ der TH OWL (www.th-owl.de) und „Verwaltungsinformatik“ sowie die Vertiefungsrichtung „Digitalisierung“ im MBA Public Management der Universität der Bundeswehr München (www.unibw.de) genannt.

[4] Nähere Informationen unter: www.kompetenzzentrum-digitale-verwaltung.de.

Da der öffentliche Dienst im *„war of talents"* in Anbetracht von beschränkten Aufstiegs- und Gehaltsperspektiven, starren Laufbahnregelungen sowie traditionellen hierarchischen Strukturen gegenüber unternehmerisch und international agierenden Konzernen ein fast verlorenes Feld zu sein scheint, erfordert es besonderer Anstrengungen, für entsprechend qualifiziertes Personal zu sorgen (Kap. 1).

Welche Kompetenzen oder Skills werden aktuell besonders nachgefragt bzw. zukünftig benötigt? Zum einen geht es um die akademische Ausbildung des Nachwuchses in innovativen Technologien wie KI und Big Data für die Arbeitswelt 4.0. Arbeitgeber, unabhängig davon, ob sie der privaten Wirtschaft oder dem öffentlichen Sektor angehören, stehen hier vor einer doppelten Herausforderung: Es gilt, einen großen Bedarf an IT-Spezialisten und -Spezialistinnen zu decken, der zukünftig weiter steigen wird. In einer Befragung von mehr als 600 Unternehmen wurde ermittelt, dass bereits jetzt 124.000 offene IT-Spezialisten Stellen unbesetzt sind und in den kommenden fünf Jahren ca. 700.000 Arbeitnehmende mit technologischen Skills fehlen werden (iubh, 2020). Man spricht von einem „Digital Skill Gap", den Führungskräfte als einen der größten Risikofaktoren für den unternehmerischen Erfolg einschätzen. Zum anderen wird – wie auch die explorative Befragung gezeigt hat – die fachspezifische und handlungsorientierte Weiter- und Fortbildung vorhandenen Personals für den digitalen Wandel immer wichtiger (retraining/upskilling). Hochschulen können sich als Bildungspartner für Unternehmen und den öffentlichen Sektor gleichermaßen positionieren, wenn sie entsprechende Entwicklungs- und Weiterbildungsmöglichkeiten anbieten, da der „Stand der Digitalisierung" in Unternehmen und Behörden zwar unterschiedlich, die Herausforderungen aber nahezu die gleichen sind.

Glauner (2021) sieht einen engen Zusammenhang zwischen dem Innovationsmanagement, dem Entre- und Intrapreneurship und grundlegenden Digitalisierungskompetenzen. Um innerhalb von Organisationen unternehmerisch tätig zu werden, sind passende Rahmenbedingungen der organisationalen Umwelt, der Unternehmens- und Führungskultur erforderlich, aber auch eine entsprechende persönliche Disposition, Motivation und Kompetenz der Mitarbeitenden. Glauner (2021) spricht in Bezug auf die Mitarbeitenden von einem Dreiklang aus Sozial-, Durchsetzungs- und Führungskompetenz, gepaart mit einem hohen Ausprägungsgrad an Kooperationsfähigkeiten. Die Förderung von Intrapreneurship-Kompetenzen bei den Studierenden ist daher essentiell für deren Wirken als Innovationsakteurinnen und -akteure in Behörden und Institutionen des öffentlichen Sektors (Abb. 3).

An der Universität der Bundeswehr München wird daher seit 2019 innerhalb verschiedener Organisationsbereiche am Aufbau eines Intrapreneurship-Bildungsprogramms für die Zielgruppen des studierenden Offiziernachwuchs sowie für berufstätige Weiterbildungsstudierende gearbeitet.

Intrapreneurship-Kompetenzen können an der Universität der Bundeswehr München auf drei verschiedenen Wegen erworben werden:

- **Extracurriculare Angebote**, wie z. B. ein jährliches Intrapreneurship-Inkubatorprogramm, der jährliche Ideenwettbewerb „Smart Solutions Challenge" sowie Workshops und Vorträge werden im Rahmen der Intrapreneurship-Education durch das

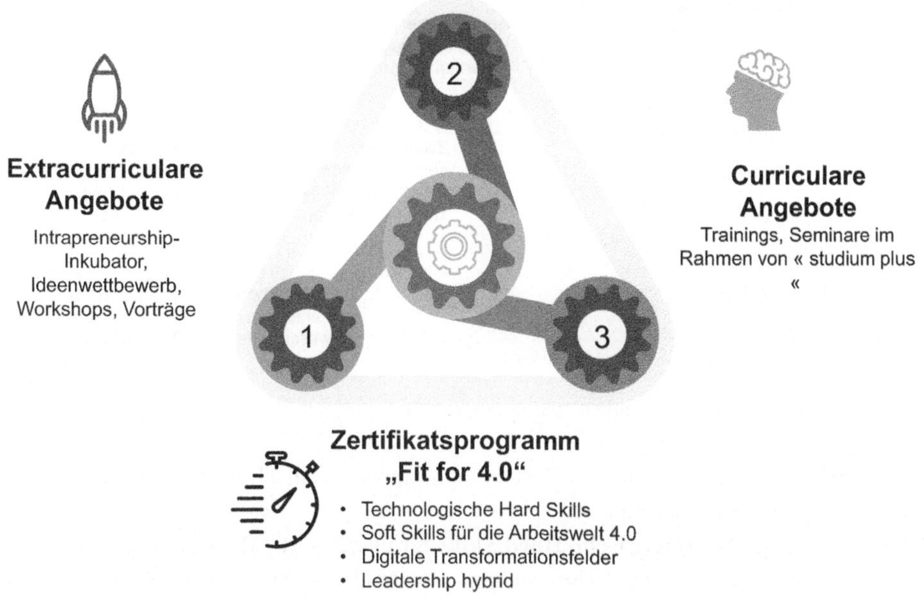

Abb. 3 Intrapreneurship-Bildungsprogramm der Universität der Bundeswehr München

Gründungs- und Transferzentrum founders@unibw bereitgestellt. Die Angebote stehen allen Universitätsmitgliedern und kapazitätsabhängig auch externen Teilnehmenden offen.

- **Curriculare Angebote in Form von Trainings und Seminaren**, werden u. a. vom Zentralinstitut *studium plus* angeboten. Hier können die Studierenden seit 2020 Intrapreneurship-Module wählen und zukünftig für einige der extracurricularen Angebote von founders@unibw, insbesondere für die Teilnahme am Inkubatorprogramm, ECTS-Punkte erwerben.
- Am Weiterbildungsinstitut campus advanced studies center (www.casc.de) wird derzeit ein berufsbegleitendes **Zertifikatsprogramm „Fit for 4.0"** entwickelt. Die Zielsetzung hierbei ist, dass Teilnehmende aus dem öffentlichen Sektor und aus Unternehmen, insbesondere KMUs, Kompetenzen in digitaler Transformation, Intrapreneurship und agilen Arbeitsmethoden erwerben. Zielgruppen sind sowohl Mitarbeitende, die für ihren Aufgabenbereich digitale und technologische Skills brauchen oder Digitalisierungsprojekten innerhalb ihrer Organisation umsetzen als auch Führungskräfte, die in einem digitalen Umfeld führen oder die digitale Transformation ihrer Organisation vorantreiben wollen.

Innerhalb des **Zertifikatsprogramm „Fit for 4.0"** können technologische und Digitalisierungsfähigkeiten sowie innovative Arbeits- und Verhaltensweisen aus insgesamt vier Kompetenzlinien „Technologie", „Arbeitswelt 4.0" und „Digitale Transformationsfelder" sowie „Leadership hybrid" erlernt und im täglichen Arbeitsleben angewendet werden.

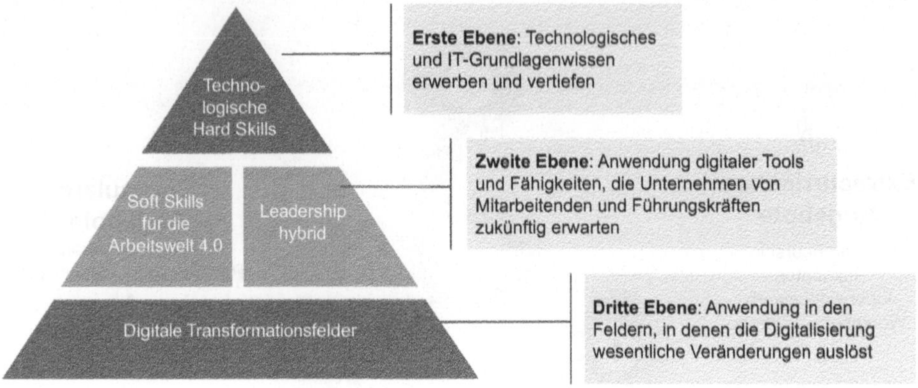

Abb. 4 Kompetenzlinien des Zertifikatsprogramms „Fit for 4.0"

Die vier Kompetenzlinien sind jeweils zielgruppenspezifisch aufgebaut und können modular abgerufen werden Abb. 4:

Erstens werden **technologische Hard Skills** für interessierte Mitarbeitende vermittelt, die Grundlagenwissen zu neuen (Informations-)Technologien kennenlernen oder, wenn es sich bereits um technikaffine Mitarbeitende handelt, vertiefen wollen. Dazu gehört insbesondere die Fähigkeit, datengetriebene Entscheidungen auf Basis komplexer Analyseverfahren zu treffen und durch maschinelles Lernen Prozesse zu automatisieren. Da insbesondere Organisationen des öffentlichen Dienstes kritische Infrastrukturen betreiben und verwalten, benötigen sie zudem verstärkt Mitarbeitende, die mit vernetzten IT-Systemen und den hier relevanten Technologien vertraut sind, z. B. mit Cloud-Computing, IT-Security, Internet-of-Things und Blockchain. Mitarbeitende müssen aber auch verstehen, wie eine angemessene und wirksame Datenschutz-Kultur etabliert und wirksam erhalten werden kann.

Zweitens werden **Soft Skills für die Arbeitswelt 4.0** vermittelt. Diese Kompetenzlinie wendet sich an alle Mitarbeitenden, die in ihrer täglichen Arbeit Komplexität bewältigen müssen, ihre eigene Employability erhalten oder stärken wollen und die ein tiefergehendes Verständnis für Methoden der digitalen Transformation erwerben wollen. Die Kompetenzlinie fokussiert sich auf das Mindset und die Soft Skills, die Unternehmen von ihren Arbeitnehmerinnen und Arbeitnehmern zukünftig erwarten und greift die Ergebnisse der explorativen Studie auf. Die Teilnehmenden lernen, wie sie Intrapreneurship-Projekte und die Digitale Transformation ihrer Organisationen mit agilen Methoden vorantreiben können und userfreundliche Produkte und Services auf den Weg bringen: Digitales Arbeiten und Lernen, unternehmerisches Denken und Handeln, agiles Projektmanagement, Innovationstechniken und Design Thinking sowie Digitales Marketing stehen hier im Blickpunkt.

Die dritte Kompetenzlinie „**Digitale Transformationsfelder**" widmet sich anhand von Case Studies den spezifischen Einsatzgebieten, in denen die Digitalisierung zu wesentlichen Veränderungen führen wird. Teilnehmende mit entsprechender Expertise können sich in ihrem eigenen Arbeitsfeld einen fundierten Überblick über zukünftige

Entwicklungen, Potenziale, aber auch Risiken verschaffen. Angeboten werden u. a. die Bereiche Digital Human Resources Management, Digital Health, Public Management und Procurement, Controlling oder Bau 4.0.

Ein Pilotprojekt mit dem Namen „**Leadership hybrid**", das 2021 startet, widmet sich der Schulung von (IT-) Führungskräften, da nicht nur die hier vorgestellte explorative Befragung darauf hindeutet, dass die Ermöglichung von digitaler Transformation und Intrapreneurship wesentlich vom „Mindset" und der Offenheit und Förderung von Vorgesetzten für neue Strukturen abhängt (Petry, 2019). Ambidextre Führung in einem innovativen Umfeld und Digital Leadership sowie ein Verständnis für die Funktionsweise innovativer Organisationen wollen erlernt und als neue Führungskultur im öffentlichen Bereich etabliert werden. Vertrauen muss zukünftig an die Stelle von Kontrolle treten, Silodenken abgeschafft und Hierarchien abgebaut werden, um die Komplexität der bevorstehenden Aufgaben zu meistern (Lotter, 2019).

Bei allen hier vorgestellten Kompetenzlinien sollen neue Formen und Formate digital gestützter Wissensvermittlung wie Online-Plattformen, Mikrozertifizierungen, projektbasiertes Lernen und Portfolios mit formell und informell erworbenen Kompetenzen genutzt werden. Ziel ist es, auf der Basis des *blended learning*-Prinzips eine Flexibilisierung und Individualisierung in der Wissensvermittlung, insbesondere für die Zielgruppe der Berufstätigen, zu erreichen und auf die jeweiligen „digitalen Eingangskompetenzen" Rücksicht nehmen. Ein hoher Stellenwert wird hierbei der Anwendungsorientierung beigemessen, um den Teilnehmenden einen direkten Transfer der erworbenen Kompetenzen in ihre beruflichen Aufgaben und Herausforderungen zu ermöglichen und somit für sie und ihre jeweiligen Arbeitgeber einen größtmöglichen Nutzen zu stiften. Da diese Kompetenzen nicht nur in Studiengängen erworben werden, sondern häufig informell, sollen gerade diese Lern- und Befähigungsprozesse durch nicht-zugangsbeschränkte Maßnahmen gefördert werden.

Von der Zusammenarbeit von Hochschulen und dem öffentlichen Sektor profitieren somit beide Seiten: Eine innovations- und intrapreneuraffine Führungs- und Arbeitskultur wird geschaffen (Klingenberg, 2020) und somit ein wesentlicher Beitrag zur Zukunftsfähigkeit des Staats und seiner Behörden wird geleistet.

Literatur

Albury, D., & Mulgan, G. (2003). Innovation in the public sector. *Cabinet office, 1*(1), *40*. [*HM government paper*. London: Prime Minister's Strategy Unit.].

Appelbaum, E., Bailey, T., Berg, P., Kalleberg, A. L., & Bailey, T. A. (2000). *Manufacturing advantage: Why high-performance work systems pay off*. Cornell University Press.

Bandura, A. (1989). Regulation of cognitive processes through perceived self-efficacy. *Developmental Psychology, 25*(5), 729–735.

Chen, G., Farh, J.-L., Campbell-Bush, E. M., Wu, Z., & Wu, X. (2013). Teams as innovative systems: Multilevel motivational antecedents of innovation in R&D teams. *Journal of Applied Psychology, 98*(6), 1018–1027.

DESI-Report. (2019). *Digital public services (The digital economy and society index)*. https://ec.europa.eu/germany/news/20190611-digitaler-index_de. Zugegriffen am 18.04.2021.

Glauner, P. (2021). Digitalisierungskompetenzen: Rolle der Hochschulen. In P. Ramin (Hrsg.), *Handbuch Digitale Kompetenzentwicklung: Wie sich Unternehmen auf die digitale Zukunft vorbereiten* (S. 147–157). Hanser.

Hizarci-Payne, A. K. (2020). Intrapreneurship. In S. Idowu, R. Schmidpeter, N. Capaldi, L. Zu, M. Del Baldo & R. Abreu (Hrsg.), *Encyclopedia of sustainable management*. Springer. https://doi.org/10.1007/978-3-030-02006-4_79-1, Zugegriffen am 18.04.2021.

iubh. (2020). *Digitalisierung und neues Lernen im Fokus. Trendstudie Upskilling 2020*. https://www.iubh-university.de/wp-content/uploads/IUBH-Whitepaper-Trendstudie-Upskilling-2020.pdf. Zugegriffen am 18.04.2021.

Kazmierski, U. (2019). Wie lässt sich die Digitalisierung als Innovationsschub in der öffentlichen Verwaltung erfolgreich verhindern? In A. Schmid (Hrsg.), *Verwaltung, eGovernment und Digitalisierung*. Springer. https://doi.org/10.1007/978-3-658-27029-2_5.

Klingenberg, H. (2020). *Intrapreneurship im mittleren Management. Unternehmerische Handlungsmuster und der Einfluss organisationaler Rahmenbedingungen auf die Motivation*. Logos.

Kolev, N., Goldstein, A., & Grossmann, M. (2015). *Fünf Erkenntnisse zu Intrapreneurship*. Deloitte Digital GmbH. https://www2.deloitte.com/content/dam/Deloitte/de/Documents/technology/Intrapreneurship_Whitepaper_German.pdf. Zugegriffen am 18.04.2021.

Lamers, A. (2018a). Grundlagen der Organisationslehre. In *Public management*. Springer Gabler. https://doi.org/10.1007/978-3-658-21807-2_4. Zugegriffen am 18.04.2021.

Lamers, A. (2018b). Neue Steuerungsmodelle. In *Public management*. Springer Gabler. https://doi.org/10.1007/978-3-658-21807-2_5. Zugegriffen am 18.04.2021.

Lotter, D. (2019). *Digital Transformation Design. 33 Prinzipien, wie Sie Organisationen ins intelligente Zeitalter führen*. BusinessVillage GmbH.

Meier, F., & Schimank, U. (2020). Bürokratie als Schicksal? Max Webers Bürokratiemodell im Lichte der Organizational Studies. In H. P. Müller & S. Sigmund (Hrsg.), (2014): *Max Weber-Handbuch. Leben – Werk – Wirkung* (2. Aufl., S. 421–427). Verlag J. B. Metzler.

Petry, T. (Hrsg.). (2019). *Digital Leadership: Erfolgreiches Führen in Zeiten der Digital Economy*. Haufe-Lexware.

Pinchot, G. (1988). *Intrapreneuring. Mitarbeiter als Unternehmer*. Gabler Verlag.

Pinchot, G., & Soltanifar, M. (2021). Digital intrapreneurship: The corporate solution to a rapid digitalisation. In M. Soltanifar, M. Hughes & L. Göcke (Hrsg.), *Digital entrepreneurship. Future of business and finance* (S. 233–262). Springer. https://doi.org/10.1007/978-3-030-53914-6_12

Presthus, R. (1962). *The organizational society. An analysis and a theory*. Vintage Books/Random House.

Sterling, A., & Boxall, P. (2013). Lean production, employee learning and workplace outcomes: A case analysis through the ability-motivation-opportunity framework. *Human Resource Management Journal, 23*(3), 227–240.

Stifterverband für die Deutsche Wissenschaft e.V. (Hrsg.). (2019). *Future Skills: Strategische Potenziale für Hochschulen*. Diskussionspapier 3. https://www.stifterverband.org/medien/future-skills-strategische-potenziale-fuer-hochschulen. Zugegriffen am 18.04.2021.

Streicher, H. W. (2020). Sind die Erwartungen der Führungsebenen erfüllbar? In H. W. Streicher (Hrsg.), *Digitale Transformation in der öffentlichen Verwaltung* (S. 39–52). Springer Gabler.

Trost, J. K., Skerlavaj, M., & Anzengruber, J. (2016). The ability-motivation-opportunity framework for team innovation: Efficacy beliefs, proactive personalities, supportive supervision and team innovation. *Economic and Business Review for Central and South-Eastern Europe, 18*(1), 77–101.

Witzel, A., & Reiter, H. (2012). *The problem-centred interview: Principles and practice*. SAGE Publications.

Teil VI

Evaluierung von Intrapreneurship

Intrapreneurship-Potenzial in deutschen Unternehmen verschiedener Branchen

Magdalena Grimm und Steffi Rudel

1 Innovationsfähigkeit und Intrapreneurship

Als Reaktion auf eine stetig steigende Wettbewerbsintensität, auf verkürzte Produktlebenszyklen und die Vermehrung von verfügbarem Wissen sind Unternehmen gezwungen, Innovationen hervorzubringen. Denn *„Innovationen sind heutzutage für Unternehmen und ganze Volkswirtschaften überlebenswichtig"* (Backerra et al., 2020, S. 5). Hierbei gibt es verschiedene Methoden und Ansätze, Innovationen zu identifizieren und zu fördern. So stellt schon die vereinfachte Wissensgenerierung durch bereitgestellten Zugang zu Plattformen und Informationen seitens des Unternehmens bereits eine Methode beziehungsweise einen Ansatz zur Innovationsförderung dar. Als weitergehende Möglichkeit können Unternehmen beispielsweise Forschungsvorhaben ihrer Mitarbeitenden unterstützen. Diese Methoden und Ansätze können durch die Nutzung interner oder externer Ressourcen erfolgen. Die Mitarbeitenden eines Unternehmens stellen dabei eine interne Quelle dar – allerdings liegt diese häufig nicht im Fokus der Unternehmen. So nutzen laut einer Bitkom-Umfrage nur sieben Prozent der Unternehmen ab 20 Mitarbeitenden spezielle Intrapreneurship-Programme; je größer die Unternehmen werden, desto größer wird auch der jeweilige Prozentsatz, allerdings liegt dieser bei einem Maximum von 22 Prozent (Gentemann, 2018).

In den USA werden schon seit Jahren verschiedene Intrapreneurship-Programme getestet und aktiv angewendet. Durch das Ausschöpfen der Intrapreneurship-Potenziale der Mitarbeitenden wurden so einige, heute kaum wegzudenkende Neuheiten generiert und umgesetzt. Bekannte Beispiele sind die Post-It-Note von 3M und der Macintosh von

M. Grimm · S. Rudel (✉)
Universität der Bundeswehr München, Neubiberg, Deutschland
E-Mail: steffi.rudel@unibw.de

R. Kraus et al. (Hrsg.), *Intrapreneurship*,
https://doi.org/10.1007/978-3-662-64102-6_18

Apple. Für den deutschsprachigen Raum und Deutschland im Speziellen, gibt es hinsichtlich dieses Themengebiets wenige bekannte Beispiele aus der Wirtschaft und insgesamt auch nur wenige Forschungsarbeiten.

Daher soll im vorliegenden Beitrag untersucht werden, inwiefern Intrapreneurship innerhalb deutscher Unternehmen im B2B und im B2C-Bereich erwünscht oder bereits existent ist. Der Fokus liegt auf den Mitarbeitenden als interne Ressource. Im Detail wird untersucht,

- inwiefern es Mitarbeitenden verschiedener Branchen bereits jetzt möglich ist, Innovationen einzubringen,
- auf welche Widerstände und Probleme sie treffen,
- ob sich das Intrapreneurship-Potenzial einzelner Branchen unterscheidet und
- ob es Merkmalen gibt, anhand derer ein Intrapreneur identifiziert werden kann und ob sich diese Merkmale zwischen den Branchen unterscheiden.

1.1 Vorgehensweise

Zur Beantwortung dieser Fragen wird eine qualitative Studie durchgeführt. Die Verwendung dieser Methode wird durch einen explorativen Ansatz begründet, da zum Intrapreneurship in den speziellen Branchen keine vertiefende Forschung auffindbar war.

Es werden Personen aus vier Branchen befragt. Laut Statista gibt es in Deutschland aktuell allein 23 Branchen mit einer Vielzahl von Unterbranchen (Statista, 2020). In der vorliegenden Studie werden folgende vier Branchen berücksichtigt: Technologie, Logistik, Luftfahrt und Soziales. Für die Erhebung der Daten werden insgesamt acht Personen befragt, wobei jede der genannten Branchen durch zwei Personen vertreten ist. Bei den Befragten handelt es sich um Mitarbeitende aus verschiedenen Bereichen und Positionen der jeweiligen Branchen.

Tab. 1 listet die Testpersonen auf.

Tab. 1 Zuordnung der Testpersonen zu den jeweiligen Branchen, mit Darstellung der Position innerhalb des Unternehmens

Testperson	Branchenzugehörigkeit	Position innerhalb der Organisation
1	Technologiebranche	Führungsposition im Bereich Produktionsplanungsprozess
2	Technologiebranche	Beschäftigte Person im Bereich Data Acquisition and Analysis
3	Logistikbranche	Versand- und Lagerleitung
4	Logistikbranche	Lagerleitung
5	Sozialer Bereich	Erzieher/Gruppenleitung
6	Sozialer Bereich	Bildungsbegleiter
7	Luftfahrtbranche	Projektleitung
8	Luftfahrtbranche	Projektleitung im Bereich Forschung und Entwicklung

1.2 Wissenschaftliche Grundlage

Grundlage für die vorliegende Arbeit bildete ein Diagnoseinstrument für Intrapreneure, das 2015 im Rahmen einer Dissertation von Nina Schießl entwickelt wurde (Schießl, 2015). Dieses Befragungsinstrument dient der Einschätzung des Intrapreneurship-Potenzials von Mitarbeitenden und kann damit die Identifikation von Intrapreneuren im Unternehmen unterstützen. Schießl identifiziert in ihrer Arbeit insgesamt 18 Konstrukte, welche sie in sieben Motive (Tab. 2) und elf Fähigkeiten (Tab. 3) unterteilt (Schießl, 2015). Die Motive beziehen sich bei dieser Unterteilung auf die intrinsische Einstellung des Mitarbeitenden und dessen persönliche Einstellung. Fähigkeiten beschreiben die Möglichkeit des Umgehens mit aufkommenden Situationen. Diese 18 Konstrukte bilden die Grundlage für die qualitative Untersuchung der vorliegenden Arbeit.

1.3 Erhebungsinstrument: Interviewleitfaden

Die qualitative Erhebung wurde mittels eines semistrukturierten Leitfaden-Interviews durchgeführt (Bogner & Menz, 2002). Das Interview wurde in drei Befragungsblöcke unterteilt.

Der erste Befragungsblock beinhaltete einige hinführende offene Fragen, die als „Eisbrecher" dienen und **allgemeine Informationen** zum Thema abfragen sollten.

In Tab. 4 sind die in den Interviews verwendeten Fragen und deren Zuordnung zu den Kategorien (unterteilt in „Allgemeines" und „Motive") abgebildet.

Tab. 2 Relevante Konstrukte zu Intrapreneurship-Motiven sowie deren Erläuterungen (Schießl, 2015)

Motiv	Erläuterung
Leistungsmotivation	Erfolgsmotivation bei der Auseinandersetzung mit einem (persönlichen) Gütemaßstab.
Internale Kontrollüberzeugung	Überzeugung, dass Erfolg und der Verlauf des eigenen Lebens zum größten Teil durch das eigene Handeln bestimmt wird.
Selbstwertgefühl	Drückt sich durch eine positive Einstellung gegenüber sich selbst aus.
Autonomiestreben	Ansicht, dass eigene Handlungsspielräume, Verantwortung und Selbstbestimmung unabhängig von anderen Personen einen anzustrebenden Zustand darstellen.
Systemkritische Sichtweisen	Ansicht, dass es manchmal notwendig ist, sich unkonventionell, d. h. nicht konform zu verhalten und Autoritäten nur eingeschränkt zu akzeptieren.
Offenheit gegenüber Innovationen	Die Einstellung, prinzipiell offen für Neues zu sein und Innovation als erstrebenswert anzusehen.
Organisationale Bindung	Bindung der Person an die Organisation, welche auf emotionalen, rationalen und normativen Grundlagen beruhen kann.

Tab. 3 Relevante Intrapreneurship-Konstrukte zu Fähigkeiten sowie deren Erläuterungen (Schießl, 2015, S. 59 f.)

Fähigkeit	Erläuterung
Risikotoleranz	Die Fähigkeit, mit Risiko und Mehrdeutigkeit souverän umzugehen und diese für sich persönlich tolerieren zu können.
Fähigkeit zum Netzwerken	Auf menschlicher Ebene können Kontakte und Verbindungen zu Personen geknüpft und aufrechterhalten werden, die zur Erreichung von persönlichen und beruflichen Zielen einen Mehrwert bedeuten.
Proaktivität/ Eigeninitiative	Denk- und Handlungsweise, bei der eine Person vorausschauend und aus eigenem Antrieb handelt, um ein positives Arbeitsergebnis zu erzielen.
Visionäre Führung	Die Fähigkeit, Menschen durch inspirierende und mitreißende Zukunftsvorstellungen zu herausfordernden und überragenden Leistungen zu bewegen.
Politisches Geschick und Empathie	Die Fähigkeit, eigene Interessen effektiv und effizient durchzusetzen, ohne die Gefühle anderer zu verletzten, indem man sich in die Gedanken und Bedürfnisse anderer Menschen einzufühlen vermag.
Problemlösungsfähigkeit	Die Fähigkeit zur Lösung von Aufgaben, für die es noch keine Routineverfahren gibt, eigene Mittel und Wege zu finden.
Entscheidungs-fähigkeit unter Unsicherheit	Auch in Situationen tragfähige Entscheidungen treffen zu können, in denen der Eintritt von zukünftigen Ereignissen nicht mit Sicherheit vorausgesagt werden kann.
Überzeugungskraft	Die kommunikative Fähigkeit, andere Menschen durch geschickte Argumentation und das eigene Auftreten für die eigene Meinung oder eigene Ziele zu gewinnen.
Flexibilität	Die Fähigkeit, sich auf geänderte bzw. auf sich wechselnde Anforderungen und Gegebenheiten einer Situation schnell einstellen zu können.
Effiziente Gewissenhaftigkeit	Gewissenhaftigkeit drückt sich in einem Arbeitsstil aus, der ordentlich, genau, sauber, organisiert, sorgfältig, verantwortlich, zuverlässig und überlegt ist. Fähigkeit, den Aufwand für eine Arbeit dabei in ein positives Verhältnis zum Nutzen zu stellen.
Willenskraft und Persistenz	Die Fähigkeit, Absichten und Ziele ausdauernd und hartnäckig trotz Hindernissen über einen längeren Zeitraum zu verfolgen.

Anschließend wurden im zweiten Befragungsblock die elf **Fähigkeiten** mittels Selbsteinschätzung abgefragt. Für diesen Teil des Fragebogens wurden den Testpersonen die Begriffe vorgelesen und, wie in Tab. 3 aufgezeigt, definiert. Anschließend sollte sich die Testperson selbst auf einer Skala von 1 (sehr gering) bis 7 (sehr hoch) einschätzen.

Zum Abschluss des Interviews folgten im letzten Befragungsblock nochmals offene Fragen, aus deren Antworten später die sieben **Motive** mittels Fremdeinschätzung abgeleitet werden konnten.

In Tab. 5 sind die Fragen des dritten Befragungsblocks und deren Zuordnung zu den Kategorien („Motive") abgebildet.

Tab. 4 Zuordnung der Leitfragen in Kategorien, erster Befragungsblock

Leitfrage	Kategorie
Erzählen Sie mir bitte etwas über sich und Ihren Beruf. Was machen Sie in Ihrem Unternehmen, und welche Position haben Sie dabei inne? Wie lange sind Sie schon in dem Unternehmen? Und wie kamen Sie damals zum Unternehmen?	Allgemeines: Position innerhalb der Organisation
Was bedeutet für Sie der Begriff Innovation?	Allgemeines: Der Begriff Innovation
In welchem Umfang können Sie eigene Innovationen in das Unternehmen einbringen?	Allgemeines: Aktuelle Förderungsmaßnahmen
Würden Sie gerne eigene Innovationen einbringen? Beziehungsweise haben Sie dies in der Vergangenheit getan oder zumindest versucht? → Bei getätigtem Versuch: Woran ist der Versuch gescheitert?	Allgemeines: Interesse an Intrapreneurship Widerstände innerhalb der Organisation Generierte Vorteile durch vergangenes Intrapreneurship
Welchen Zeitrahmen und welche Ressourcen haben Sie bereits jetzt, um eigene Ideen im Unternehmen zu entwickeln?	Allgemeines: Aktuelle Förderungsmaßnahmen
Würden Sie ein eigenes Unternehmen gründen? Begründen Sie bitte Ihre Antwort.	Motive: Autonomiestreben
Welchen Anreiz müsste Ihnen Ihr Arbeitgeber bieten, damit Sie bereit wären, Ihre Innovation an ihn abzutreten?	Allgemeines: Anreize für die Abtretung von Innovationen
Nun, nachdem Sie wissen, was ein Intrapreneur ist: Wären Sie gerne ein Intrapreneur?	Allgemeines: Interesse an Intrapreneurship

Tab. 5 Zuordnung der Leitfragen in Kategorien, dritter Befragungsblock

Leitfrage	Motiv
Welches Verhältnis haben Sie gegenüber Innovationen?	Offenheit gegenüber Innovationen
Wie verbunden fühlen Sie sich mit Ihrem Unternehmen?	Organisationale Bindung
Welche Sichtweisen haben Sie gegenüber Ihren Vorgesetzten und deren Art, Probleme zu lösen?	Systemkritische Sichtweisen
Würden Sie gewisse Probleme lieber freier lösen?	Autonomiestreben
Wie wichtig ist es Ihnen, Leistung und, damit einhergehend, Erfolge zu erbringen?	Leistungsmotivation
Wie gehen Sie mit Rückschlägen um?	Selbstwertgefühl

2 Intrapreneurship-Potenzial in den untersuchten Branchen

In diesem Abschnitt werden die Ergebnisse dargestellt, die auf Grundlage der erhobenen qualitativen Daten gewonnen wurden. Die Branchenbereiche werden dabei getrennt voneinander dargestellt. Es werden dazu je Branche zuerst allgemeine Ergebnisse vorgestellt und anschließend wird auf die Kategorie Motive eingegangen. Die Ergebnisse zu der Kategorie Fertigkeiten werden in Abschn. 3 übergreifend dargestellt, um den Vergleich der Fertigkeiten über die Branchen zu erleichtern.

Zur Auswertung wurde aufgrund der Vielzahl von Informationen wörtlich transkribiert (Mayring, 2016). Anschließend wurden die Daten mithilfe der Software MaxQDA kategorisiert (Rädiker & Kuckartz, 2019).

Technologiebranche
Allgemeines
Die ersten beiden Testpersonen aus der Technologiebranche sind im selben Unternehmen tätig, allerdings in zwei verschiedenen Positionen. Für Testperson 1 sei Innovation der

> „Weg eigentlich, wie du besser wirst."

Hierbei war es für die Testperson irrelevant, auf welcher Ebene dies geschieht, allerdings eindeutig als Komponente der Strategie. Für die zweite Testperson bedeutete Innovation eine Kombination von Themen oder Methoden, die noch nicht existiert und durch die etwas Neues entsteht.

Zu aktuellen Fördermaßnahmen gab Testperson 1 an, dass sie zwar innerhalb der Organisation Impulse durch die Übermittlung ihrer Ideen an ihre Führungskraft setzen kann, diese allerdings nicht bis zur Umsetzung beeinflussen kann. Testperson 2 äußerte sich ähnlich, denn auch bei ihr wurde deutlich, dass der Umfang, in dem Innovationen eingebracht werden können, nicht den Wünschen des Teilnehmenden entspricht.

Die Widerstände sahen beide in der konservativen und risikoabgeneigten Kultur des Unternehmens, aber auch in dem fehlenden Interesse, in der fehlenden Unterstützung und in den fehlenden finanziellen Möglichkeiten. Hierbei erwähnte Testperson 1 die störenden hierarchischen Strukturen, eine fehlende Agilität sowie das aktive und bewusste Verhindern von innovativen Ideen.

Zu den gewünschten Anreizen für ein Überlassen von Innovationen an die Organisation zählte Testperson 1 Wertschätzung und Lob. Zusätzlich wären Anreize wie Zeit und Ressourcen für sie interessant. Testperson 2 gab ebenfalls an:

> „Wenn ich Freiraum bekommen würde. Angenommen irgendwie so zwanzig, fünfundzwanzig Prozent meiner Zeit für sowas [Verfolgung der eigenen Innovationen] auch verwenden könnte, würde ich sofort machen."

Beide Testpersonen hatten großes Interesse an Intrapreneurship und sahen eine Betätigung als Intrapreneur als attraktiv und erstrebenswert an.

Motive
Testperson 1 gab an, dass sie offen und wertschätzend gegenüber Innovationen sei. Testperson 2 fand Innovationen gut und war gewillt, neue Dinge auszuprobieren.

Die organisationale Bindung fiel bei beiden Testpersonen unterschiedlich aus. Diese bezieht sich darauf, wie stark die Testperson sich mit der Organisation identifiziert und gewillt ist ein Teil von dieser zu bleiben. Erstere gab an, gar keine Bindung zu haben. Vielmehr beschrieb sie sich als unglücklich während ihrer Tätigkeit. Letztere hingegen erklärte, eine überdurchschnittliche Bindung ans Unternehmen zu haben.

Systemkritische Sichtweisen waren bei beiden Testpersonen vorhanden. Person 1 hatte ein negatives Bild von ihrer Führungskraft und sah diese als cholerisch und überfordert an. Testperson 2 sah das Problem der Führungskraft bei deren Sturheit. Hierbei ging es ihr vor allem darum, dass die Mitarbeitenden nicht angehört werden.

Das Autonomiestreben konnte bei beiden Teilnehmenden als hoch angesehen werden, denn Testperson 1 hatte bereits ein Unternehmen gegründet und wäre auch heute nicht abgeneigt, Probleme freier zu lösen, als das derzeit möglich ist. Ähnlich verhielt es sich bei Testperson 2, die bis dato noch kein Unternehmen gegründet hatte, diesbezüglich aber nicht abgeneigt wäre. Auch sie würde gerne über mehr Handlungsspielraum beim Problemlösen verfügen.

Testperson 1 wies eine hohe Leistungsmotivation auf, die sie auch von ihrem Kollegium erwartet. Testperson 2 empfand Leistung ebenfalls als wichtig und erbringt diese gern, allerdings strebte sie Erfolg nicht aktiv an. Dieser sei eine automatische Folge von Leistung.

Beide Testpersonen gaben an, mit Rückschlägen fertigzuwerden, allerdings nicht unberührt davon zu sein. Testperson 1 erläuterte:

> „natürlich wurmt es mich, und ich hab auch schon viele schlaflose Nächte tatsächlich gehabt [...].“

Auch Testperson 2 gab an, teilweise extrem auf Rückschläge zu reagieren, aber dennoch nicht aufzugeben, auch wenn es Zeit benötige.

Logistikbereich

Allgemeines

Die Testpersonen 3 und 4 kommen aus dem Logistikbereich. Es handelt sich um zwei Personen aus verschiedenen Organisationen. Testperson 3 ist als Versand- und Lagerleiter tätig, Testperson 4 als Lagerleiter.

Hinsichtlich der persönlichen Definition von Innovation ist diese für Testperson 3 „was Neues, Produktives und Umweltschonendes“. Auch Testperson 4 sah ein wichtiges Merkmal in der Nachhaltigkeit.

Testperson 3 erläuterte, sie könne bereits Innovationen in ihrem Unternehmen einbringen und würde auch von ihren Vorgesetzten angehört und unterstützt. Dies entsprach auch ihrer Wunschvorstellung. Testperson 4 hingegen gab an, Erfahrungen mit einzubringen, allerdings fehlten ihr aktuell die Freiheiten für die Umsetzung.

Widerstände sah Testperson 3 in ihrem jetzigen Unternehmen nicht, allerdings hatte sie diese in ihrer vorherigen Firma erlebt. Testperson 4 sah die fehlende Möglichkeit, etwas selbstständig zu erarbeiten, die Sturheit von Vorgesetzten und die fehlende Kommunikation als Widerstände innerhalb ihrer Organisation an.

Als Anreiz für das Abtreten von Innovationen benötigte Testperson 3 keine gesonderten Maßnahmen, da dies etwas für sie sei, „was zu einem guten Arbeitsverhältnis dazugehört". Testperson 4 wollte eine Entlohnung für ihre Innovation. Anreiz sei vor allem Sicherheit hinsichtlich ihres Arbeitsplatzes.

Motive

Hinsichtlich der Offenheit gegenüber Innovationen erklärte Testperson 3, aufgeschlossen zu sein. Testperson 4 war aufgeschlossen gegenüber Innovationen, die nachweislich Sinn ergeben, wie beispielsweise die Erleichterung bestimmter Prozesse durch eine Innovation.

Beide Befragten gaben an, eine starke organisationale Bindung zu haben. Ebenfalls wiesen sie systemkritische Sichtweisen auf. So sah Testperson 3 ihre Vorgesetzten als „zu lasch" an. Testperson 4 aus dem Logistikbereich wertete ihre Vorgesetzten in Teilbereichen als positiv, in anderen negativ.

Das Autonomiestreben war bei Testperson 3 insoweit ausgeprägt, als dass diese zwar zu einer Unternehmensgründung bereit wäre, ihr die Risikofaktoren allerdings zu hoch seien. Hinzu kam die Tatsache, dass sie innerhalb ihres Unternehmens bereits frei in ihren Entscheidungen und Problemlösungen war. Testperson 4 hatte bereits ein eigenes Unternehmen und würde erneut eines gründen. Hinzu kam, dass sie ihre Probleme lieber freier lösen würde, als das derzeit möglich ist.

Für beide Testpersonen war es wichtig, Leistung und damit einhergehend Erfolge zu erbringen. Testperson 3 ließ sich von Rückschlägen laut eigener Aussage nicht aus dem Konzept bringen, sondern würde weiter versuchen, ihre Ziele zu erreichen. Testperson 4 äußerte sich ähnlich. Sie gab an, dass sie Probleme nutzt, um aus ihnen zu lernen und persönlich zu wachsen.

Sozialer Bereich

Allgemeines

Die Testpersonen 5 und 6 kommen aus dem sozialen Bereich. Erstere hat die Position eines Erziehers, konkret die eines Gruppenleiters inne. Letztere ist Bildungsbegleiterin.

Der Begriff Innovation war bei Testperson 5 durch die Merkmale Selbstständigkeit, Teamfähigkeit und Umsetzung von Ideen gekennzeichnet. Bei Testperson 6 handelte es sich um die Merkmale Neuerungen, Flexibilität und Offenheit hinsichtlich neuer Ideen.

In Bezug auf die aktuellen Förderungsmaßnahmen gab Testperson 5 an, sich einbringen zu können und Unterstützung vom Kollegium und von der Abteilungsleitung zu erhalten, vor allem im pädagogischen Bereich. Testperson 6 erläuterte, bereits jetzt frei in der Entscheidungsfindung zu sein. Zusätzlich wäre die Umsetzung der bis dato eingebrachten Innovationen der Testperson immer gewährleistet worden. Für Testperson 5 stellte diese Art der Förderung das Ideal dar. Die zweite Testperson aus dem sozialen Bereich empfand Fortbildungen als essenziell für das Schaffen von Innovation. Diese würden von der Organisation bereits angeboten und gefördert. Hierbei betonte sie ihre Zufriedenheit, aber auch, dass eine Steigerung immer möglich sei.

Als einzigen Widerstand sah Testperson 5 die allgemeine Einschränkung im Angestellten-Verhältnis. Testperson 6 hingegen nannte keine Widerstände.

Um die eigenen Innovationen an die Organisation abzugeben, benötigte Testperson 5 keine Anreize, sondern sah dies als selbstverständlich an. Testperson 6 wäre mit einem finanziellen Anreiz und der Umsetzungsmöglichkeit innerhalb der Organisation zufrieden:

> „also wenn das meine Idee wäre, will ich die auch umsetzen."

Das Interesse an Intrapreneurship war bei beiden Befragten vorhanden. Testperson 5 wäre gerne ein Intrapreneur und war interessiert daran, Neues auszuprobieren. Testperson 6 hatte bereits Innovationen hinsichtlich der Vereinfachung von Arbeitsabläufen eingebracht und sah ihre aktuelle Position im Bereich Intrapreneurship bzw. sich selbst als Intrapreneur.

Motive

Testperson 5 gab an, aufgeschlossen und offen für Innovationen zu sein. Auch Testperson 6 war aufgeschlossen. Allerdings mochte sie auch Beständigkeit. Wenn etwas bereits funktionierte und sich bewährt hätte, müsste es nicht unbedingt innovativ sein.

Verbunden mit seinem Unternehmen fühlte sich Testperson 5. Auch Testperson 6 sah sich überwiegend als mit ihrer Organisation verbunden an und identifizierte sich mit dieser.

Mit ihren Vorgesetzten zufrieden war Testperson 5, sie äußerte keine systemkritischen Äußerungen. Ähnlicher Meinung war Testperson 6, sie sah ihre Vorgesetzten als kompetent an.

Testperson 5 würde ein eigenes Unternehmen gründen. Sie würde sich mehr Freiheit bezüglich Problemlösungen wünschen. Testperson 6 hingegen würde kein Unternehmen gründen. Aber auch hier war der Wunsch nach selbstbestimmter Problemlösung vorhanden.

Die Leistung stand bei Testperson 5 nicht im Fokus. Für Testperson 6 war sie hingegen bedeutsam. Sie strebte ein gutes bis sehr gutes Ergebnis bei der Erfüllung von Aufgaben an.

Bei Rückschlägen zog sich Testperson 5 zurück, dachte über die Situation nach, schlug einen anderen Weg ein, ließ sich durch diese Belastung aber nicht beeinflussen. Testperson 6 reagierte ebenfalls mit Nachdenken, aber auch Traurigkeit. Doch ließ sich der Teilnehmende davon nicht entmutigen, sondern blickte zuversichtlich in die Zukunft.

Luftfahrtbranche

Allgemeines

Bei Testperson 7 und 8 handelt es sich um Mitarbeitende aus der Luftfahrtbranche. Beide haben die Position einer Projektleitung inne, wobei Testperson 8 dem Bereich Forschung und Entwicklung zugeordnet ist.

Innovation bedeutete für Testperson 7, „was neu zu entwickeln, voranzubringen und nutzbar zu machen". Hierzu zählten ihrer Meinung nach nicht nur technische, sondern auch prozessuale oder organisatorische Ideen und Entwicklungen. Testperson 8 beschrieb sich selbst als kreativ und sah daher eher Projekte, die übertrieben und exzentrisch sind, als Innovation an: „den Tesla-Hersteller, Raumfahrtprogramme, solche Dinge."

Hinsichtlich der aktuellen Förderungsmaßnahmen erklärte Testperson 7, dass es zwei offizielle Möglichkeiten gäbe: zum einen die, eine Arbeitnehmererfindung anzumelden, zum anderen die, Prozessverbesserungsmaßnahmen mitzuteilen. Die Testperson nutzte jedoch gerne den inoffiziellen Weg über den eigenen oder einen Vorgesetzten einer Nachbarabteilung. Innerhalb der Organisation der Testperson gab es bereits die Möglichkeit, bezahlte Arbeitszeit für eigene Innovationen zu nutzen. Einzelne Innovationen würden sogar von dafür zusammengestellten Teams umgesetzt. Die Testperson selbst wurde mit Maßnahmen von der Führungskraft gefördert. Hierbei erhielt sie die Möglichkeit, 20 bis 30 Prozent der Zeit für Innovationen bzw. eigene Ideen zu nutzen. Diese Maßnahmen stellten die gewünschte Unterstützung der Testperson dar.

Testperson 8 erhielt durch ihre direkte Führungskraft als Förderungsmaßnahme zehn Prozent ihrer Arbeitszeit für freie Forschung. Zudem schaffte sie es oftmals, ihre Innovationen indirekt, durch ihre Projekte, in der Organisation unterzubringen. Generell gab die befragte Person an, ihre Arbeitsinhalte nicht vorgegeben zu bekommen und daher wenigen Einschränkungen zu unterliegen. Die Unterstützung, die sich Testperson 8 wünschen würde, ist eine Führungskraft, welche die Bedürfnisse der Mitarbeitenden versteht und dadurch besser auf Innovationen und Vorschläge reagieren könnte.

Als Widerstand sah Testperson 7 die Schwierigkeiten des Einbringens von Innovationen bei bestimmten Vorgesetzten. Zusätzlich würde viel Aufwand und Geduld benötigt, bis eine Innovation umgesetzt wird. Testperson 8 sah Widerstände innerhalb der Organisation aufgrund der Vorschriften und Regulierungen, die nicht umgangen werden dürften. Des Weiteren würden Innovationen nur dann zugelassen, wenn Druck von außen bestünde. Zusätzlich fehlten für die generelle Förderung von Innovationen Abläufe und Pläne. Dadurch sei die Förderung abhängig von der jeweiligen Führungskraft. Als letztes Problem nannte die Testperson die fehlende fachliche Expertise der Vorgesetzten in höherer Position.

Um Innovationen an die Organisation abzutreten, spielte der finanzielle Anreiz für Testperson 7 keine Rolle. Vielmehr legte diese Wert auf Zeit, aber vor allem auch auf die Umsetzung der Innovation. Testperson 8 betonte, dass durch den Tarifvertrag bereits alle Innovationen dem Unternehmen gehörten. Allerdings wäre bei freier Auswahl eines Anreizes weniger Zeit im Unternehmen für sie interessant:

> „Ja, ich sag mal, fünf Jahre eher Ruhestand ist schon 'ne geile Sache."

Das Interesse an Intrapreneurship war bei Testperson 7 vorhanden. Zum einen würde sie ihre Innovationen innerhalb des Unternehmens belassen. Zum anderen äußerte sie ihr Interesse dies zu tun. Testperson 8 sah sich bereits als Intrapreneur. Sie möchte Innovationen ins Unternehmen einbringen und ist sogar Mitglied im Innovationsboard, welches in der Organisation eigens für die Wahrnehmung und Förderung von Innovationen geschaffen wurde.

Motive

Gegenüber Innovationen gab Testperson 7 an, offen zu sein. Allerdings mochte sie ebenfalls bewährte Pfade, da diese meist einfacher zu gehen seien. Testperson 8 sah sich als

Innovationstreiber und hatte laut eigener Aussage daher ein gutes Verhältnis zu Innovationen.

Testperson 7 fühlte sich mit ihrem Unternehmen verbunden. Die Zusammengehörigkeit war bei Testperson 8 hingegen weniger stark ausgeprägt. Sie legte dar, dass sich dieser Zustand erst aufgrund der Jahre im Unternehmen entwickelt hat.

Systemkritische Sichtweisen waren bei Testperson 7 in mittlerem Maße vorhanden. Zwar gab diese an, zufrieden mit der eigenen Führungskraft zu sein und ein positives Bild von dieser zu haben. Hinsichtlich der bisherigen bzw. generell anderen Führungskräften hingegen äußerte sich die Testperson kritisch. Testperson 8 tätigte viele systemkritische Aussagen. Hierbei bemängelte sie ihre Vorgesetzten und deren Ausbildung. Ihre direkte Führungskraft ließ sie außer Acht, da sie zu dieser ein gutes und wertschätzendes Verhältnis habe. Ihre höheren Vorgesetzten könne sie allerdings kaum bis gar nicht respektieren.

Gerne würde Testperson 7 manche Probleme freier lösen können. Allerdings sei das Autonomiestreben nicht soweit ausgeprägt, dass sie gewillt wäre, ein eigenes Unternehmen zu gründen. Auch Testperson 8 würde Aufgaben gerne freier lösen. Wie Testperson 7 hatte sie aufgrund der Sicherheit, die ihre Organisation böte, kein Interesse an der Gründung eines Unternehmens.

Die Leistungsmotivation von Testperson 7 ist als hoch anzusehen, weil für sie Leistung den Großteil ihrer Motivation ausmacht. Testperson 8 beschrieb Leistung als ihre Motivation, sie benötigte Erfolgserlebnisse, um intrinsisch motiviert zu bleiben.

Testperson 7 beschäftigte sich nach einem Rückschlag ausgiebig mit dessen Ursachen. Hierbei würde sie versuchen, herauszufinden, warum er aufgetreten war, wer daran schuld sei und was hätte geändert werden können. Allerdings ließe sich die Testperson nicht demotivieren und würde weitermachen. Der Begriff Rückschlag war für Testperson 8 nur eine Umschreibung für ein „Forschungsergebnis“:

> „Es gibt keine Rückschläge. Das Einzige, was es gibt, ist zu wissen, dass das ein Weg ist, den man nicht gehen sollte, weil's nicht klappt.“

3 Diskussion der Ergebnisse

Eingangs wurden die folgenden Fragen gestellt, die untersucht werden sollten:

- Inwiefern ist es Mitarbeitenden verschiedener Branchen bereits jetzt möglich, Innovationen einzubringen?
- Auf welche Widerstände und Probleme treffen sie?
- Unterscheidet sich das Intrapreneurship-Potenzial einzelner Branchen?
- Gibt es Merkmale, anhand derer ein Intrapreneur identifiziert werden kann und unterscheiden sich diese Merkmale zwischen den Branchen?

Die erste Frage, inwiefern bereits jetzt von Mitarbeitenden Innovationen im Unternehmen eingebracht werden könnten, wurde durch die Kategorie ‚Aktuelle Förderungsmaßnahmen‘ untersucht. Hierbei wurde deutlich, dass Innovationen in allen Branchenbereichen eingebracht werden können. In Teilen steht den Mitarbeitenden bereits ein Prozentsatz der Arbeitszeit für eigene Innovationen zur Verfügung. Vor allem die Testpersonen der Luftfahrtbranche erwähnten die Möglichkeit von Mitarbeiterinnovationen und Prozessverbesserungsmaßnahmen. Diese können eingereicht werden und mit Freiheiten innerhalb der Organisation verbunden sein.

Alle Befragten, ausgenommen Testperson 3 und 6, haben Widerstände gegenüber Intrapreneurship-Aktivitäten identifiziert und dargestellt. Die Widerstände betreffen dabei verschiedene Bereiche: Von den Führungskräften über das Unternehmensinteresse bis hin zu Vorschriften, welche das Innovationspotenzial negativ beeinflussen, weil sie nicht umgangen werden können. Häufig wurden die Widerstände allerdings mit den Vorgesetzten und deren Verhalten gegenüber Innovationen in Verbindung gebracht.

Die dritte Frage, nämlich ob sich das Intrapreneurship-Potenzial der einzelnen Branchen unterscheidet, kann hier nur beispielhaft für die Interviewten in den vier untersuchten Branchen verglichen werden. Die folgende Tabelle zeigt die Fähigkeiten der Befragten, aufgegliedert nach Branchen, im Vergleich Tab. 6.

Die letzte Frage, ob Intrapreneure anhand bestimmter Merkmale identifiziert werden können, ist aufgrund der geringen Stichprobe qualitativ nicht zu beantworten. Hier können die auf Grundlage der Auswertung der Kategorien ‚Motive' und ‚Fähigkeiten' lediglich Hinweise abgelesen werden, die in weitergehender Forschung mit größeren Stichproben quantitativ hinterfragt werden sollten.[1] Hierbei sollte ebenfalls die für die bereits erhobenen Daten genutzte Definition berücksichtigt und erneut angewendet werden, um zu einem eindeutigen Ergebnis zu gelangen.

Tab. 6 Ergebnisse Selbsteinschätzung der Testpersonen, gegliedert nach Branchen

	Branchenzugehörigkeit							
Fähigkeit	Technologie		Logistik		Sozialer Bereich		Luftfahrt	
Risikotoleranz	7	3	5	5	3	3	4	5,5
Fähigkeit zum Netzwerken	6	2	3	6	4	5	6	7
Eigeninitiative	6	6	6	7	6	5	5	7
Visionäre Führung	6	1	7	5,5	6	4	4	4
Politisches Geschick und Empathie	4	4	6	5	6	5	3	3
Problemlösungsfähigkeit	5	6	7	6	6	4	6	6,5
Entscheidungsfähigkeit unter Unsicherheit	6	2,5	6	5	5	4	5	6
Überzeugungskraft	7	2	4	4	7	3	5	5
Flexibilität	4	4	6	6	7	6	6	6,5
Effiziente Gewissenhaftigkeit	4	4,5	5	6,5	6	5,5	5	4
Willenskraft und Persistenz	5	6	7	6,5	7	4	7	7

[1] Ausführlichere Gedanken finden sich im Beitrag von Nadine Chochoiek in diesem Sammelband.

4 Kritische Reflektion und Ausblick

Mithilfe der qualitativen Untersuchung konnten Informationen über Mitarbeitende verschiedener Branchen hinsichtlich des Themengebiets Intrapreneurship gesammelt und dargestellt werden. Es wurde deutlich, dass in allen Branchenbereichen Interesse an Intrapreneurship vorhanden ist. Diese Neugier steht den Widerständen entgegen, die innerhalb der Organisation herrschen. Anhand der Interviews wurde dargestellt, dass Intrapreneurship-Potenzial bei jedem Mitarbeitenden existent sein kann, ungeachtet seiner Position im Unternehmen oder der Branchenzugehörigkeit. Ebenfalls wurde deutlich, dass Mitarbeitende verschiedener Branchen bereits Instrumente und Programme der Förderung nutzen, diese allerdings oft nicht klar kommuniziert werden oder nicht einheitlich im Unternehmen festgelegt sind.

Die Ergebnisse der qualitativen Datenerhebung sind aufgrund der Stichprobengröße nicht als gemeingültig anzusehen. Zusätzlich ist zu berücksichtigen, dass lediglich Testpersonen der Technologie-, Logistik-, Luftfahrtbranche und aus dem sozialen Bereich befragt wurden. Die Ergebnisse stellen somit keine allgemeingültigen Aussagen über alle Branchenbereiche dar.

Es konnte dargestellt werden, dass ein großes Interesse der Mitarbeitenden an Intrapreneurship vorhanden ist. Auf Grundlage dieser Arbeit können weitere Untersuchungen mit dem Diagnosemodell in den aufgezeigten Branchenbereichen durchgeführt werden. Darüber hinaus kann der Forschungsgegenstand auf weitere Branchen ausgeweitet werden, um den Forschungsstand zu verdichten.

Literatur

Backerra, H., Malorny, C., & Schwarz, W. (2020). *Kreativitätstechniken. Kreative Prozesse anstoßen, Innovationen fördern* (4. Aufl.). Hanser.

Bogner, A., & Menz, W. (2002). Das theoriegenerierende Experteninterview. In A. Bogner, B. Littig & W. Menz (Hrsg.), *Das Experteninterview. Theorie, Methode, Anwendung* (S. 33–70). Springer.

Gentemann, L. (2018). *Wenn die Mitarbeiter neue Geschäftsideen entwickeln.* Bitkom e.V. https://www.bitkom-research.de/de/pressemitteilung/wenn-die-mitarbeiter-neue-geschaeftsideen-entwickeln. Zugegriffen am 20.02.2021.

Mayring, P. (2016). *Einführung in die qualitative Sozialforschung. Eine Anleitung zu qualitativem Denken* (6. Aufl.). Beltz.

Radiker, S., & Kuckartz, U. (2019). *Analyse qualitativer Daten mit MAXQDA. Text, Audio und Video*. Springer.

Schießl, N. (2015). *Intrapreneurship-Potenziale bei Mitarbeitern. Entwicklung, Optimierung und Validierung eines Diagnoseinstruments*. Springer Gabler.

Statista. (2020). *Statista Branchenübersicht*. de.statista.com. https://de.statista.com/statistik/kategorien/. Zugegriffen am 23.08.2020.

Methodenverliebt am Markt vorbei?

Ein Plädoyer zur vertieften Integration der „*where to play*"-Perspektive in Corporate Entrepreneurship Sprints

Tobias Rebert, Slawa Tomin, Bernhard Wach und Rüdiger Kabst

1 Zielsetzung

Technologische Disruptionen verändern den Wettbewerb und eröffnen vielfältige Potenziale für innovative Geschäftsideen (Kuratko & Morris, 2018). Neue Technologien entwickeln sich in rasanter Geschwindigkeit, Startups entstehen und stellen etablierte Unternehmen vor die Herausforderung, ihre Innovationsroutinen zu hinterfragen, um die unternehmensinterne Innovationsfähigkeit zu stärken (Kuratko et al., 2014). Somit stehen diese Unternehmen am Scheideweg: Innovieren aus eigener Kraft oder womöglich ins Hintertreffen geraten?

Dieser rasante Wandel stellt jedoch auch eine Chance für Unternehmen dar, denn bedingt durch Trends wie Industrie 4.0, Digitalisierung und künstliche Intelligenz entstehen neue Markt- und Wachstumsgelegenheiten, die in zusätzlichen Absatzmöglichkeiten münden. Voraussetzung für eine erfolgreiche Nutzung dieser Potenziale ist, ein Verständnis für die Schnelllebigkeit technischer Lösungen zu entwickeln, am Kundenproblem orientierte Geschäftsmodelle simultan zu erarbeiten und diese frühzeitig und konsequent am Markt zu testen. Da sich Produkthalbwertzeiten verkürzen, sind effizientere und effektivere Innovationszyklen und -prozesse gefragt, um mit einer sich schnell wandelnden Wettbewerbssituation mithalten zu können. Jedoch mangelt es Unternehmen oftmals an einer

T. Rebert · S. Tomin · R. Kabst
Universität Paderborn, Paderborn, Deutschland
E-Mail: tobias.rebert@uni-paderborn.de; slawa.tomin@uni-paderborn.de; kabst@uni-paderborn.de

B. Wach (✉)
Fachhochschule Bielefeld, Bielefeld, Deutschland
E-Mail: bernhard.wach@fh-bielefeld.de

R. Kraus et al. (Hrsg.), *Intrapreneurship*,
https://doi.org/10.1007/978-3-662-64102-6_19

passenden Herangehensweise, um die innovativen Ideen effizient zu einem marktfähigen Produkt zu entwickeln (Kuratko et al., 2014). Hintergrund ist, dass der Fokus der Unternehmen zumeist nicht auf zügigem Markteintritt und Lerneffekten liegt, sondern auf risikoaverser Nullfehlerkultur und dem Primat des Planens (Osterwalder et al., 2020). Insbesondere die Nullfehlerkultur, als wesentliche Vorgabe von Zuverlässigkeit und Qualität vieler Unternehmen, konterkariert aber die Entwicklung disruptiver Innovationen, die in der Frühphase mit einem hohen Maß an Ungewissheit und Risiko einhergehen.

Zusätzlich agieren Unternehmen aus Ressourcengründen und Wissenslimitationen primär auf bekannten Märkten und setzen sich nicht ausreichend mit der Frage des „*where to play*“ (d. h., der Suche nach neuen attraktiven Märkten) auseinander (Gruber & Tal, 2017; Shepherd & Gruber, 2020). Wir greifen diese Problematik auf, gehen auf die zielgerichtete Ausführung von Innovationsprojekten in Unternehmen ein und entwickeln einen praxisorientierten Ansatz hinsichtlich einer effektiven Selektion und Evaluation von Zielmärkten für disruptive Innovationsprojekte.

Ein dynamischer Innovationsprozess, der eine kontinuierliche Evaluation des Vorhabens zulässt und auf iterativen Lernzyklen aufbaut, ist von besonderer Bedeutung, da dieser die Anzahl unnötiger und kostenintensiver Prozessschritte reduziert und indirekt die adäquate Nutzung relevanter Unternehmensressourcen sicherstellt (Bierwerth et al., 2015; Parthasarthy & Hammond, 2002). Ziel ist eine Effizienzsteigerung, die positive Auswirkungen hinsichtlich des Unternehmenserfolgs entfaltet (Gunday et al., 2011; Howell et al., 2005; Wakasugi & Koyata, 1997). Ein Konstrukt, das etablierten Unternehmen hilft, diesem Ziel nachzukommen und entsprechende Prozesse und Strukturen effektiver und effizienter zu gestalten, ist Corporate Entrepreneurship (CE) (Dess et al., 2003; McFadzean et al., 2005). CE bedeutet „Unternehmertum im Unternehmen“ und kann als ein proaktives, risikoaffines und innovatives Streben eines Unternehmens definiert werden, die Entwicklung und Vermarktung neuer Produkte und Services durch die Allokation der unternehmensinternen Ressourcen sicherzustellen und effektiv zu nutzen (McFadzean et al., 2005).

Im Rahmen des CE entwickelten Tomin et al. (2019) einen idealtypischen Innovationsprozess in Unternehmen, der das Risiko des Scheiterns reduziert bzw. streut und zugleich Mitarbeitende zu innovativen Tätigkeiten ermutigt („*how to play*“). Dabei liegt der Fokus auf der Ideengenerierung und Projektdurchführung, jedoch wird die kontinuierliche Chancenbewertung des Status Quo in den einzelnen Innovationsprojekten nur beiläufig behandelt. Allerdings ist insbesondere die „*where to play*“-Perspektive von zentraler Bedeutung, da diese Unternehmen eine effizientere Ausführung von Innovationsprozessen ermöglicht (Gruber & Tal, 2017; Shepherd & Gruber, 2020). Somit erscheint es sinnvoll, den bestehenden CE-Prozess von Tomin et al. (2019) um die Dimension des „*where to play*“ zu erweitern.

Hierbei basiert der vorliegende Beitrag nicht nur auf den Erkenntnissen der wissenschaftlichen Auseinandersetzung, sondern wird insbesondere durch die Umsetzungserfahrungen im Rahmen des Exzellenz Startup Centers in Ostwestfalen-Lippe (ESC.OWL)[1] ergänzt. Im Rahmen des ESC.OWL binden die beteiligten Hochschulen neben Startups insbesondere den regionalen Mittelstand in die Weiterentwicklung des Innovations- und Gründungsökosystems ein – für diesen Beitrag kooperierten das Technologietransfer- und Existenzgründungs-Center der Universität Paderborn sowie das Center for Entrepreneurship der Fachhochschule Bielefeld.

2 Unternehmertum im Unternehmen

Neben der mit dem Unternehmensalter in der Regel abnehmenden institutionellen Fähigkeit, radikal Neues zu wagen, ergeben sich auch organisationale Transformations- und Ressourcenherausforderungen bei der Verfolgung innovativer Vorhaben. Obwohl Unternehmen zumeist beträchtliche Ressourcen für den Innovationsprozess aufwenden, sind diese in der Folge oftmals nicht imstande, die Ideen in werthaltige Innovationen und Geschäftsmodelle umzuwandeln (Kuratko et al., 2014; Rosenbusch et al., 2011). Erfolg wird häufig mit Einhaltung eines Projekt- bzw. Budgetplans gleichgesetzt, anstatt Marktvalidierungsziele oder realisierte Kundenlösungen zu verfolgen. Besonders kritisch ist diese Ressourcenineffizienz für kleine und mittelständische Unternehmen, da diese tendenziell über beschränkte Innovationsressourcen verfügen und Fehlallokationen deren Wettbewerbsfähigkeit gefährden können (Rosenbusch et al., 2011).

Weiterhin behindern oftmals bestehende organisationale Strukturen den Umsetzungsprozess innovativer Vorhaben. So müssen etwa starre Unternehmensroutinen und -vorgaben zu einem gewissen Grad aufgebrochen werden, um Innovationsprozesse mit hinreichender Geschwindigkeit und Flexibilität zu verfolgen. Zudem mangelt es im Rahmen tradierter Managementvorgaben an einem iterativen Lerncharakter (sog. Sprints), der Flexibilität und Ressourcenrestriktionen dynamisch berücksichtigt und frühzeitige Interventionen ermöglicht (Brinckmann et al., 2010; Osterwalder et al., 2020).

Eine probate Lösung für diese Probleme ist CE (Garvin & Levesque, 2006). Wissenschaftliche Studien zeigen, dass CE etablierte Unternehmen bei der Realisierung von Wettbewerbsvorteilen unterstützt (Dess et al., 2003), ihren Unternehmenserfolg steigert (Bierwerth et al., 2015; Zahra et al., 2000) und positive Auswirkungen auf das Unternehmenswachstum ermöglicht (Zahra et al., 2000). CE umfasst Prozesse und Strukturen hinsichtlich gezielt geplanter Innovationsmaßnahmen, um neue Produkte, Dienstleistungen, Geschäftsmodelle oder Prozesse im Unternehmen selbst zu entwickeln (Dess et al., 2003), bzw. diese anhand von praktischen Erfahrungen zu testen und zu validieren (Hampel et al., 2019). In der Literatur und Praxis werden dabei folgende drei Ansätze intensiv diskutiert: Design Thinking, Lean Startup und Scrum (Petry, 2018; Ries, 2017).

[1] https://www.tecup.de/exzellenz-start-up-center-owl/.

- **Design Thinking** ist ein Ansatz, bei dem die Ideengenerierung basierend auf Kundenempathie und -nutzen im Mittelpunkt steht.
- **Lean Startup** fußt auf einer iterativen Lernweise, die durch einen datenbasierten Erkenntnisgewinn ermöglicht wird.
- **Scrum** stützt sich als agiler Projektmanagementansatz auf eine Strukturierung operativer Abläufe, um die Kooperation diverser Arbeitsrollen und Teams im Rahmen von Sprints zu fördern (Petry, 2018).

Durch die Nutzung dieser agilen Managementansätze können in Verbindung mit CE die erfolgreiche Durchführung von Innovationsprojekten gewährleistet und die organisationalen Humankapitalressourcen effizient im Unternehmen genutzt werden.

Ein beispielhafter Innovationsprozess in etablierten Unternehmen, der abwechselndes Planen und Lernen integriert, wurde von Tomin und Kollegen (2019) elaboriert und ermöglicht es Unternehmen, innovative Ideen zu verfolgen und diese in bestehende organisationale Abläufe und Prozesse einzuflechten. Die Autoren empfehlen, zuerst im Unternehmen eine Sensibilisierung für die Thematik anhand einer Umweltanalyse aktueller Trends durchzuführen. Darauf aufbauend folgt eine breitgefächerte explorative Phase, in der Ideen auf Basis von Kundensegmenten, unentdeckten Marktnischen und Technologien generiert werden. Mit Abschluss dieser Phase erfolgt die Evaluation und Koordination von potenziellen Marktchancen. Dies geschieht durch die Ideenselektion, in welcher die Priorisierung, die Auswahl und die Besetzung der Projektteams erfolgt. An diesem Prozesspunkt angelangt, folgt die Implementierung der Innovation in strukturell von dem Mutterkonzern getrennten Business Labs oder Büroräumen. Business Labs beschreiben in diesem Kontext potenzielle externe Inkubatoren, um eine räumliche Trennung vom Mutterkonzern temporär zu implementieren, die es erlaubt, kundenzentriert zu arbeiten. In dieser Phase sollte vor allem der Kundennutzen, die technische Umsetzbarkeit und die Funktionsfähigkeit auf Basis eines minimal funktionsfähigen Produktes in schnellen iterativen Lernzyklen validiert und durch Kundentests evaluiert werden. Zum Abschluss des Innovationsprojektes wird von der Geschäftsführung entschieden, ob der Produkt-Markt-Fit (explizite bestehende Kundennachfrage auf dem angedachten Zielmarkt) erreicht ist und das Innovationsprojekt entweder ins Unternehmen re-integriert, als Spin-off ausgegründet oder mit wertvollen Erkenntnissen gestoppt oder pausiert wird. Dieser agile beispielhafte Innovationsprozess bietet Unternehmen eine unternehmerische Chance, ihre Innovationsstrategie neu auszurichten und einen explorativen Ansatz für interne Projekte zu implementieren und das einhergehende Risiko zu streuen.

Jedoch fokussiert der oben dargestellte Innovationsprozess auf das „*how to play*“, geht jedoch nicht vertiefend auf die ebenso wichtige „*where to play*“-Perspektive (Shepherd & Gruber, 2020) ein, neue Marktpotenziale und Zielmärkte zu erschließen. Der Innovationsprozess sollte daher um eine dynamische bzw. iterative Bewertung der Marktchancen und Zielmärkte erweitert werden, um die Unsicherheit der Erfolgswahrscheinlichkeit bei Innovationen für Unternehmen zu reduzieren. Dieser Ansatz erleichtert die frühzeitige Entschlüsselung der Marktsignale. Um dies in die Tat umzusetzen, wird zwischen den Prozessschritten „Ideenselektion" und „Implementierung" des Innovationsprozesses ein weiterer Prozessbaustein eingefügt: die Evaluation der Marktchancen. Die entwickelte Lösung der Erweiterung des beispielhaften CE Prozesses wird im Folgenden erläutert.

3 Chancenbewertung im unternehmerischen Kontext

Innovationen sind mit Risiken verbunden, da innovative Produkte und Services nicht zwangsläufig auf Marktnachfrage treffen (Gruber & Tal, 2017; Osterwalder et al., 2020). Deshalb sollte vor der detaillierten technischen Umsetzung insbesondere das werthaltige Interesse des potenziellen Marktes empirisch erfasst werden. Unternehmen sollten im Innovationsprozess kontinuierlich die Art und Weise reflektieren, wie die Chancen evaluiert und genutzt werden. Diese kontinuierliche und somit zyklische Chancenbewertung reduziert die Unsicherheit über Marktgröße und -potenziale (Casson & Wadeson, 2007; Foss & Lyngsie, 2014). Somit werden fälschliche Annahmen über Kundenbedürfnisse frühzeitig exploriert und entkräftet.

Eine Chancenbewertung ermöglicht die Beurteilung, ob der positive Ausblick auf eine Investition bzw. Innovation die entgegenstehenden Ressourcenanforderungen überwiegt und einen Mehrwert für das Unternehmen bietet (Haynie et al., 2009; Scheaf et al., 2020). Grundlegend greifen dies auch Osterwalder et al. (2020) auf, die den Begriff des Innovationsportfolios einführen: die anfangs hohe Anzahl von risikobehafteten Innovationsprojekten (durchschnittliche Abbruchrate von 90 %) wird innerhalb weniger Monate auf zwei bis drei Projekte reduziert, bis der Punkt der aktiven Nutzung der Projektressourcen im Unternehmen beginnt. Unternehmen sollten folglich ihre Ressourcen und Risiken anfänglich breit streuen, um dann anhand eines trichterförmigen Lernprozesses geeignete Entscheidungen zu treffen.

Allerdings mangelt es in der Praxis an entsprechenden Chancenbewertungen. Dies führt dazu, dass insbesondere disruptive Projekte tendenziell abgelehnt und inkrementelle Projekte, bedingt durch die überwiegende statische Finanzierungsbewertung (z. B. EBIT), mit mehr Ressourcen ausgestattet (siehe auch den Begriff der Ressourcen Rigidität) werden (Gilbert, 2005). Um dieses Problem zu umgehen, könnten Projektauswahlkriterien angepasst und zudem dem Vermarktungspotential eine größere Relevanz hinsichtlich der Weiterverfolgung des Projektes beigemessen werden. Durch diese Anpassung im Innovationsprozess wäre eine effektivere Auswahl vielversprechender Projekte möglich. Des Weiteren erleichtert dies die Projektsteuerung, da die Managementkapazitäten durch eine geringere Anzahl von Vorhaben gebunden sind.

Zudem ist die Auswahl des Entscheidungsverfahrens der Chancenbewertung einer Innovation erfolgskritisch. Eine Idee sollte nicht ausschließlich von einer Person im Unternehmen bewertet werden. Vielmehr sollten Akteurinnen und Akteure aus unterschiedlichen Bereichen involviert sein, da diese unterschiedliche Problemlösungserfahrungen und professionelle Hintergründe besitzen und so die Objektivität der Entscheidung gestärkt wird (Finkelstein et al., 2009). Nichtsdestotrotz sollte eine Stimmengewichtung (bspw.

durch sog. „Dot-Voting")[2] bei der Entscheidungsfindung auf Basis von Expertise in einem Fachgebiet von Anfang an festgelegt werden, sodass eine belastbare Entscheidung getroffen werden kann. Durch die bewusste Gestaltung der Evaluationsmaßnahme eines Innovationsprojektes können viele unterschiedliche Perspektiven in die Chancenevaluation einbezogen werden, um die vielversprechendsten Elemente (bspw. Produkt-, Markt- und Geschäftsmodell) einer Opportunität weiterzuverfolgen (Gruber et al., 2008; Ucbasaran et al., 2009).

4 Analyse und Priorisierung von Marktmöglichkeiten

Die frühzeitige Rückmeldung des Marktes bzw. der Kundinnen und Kunden ist für CE-Projekte von besonderer Relevanz, da zeitnahes Feedback die Projekteffizienz und -effektivität stärkt. So könnte ein Unternehmen zügig lernen, dass insbesondere ein Markt nicht zugänglich für die Technologie in ihrer aktuellen Form ist oder regulatorische Hindernisse die Markteinführung verlangsamen. Jedoch ist dies nur eine Momentaufnahme. Mit mehr Zeit und Ressourcen können die Markteintrittsbarrieren gesenkt, eine größere Attraktivität am Markt für das Produkt geschaffen und Skalierungsoptionen für Wachstum initiiert werden (Adner & Levinthal, 2004; Gruber & Tal, 2017). Somit sollte ein Unternehmen eine kontinuierliche Marktanalyse der bestehenden Optionen durchführen, um die Marktidentifizierung, das Marktpotenzial und das Markttiming fundiert einschätzen zu können, gerade wenn es die grundlegende Markterschließung für neue Technologien betrifft (Gruber & Tal, 2017).

Alle identifizierten Märkte sollten anhand ihres Potenzials klassifiziert werden. In Zukunft kann auf diese Märkte im Falle einer erheblichen Veränderung des betrachteten Kundensegmentes (sog. Customer Pivots) zurückgekommen werden, um weitere Wachstumsmärkte ohne signifikanten Mehraufwand zu identifizieren und als zukünftige Skalierungsoptionen nutzen zu können (Gruber & Tal, 2017). Allerdings gilt es anhand der Chancenbewertung abzuwägen, welche Chance erfolgversprechender erscheint und ob der aktuelle Innovationsprozess der Dynamik entsprechend angepasst oder fortgeführt werden sollte (Gruber et al., 2015; Williams & Wood, 2015).

Die konsequente Durchführung solcher Bewertungen erfolgt in der Praxis jedoch nur selten, da sich Unternehmen häufig vom Optimismus des identifizierten Potenzials des Primärmarktes leiten lassen, anstatt eine fundierte Analyse und Priorisierung von Marktpotenzialen durchzuführen (Shepherd & Gruber, 2020). Allerdings besitzt die Analyse der Marktpotenziale vor Eintritt in den Primärmarkt hohe Relevanz, da im Schnitt 70 % der neugegründeten Ventures eine erhebliche Änderung des Zielmarktes vornehmen müssen

[2] Dot-Voting beschreibt eine simple Methodik, die es ermöglicht, anhand von bspw. Stickern oder Klebepunkten eine schnelle Entscheidung innerhalb mehrerer Beteiligten herbeizuführen. Jede/r Beteiligte signalisiert mit diesen Klebepunkten die favorisierte Entscheidung, um so zu einer demokratischen und objektiven Gruppenentscheidung zu kommen (Knapp, 2016).

(Tal-Itzkovitch et al., 2012). Folglich haben Ventures (neue risikobehaftete Vorhaben), die sich mit ihren Marktpotenzialen vor Markteintritt auseinandergesetzt haben, eine größere Chance auf Erfolg und Skalierbarkeit der innovativen Produkte, als Ventures, die sich ausschließlich von ihrem Optimismus für den Primärmarkt leiten lassen (Gruber et al., 2008). Somit sollten sich Ventures nicht allein auf die Perspektive des *„how to play"* fokussieren, sondern auch ein Verständnis dafür entwickeln, wo sie überhaupt „spielen" wollen (*„where to play"*). Weiterhin beinhaltet dies den Vorteil, dass nach Identifikation der Marktpotenziale die Ventures ein besseres Verständnis der relativen Attraktivität der einzelnen Märkte erhalten und dadurch die Unsicherheit bezüglich des Markteintrittes gesenkt werden kann (Shepherd & Gruber, 2020).

Aus unserer Perspektive ist es somit von Relevanz, sich mit den einzelnen Marktpotenzialen intensiv auseinanderzusetzen und die Chancen wie auch Unsicherheiten der einzelnen Märkte abzuwägen und in Relation zu setzen. Erst dann kann eine fundierte Entscheidung bezüglich der Primär- und Sekundärmärkte getroffen werden. Gruber & Tal (2017) argumentieren zudem, dass die Ventures, die ein Verständnis für die Exploration mehrerer Marktpotenziale gebildet haben, frühzeitig notwendige Lernkurven hinsichtlich der Priorisierung von Unternehmensentscheidungen absolvieren. In Bezug auf diesen komplexen Prozessschritt wurde ein beispielhafter Prozess für die Evaluation der Marktchancen entwickelt (siehe Abb. 1), der in der Folge erläutert wird.

5 Evaluation der Marktchancen

Die beispielhafte Evaluation der Marktchancen erweitert den Innovationsprozess von Tomin et al. (2019), orientiert sich an den Grundprinzipien der Lean-Startup-Methode und fußt auf einem Scrum-Projektmanagement-Ansatz. Hierbei wird dem eigentlichen Evaluationsprozess, bestehend aus drei Phasen (Explorations-, Validierungs-, und Skalierungsphase), ein Backlog vorangestellt, der als Ideenpool für noch nicht konkret evaluierte Ideen und Märkte dient. Darauf folgt der dreistufige Evaluationsprozess, bei welchem nach jeder Phase entschieden wird, ob das Vorhaben beibehalten oder erheblich verändert werden soll (Gruber & Tal, 2017).

Wesentlicher Bestandteil unseres Evaluationsprozesses sind spezifische Metriken/Key Performance Indicators (KPIs), die sich exemplarisch auf die einzelnen Entwicklungsphasen beziehen. Diese ermöglichen eine kontinuierliche Evaluation und Kalibrierung, um sowohl nach Reifegrad des Produktes/Services, als auch nach Typ (physisch oder digital) des Produktes/Services zu unterscheiden. Anders als herkömmliche, primär finanziell orientierte, Metriken können diese KPIs Aufschluss darüber geben, ob die Opportunität wertschöpfend und rentabel sein könnte. Relevant sind bspw. KPIs, die die Attraktivität des Vorhabens reflektieren, nachhaltiges Interesse auf Kundenseite messen sowie Imitationsrisiken durch Substitute oder Konkurrenten erfassen. In Abb. 1 sind beispielhaft KPIs hinterlegt, um die praktische Umsetzbarkeit dieses Beitrages zu unterstreichen.

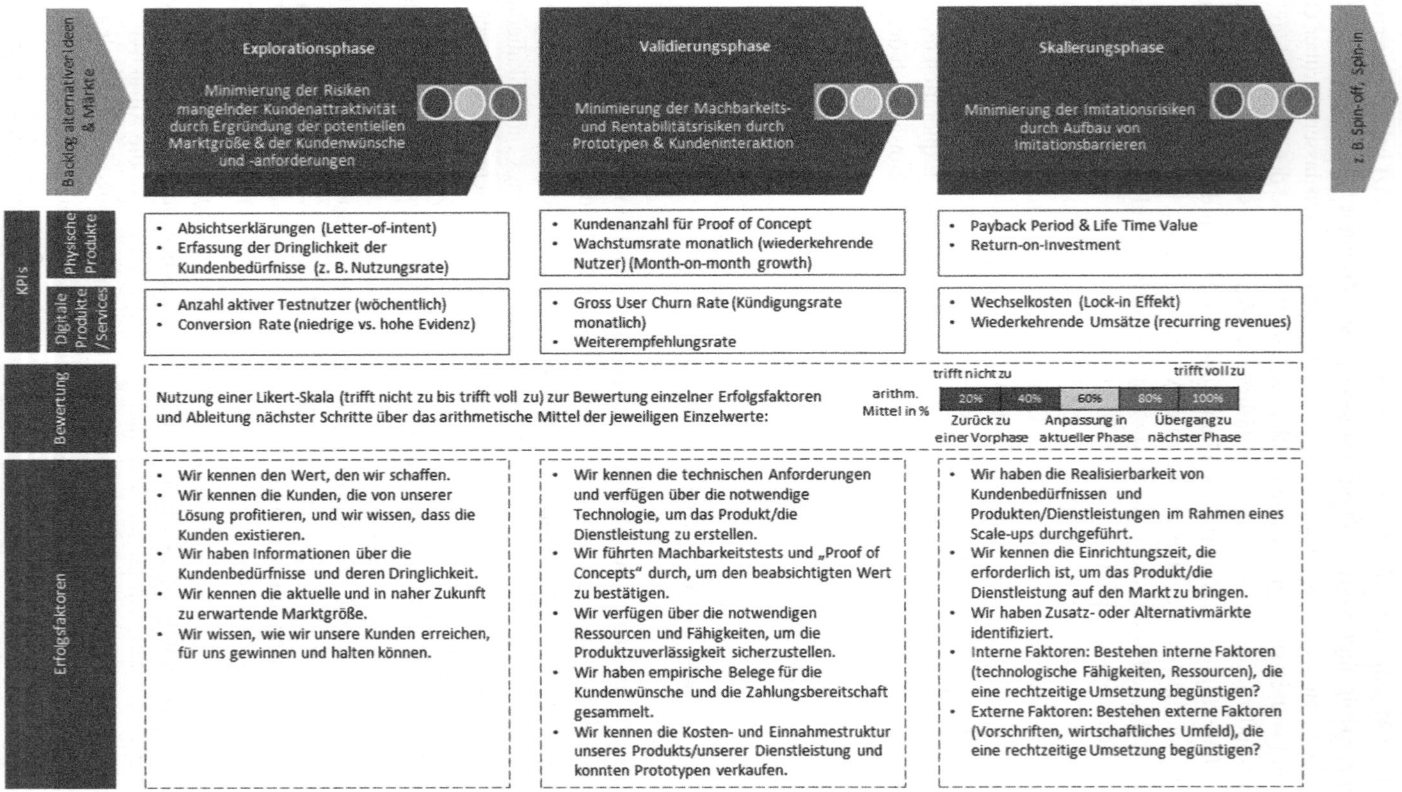

Abb. 1 Evaluationsprozess der Marktchancen

Von zentraler Bedeutung hinsichtlich des Evaluationsprozesses sind die drei Phasen. Die Explorationsphase stellt die erste Sequenz des Bewertungsprozesses dar. Hier sollte sichergestellt werden, dass ein Markt für die Idee existiert und die Kundenwünsche und Kundenprobleme konkret erfasst werden. Um dies validieren zu können, empfehlen wir die aufgeführten Erfolgsfaktoren, ähnlich einer Checkliste, anzuwenden und zu bewerten. In der Explorationsphase ist bspw. der Nachweis, dass eine belastbare Kundenbasis bestünde, eine entscheidende Metrik. Dies kann anhand eines „*Call-to-action*" (z. B. Interessensbekundung durch Hinterlassen der E-Mail) auf einer Landing Page (vereinfachte werbeorientierte Homepage, die eine Interaktion mit dem Nutzer ermöglicht) gemessen werden. Bei physischen Produkten können in dieser Frühphase KPIs, wie z. B. die Anzahl der Absichtserklärungen, die Dringlichkeit des Kundenbedürfnisses oder die Nutzungsrate pro Woche oder Monat, erfasst werden. Bei digitalen Produkten sind Aspekte wie die Anzahl der aktiven Nutzenden pro Woche bzw. Monat oder die Anzahl der kontinuierlichen Nutzenden relevant. Hierbei sollte nach Stärke der Evidenz unterschieden werden. In diesem Kontext wird eine Newsletter-Anmeldung mit geringer Evidenz gewertet, während die Buchung eines kostenpflichtigen Abonnements als hohe Evidenz kategorisiert wird.

Sofern die Erfolgsfaktoren der Explorationsphase überwiegend positiv bewertet werden, sollte der Übergang zur Validierungsphase erfolgen, in der die technische Machbarkeit und ökonomische Rentabilität getestet werden. Die Machbarkeit wird anhand von kostengünstigen Prototypen evaluiert, um die Produktqualität und Funktionsfähigkeit sicherzustellen. Die ökonomische Rentabilität wird anhand erster Verkäufe von Prototypen getestet. Hierbei spielen sowohl Kosten- als auch Umsatzstrukturen eine Rolle. Allerdings besteht bei beiden Tests die Möglichkeit, wieder in die Explorationsphase zurückzukehren, da zuvor angenommene Erkenntnisse nicht mehr den Kundenvorstellungen bzw. der Marktnachfrage entsprechen und somit obsolet werden. Bei der Bewertung der Opportunität können Innovationsmetriken herangezogen werden, die auf tiefergehender Evidenz bauen. So können bei physischen Produkten KPIs herangezogen werden, die die monatliche Wachstumsrate und die Anzahl der wiederkehrenden Nutzer erfassen. Als starkes Indiz zählt die vertragliche Bindung von Pilotkundinnen und -kunden, die es ermöglicht, einen „*Proof of Concept*" bzgl. der technischen Machbarkeit zu erlangen. Bei digitalen Produkten sind Kennziffern wie die „*Gross Churn Rate*" heranzuziehen, die ausdrückt, wie viele Testkunden das Produkt kündigten oder nicht wieder nutzten. Das positive Interesse lässt sich über die Weiterempfehlungsrate erfassen.

Basierend auf der positiven Evaluation der Erfolgsfaktoren kann in die letzte Phase, die Skalierungsphase übergegangen werden. Diese Phase dient der Minimierung der Imitationsrisiken durch den Aufbau von Isolationsmechanismen, da bereits die technische Reife und die Rentabilität in den vorangegangenen Phasen bestätigt wurden. Isolationsmechanismen erschweren es Konkurrentinnen und Konkurrenten in den adressierten Markt einzutreten und „*Early Adopter*"-Profite zu generieren. Das primäre Ziel dieser Phase ist der nachhaltige Aufbau eines Pionierstatus bzw. einer Vorreiterrolle am Markt. Mögliche Imitationsbarrieren zum Schutz vor Substituten sind bspw. hohe Wechselkosten für Kundinnen und Kunden („*Lock-in Effekt*"), Patente oder regulatorische Mechanismen (Rumelt, 1984). Falls eine

Bewertung der Erfolgsfaktoren vorliegt, erfolgt die weitere Umsetzung des Vorhabens bspw. im Rahmen eines Spin-offs oder Spin-ins. In der Skalierungsphase sind KPIs notwendig, die eine hohe Reliabilität bzgl. der Wachstumsmöglichkeiten offenbaren. So ist es hinsichtlich Business-to-Business orientierten Geschäftsmodellen relevant zu wissen, nach welcher Zeit sich ein physisches Produkt amortisiert und wie lange die damit verbundene *„Payback Period"* ist. Zusätzlich werden auch etablierte Metriken, wie der *„Return of Investment"* herangezogen. Da Erfolg stets mit Konkurrenz einhergeht, sollten notwendige Isolationsmechanismen implementiert werden, um Hürden hinsichtlich des Kundenwechsels zu Konkurrenten zu errichten. Zusätzlich zu diesen Innovationsmetriken können etablierte Unternehmen ihre Skalierungsentscheidungen darauf aufbauen, wie hoch die wiederkehrenden Umsätze sind.

Die Entscheidung für oder gegen einen Übergang von einer Phase zur nächsten basiert auf der Auswertung der jeweiligen Erfolgsfaktoren, deren Umsetzungsstand anhand einer Likert-Skala erfasst wird. Pro Phase wird ein arithmetisches Mittel in Prozent über die fünf Erfolgsfaktoren berechnet und in eine Ampellogik überführt. Sofern weniger als 40 % der Erfolgsfaktoren erfüllt sind, empfiehlt sich ein Verbleib in der jeweiligen Phase zur Veränderung der Idee oder eine Überarbeitung der Idee in einer der vorangegangenen Phasen. Bei Werten um die 60 % sind Anpassungen in der aktuellen Phase sinnvoll. Ab Werten über 80 % ist der Übergang in die nächste Phase indiziert. Bedingt durch die Evaluation kann das Risiko des Scheiterns am Markt sukzessive minimiert werden und fußt nicht nur auf individueller Wahrnehmung, sondern wird mit belastbaren empirischen Daten und Befunden untermauert. Entsprechend können mittelständische Unternehmen auf der Logik des „validierten Lernens" durch harte Fakten am Markt aufbauen, um sich somit nicht nur von subjektiven und emotionalen Entscheidungen leiten zu lassen (Ries, 2017). Nach erfolgreichem Abschluss dieser drei Phasen erfolgt die weitere Umsetzung des Vorhabens, bspw. im Rahmen eines eigenständigen Spin-offs oder in Form eines unternehmensinternen Spin-ins.

Mit Hilfe des dargestellten dreistufigen Bewertungsprozesses und anhand entsprechender Erfolgsfaktoren als auch beispielhafter KPIs ist es Praktikern möglich, die Marktchancen innovativer Vorhaben in einem frühen Stadium strukturiert zu evaluieren und ressourcenschonend zu verfolgen.

Literatur

Adner, R., & Levinthal, D. A. (2004). What is not a real option: Considering boundaries for the application of real options to business strategy. *Academy of Management Review, 29*(1), 74–85. https://doi.org/10.5465/AMR.2004.11851715.

Bierwerth, M., Schwens, C., Isidor, R., & Kabst, R. (2015). Corporate entrepreneurship and performance: A meta-analysis. *Small Business Economics, 45*(2), 255–278. https://doi.org/10.1007/s11187-015-9629-1.

Brinckmann, J., Grichnik, D., & Kapsa, D. (2010). Should entrepreneurs plan or just storm the castle? A meta-analysis on contextual factors impacting the business planning-performance relationship in small firms. *Journal of Business Venturing, 25*(1), 24–40. https://doi.org/10.1016/j.jbusvent.2008.10.007.

Casson, M., & Wadeson, N. (2007). The discovery of opportunities: Extending the economic theory of the entrepreneur. *Small Business Economics, 28*(4), 285–300. https://doi.org/10.1007/sl.

Dess, G. G., Ireland, R. D., Zahra, S. A., Floyd, S. W., Janney, J. J., & Lane, P. J. (2003). Emerging issues in corporate entrepreneurship. *Journal of Management, 29*(3), 351–378. https://doi.org/10.1016/S0149-2063(03)00015-1.

Finkelstein, S., Hambrick, D. C., & Cannella, A. A. (2009). *Strategic leadership: Theory and research on executives, top management teams, and boards*. Oxford University Press.

Foss, N. J., & Lyngsie, J. (2014). The strategic organization of the entrepreneurial established firm. *Strategic Organization, 12*(3), 208–215. https://doi.org/10.1177/1476127014543262.

Garvin, D. A., & Levesque, L. C. (2006). Meeting the challenge of corporate entrepreneurship. *Harvard Business Review, 84*(10), 102–112.

Gilbert, C. G. (2005). Unbundling the structure of inertia: Resource versus routine rigidity. *Academy of Management Journal, 48*(5), 741–763. https://doi.org/10.2307/20159695.

Gruber, M., & Tal, S. (2017). *Where to play. 3 steps for discovering your most valuable market opportunities*. Pearson.

Gruber, M., MacMillan, I. C., & Thompson, J. D. (2008). Look before you leap: Market opportunity identification in emerging technology firms. *Management Science, 54*(9), 1652–1665. https://doi.org/10.1287/mnsc.1080.0877.

Gruber, M., Kim, S. M., & Brinckmann, J. (2015). What is an attractive business opportunity? An empirical study of opportunity evaluation decisions by technologists, managers, and entrepreneurs. *Strategic Entrepreneurship Journal, 9*(3), 205–225. https://doi.org/10.1002/sej.1196.

Gunday, G., Ulusoy, G., Kilic, K., & Alpkan, L. (2011). Effects of innovation types on firm performance. *International Journal of Production Economics, 133*(2), 662–676. https://doi.org/10.1016/j.ijpe.2011.05.014.

Hampel, C., Perkmann, M., & Phillips, N. (2019). Beyond the lean start-up: Experimentation in corporate entrepreneurship and innovation. *Innovation, 22*(1), 1–11. https://doi.org/10.1080/14479338.2019.1632713.

Haynie, J. M., Shepherd, D. A., & McMullen, J. S. (2009). An opportunity for me? The role of resources in opportunity evaluation decisions. *Journal of Management Studies, 46*(3), 337–361. https://doi.org/10.1111/j.1467-6486.2009.00824.x.

Howell, J. M., Shea, C. M., & Higgins, C. A. (2005). Champions of product innovations: Defining, developing, and validating a measure of champion behavior. *Journal of Business Venturing, 20*(5), 641–661. https://doi.org/10.1016/j.jbusvent.2004.06.001.

Knapp, J. (2016). *Sprint: How to solve big problems and test new ideas in just five days*. Transworld.

Kuratko, D. F., & Morris, M. H. (2018). Corporate entrepreneurship: A critical challenge for educators and researchers. *Entrepreneurship Education and Pedagogy, 1*(1), 42–60. https://doi.org/10.1177/2515127417737291.

Kuratko, D. F., Covin, J. G., & Hornsby, J. S. (2014). Why implementing corporate innovation is so difficult. *Business Horizons, 57*(5), 647–655. https://doi.org/10.1016/J.BUSHOR.2014.05.007.

McFadzean, E., O'Loughlin, A., & Shaw, E. (2005). Corporate entrepreneurship and innovation part 1: The missing link. *European Journal of Innovation Management, 8*(3), 350–372. https://doi.org/10.1108/14601060510610207.

Osterwalder, A., Pigneur, Y., Etiemble, F., & Smith, A. (2020). *The invincible company: How to constantly reinvent your organization with inspiration from the world´s best business models*. Wiley.

Parthasarthy, R., & Hammond, J. (2002). Product innovation input and outcome: Moderating effects of the innovation process. *Journal of Engineering and Technology Management, 19*(1), 75–91. https://doi.org/10.1016/S0923-4748(01)00047-9.

Petry, T. (2018). Agile Führung als Antwort auf eine VUCA-Umwelt. *PERSONALquarterly, 3*, 18–23.

Ries, E. (2017). *The startup way: How modern companies use entrepreneurial management to transform culture and drive long-term growth.* Currency.

Rosenbusch, N., Brinckmann, J., & Bausch, A. (2011). Is innovation always beneficial? A meta-analysis of the relationship between innovation and performance in SMEs. *Journal of Business Venturing, 26*(4), 441–457. https://doi.org/10.1016/j.jbusvent.2009.12.002.

Rumelt, R. P. (1984). Towards a strategic theory of the firm. *Competitive Strategic Management, 26*(3), 556–570.

Scheaf, D. J., Loignon, A. C., Webb, J. W., Heggestad, E. D., & Wood, M. S. (2020). Measuring opportunity evaluation: Conceptual synthesis and scale development. *Journal of Business Venturing, 35*(2), 1–26. https://doi.org/10.1016/j.jbusvent.2019.04.003.

Shepherd, D. A., & Gruber, M. (2020). The lean startup framework: Closing the academic – practitioner divide. *Entrepreneurship Theory & Practice*, 1–31. https://doi.org/10.1177/1042258719899415.

Tal-Itzkovitch, S., Gruber, M., & De Haan, U. (2012). From snipers to scanners: Market entry decisions in emerging organizations. *Academy of Management Proceedings, 2012*(1), 13679. https://doi.org/10.5465/ambpp.2012.13679abstract.

Tomin, S., Wach, B. A., & Achterberg, L. (2019). Neue Marktchancen durch prozessorientiertes Corporate Entrepreneurship. *PERSONALquarterly, 4(71)*, 16–22.

Ucbasaran, D., Westhead, P., & Wright, M. (2009). The extent and nature of opportunity identification by experienced entrepreneurs. *Journal of Business Venturing, 24*(2), 99–115. https://doi.org/10.1016/j.jbusvent.2008.01.008.

Wakasugi, R., & Koyata, F. (1997). R&D, firm size and innovation outputs: Are Japanese firms efficient in product development? *Journal of Product Innovation Management, 14*(5), 383–392. https://doi.org/10.1111/1540-5885.1450383.

Williams, D. W., & Wood, M. S. (2015). Rule-based reasoning for understanding opportunity evaluation. *Academy of Management Perspectives, 29*(2), 218–236. https://doi.org/10.5465/amp.2013.0017.

Zahra, S. A., Neubaum, D. O., & Huse, M. (2000). Entrepreneurship in medium-size companies: Exploring the effects of ownership and governance systems. *Journal of Management, 26*(5), 947–976. https://doi.org/10.1177/014920630002600509.

Ausblick: Intrapreneurship – Unternehmergeist, Systeme und Gestaltungsmöglichkeiten

Rafaela Kraus, Tanja Kreitenweis und Brigita Jeraj

Die Beiträge im vorliegenden Sammelband zeigen, dass Intrapreneurship ein komplexes Thema ist, das Forschende und Akteure der Praxis gleichermaßen beschäftigt. Sie zeigen, wie unterschiedlich Intrapreneurship gelebt werden kann, welche Modelle sich als praxistauglich erwiesen haben und welche Überlegungen dazu auf der Führungsebene in Behörden und Unternehmen der freien Wirtschaft angestrengt werden. Gleichzeitig wird deutlich, wie Anregungen gehört und Ideen von Mitarbeitenden aufgegriffen werden und welche Herausforderungen dabei für die Beteiligten auftreten.

Was bedeutet nun Intrapreneurship? Eine allgemeingültige Definition bzw. ein gemeinsames Verständnis sind in den verschiedenen wissenschaftlichen Disziplinen und Branchen noch nicht ersichtlich. Man ist sich einig, dass Intrapreneurship auf den Unternehmergeist von Mitarbeitenden abzielt. Sie bringen sich intrinsisch motiviert als Gestaltende in ihre Organisation ein und denken Abläufe, Geschäftsmodelle sowie Produkte und Dienstleistungen nicht nur neu, sondern setzen ihre Ideen in die Tat um.

Es ist Konsens, dass Intrapreneurial Skills für Unternehmen und viele Institutionen immer wichtiger werden, um mit neuen Rahmenbedingungen zurechtzukommen und komplexen Herausforderungen kreativ begegnen zu können. Die technologische Entwicklung schreitet immer schneller voran. Anforderungen an Produkte, Unternehmen und Dienstleistungen ändern sich in immer kürzeren Zeiträumen und unvorhersehbare Ereignisse stellen bislang funktionierende Systeme auf die Belastungsprobe. Intrapreneurial Skills helfen hier, mit disruptiven Entwicklungen zurecht zu kommen, weiterhin auf den Märkten zu bestehen und handlungsfähig zu bleiben.

Innovationen in Organisationen der freien Wirtschaft voranzutreiben, ist eine fordernde Aufgabe – vor allem etablierte Unternehmensgefüge aufzubrechen, gleicht oft einem Drahtseilakt. Auch zukünftig wird es nicht einfacher, Intrapreneurship in komplizierten, eingefahrenen Organisationsgefügen zu leben. Initiativen wie bei der Deutschen Bahn, der ARD oder bei Versicherungsgesellschaften zeigen, wie Intrapreneurship gefördert werden kann und welche Rahmenbedingungen es dabei zu beachten gilt.

R. Kraus et al. (Hrsg.), *Intrapreneurship*,
https://doi.org/10.1007/978-3-662-64102-6

Die zahlreichen Intrapreneurship-Initiativen, die aktuell in der Praxis umgesetzt werden und die wissenschaftlich erarbeiteten Erkenntnisse zu Intrapreneurship bieten bereits eine Grundlage für einen Dialog von Praxis und Wissenschaft – ein Austausch, von dem sicherlich beide Seiten profitieren. So kann der Begriffs- und Methoden-Dschungel gelichtet bzw. validiert werden.

Auch an deutschen Hochschulen – einem möglichen Ausbildungsort zukünftiger Intrapreneure – kommt das Thema Intrapreneurship in Schwung. Für Universitäten und Hochschulen für angewandte Wissenschaften eröffnen sich Chancen für fruchtbare Kooperationen mit der Wirtschaft und gleichzeitig erhalten sie Impulse, ihre eigenen Strukturen (z. B. starre Verwaltungsabläufe) zu reflektieren. Mit Hilfe entsprechender Bildungsprogramme und Lehrveranstaltungen werden den Studierenden Kompetenzen für unternehmerisches Denken und Handeln vermittelt. Dies wird sich langfristig positiv auf Intrapreneurship in Unternehmen der freien Wirtschaft und in staatlichen Behörden auswirken.

Damit Intrapreneurship Erfolg hat und neue Perspektiven eröffnet, sollten die Ziele, die man erreichen möchte, klar sein. Es sollte ein geeigneter Rahmen geschaffen werden und es muss ein echtes Commitment der Führung vorhanden sein. Denn Intrapreneurship regt nicht nur Mitarbeitende an, ihre Komfortzone zu verlassen, sondern zwingt auch die Führung dazu. Intrapreneurship hat das Potenzial, eine Organisation auf den Kopf zu stellen, bewährte und jahrelang etablierte Geschäftsmodelle bzw. Abläufe in Frage zu stellen. Dies löst Verunsicherung und Abwehr aus, ist aber oft unerlässlich, um eine nachhaltige Innovationsfähigkeit sicher zu stellen.

Intrapreneurship muss organisationskulturell verankert und von der Spitze der Organisation vorgelebt werden, es ist meist kein kurzfristiges „Allheilmittel“ für Organisationen in akuten Krisen. Ein realistisches Erwartungsmanagement, Geduld und Ausdauer sind daher in jedem Fall wichtige Erfolgsfaktoren.

The manufacturer's authorised representative in the EU is Springer Nature Customer Service Centre GmbH, Europaplatz 3, 69115 Heidelberg, Germany. If you have any concerns regarding our products, please contact ProductSafety@springernature.com

Printed and bound by CPI Group (UK) Ltd, Croydon, CR0 4YY

28/04/2026

02098491-0018